Una Pausa En Tu Vida

Antología

Una Pausa En Tu Vida

Antología

PABLO MARTINI

CENTRO DE LITERATURA CRISTIANA
en países de habla hispana

Colombia: Centro de Literatura Cristiana
ventasint@clccolombia.com
editorial@clccolombia.com
Bogotá, D.C.

Chile: Cruzada de Literatura Cristiana
santiago@clcchile.com
Santiago de Chile

Ecuador: Centro de Literatura Cristiana
ventasbodega@clcecuador.com
Quito

España: Centro de Literatura Cristiana
madrid@clclibros.org
Madrid

Panamá: Centro de Literatura Cristiana
clcmchen@cwpanama.net
Panamá

Uruguay: Centro de Literatura Cristiana
libros@clcuruguay.com
Montevideo

USA: CLC Ministries International
churd@clcpublications.com
Fort Washington, PA

Venezuela: Centro de Literatura Cristiana
distribucion@clcvenezuela.com
Valencia

Bolivia: Centros de Literatura Cristiana
gamaliel.padilla@clcbolivia.com
Bolivia

EDITORIAL CLC
Diagonal 61D Bis No. 24-50
Bogotá, D.C., Colombia
editorial@clccolombia.com
www.clccolombia.com

ISBN: 978-958-8691-73-2

Una Pausa en Tu Vida 2014, Antología, por Pablo Martini

Edición y Diseño Técnico: Editorial CLC
Impreso en Colombia — Printed in Colombia

Somos miembros de la Red Letraviva: www.letraviva.com

RECONOCIMIENTOS

Este libro está dedicado a Dios, en primer lugar, Quien gestó esta obra desde antes de la fundación del mundo.

A todas las personas que me animaron a comenzar y continuar este desafío de fe.

A todos aquellos que aportaron tiempo, consejos, dinero y dones puestos a disposición, y me enseñaron que *lo poco que tienes es todo para Dios, es mucho.*

A mis tres preciosas hijas, y en especial a vos, Marta, compañera fiel, ayuda ideal, motivación de cada proyecto de vida.

Pablo Martini

CLC EDITORIAL — Centro de Literatura Cristiana

¿QUIÉNES SOMOS?

CLC es un ministerio mundial de evangelismo a través de la página impresa, conformado por cristianos de diversos países, culturas y denominaciones, comprometidos con Dios, cuyo objetivo principal es dar a conocer al Señor Jesucristo, guiando a miles de personas a que lo acepten como Salvador y Señor.

Adicionalmente estamos comprometidos en inspirar, movilizar y entrenar a otros para este dinámico ministerio de la literatura.

MISIÓN

Nuestro propósito es poner al alcance de todas las naciones, la literatura cristiana, de manera que las personas puedan venir al conocimiento de la fe y a la madurez en el Señor Jesucristo.

VISIÓN

Ser una organización comprometida con Dios, que contribuye con la extensión del Evangelio de Jesucristo a través de la literatura cristiana, sirviendo con excelencia y de manera integral a todo pueblo y nación, dando la máxima Gloria a Dios.

NACIMIENTO Y DESARROLLO DEL MINISTERIO

Dios unió la vida de Ken y Bessie Adams, para iniciar una obra maravillosa en medio de los rigores de la Segunda Guerra Mundial. En el año 1941, estos siervos del Señor conmovidos por la situación espiritual de su natal Inglaterra, decidieron llevar el mensaje de Cristo a todos los necesitados. Recorrieron hospitales, cárceles, bases militares y campos de concentración donde había personas afligidas. Dios les enseñó que una manera de hacer perdurable el contacto con las personas, era dejándoles versículos escritos en pequeños trozos de papel.

Más tarde, aprovechando la vocación literaria y empresarial de Ken Adams, abrieron una librería.

En este tiempo, Dios fue armando cada pieza para su propósito y es así como nace el contacto con la WEC. Los Adams querían seguir adelante con su labor evangelística y la condición para aceptar el llamado misionero con esta agencia, era mantener la librería abierta. La respuesta de Norman Grubb, director de la misión fue: ¿Cerrarla? ¡Nada de eso! Hacen falta librerías cristianas en todas partes; una especie de "grandes almacenes espirituales" en todo el país... No la cierres ¡Cópiala en todas partes!

Esta fue una confirmación inmediata de parte de Dios. Lo que comenzó como el ministerio literario de la WEC, llamado en ese tiempo Editorial Evangélica, pronto se amplió hasta convertirse en una cadena de librerías en el Reino Unido. Al crecer este ministerio, CLC amplió su visión como agencia misionera interdenominacional que utilizaría la literatura para servir a todas las naciones, iniciando una maravillosa visión: el uso de la página impresa para la evangelización del mundo y la edificación de millones de creyentes.

¿CÓMO OPERA?

El ministerio de CLC, está dirigido esencialmente a impactar personas, familias, comunidades y naciones enteras, a través de los recursos que Dios nos provee por Su gracia. En este sentido cada librería se convierte en un sitio de encuentro espiritual y consejería, donde la gente puede examinar el material disponible, adquirir libros y otros recursos; recibir información y orientación sobre temas espirituales y disfrutar un momento de compañerismo.

Como parte de su ministerio local, promueve en algunos países bibliotecas y préstamos de libros. Otro recurso son las librerías ambulantes, que llegan a sitios lejanos, donde la gente tiene poco acceso a literatura cristiana. Además promueve la literatura a través de exhibiciones itinerantes en plazas de mercado, ferias, exposiciones y lugares apartados de la geografía mundial.

Después de seis décadas, este trabajo personal de amor a los perdidos, se ha transformado en un dinámico ministerio mundial con más de 1000 obreros que trabajan en más de 58 países de todo el mundo, y que alcanza a más de 100 naciones por medio de librerías cristianas fijas y rodantes, utilizando: Biblias, libros, películas, diapositivas y folletos, retiros espirituales, predicación a través de la radio, apoyo espiritual y toda actividad que lleve a las personas al conocimiento de Jesucristo.

Nuestra experiencia ha hecho evidente que las librerías son como templos, los mostradores como pulpitos, y cada libro o material afín, como un misionero, maestro, pastor o consejero, que realizan una obra efectiva (muchas veces anónima), guiados por el Espíritu Santo. Cada miembro de CLC está comprometido a usar la literatura cristiana como un medio masivo y poderoso de comunicación, para alcanzar a nuestra numerosa y necesitada generación con el mensaje de Cristo.

¿CÓMO SE SOSTIENE?

Uno de los principios básicos desde el comienzo ha sido la dependencia de Dios para el sustento de la obra; esa fue la forma como inició este ministerio, y la constante en cada uno de los países donde CLC ha empezado su servicio, ha sido una historia de fe, pues la fidelidad y el tierno cuidado de Dios son la base para afirmar el establecimiento de nuestro ministerio en cada lugar.

El producto obtenido como resultado de distribuir la literatura, nos permite reinvertir estas utilidades en la evangelización. Gracias a estos recursos, reimprimimos, adquirimos nuevos títulos y subsidiamos programas especiales de literatura.

La obra en cada país tiene el compromiso de auto sostenerse y también de contribuir, en la medida de sus posibilidades, con el comienzo y sostenimiento de la obra en los países más necesitados, como sucede en la actualidad con Rusia, Europa Oriental, Guinea Ecuatorial, Indonesia y el Sudeste Asiático. En Latinoamérica estamos comprometidos en destinar recursos para el proyecto de ayuda a Cuba y adelantar las gestiones para establecer CLC en Nicaragua y Bolivia.

Básicamente los obreros en el ministerio se sostienen de tres formas. (1) En algunos países es requisito indispensable para vincularse, que el obrero tenga garantizada su provisión por medio de la familia, amigos, donantes, o la iglesia local. (2) Otros lo hacen con su pensión de jubilación, con recursos propios o con ingresos provenientes de alguna actividad económica, y (3) En América Latina y otros países menos desarrollados, se realiza a través de las utilidades generadas por la compra, distribución y venta de los materiales impresos o audiovisuales.

PRINCIPIOS ESPIRITUALES QUE NOS CARACTERIZAN

Cada obrero de nuestro ministerio está comprometido a vivir los siguientes principios bíblicos, que denominamos las cuatro columnas:

• Fe
Reconocemos que Dios es el proveedor de todo lo que necesitamos en nuestras vidas y ministerios. Por esta razón podemos confiar totalmente en Él, creyendo que cumplirá toda Su voluntad y propósito, a pesar de las dificultades, oposición o imposibilidades que tengamos que enfrentar.

• Sacrificio
Reconocemos que la voluntad de Dios es más importante que el bienestar y los deseos personales. En caso de ser necesario, estamos preparados para vivir ajustados a las circunstancias, sabiendo que Dios tiene el control de cada situación, adaptando nuestro estilo de vida a los principios bíblicos, como respuesta a la influencia de las tendencias y los estándares de vida de la sociedad actual.

• Santidad
Reconocemos que nuestra meta es agradar a Dios de manera integral, es decir, que todo nuestro ser y nues-

tras acciones, estarán encaminadas a glorificar al Señor, no en nuestras propias fuerzas, sino en el poder de Su Santo Espíritu.

• Compañerismo
Reconocemos que aunque venimos de diferentes trasfondos sociales, étnicos y denominacionales, nuestra unidad en Cristo, hace posible que trabajemos, y tengamos comunión como parte de la familia de Dios. Por consiguiente estamos animados a mantener la unidad del Espíritu en el vínculo del amor y la paz.

CONFESIÓN DE FE

I. Creemos que la Biblia es la única inspirada, infalible y autorizada Palabra de Dios.

II. Creemos que hay un solo Dios, que existe eternamente en tres personas: Padre, Hijo y Espíritu Santo.

III. Creemos en la Deidad de nuestro Señor Jesucristo; en Su nacimiento virginal; en Su vida sin pecado; en Sus milagros; en Su muerte vicaria y expiatoria por Su sangre derramada; en Su resurrección corporal; en Su ascensión a la diestra del Padre y en Su regreso personal a la tierra, con poder y gloria.

IV. Creemos que la regeneración por el Espíritu Santo es absolutamente esencial para la salvación del hombre perdido y pecador.

V. Creemos en el ministerio actual del Espíritu Santo, por cuya posesión y control, el creyente es capacitado para vivir una vida fructífera.

VI. Creemos en la resurrección tanto de los salvos como de los perdidos; los salvos a resurrección de vida y los perdidos a resurrección de condenación.

VII. Creemos en la unidad espiritual de los creyentes en nuestro Señor Jesucristo, los cuales componen la iglesia que es Su cuerpo.

INTRODUCCIÓN

En un esfuerzo para bendecirte, CLC, pone a tu disposición este libro, para ayudarte a captar la perspectiva correcta sobre temas variados y actuales que conforman nuestro mundo, tu mundo.

Una cosmovisión fresca con la óptica del cielo, ya que si quieres tener un panorama real y completo debes escalar alto.

"Una pausa en tu vida" es ideal para un tiempo de reflexión antes de iniciar el día. Sus notas te ayudarán a tomar decisiones guiadas por la Palabra de Dios e infundirte ánimo.

Sintético, preciso y movilizador, "Una pausa en tu vida" comenzará a ser tu compañero inseparable, herramienta indispensable para elevarte sobre el nivel de la mediocridad y comprender el verdadero propósito de la vida que Dios tuvo en mente al permitirte existir.

Dios tiene un plan para ti y es nuestro deseo que estas sencillas reflexiones te ayuden a descubrirlo.

Gustoso de servirte,

Pablo Martini

1 de enero
Usando máscaras

Este proverbio expone con claridad una de las patologías más comunes del ser humano. Vivimos en una sociedad demandante. Somos presionados a "mostrar" la imagen que nos conviene para ser aceptados. Se le rinde culto a la imagen, todo se vale para hacernos un espacio, teniendo en cuenta que el entorno social (amigos, familia, pareja) vive estresado y

> "También de reírse duele el corazón, y hay alegrías que acaban en tristeza".
> **Proverbios 14:13**

estresando a los demás. Por tal motivo, las personas detestan al malgeniado, *"Bastante tengo yo con mis propios problemas para tener que cargar con los problemas ajenos. ¡Que se los solucione otro, yo no!"* de manera que, si quiero ser aceptado no debo mostrar un perfil amargo sino alegre, optimista, hasta caricaturesco, aunque me muera por dentro; es lo que la gente quiere ver en mí. Pero permíteme decirte que eso es sólo una máscara, y durará lo que dura una enmienda, nada más. Es interesante la versión de la Biblia PDT del siguiente texto: **"La depresión se oculta con la risa, pero al final, reaparece la tristeza"**. Cuando se rompe el parche, se cae la máscara, no se sostiene más la fachada alegre, la persona queda en evidencia, y se asoma la misma depresión de siempre; todos se van, se acaba tu fiesta de cumpleaños, se cansó tu amiga de escucharte al otro lado de teléfono y te dice que debe colgar, en ese momento, quedas solo, sola... Lágrimas, desconsuelo y dolor. El agudo dolor del vacío y la incomprensión. Si hubo alguien en este mundo que tuvo ese discernimiento para ver las lágrimas detrás de las risas, fue Jesús. Sí, me dirás, pero Él existió hace más de dos mil años. ¡Esa es la buena noticia! Que Él está vivo y te ofrece el mismo consuelo y fortaleza que levantó a tantos de su caída del alma. Si se lo permites y le abres tu corazón, Él será tu Pastor. Llora a Sus pies como lo hizo María Magdalena. Pero no anestesies el dolor con carcajadas. Muchos payasos ríen y se suicidan después de la función. No vivas entre risas con tu corazón en llanto...

Que este nuevo año que comienza sea diferente con el gozo que viene del cielo

No bajes los brazos

> "Y allí se metió en una cueva, donde pasó la noche. Y vino a él palabra de Jehová, el cual le dijo: ¿Qué haces aquí, Elías?"
>
> 1° Reyes 19:9

Una persona desanimada es como una persona muerta. Ha perdido su ánimo, su motor se ha apagado, no quiere continuar, es como pelear con los brazos abajo. La vida le golpea y no puede defenderse. No tiene muchas ganas de salir. Sé que hay situaciones que nos superan, abaten y sorprenden; circunstancias inesperadas e indeseadas de las cuales no sabemos cómo salir. Entonces, ¿qué hacer? Como diría un famoso comediante: "Y ahora ¿quién podrá defenderme?". Encerrarse y deprimirse no sirve. Enojarse, menos. Tal vez estos simples consejos te ayuden en la crisis:

No lleves solo la carga. Busca la compañía de alguien que esté capacitado para sostenerte. ¡No cualquiera! Uno que no te juzgue, sino que te escuche y se ponga a tu nivel para acompañarte; no intentes pelear solo, no escondas tus sentimientos fingiendo que todo está bien. Busca alguien con quién orar.

No te compares con otro. Cada uno tiene su propia identidad y sufrimiento, aunque enfrente de manera diferente el dolor, esto te hace único. La meta en la vida no es competir con los demás sino ayudarnos mutuamente.

No te dejes manejar por tus emociones. Somos muy cambiantes. Nuestros sentimientos nos traicionan cuando estamos bajo presión. Allí es donde juega un papel fundamental tu fe por encima de tus emociones y las verdades bíblicas, más que tus sentimientos.

No exageres las cosas. Elías, sumido en profunda depresión, le dijo a Dios: "He quedado solo y me buscan para matarme". En realidad estaba exagerando; no era así. Había siete mil fieles como él, en todo Israel. No te hagas la víctima. Muchos sufren peores cosas que tú.

No te metas en tu cueva. Elías hizo eso. Los problemas hay que enfrentarlos y tratar de resolverlos. Muchos se encierran en sus cuartos, no quieren salir de sus casas pero es la peor receta para enfrentar la crisis. Allí no está la respuesta a tus interrogantes. El techo no tiene la solución. Está más arriba, en los cielos, en Jesús. Ese Dios que sufrió más que tú y lo soportó todo por amor. Él te entiende y es el más interesado en tu restauración.

El desánimo se vence con una dosis extra de ánimo que encuentras solamente en Dios

3 de enero
Estadísticas

La población del mundo en 1960 era de 3,5 mil millones de personas, el doble de lo que había en 1900. Siguiendo este ritmo de crecimiento, hemos llegado en la actualidad a superar los 7 mil millones. Cada año, dicha población aumenta en unos 70 millones de personas, un promedio de 190.000 por día. El 85% de los niños que nacen diariamente se encuentra en los países en vías de desarrollo como Asia, África y Sur América. La población de Sur América está triplicándose cada 35 años. En la india, hay más de un millón de recién nacidos cada mes. Mientras la población del mundo aumenta en un 2% al mes, la producción de alimentos crece al 1%. En la actualidad el 70% de los niños menores de 6 años sufre de desnutrición. Unas 12.000 personas mueren de hambre cada día y más de 4.000.000 al año. Aproximadamente una tercera parte de los habitantes del mundo es analfabeta y se incrementó el analfabetismo en más de 200 millones en el mundo desde 1960. Evidentemente, estas cifras son alarmantes. El crecimiento demográfico acelerado, sumado a los crecientes índices de pobreza, desempleo, escasez de alimentos y guerras devastadoras, muestra un futuro negro para la humanidad. Y no es precisamente el culpable Dios de esta realidad a nivel mundial; Dios advirtió que el mundo estaría tal cual como está, si se le daba la espalda a Él, cosa que el ser humano ha hecho desde tiempos inmemoriales. **"Cada cual se apartó por su camino, dice el profeta Isaías, ellos no estimaron tener en cuenta a Dios"**, dice el apóstol Pablo en Romanos capítulo 1. Una rápida mirada al Apocalipsis, muestra la condición depravada y, consecuentemente, empobrecida que la humanidad entera experimentará antes de la venida de Cristo. Sólo cuando Él venga habrá alimento, empleo y justicia para todos. Reflexiona hoy y experimenta esta realidad desde ya, dejando que Él reine en tu corazón. Busca socorro en Él, en lugar de echarle la culpa por las cosas que pasan en el mundo. Encontrarás a un Dios de amor que sigue llamando a Sus criaturas al arrepentimiento.

> "Además, como estimaron que no valía la pena tomar en cuenta el conocimiento de Dios, él a su vez los entregó a la depravación mental, para que hicieran lo que no debían hacer. Se han llenado de toda clase de maldad... Saben bien que, según el justo decreto de Dios, quienes practican tales cosas merecen la muerte; sin embargo, no sólo siguen practicándolas sino que incluso aprueban a quienes las practican".
>
> Romanos 1:28-32

Dios está tan lejos de ti, como quieras tenerlo

Cuando las cosas no cambian

> "Si a alguno de ustedes le falta sabiduría, pídasela a Dios, y él se la dará, pues Dios da a todos generoamente sin menospreciar a nadie".
>
> Santiago 1:5

El hecho de que tengamos o no la sabiduría necesaria para entender todos los acontecimientos de la vida, no quiere decir va a cambiar la trayectoria de esas situaciones. Es verdad que hay circustancias que son inesperadas, no deseadas y que nos toman por sorpresa, activando en nuestro interior un estado de reclamo, reproche y queja por lo sucedido. Muchas veces, podemos ser un factor de cambio ante esa situación, pero usualmente somos espectadores impotentes. Y entonces: ¿Qué hacer? ¿Me exaspero, me enervo, grito, pierdo el control de mis actos?... En esos momentos es ideal la reflexión, para pedirle al Dueño de todas las respuestas de la vida, luz para mis tinieblas. Santiago dice en su epístola que debemos tener una actitud optimista ante los desafíos de la vida. Veamos: **"Hermanos míos, considérense muy dichosos cuando tengan que enfrentarse con diversas pruebas, pues ya saben que la prueba de su fe produce constancia"**. (Santiago 1:2-3). Y también en el versículo 5 nos dice que cuando no comprendamos el obrar de Dios, podemos pedirle sabiduría.

Alguien dijo que, muchas veces, la circunstancia no cambia; una enfermedad terminal, la pérdida de un ser querido, un divorcio, abandono del hogar, o una violación en la niñez, pero puedo cambiar mi actitud hacia esa circunstancia, y si cambio yo, ésta también podrá cambiar (por lo menos para mí). Debemos aprender a mirar de manera correcta. Muchos dicen: "No puedo ver a Dios a través de esto que sucedió". Es cierto, no lo verás porque pones en primer lugar tu problema, entonces eso es lo que primero ves. Pero intenta ver tu dificultad a través de Dios, Invierte tu óptica. Cuando las cosas no cambien... cambia tú.

Si comprendes, las cosas son como son, y si no lo comprendes, seguirán igual

5 de enero

Corazones, no cantidades

El capítulo 15 del evangelio de Lucas, nos cuenta tres historias narradas por el Señor. La primera es la de una oveja extraviada de su rebaño, la segunda sobre una moneda perdida en la misma casa de su dueña y la tercera, tal vez la más recordada, el hijo pródigo. En el primer caso se perdió una entre cien, en el segundo una entre diez, y en la parábola del hijo, pródigo uno de dos. Si eres bueno en matemáticas sabrás que se perdió el 1 % del rebaño, el 10 % de las monedas y el 50 % del los hijos de aquel padre. En realidad eso no le interesaba tanto al Señor. Ya sea uno entre cien o uno entre dos, para Dios vale igual. La matemática del cielo no es como la de la tierra. Alguien dijo, que si hubiese sido el único habitante de esta raza caída y en tragedia, Dios hubiese venido igual a socorrerlo y a dar Su Hijo en rescate por él. Lo que Él busca no es tanto cantidades sino corazones arrepentidos. Tal vez, tengas que llegar tan bajo como el muchacho de la historia. "Trataba de saciarse con lo que comían los cerdos". En realidad, lo que el mundo ofrece no satisface, no alimenta, si acaso llena el "estómago de tu alma", sacia por unas horas, ofrece el cielo instantáneo, pero a la vez conduce al infierno eterno. Drogas, vicios, fiebre de un sábado por la noche, diversión... Claro, hasta que comienza a faltarte (Lucas 15:14) salud, la esposa fiel de toda la vida, el trabajo, pero sobre todo, Dios... Si tienes que llegar a ese punto para salvar lo que te queda, vale; pero ¡qué triste! ¿No? El Padre espera. ¡No lo dudes! Los recuerdos del hogar llevaron al hijo de regreso a casa. ¿Y tú? ¿Lo recuerdas? Esos días de felicidad y sensación de satisfacción verdadera... Suspiras... Sigue andando rumbo al hogar. Ya se divisa a lo lejos la silueta del Padre.

> "Porque no quieres sacrificio, que yo lo daría; No quieres holocausto. Los sacrificios de Dios son el espíritu quebrantado; al corazón contrito y humillado no despreciarás tú, oh Dios".
>
> Salmo 51:16-17

Dios ama a todo el mundo, pero te busca a ti

Heridas en el frío

"El conocimiento envanece, mientras que el amor edifica. El que cree que sabe algo, todavía no sabe como debiera saber. Pero el que ama a Dios es conocido por Él".

1 Corintios 8:1-3

Durante la era glacial, muchos animales murieron por causa del frío. Los puercos espines, al sentir el invierno, empezaron a vivir en grupos, dándose abrigo y protección mutua. Pero las espinas de unos, herían a los otros, justamente a aquellos que les brindaban calor. Entonces se aislaron. Pero nuevamente volvieron a sentir frío y tuvieron que tomar una decisión: o desaparecían de la faz de la tierra o aceptaban las espinas de sus vecinos. Con sabiduría, decidieron volver a estar juntos. Aprendieron así a vivir con las pequeñas heridas que una relación muy cercana les podía ocasionar, pues realmente lo que importaba era el calor del otro. Fue así como sobrevivieron. La mejor relación no es aquella que une personas perfectas, es aquella donde cada uno acepta los defectos del otro y obtiene perdón por los suyos. Hay quienes viven cambiando constantemente de amigos, iglesia, trabajo, etc., solamente porque argumentan que no son comprendidos, que son lastimados, que el ambiente es frío. Al admitir esto ignoran que el frío es producto del distanciamiento que muchas veces provoca nuestro orgullo, nuestros prejuicios y nuestra impaciencia. Acércate a los otros y sentirás poco a poco la tibieza necesaria para sobrevivir. Si te lastiman perdona, —dijo Jesús en Mateo 18:22— hasta 70 veces 7. Si lastimas a otro pídele perdón dejando a un lado el orgullo. No te aísles. No existe la persona perfecta, el amigo perfecto, la pareja perfecta. Somos edificios en construcción, dijo Pablo en 1ª Tesalonicenses 5:11, **"y debemos edificarnos mutuamente en vez de destruirnos"**. **"El amor edifica"**, dice la Biblia en 1ª Corintios 8:1. ¿No consigues construir una relación ni edificar con amor? Quizás necesites que se derrame sobre ti el amor de Dios, ingrediente indispensable para la vida. Pídele a Él, quien da a todos abundantemente y sin reproche, y te será dado. Aprendamos de los puercos espines que por algo siguen vivos.

Edifiquémonos mutuamente en vez de destruirnos

7 de enero
Molido, prensado

El relato de los evangelios nos presenta un cuadro con sabor a humanidad, en las instancias finales del ministerio de Jesús. Sólo, angustiado en medio del dolor, se arrodilla en el suelo húmedo de un huerto solitario y ruega a sus amigos que lo conforten en oración. Destila gotas de sangre. El alma se le arruga como un pañuelo. El pecho se comprime y, con un nudo en la garganta, exclama: "**Padre, si es posible, pasa de mí esta copa amarga**". La palabra *Getsemaní* significa prensa de aceite, y en aquel huerto había muchas, formadas por grandes palos, firmes por un extremo y con pesas en el otro, donde se colocaban bandejas con aceitunas para triturarlas. Lucas en el capítulo 22:44 nos dice: "**Y estando en agonía, oraba más intensamente**". Nadie le ayuda, Él lo quiso así. Igual sucedió en Su llegada a la tierra en el pesebre de Belén: sólo, indefenso, necesitado de sus padres José y María. Con un establo por paisaje y animales como simples espectadores, del milagro más grande de la historia. Creo que tanto al nacer como al despedirse, nos transmitió la misma lección: "No dudes en buscar socorro cuando te encuentres en necesidad". Si te muestras vulnerable ¿cuál es el problema? ¿Y qué si te notan triste, débil y necesitado? ¿Qué es lo vergonzoso? Te aseguro que te llevará al huerto como hiciera aquel jueves por la noche con Sus discípulos. Ese lugar de soledad, incomprensión y desamparo que Él pisó antes que tú. Cuando te encuentres en tu huerto, en tu prensa, llegarás a exclamar lo que Él: "**Que pases de mí esta copa, pero que no se haga mi voluntad, sino la tuya**". Lo que debe ser prensado es tu voluntad, tal vez tus planes, tu "imagen", tus sueños. Aceptación y entrega incondicional a Su designio será el aceite más puro que encenderá la lámpara de la verdadera adoración a Dios, que el Padre está buscando; todo lo demás seguirá siendo pura apariencia.

> «Padre, si quieres, no me hagas beber este trago amargo; pero no se cumpla mi voluntad, sino la tuya.» Entonces se le apareció un ángel del cielo para fortalecerlo. Pero, como estaba angustiado, se puso a orar con más fervor, y su sudor era como gotas de sangre que caían a tierra".
>
> Lucas 22:42-44

Se despedía y nos quiso dejar una lección.
Él se mostró molido, prensado y...
no tuvo vergüenza de hacerlo

¿Pare de sufrir?

> "Me hizo bien haber sufrido, porque así llegué a conocer tus decretos".
>
> Salmo 119:71

El capítulo cuatro del evangelio según San Juan, narra la conversación que Jesús mantuvo con una mujer samaritana a la vera del camino, junto a un pozo de agua. ¿Su nombre? lo desconocemos, pero sí sabemos el trasfondo de su vida, sus necesidades, prioridades y tristezas. El Maestro le habló tiernamente, de una vida que transcurre en un plano superior, espiritual, satisfactorio. Jesús le dijo **"Todo el que beba de esta agua no volverá a tener sed"**, pero ella no comprendió el mensaje. Su mente estaba centrada en lo material y pasajero; en las cosas que esta vida ofrece: placer momentáneo, vida fácil, cómoda. Estaba cansada de caminar kilómetros cada día desde Sicar, hasta aquel pozo, con su cántaro al hombro para llevar el preciado líquido a su casa. Cuando Jesús le habló de aquella agua ella dijo ansiosamente: **"Dame, para que no tenga yo más sed, ni venga aquí a sacarla"**. Jesús le dijo: No. **"Primero ve y llama a tu marido"**. Él sabía que ella convivía con un hombre que no era su marido y era el sexto en su lista de amoríos. En otras palabras, Jesús se enfocó en lo realmente prioritario; en el estado de su alma, sus pecados, y su sed espiritual. Lo otro: el trabajo, el dinero, lo físico, era secundario. Ella entendió lo que Jesús le brindaba y por su testimonio, toda una ciudad fue salva. Hoy en día muchos se acercan a Dios esperando una "ayudita" para solucionar sus problemas (físicos, financieros, amorosos, etc.), pero pocos llegan a Él con su alma quebrantada, arrepentidos de sus pecados, y echando sus ansiedades espirituales a los pies de Jesús. Van a Jesús como un amuleto de la suerte y no para reconocerle como la fuente de agua eterna que calma la sed del alma. Nunca dejarás de sufrir en esta tierra, pero si comprendes Su mensaje y lo aceptas, contarás con una asistencia sobrenatural para enfrentar los momentos de crisis con optimismo hasta que llegues al cielo. Entonces sí ¡pararás de sufrir!

Si el Señor de la Gloria recorrió el camino del sufrimiento sin quejarse... ¿Por qué nosotros no?

9 de enero

Búscalo, que él También te busca

¿Por qué será que la gente encuentra tan difícil el buscar a Dios? Para muchos, Dios es un ser inaccesible. Piensan que está lejos o escondido, cuando en verdad está tan cerca que podemos tocarle siempre que lo deseemos. Un día, un caballero —en la calle de una gran ciudad— se encontró con un muchachito muy asustado que miraba a todos lados en busca de alguien. Acercándose el hombre le preguntó qué le ocurría; el niño le dijo que andaba en busca de su padre que se le había perdido. "¿Es tu papá un señor de tales y tales características?", "Sí señor", respondió el niño. "Entonces no te preocupes, acabo de verlo en la siguiente calle y también él anda en tu búsqueda, no tardarás en encontrarlo". Dios también busca al pecador, y si éste lo busca, sin duda lo hallará. ¿Ves? La clave de la comunicación entre el Creador y Su criatura no radica en que ésta le halle a Él, sino en que Él la busca primero. La Biblia dice en 1 Juan 4:10, **"En esto consiste el amor: no en que nosotros hayamos amado a Dios, sino en que él nos amó primero, y envió a su Hijo para perdón de nuestros pecados"**.

Hay dos clases de religiones en el mundo: La que "hace" cosas para encontrar a Dios, y la que agrada a Dios de una manera apasionante y acepta que Él ya le encontró primero y le amó. La distancia entre el hombre y Dios, ya la cubrió Dios al descender hace 2.000 años en forma de hombre, a morir en una cruz de dolor. ¿No será que te estás escondiendo?... Busca a Dios. De seguro le hallarás, porque Él te busca desde siempre y te pregunta como le preguntó a Adán: "¿Dónde estás tú?"

> "En esto consiste el amor: No en que nosotros hayamos amado a Dios, sino en que él nos amó a nosotros, y envió a su Hijo en propiciación por nuestros pecados".
>
> 1 Juan 4:10

Dios está cerca de ti, más de lo que puedas imaginar

Cuidado lo que miras

> "Podrán desfallecer mi cuerpo y mi espíritu, pero Dios fortalece mi corazón; Él es mi herencia eterna. Perecerán los que se alejen de ti; tú destruyes a los que te son infieles. Para mí el bien es estar cerca de Dios [...] para contar todas sus obras"
>
> Salmo 73:26-28

Asaf, el autor del Salmo 73, casi resbala y por poco cae. Miró donde no debía. No se concentró en el sendero. Su salmo comienza con una aparente dicotomía. En el verso 1 declara con vehemencia que Dios es bueno, pero a continuación manifiesta con la misma certeza que a diferencia de Dios, él es muy débil: **"En cuanto a mí, casi resbalaron mis pasos"**. ¿Por qué? Distracción, agotamiento, hastío... Lo resume la palabra: "Envidia" (v. 3). Si empiezas a mirar las injusticias de la vida (v.5), las soberbias de los que se creen algo siendo nada (v. 6), la burla y el desprecio hacia Dios (v.8 y 9), y el enriquecimiento ilícito (v.12); te meterás en un torbellino de ideas y tu corazón se enardecerá dentro de ti. "Meditaba para entender esto y resultó un trabajo pesado para mí", (v.16). Entonces, ¿qué hacer? Vulgarmente dicen que hay que hacerse "el de la vista gorda". ¿Mirar para otro lado?... Bueno, en un aspecto, sí. Pero, ¡Cuidado dónde miras! Asaf se metió en su recámara, se desahogó a los pies de su Dios, gritó al cielo su amargura y su bronca: " En verdad, ¿de qué me sirve mantener mi corazón limpio y mis manos lavadas en la inocencia, si todo el día me golpean y de mañana me castigan? Si hubiera dicho: «Voy a hablar como ellos», habría traicionado a su linaje". (v.13-15). Entonces se concentró en lo real, no en lo aparente (v. 20) Y Dios le hizo ver que los que resbalarán al fin son ellos, no él: "Los has puesto en resbaladeros. Y su fin no será otro que la destrucción", (v.18). "por mi necedad e ignorancia; ¡Me porté contigo como una bestia! Pero yo siempre estoy contigo, pues tú me sostienes de la mano derecha. Me guías con tu consejo, y más tarde me acogerás en gloria", (v.22-24). Concéntrate en eso. En las palabras del apóstol Pablo: "Poned la mira en la cosas de arriba, no en las de la tierra". Así que, apreciado amigo, amiga, cuidado con distraerte mirando lo que no te beneficia, cultivando envidia y rencor en tu corazón porque solamente lograrás resbalar y no llegarás a ninguna parte. Pon en Dios tu esperanza, porque Él te sostiene... sigue caminando, que falta poco para llegar.

Cuidado, no sea que por mirar cómo camina el otro, llegues a tropezar tú

11 de enero
Más que un rey

En verdad aquel que aprende a gobernarse a sí mismo, es más grande que un rey. Si aprende a controlar sus pasiones, puede llegar a dirigir lugares y situaciones que ni siquiera los reyes más poderosos podrán llegar a gobernar. Un viejo adagio militar dice: "Sólo venciéndote, vencerás". La disciplina del dominio propio es una de las más difíciles de cultivar en la vida. Los grandes hombres y mujeres que llegaron a impactar su sociedad, fueron personas que supieron tener fuerza, potencial y corazón bajo control. Para ello, se necesita una de las mayores demostraciones de poder que solamente la encontramos en Dios, aunque suele ser extraña para la naturaleza humana. Pablo de Tarso, un hombre que impactó al mundo en su época, dijo: "**Castigo mi cuerpo y lo pongo en servidumbre**". En otra ocasión dijo: "**Os confieso, hermanos, que cada día muero**". Él era su propio verdugo, custodio, guardián y juez. No me estoy refiriendo a tu conciencia o corazón porque "**es engañoso, más que todas las cosas, ¿quién lo conocerá?**" (Jeremías 17:9). Pero sí a la importancia de ejercer una disciplina regulada por principios claros y firmes de parte de Dios, expresados en Su Palabra, que sirven de base para tomar decisiones y sortear las situaciones de la vida. Ahí es donde se pone a prueba lo que verdaderamente eres. Pues es fácil mantener la calma cuando todo sale según lo planeado; tener compostura, en un círculo de discusión cuando todos están de acuerdo con tu idea y aplauden tus logros. Pero al llegar el imprevisto, donde la gente se te opone y ridiculizan tu propuesta... ¿Eres el mismo? ¡No, ahora me van a conocer! ¡Van a saber quién soy yo de verdad!" es decir, que hasta ahora lo que mostraste era una fachada... ¿Te das cuenta? Te escondes detrás de tu máscara porque tienes temor, miedo de que se evidencien tus dudas y temores. Pero aquel que ha aprende a vivir sujeto a Dios, no teme a nada ni a nadie. Tiene la fuerza de diez reyes y es capaz de hacer todo lo que quiera (en Cristo que le fortalece (Filipenses.4:13).

> "Más vale ser paciente que valiente; más vale dominarse a sí mismo que conquistar ciudades",
>
> Proverbios 16:32

Aquel que aprende a gobernarse a sí mismo, es capaz de gobernar el mundo

12 de enero
No te tomes el veneno

> "Por tanto, renueven las fuerzas de sus manos cansadas y de sus rodillas debilitadas. Hagan sendas derechas para sus pies, para que la pierna coja no se disloque sino que se sane. Busquen la paz con todos, y la santidad, sin la cual nadie verá al Señor",
>
> Hebreos 12:12-15

"A ese no lo pienso perdonar. No se lo merece". Reflexión que suena satisfactoria, cuando en verdad es intoxicación, se te envenena el alma cuando guardas rencor. Tú piensas que negando el perdón a quien te ofendió tomas venganza y lo mantienes preso a tu decisión de perdonar; como piensas que no se lo merece, simplemente lo amarras a tu rencor.

Muchos viven cargando su mochila emocional llena de situaciones y personas que lastimaron su vida y por eso se les hace pesado el andar. Corren la carrera de la vida con tanto lastre, que se quedan atrás y no logran alcanzar la gracia que Dios les tiene preparada. De ahí el acertado comentario en la epístola a los Hebreos en su capítulo 12: **"Si queremos correr con paciencia la carrera que tenemos por delante necesitamos despojarnos del lastre que nos estorba, en especial del pecado que nos asedia.** Observen a Cristo, Él también soportó el menosprecio, la vergüenza, la oposición por parte de los pecadores. ¿Por qué? Porque Él se concentró en el gozo eterno que le esperaba y así perseveró. Ustedes también, si no quieren cansarse ni perder el ánimo en la lucha que libran contra el pecado, **(¿Tal vez el pecado del rencor?)** asegúrense de que ninguna raíz amarga brote, cause dificultades y corrompa a otros a tal punto que, por ese peso, dejen de alcanzar la gracia de Dios. Además, no han tenido que resistir hasta derramar su sangre". (Paráfrasis). Como ves el que se retrasa, se amarga, se cansa de lidiar con otras personas y sus diferentes caracteres eres tú. Se aflojan tus rodillas, se paralizan tus manos y quedas al costado del camino de la vida solo, viendo cómo otros pasan, llegan a la meta y conquistan el premio. Perdona, sé libre. Eres tú el que está preso, no la persona a la que le niegas el perdón. "La falta de perdón es beber el veneno y esperar que el otro muera", (Anónimo). No sirve. Deja tu mochila a los pies de Aquel que supo perdonar tu ofensa, mi ofensa, y corre con paciencia hasta llegar a la meta.

> **"La falta de perdón es como tomar el veneno y esperar que el otro muera"**
>
> *Anónimo*

13 de enero
Lo imposible

Lo imposible es el primer paso para un milagro. Es el ingrediente imprescindible para ver el poder de Dios en Su máximo esplendor. Hay quienes desarrollan sus victorias solo en el plano de lo humanamente posible. La vida de fe y dependencia de Dios omnipotente, les es extraña. Todo lo calculan según sus fuerzas y si algo pasa el límite de lo conocido, simple-

> "Porque ustedes tienen tan poca fe —les respondió—. Les aseguro que si tienen fe tan pequeña como un grano de mostaza, podrán decirle a esta montaña: "Trasládate de aquí para allá", y se trasladará. Para ustedes nada será imposible.",
>
> Mateo 17:20

mente dan un paso atrás admitiendo que dicho proyecto es imposible. Otros, viven bajo el recuerdo de sus propios intentos frustrados y han llegado a aceptar esto o aquello como una utopía porque el record de sus desilusiones deja un historial de fracasos que los anulan y se limitan a ser simples espectadores de los triunfos ajenos. Hay dos tipos de personas en el mundo: los que han quedado sepultados bajo los escombros de sus intentos derrumbados y los que han usado esos mismos escombros como cimientos para construir nuevos comienzos. **"Lo que es imposible para los hombres, es posible para Dios"**, dijo Jesús en Lucas 18:27. También están aquellos otros que se desaniman ante la crítica ajena. "Estás loco", le dijeron a Noé mientras construía aquella arca, pero se salvó él y su familia. ¿Quién nos moverá la piedra? Fue la pregunta de las mujeres camino al sepulcro aquel domingo de resurrección, y al llegar encontraron al ángel sentado sobre la piedra ya movida. Donde los hombres vemos una piedra, Dios ve una silla. Todo depende con qué óptica miras los desafíos que la vida te propone. Muchos son los que pretenden ver a Dios a través de sus circunstancias difíciles y otros ven sus circunstancias difíciles a través de un Dios especialista en milagros. "Están los que pasan diciéndole a Dios que tienen un gran problema y los que le dicen a su problema cuán grande es Dios".

.

Recuerda, no hay nada imposible para Dios

14 de enero
Contabilidad peligrosa

Muchos creyentes son muy buenos en contabilidad. Llevan un registro exhaustivo de cada deuda, u ofensa recibida, mantienen al día un historial emocional de todas sus heridas. Inconscientemente suman esos malos momentos, solo para obtener como resultado: ira, rencor y amargura. Cuando un hijo de Dios decide voluntariamente no perdonar, está olvidando y pisoteando la obra de Dios en la cruz, Su amor demostrado; la disposición de perdonar y olvidar las ofensas que tú y yo le preferimos a Él. Siempre será mucho mayor lo que Él hizo por nosotros, que lo que otros puedan hacernos. Puedo comprender que te sea difícil perdonar si no crees que puedes ser perdonado por Dios. Si ese es tu caso, urgentemente debes experimentar Su perdón. Pero si ya has sido bendecido con Su misericordia... algo no anda bien. El amor del creyente no guarda rencor (1 Corintios 13:5). Es increíble, pero hay personas que se niegan a dar este paso liberador sólo porque no quieren dejar de odiar. Es como estrellar la cabeza contra la pared y esperar que le duela al otro. ¡NO! El único lastimado siempre serás tú. Desde hace más de dos mil años, la cruz de perdón, es la misma solución para tu rencor de hoy. Muere, renuncia, no te bajes de la cruz. Allí encontrarás verdadera liberación. ¿Es difícil? Sí. ¿Implica sacrificio? ¡Por supuesto! Estamos hablando de la cruz. Promover el amor no es natural en el ser humano, pero conlleva un premio estimulante. Una herencia increíble: "No devuelvan mal por mal ni insulto por insulto; más bien, bendigan, porque para esto fueron llamados, para heredar una bendición". (1 Pedro 3:9 NVI). Como ves el primer bendecido eres tú. Así que, "anota las deudas emocionales en la arena y las bendiciones espirituales en la roca" y así serás buen administrador de la gracia de Dios, y no un mal contador rencoroso.

El amor no guarda rencor
1 Corintios 13:5

15 de enero
Desde sus heridas

Después de la crucifixión, muerte y sepultura de su líder, los discípulos de Jesús, se encontraban heridos, con miedo, confusos en su fe, y abatidos profundamente. Una semana atrás ellos eran "el grupo de confianza" del personaje más famoso del momento. Tenían el privilegio de compartir los momentos más íntimos de la vida y las enseñanzas del Maestro. Pero ahora, eran el hazmerreír de todos. Algunos se burlaban de ellos, otros los odiaban y buscaban para matarlos y acabar con "la secta"... Pero en la noche del dolor, el rayo de esperanza alumbró el cielo. El mismo Jesús se presenta en medio de ellos. Quiero destacar lo primero que hace. Si hubiese sido mi caso me fundiría en un fuerte abrazo, o tal vez les reprocharía su abandono en la cruz. Pero no, no era eso lo que necesitaban, nada de euforia ni reprimendas, advertencias o directrices; realmente anhelaban que alguien se identificara con ellos y Él lo hizo desde Su dolor, mostrando con esplendor toda Su gloria pues disfrutaba ya de un cuerpo glorificado; sin embargo, decidió alzar Su túnica para que pudiesen ver sus heridas y cicatrices. De alguna manera les estaba diciendo: "tranquilos muchachos. A mí también me lastimaron. Sufrí más que todos ustedes juntos. Los entiendo, sé lo que sienten, somos del "club" de los lastimados, traicionados, burlados, y despreciados. Estoy de su lado". Esto es lo mismo que ha hecho y hace Jesús con cada uno de nosotros, y lo que debemos hacer con nuestro prójimo. Por eso, cuando veas a una persona tirada en el camino, no te subas a la plataforma del saber o experiencia. Bájate de tu cabalgadura, deja de juzgarle, venda sus heridas, muéstrale las tuyas y ponte de su lado contagiándole de la paz de Jesús en medio de la tormenta.

> "Estando reunidos los discípulos a puerta cerrada por temor a los judíos, entró Jesús y los saludó. — ¡La paz sea con ustedes! Dicho esto, les mostró las manos y el costado. Al ver al Señor, los discípulos se alegraron".
>
> Juan 20:19-20

> "... y gracias a sus heridas fuimos sanados".
> Isaías 53:5

16 de enero

Herramientas en Sus manos

> "Me sedujiste, oh Jehová, y fui seducido; más fuerte fuiste que yo, y me venciste."
>
> Jeremías 20:7A

¿Cuándo comprenderemos que Dios está mucho más interesado en lo que pasa dentro de nosotros que en lo que sucede a nuestro alrededor? Es decir, las circunstancias, lo que vivimos a diario, no son el producto final; ni siquiera aquellos desafíos que Dios nos expresa o los lugares donde Él nos lleve. Son más bien herramientas en Su mano; el fin somos nosotros.

Si aprendiéramos a ver las circunstancias de la vida como instrumentos enviados de parte de Dios, estaríamos capacitados para enfrentar las pruebas, logrando concentrarnos en Dios antes que en los problemas. Por ejemplo, esa persona tediosa, que me agota la paciencia, sería más aceptable si la viera como enviada de Dios para moldearme, probarme y pulirme, porque el hierro cuando se fricciona con otro hierro se afila y acaba siendo un producto más refinado y efectivo (Proverbios 27:17). Puedo ver a esa persona como un obstáculo, una piedra en el zapato, una espina en el dedo, o como la escuela de Dios para mi vida porque Él quiere enseñarme una lección que aún no he aprendido. Entonces puedo llegar al punto de aceptar Su trato y decir: "¡Gracias, Dios, por esta persona!" Somos la meta de Dios; la formación de nuestro carácter es lo que le interesa. Luchará con nosotros hasta moldearnos a Su imagen. Como lo hizo con Jacob (Génesis 32), o con Jonás en aquella playa (Jonás 3:1-2), y el profeta Jeremías (20:7). Toda una vida de relación con Dios se resume en este pasaje: **"Estando persuadido de esto, que el que comenzó en vosotros la buena obra, la perfeccionará hasta el día de Jesucristo"** (Filipenses 1:6). Es un proceso. Debemos esforzarnos por mantener la óptica correcta. Así seremos ejercitados en la paciencia y el amor a Dios. Aquellas cosas que no comprendamos ni aceptemos, en lugar de generar en nuestro interior rencor y amargura, formarán un carácter estable y maduro, como el de Cristo. Así que, si todavía no cambia esa situación indeseada por la que hemos estado orando hace tiempo, ¿no será que aún no hemos aprendido la lección que Él está intentando enseñarnos?...

Es difícil que Dios cambie una circunstancia adversa de nuestra vida, si aún no ha logrado cambiar nuestro corazón

17 de enero

El que quiera servirme que me siga

Existe un riesgo sutil, y es convencerse de que sirvo al Señor Jesús cuando en realidad lo hago como yo quiero, a mi manera, poniendo a Su disposición mis dones donde yo escoja. –Así no–, dijo Jesús. –Si alguien desea servirme de corazón, debe estar dispuesto a RENUNCIAR a sus deseos y derechos; seguir la voluntad de Dios y estar dispuesto a que Él en Su soberanía decida–.

> "Quien quiera servirme, debe seguirme; y donde yo esté, allí también estará mi siervo. A quien me sirva, mi Padre lo honrará."
>
> Juan 12:26

La verdadera realización en la vida, no consiste en cumplir las metas que me propuse para Dios, sino en realizar las metas que Él trazó para mí, lo cual es muy diferente. San Juan 12:23-36 grafica esta lección con claridad meridiana. En el verso 23 y 32 Jesús anuncia Su muerte. Este hecho era imperceptible para Sus discípulos que esperaban con anhelo el Reino mesiánico. En momentos previos, habían sido testigos de la magnífica entrada triunfal, señal de éxito inminente (12-15). Pero Jesús les habla de la necesidad de morir como un grano de trigo (24). El estilo de vida que ha caracterizado al ser humano se resume en una sola frase: "Sálvame de esta hora", (25 y 27 b.) Pero así no funciona, les dice el Maestro. "El que quiera ser de mi equipo abandone pretensiones personales y vida fácil, no se preocupen les espera un suculento premio de parte de mi Padre: "Mi Padre le honrará" (26), pero eso déjenlo en Sus manos. Acaso ¿Piensan que para mí es fácil haber llegado a esta hora de turbación? (27). Yo podría pedirle a mi Padre que me libre, pero desde el momento que decidí cumplir SU VOLUNTAD, mis deseos quedaron condicionado a los suyos. Desde entonces, mis metas son Sus metas, "aunque me cueste la vida misma", (*Paráfrasis del autor*). Servir a Dios es una oportunidad que dura poco (35-36). Que tus prejuicios, temores, vida fácil y orgullo, no sean un obstáculo para seguirle. Sólo perdiendo tu vida, la hallarás.

Si el sacrificio nunca figura en mis planes, pronto quedaré solo

Hablar por hablar

"Todos fallamos mucho. Si alguien nunca falla en lo que dice, es una persona perfecta, capaz también de controlar todo su cuerpo."

Santiago 3:2

"Los sabios hablan porque tienen algo que decir, los tontos hablan porque tienen que decir algo", (Platón). El hablar no solo es un patrimonio exclusivo de la raza humana, también es un arte, un privilegio concedido por Dios que debe ser usado razonablemente. "Hablar sin pensar es como disparar sin apuntar", Janny Ligthart. Es peligroso y tiempo perdido. Dios, en Su Santa Palabra, ha lanzado varias advertencias concretas frente al peligro de usar mal la lengua. La epístola de Santiago en el capítulo tres usa la analogía del timón, para referirse a la lengua. Ese pequeño volante de madera que guiaba las grandes embarcaciones de antaño a través de los mares. De ahí la pregunta: ¿hacia dónde te está guiando con frecuencia tu lengua? Hay personas que constantemente se ven envueltas en situaciones donde deben estar pidiendo perdón por haber ofendido con su hablar. Lastiman, dividen y difaman. En ocasiones, Hay hombres cuyas palabras son como un golpe de espada, dice Proverbios. En el decálogo (la ley sagrada de Dios dada a Israel, pero con implicaciones universales) dedica un espacio para mencionar lo siguiente: "No des falso testimonio en contra de tu prójimo", (Éxodo 20:16). Esto puede significar: Hablar algo falso acerca de tu hermano, engañarle, culparle de cosas que él ignoraba para dañar su reputación, murmurar exagerando sus acciones, aumentar mi reputación perjudicando la de mi prójimo. Santiago pregunta: **"De una misma boca salen bendición y maldición. Hermanos míos, esto no debe ser así. ¿Puede acaso brotar de una misma fuente agua dulce y agua salada? Hermanos míos, ¿acaso puede dar aceitunas una higuera o higos una vid? Pues tampoco una fuente de agua salada puede dar agua dulce. ¿Quién es sabio y entendido entre ustedes? Que lo demuestre con su buena conducta, mediante obras hechas con la humildad que le da su sabiduría"**. Por lo tanto decimos que: No hables sólo porque deseas hablar, habla cuando tu idea haya madurado, razonado y sobre todo, cuando hayas orado, entonces bendice.

> **"El que habla sin pensar es como el que dispara sin apuntar"**
> Janny Ligthart

19 de enero
Encuentro sobrenatural

El hombre y la mujer viven en constante búsqueda de experiencias sobrenaturales que eleven al máximo su adrenalina. Estamos entrando en la era de la realidad virtual y ya hay empresas que ofrecen a sus clientes experiencias excitantes en un mundo sub-real. Adinerados pagan millones de dólares por un viaje en trasbordador al espacio exterior, para explorar

> "Todo lo hizo hermoso en su tiempo; y ha puesto eternidad en el corazón de ellos, sin que alcance el hombre a entender la obra que ha hecho Dios desde el principio hasta el fin."
>
> **Eclesiastés 3:11**

el más allá y todo lo que se acerque a lo sobrenatural. Todo aquello que traspase la barrera de lo terrenal cautiva y obsesiona, ¿Verdad? El ser humano tiene conciencia de que existe algo en el más allá. Un ser superior, una vida en otra dimensión, y tras la búsqueda de esa experiencia, poco a poco está perdiendo tiempo valioso de su existencia.

¿Sabías que somos seres eternos? A diferencia de cualquier otro organismo vivo en este ecosistema, el ser humano es eterno y tú lo sabes; muy dentro de ti lo sientes. La Biblia dice que Dios puso eternidad en el corazón del hombre. Puedes leerlo en Eclesiastés 3:11. La eternidad es un concepto sobrenatural. Trata de pensar por unos segundos en ella, no puedes. Desborda la capacidad de la mente humana. El Dios que dijo estas palabras es sobrenaturalmente eterno y, desde el momento que te dispones a dialogar con Él, te embarcas en una experiencia asombrosa. EL resultado de ese "encuentro íntimo" es el comienzo de una relación de amor con Él, basada en la fe en Su Hijo Jesucristo. Dice la Biblia que solamente así comenzarás una vida sobrenatural, un segundo nacimiento. Verás cambios en tu conducta que no puedes lograr naturalmente desde la perspectiva humana, sino a través de esa fuerza sobrenatural que te capacita, te llena y te controla. Ese impulso, no es una fuerza, es el Espíritu Santo.

En otras palabras, como dice 2 Corintios 5:17, serás transformado en una nueva criatura y entrarás en un dimensión de vida nueva, descubriendo día a día a un Dios sobrenatural, experimentando cambios y caminando rumbo a un cielo más allá de lo imaginable. Porque cosas que ojo no vio ni oído oyó, ni se le han ocurrido a ningún hombre, son las que Dios tiene preparadas para los que le aman. ¿Emocionante, verdad?

Eres eterno por naturaleza.
Escoge dónde quieres pasar tu eternidad

20 de enero
Aplausos

El gran concertista italiano y compositor de ópera Giuseppe Verdi, compartió su música durante el S. XIX. Obras como *La Traviatta* y *Otello* engalanan su digno repertorio. En cierta ocasión daba un concierto en el Teatro Nacional de Génova; al acabar, el auditorio rompió en un caluroso aplauso, como era de costumbre. Una hora después los reporteros se acercaron y le preguntaron: "Maestro, ¿qué se siente terminar un concierto con la aprobación de miles de personas aplaudiendo de pie?" Verdi permaneció en silencio por unos segundos, se encogió de hombros y dijo: "Bueno, estoy muy triste. No todos estaban de pie. Quizás no lo notaron pero entre la audiencia estaba Gioachino Rossinni. Él sabe de óperas más que ninguno de nosotros y no aplaudió. Algo notó que los demás no percibieron. ¿De qué me sirve el aplauso de todo el teatro si no tengo el aplauso de mi maestro?"... algún día, tu vida y la mía serán evaluadas y con miras a ese día debemos vivir. Muchos se dejan marear por el aplauso ajeno, la adulación y el éxito. Pero ¿de qué me sirve el aplauso de todos si no cuento con la aprobación de mi hijo, mi hija, de mi cónyuge, pero especialmente de Dios? El apóstol Juan nos revela el escenario del cielo futuro y allí ve tronos, coronas, premios y evaluaciones. Aquel día, tal vez no muy lejano, cada acto de tu vida pasará por el scanner de los ojos de fuego del Señor. No habrá cómo engañar, disimular o evadir. Solos frente a frente, tú y Él, nadie más. Aquí abajo en el mundo, tu gente te puede aplaudir, reconocer y recompensar, está bien si quieren hacerlo, tú no lo busques. **"Que te alabe el extraño y no tu propia boca"** (Proverbios 27:2). Pero debes buscar la aprobación de Dios y en ese rumbo encaminar cada uno de tus actos. Jesús luchó con esto a cada paso: **"¿Ves todos estos reinos? son tuyos, si postrado me adoras."** (Mateo 4.)". Ya que hablamos de músicos, operas y teatros, Max Lucado dijo: "Para dirigir la orquesta, tienes que dar la espalda al público".

¿De qué me sirve que me aplauda de pie todo el teatro si no cuento con la aprobación de mi Maestro?

21 de enero
Volver en sí

La parábola del hijo pródigo relatada por el mismo Jesús en el capítulo 15 del evangelio de Lucas es una fuente inagotable de lecciones de vida. Seguramente conozcas la historia. Un padre amoroso, un hijo menor rebelde que se aleja del hogar sólo para volver arrepentido meses más tarde, y un hijo mayor que, al ver que el padre perdona y recibe con una fiesta a su hermano, deja ver su corazón envidioso e interesado. El versículo 17 descubre el punto más bajo de este rebelde muchacho al decir: "<u>Por fin recapacitó</u> y se dijo: ¡Cuántos jornaleros de mi padre tienen comida de sobra, y yo aquí me muero de hambre! Tengo que volver a mi padre". ¡Y volvió! Pero lo triste es que culmina esta historia y no se dice que el otro, el mayor, también haya recapacitado. Porque él también estaba lejos. Vivía en la casa del padre, pero su corazón no estaba con el padre de la casa. Se enojó: "¡Fíjate cuántos años te he servido sin desobedecer jamás tus órdenes, y ni un cabrito me has dado para celebrar una fiesta con mis amigos! ¡Pero ahora llega ese hijo tuyo, que ha despilfarrado tu fortuna con prostitutas, y tú mandas matar en su honor el ternero más gordo!" ¿A qué te suena esto? Bueno, para mí está más que claro: Celos, legalismo, egoísmo. También él debería haber recapacitado y haberle pedido perdón al padre y sumarse a la fiesta de gracia. Pero no. Acaba la parábola con una fiesta, el padre y el hijo menor dentro, y el hijo mayor fuera. Nunca quiso entrar, nunca volvió en sí. **Es que es más fácil volver en sí desde el fracaso que desde el orgullo**. A medida que avanzo en la vida, observo que el principal flagelo que sufre el corazón humano es el orgullo. Por algo fue la principal causa de la caída de Lucifer en la eternidad pasada, del primer hombre en el Edén, y uno de los peores pecados de todos los hombres y mujeres hasta nuestros días. ¿También te pasa a ti? ¡Cuidado! Vuelve en sí, acepta Su perdón, no te quedes fuera de la fiesta. (Afuera hace frío, mucho frío).

> "Entonces el padre le dijo: 'Hijo, tú siempre estás conmigo, y todas mis cosas son tuyas. Pero era necesario hacer fiesta y alegrarnos, porque tu hermano estaba muerto, y ha revivido; estaba perdido, y ha sido hallado".
>
> Lucas 15:31-32

Es más fácil volver en sí del fracaso que del orgullo

22 de enero
Propósito de su vida

Familia, carrera, sueños cumplidos y logros a nivel social, parecen ser sinónimos de una vida con sentido y de un ser humano plenamente realizado. Pero en realidad estamos al revés si planteamos la búsqueda de la felicidad partiendo desde estos conceptos. En realidad, el verdadero propósito de la vida, no depende de ti o de tus propios logros, sino de algo más grande y sublime que encontrarás solamente en Dios. Fuiste creado por Él y para Él y allí comienzan todas las respuestas de tu vida. El tema de "Para qué estoy aquí en esta tierra" ha intrigado a millones de personas a lo largo de la historia y ha perturbado a tantos, que algunos hasta han llegado al suicidio por no encontrar respuesta alguna; y es que el camino de esa búsqueda es incorrecto. Desde niños, los adultos condicionan nuestra manera de pensar preguntándonos qué queremos ser cuando grandes, qué vamos a hacer con nuestra vida o cuáles son nuestras metas y sueños... ¿Te das cuenta? Nos inculcan que en realidad todo depende de uno, cuando la verdad es que todo depende de Dios y de Su voluntad que es única, agradable y perfecta. La Biblia dice en Job 12:10: **"En sus manos está la vida de todo ser viviente"**. La respuesta a estos interrogantes no está tampoco en nuestro interior. Los sistemas de autoayuda son ineficaces al momento de proporcionar la verdadera paz, dándonos seguridad falsa que nos hace creer que vamos en sentido correcto. La razón simple es que nosotros no nos creamos a nosotros mismos, por lo tanto el propósito de la existencia nunca la encontraremos dentro, sino más bien en Aquel que nos creó y nos conoce a la perfección. El Salmo 100:3 invita a reconocer que Jehová es Dios, Él nos hizo y no nosotros y es en ese reconocimiento que se alumbra toda la existencia y la vida empieza a tener sentido.

El propósito de tu existencia nunca lo encontrarás en ti mismo, sino en Aquel te creó

23 de enero

Sácale provecho a las tormentas

Pretender que la vida se asemeje a un soleado día de campo, es la ironía más grande. Vendrán tormentas y huracanes más de una vez. Es triste ver cómo hoy muchos "predicadores del Reino" ofrecen a sus incautos oyentes prosperidad, buen vivir, abundancia, sanidad y ausencia de todo tipo de sufrimiento, a cambio de una suculenta ofrenda. No es eso lo que la Biblia declara. Todo lo contrario. El sufrimiento, adversidad, pruebas y tormentas en la vida, son parte esencial de la escuela formativa de Dios para tu ser. Pretender desarrollar tu carácter sin estar bajo presión es una utopía. Un árbol plantado en un invernadero, que nunca necesita usar sus propias reservas de agua, siempre tiene su dosis de riego al día, que no siente al viento doblar su tronco, ni experimenta heladas, sequía, plagas, o granizo, nunca será tan resistente y fuerte como uno que sí pasa por todo eso. Ten por cierto, que ante la primera adversidad climática el árbol del invernadero se marchitará y morirá. Debemos aprender a sacarle provecho a las tormentas, al igual que la tempestad al doblar el árbol, lo obliga a fortalecer su sistema de anclaje radicular; aunque arranque sus hojas, lo estimula a formar hojas nuevas; si se inunda su tierra, lo fertiliza con la resaca traída desde lejos.

Dice Nahúm 1:3: "El Señor camina sobre la tormenta"; tú debes encontrarlo. El gran predicador Spurgeon dijo en cierta oportunidad: "Lo que he aprendido en mis días de prosperidad y abundancia caben un una moneda, pero lo aprendido en los días de soledad y aflicción son lecciones de valor incalculable" Las lecciones más caras del discipulado fueron aprendidas por los apóstoles del Señor dentro de una barca en medio de una tormenta. Cuando te veas sacudido, en oscuridad absoluta, dentro de un hueco, o un túnel, pregúntale a Dios: ¿qué es lo que me quieres enseñar? ¿Qué es lo que necesito aún aprender? Él te revelará Su camino y tú saldrás firme.

> "Por lo demás, hermanos míos, fortaleceos en el Señor, y en el poder de su fuerza. Vestíos de toda la armadura de Dios, para que podáis estar firmes contra las asechanzas del diablo... Por tanto, tomad toda la armadura de Dios, para que podáis resistir en el día malo, y habiendo acabado todo, estar firmes".
>
> **Efesios 6:10-13**

"El Señor camina sobre la tormenta, y las nubes son el polvo de sus pies". Nahúm 1:3B

Eres único

> "Pero por la gracia de Dios soy lo que soy; y su gracia no ha sido en vano para conmigo, antes he trabajado más que todos ellos; pero no yo, sino la gracia de Dios conmigo."
>
> 1 Corintios 15:10

¿Sabías que no existe en la tierra otra persona igual a ti? Nadie tiene las mismas huellas dactilares que tú, ni tiene el mismo iris de los ojos. Aún los tipos de sangre, si son sometidos a un riguroso estudio muestran que no hay dos iguales. Todo tu mapa cromosómico declara a gritos que eres único. Cuando Dios te hizo rompió el molde. Desear ser diferentes, es una ofensa al Creador, es dudar de Su amor por nosotros. La mayor frustración en la vida es tratar de ser alguien que Dios no tuvo la intención de crear. Si estamos insatisfechos con el proyecto de Dios para nuestras vidas, ese sentimiento de inferioridad nos paraliza. Claro que podemos y debemos imitar las virtudes de otras personas, pero siempre debemos decir como Pablo en 1 Corintios 15:10: **"Por la gracia de Dios soy lo que soy, y su gracia no ha sido en vano para conmigo"**. Somos un diseño exclusivo de Dios.

Cuenta una historia que un anciano le entregó a un niño un anillo y lo envió a la ciudad para que lo vendiera. Fue grande la frustración de aquel niño cuando regresó con el anciano y le dijo: "todo el día he caminado por el pueblo y la mayor oferta que me ofrecieron fue cinco piezas de plata". "Ahora ve", le dijo el anciano, "y pide al joyero del pueblo que te lo cotice". El corazón de aquel niño saltaba al relatarle al anciano que aquel anillo había sido cotizado en 10 monedas de oro. Claro, aquel joyero era el que había tallado y fabricado ese anillo y solo él sabía cuánto valía.¿No será hora de ir al taller de Aquel que nos creó para descubrir verdaderamente cuánto valemos para Él?

¿Sabes?, la felicidad en la vida se encuentra cuando llegas al punto de aceptar el proyecto de Dios para tu vida. Háblale ahora mismo, pídele perdón por tantos años de disconformidad con Su plan, sométete a Su sabiduría y amor y deja que Él te tome de la mano. Poco a poco te enseñará por qué te hizo así y cuánto vales para Él.

La verdadera felicidad la encuentras cuando llegas al punto de aceptar el proyecto de Dios para tu vida

25 de enero

Nombre sobre todo nombre

Si observamos las maneras tan diferentes en las que se representa la persona de Jesús hoy, nos damos cuenta de que en la mayoría de los casos ni se asemeja al Jesús de la Biblia. Algunos grupos agregan a la Biblia cosas sobre Él, mientras que otros le quitan, reduciéndolo a un simple mortal, maestro sabio o moralista. Otros pugnan por hacerlo desaparecer de la historia totalmente y esto ha venido sucediendo hace ya dos mil años. Si fueras a seleccionar algunas de las figuras más influyentes de todas las edades, hombres y mujeres que hayan impactado millones de vidas, ¿qué nombres estarían en tu lista? Seguramente muchos vendrían a la mente de cada persona, pero sin duda habría uno que no faltaría en ninguna lista: el nombre de Jesús. Toda la humanidad puede presentar un fuerte argumento en favor de Él. Nadie ha demostrado ser ni remotamente tan potente y permanente como Jesús. Cuando el Hijo del hombre nació en una oscura villa hace dos milenios y declaró: "Yo soy la luz del mundo", estaba anunciando que Su historia trascendería las edades. Thomas Jefferson fue a los evangelios en el Nuevo Testamento con tijeras y cortó todas las referencias a los milagros y la deidad de Jesús, e imprimió lo que hoy se conoce como "La Biblia de Jefferson." ¡Qué ridículo a la necedad humana! Cuando Jesús preguntó a Sus discípulos quién decía la gente que era Él, respondieron que Elías, otros Juan el Bautista, y otros un gran profeta. Pero todas esas respuestas eran inadecuadas. Fue Pedro el que exclamó: "Tú eres el Cristo, el Hijo del Dios viviente." (Mateo 16: 16). Y tú, ¿lo pones al mismo nivel de esas personas influyentes, o en realidad ha llegado a transformar tu vida? No te dejes engañar por descripciones confusas y aguadas respecto a Su identidad. Aférrate a la Biblia; solo así, el nombre de Jesús se convertirá para ti en el nombre más preciado de todos.

> "Por lo cual Dios también le exaltó hasta lo sumo, y le dio un nombre que es sobre todo nombre, para que en el nombre de Jesús se doble toda rodilla de los que están en los cielos, y en la tierra, y debajo de la tierra; y toda lengua confiese que Jesucristo es el Señor, para gloria de Dios Padre."
>
> Filipenses 2:9-11

Si Jesús hoy no forma parte de tu lista principal, no te sorprendas mañana cuando descubras que tú no figuras en Su lista

Armas ocultas

> "Ni tampoco ofrezcáis más vuestros miembros como armas al servicio del pecado, sino ofreceos a Dios, como quienes han vuelto de la muerte a la vida; y ofreced vuestros miembros a Dios como instrumentos de justicia."
>
> Romanos 6:13

En estas últimas décadas nuestra sociedad se ha enfrentado con la amenaza del terrorismo, armas químicas, biológicas y depósitos de material nuclear. Las grandes potencias del occidente se sienten amenazadas por la posibilidad de que naciones extremistas enemigas posean ojivas nucleares y armas de destrucción masiva escondidas bajo la superficie o en grandes hangares camuflados. Ante esta amenaza potencial, se han justificado genocidios, invasiones a la soberanía de estos países y violación de los derechos humanos que las mismas potencias occidentales implementaron. Sin embargo, la sociedad, también ha sido víctima de la mayor destrucción masiva jamás inventada, con arma pequeña en dimensiones pero de alcance cósmico. Contiene fuego comprimido en su interior y es capaz de quemar en cantidades enormes, más allá de tu imaginación. Se detona con un mínimo movimiento; no necesita recargarse, pues es impulsada por el mismo infierno, y lo que es peor, descansa en tu boca y la mía. ¡Sí, acertaste! Es la lengua. Alguien dijo que está puesta en un lugar muy húmedo, así que resbala fácil. En verdad, cual arma de destrucción masiva ha matado, dividido, calumniado, difamado, enemistado, sepultado y separado matrimonios, amistades, iglesias, hermanos, parientes y amigos. ¡Y lo peor es que nadie hace nada! Tú me dirás: "¿qué pretendes, que tome unas tijeras y comience a cortar lenguas a todo el mundo?"... No, no puedes cortarla, así como no puedes domarla (Santiago 3:8). Pero sí puedes y debes permitir que alguien tome el mando de ella, si no quieres que la lista de víctimas continúe. Porque es como el timón de un barco (Santiago. 3:4). El mismo Santiago revela la verdad respecto a las dos naturalezas que habitan en todo hijo de Dios, la antigua (la carnal), y la nueva (la espiritual). La primera no puede controlar la lengua, por más que lo intente. La segunda puede, en la medida que permanezcas en una relación con Dios. Cuando vives conectado a Dios como una rama está a su tronco, los frutos que den tus labios serán de paz formando en ti un carácter justo (Santiago 3:18).

**La Lengua está puesta en un lugar muy húmedo...
resbala fácil**

27 de enero
Ser efectivo

"Por lo cual dice: Despiértate, tú que duermes, Y levántate de los muertos, Y te alumbrará Cristo. Mirad, pues, con diligencia cómo andéis, no como necios sino como sabios, aprovechando bien el tiempo, porque los días son malos. Por tanto, no seáis insensatos, sino entendidos de cuál sea la voluntad del Señor.",

Efesios 5:14-17

Quien mucho abarca, poco aprieta. Así como el haz de luz puede aumentar considerablemente su poder si se filtra a través de un cristal que lo concentre en un punto, de la misma manera, si te concentras en una sola cosa lograrás aumentar tu efectividad. No es el excesivo trabajo lo que cansa sino el esfuerzo mal dirigido. Enfócate y serás una persona de impacto. "Una sola cosa hago", exclamó el gran Saulo de Tarso, transformado en apóstol por el poder de Dios, "prosigo a la meta, al premio del supremo llamamiento de Dios en Cristo Jesús". En el hogar de Betania, se realizaba una amena reunión familiar; Marta, posiblemente la hermana mayor, estaba ocupada en la cocina preparando la comida, las flores, las bebida, la mesa, el mantel, platos, etc. "Marta... ¡Marta!" La voz suave del Maestro no era atendida por Marta, quien se concentraba en lo apremiante. Una vez más lo urgente reemplazaba lo esencial e imprescindible. "Marta, afanada y turbada estás por MUCHAS cosas y no te das cuenta de que en realidad sólo una es necesaria, y es justamente la que escogió tu hermana María, ven siéntate un rato a mi lado para que descanses y aprendas a ser efectiva concentrándote en las prioridades", creo que fue lo que Jesús le quiso decir. Si vives corriendo detrás de las urgencias de la vida cotidiana, pronto te derrumbarás y te llenarás de frustración. El planeta está repleto de víctimas de las "muchas cosas", al igual que Marta. ¡Cuidado! Cuando lo urgente reemplaza lo importante estamos al revés. Organiza tu agenda, no te creas indispensable, delega, haz una lista de prioridades, toma tiempo para mirar las estrellas, pasear con tu pareja, jugar a la guerra de almohadas con tus hijos; haz deporte, conversa con Dios. No olvides que una escala de valores correctamente enfocada te ayudará a correr con menos peso. Mayormente lo que nos quita el tiempo no es lo realmente importante, sino ladrones que nos distraen de lo genuinamente prioritario. Redimamos bien el tiempo porque los días son malos, aconseja Pablo en Efesios 5:16. No es más efectivo el que más hace, sino el que mejor lo hace.

**No es más efectivo el que más hace
sino el que mejor lo hace**

Domando mi lengua

> "Yo dije: Atenderé a mis caminos, Para no pecar con mi lengua; Guardaré mi boca con freno, en tanto que el impío esté delante de mí. Enmudecí con silencio, me callé aun respecto de lo bueno; Y se agravó mi dolor."
>
> Salmo 39:1-2

El Señor puso al hombre para señorear sobre los animales. A causa del pecado, esta capacidad sufrió un grave deterioro. Hoy la domesticación es una costumbre en todos los pueblos de la tierra. Por milenios, las bestias de carga hicieron más fácil la vida del hombre. Así lo reconoció Santiago: **"Porque toda naturaleza de bestias, y de aves, y de serpientes, y de seres del mar, se doma y ha sido domada por la naturaleza humana"** (3:7). Todo está bajo nuestros pies. **Pero ningún hombre puede domar la lengua, que es un mal que no puede ser refrenado, llena de veneno mortal** (Santiago 3:8). Todo el género humano está en la misma condición. No existe quien no haya errado al blanco con sus palabras. No hay quien no lamente hablar indebidamente o haya herido con sus palabras. Todos debemos prometer junto con David, **"Atenderé a mis caminos, para no pecar con mi lengua; guardaré mi boca con freno"** (Salmo 39:1).

¿Qué chef condimentaría su ensalada con veneno? Sólo aquél que odie a sus comensales ¡La lengua tiene abundancia de este letal ingrediente! El apóstol Santiago aseguró que está llena de veneno mortal. Por eso mata las simpatías, destruye hogares, matrimonios y desata las guerras. Se sabe que, como dicen los españoles, más mató la lengua que la espada. Pablo exhortó a los Colosenses acerca de cómo sazonar lo que se dice: **"Sea vuestra palabra siempre con gracia, sazonada con sal, para que sepáis cómo debéis responder a cada uno"** (Colosenses 4:6).

Usted elija el condimento. Pero elija correctamente. Sazone con sal para que su palabra no sea desabrida. Luche contra el veneno de la hiel. No es fácil pero es posible, si posee el control que le ofrece el Espíritu Santo de Dios. Entre en relación con Él; dirija su mirada a Dios ahora mismo, pídale perdón por tantos abusos verbales y deje que Él le transforme con Su amor. Verá toda su vida controlada por el poder de Su Espíritu y será de bendición a los que le rodean y escuchan.

Más mató la lengua que la espada

29 de enero
Juicios secretos

¿Qué es un juicio secreto? Podemos definirlo como la apreciación individual, personal y oculta, que un individuo tiene de otra persona o cosa. Tal vez no nos damos cuenta pero todo individuo casi de manera imperceptible, emite juicios al pensar en algo o en alguien. A eso le llamamos: *prejuicios*. Los hay personales, culturales y raciales. Por ejemplo,

Adolfo Hitler, sostuvo su propia idea de la "raza pura" y consideró a la descendencia judía como una escoria étnica. Se aferró a ese "juicio personal" e ideó el macabro plan de la "solución final" que desembocó en el holocausto Nazi. Hay quienes juzgan mal a cierta etnia por culpa de alguno de sus exponentes, dicen por ejemplo: "Los colombianos son narcotraficantes, o los afro-americanos son delincuentes, los judíos avaros, los norteamericanos inmorales y los árabes terroristas". Pero... ¿en verdad esto es así? ¡Por supuesto que no! Son estereotipos sociales que hemos adquirido por comentarios, mala fama o ideas preconcebidas que estorban, distancian y discriminan. En un plano más personal, el hijo, hastiado del excesivo control de su padre, lo cataloga de viejo amargado y decide irse de casa sin darse o darle la oportunidad del diálogo. O el amigo que se siente ofendido y, sin comprobar las motivaciones, rompe con una amistad de toda la vida.

Cuando el juicio que emites sobre otro es gobernado por el amor y las buenas obras, rara vez será equivocado. Pero cuando te dejas influenciar por la presión social externa o la corrupción moral interna, puedes acabar lastimado y lastimando. ¡Cuidado!, dijo Jesús, "porque con el juicio que juzgas serás juzgado". Si esperamos un mundo mejor, sin luchas de poder, sin fronteras innecesarias, sin abandono del hogar ni divorcios, necesitamos urgentemente revisar nuestro interior y asegurarnos de que nuestras motivaciones sean alimentadas por el amor de Dios. Tómate un tiempo para mirar hacia Adentro y otro para mirar hacia afuera con objetividad. Con un cambio radical desde el interior, podremos ser más misericordiosos y no juzgar a otros, y ese cambio solamente lo puede obrar Cristo Jesús.

Con la misma vara que juzgas, serás juzgado

Para ganar

> "Me he hecho débil a los débiles, para ganar a los débiles; a todos me he hecho de todo, para que de todos modos salve a algunos. Y esto hago por causa del evangelio, para hacerme copartícipe de él. ¿No sabéis que los que corren en el estadio, todos a la verdad corren, pero uno solo se lleva el premio? Corred de tal manera que lo obtengáis."
>
> 1 Corintios 9:22-24

"¡Sé un ganador en la vida!" Seguramente esta frase estimulante la habrás escuchado, leído, o pensado más de una vez. Es el slogan de esta generación triunfalista. Nos aterra muchas veces la idea de quedarnos a un costado de la carrera viendo cómo otros pasan y se llevan los aplausos. Para alcanzar dicha meta, se propone una actitud positiva, se ofrecen alternativas instantáneas y atajos fáciles para la "escalada social". Préstamos, tarjetas de crédito, cursos académicos acelerados, becas en el exterior, etc., etc. Todo esto para mantener una postura competitiva, en la que, de ser necesario, es lícito avasallar al prójimo. La meta es que tú progreses a cualquier costo. Así respiramos un clima cada vez más asfixiante, porque flotan en el ambiente de las relaciones el egoísmo, la adulación, los celos y los sobornos. Vivir para ganar, sí. Pero ¿vivir cómo? ¿Ganar qué?...

El consejo bíblico es diametralmente opuesto. Más bien, dice Dios en Su Palabra, que todo aquel que ambicione ganar su vida la perderá, y todo aquel que esté dispuesto a perder su vida en una causa altruista, (la de Jesús) la ganará. Es por eso que el concepto de humildad no encaja en esta patología social a la que hacíamos referencia. No puedes lograr escalar, triunfar en este mundo, lograr prestigio de los hombres y a la vez ser humilde. ¡NO! Una cosa o la otra. La humildad se siembra en esta tierra, pero sus frutos se cosechan en el cielo. A la inversa, aquel que es orgulloso y prejuicioso; que sectoriza sus actividades y escoge amistades por conveniencia personal, pierde, nunca gana. Por eso, el apóstol Pablo, en el capítulo 9 de 1ª de Corintios dice que **"a todos me he hecho de todo, para ganar al mayor número, sean judíos, gentiles, débiles o fuertes"**. Por lo tanto, si cultivas un espíritu amable y benigno hacia tus semejantes serás un ganador. Nunca olvides: Con el orgullo pierdes amistades, salud, oportunidades y el mismo gozo. Con el amor ganas un premio eterno. Ama de tal manera que estés seguro de que lo obtendrás.

"Más bienaventurado es dar que recibir"

31 de Enero
Pobre por fuera, rico por dentro

Quiero escribir una reflexión para aquellos a quienes no les sobra la plata sino más bien les falta. No pueden ahorrar, cuanto mucho unas monedas en el bolsillo. De cierto modo, en este sistema capitalista en el que intentamos sobrevivir, cada vez son más los que se identifican con este sector de la sociedad ¿verdad? Son menos los ricos que tienen más y más los pobres que tienen menos. ¿Llegó tu turno? ¿Luchaste, intentaste, sólo para ver cómo estás cada vez más endeudado? Dios tiene Palabras para ti. Santiago 1:9 dice que aunque tu condición económica sea difícil puedes y debes ser rico en carácter. Vivir en medio de este mundo con dignidad. Los destinatarios de esa epístola universal fueron judíos cuya economía había quebrado. No fueron siempre así. Tenían posesiones, pero el precio de su fe, fue el despojo de sus bienes y el destierro (1:1). No le es fácil vivir como pobre a aquel que se crió como rico. Estos judíos estaban cediendo a la ansiedad de enriquecerse a cualquier costo (v.13). Pero Dios les advierte el peligro de caer en la trampa y el lazo del amor por las riquezas, que duran lo que dura la flor del campo (v.11). Porque ¿quién tiene sus ahorros asegurados?... Acepta tu condición, intenta mejorar poco a poco, dejando que Dios guíe tus finanzas. Da para la causa del reino, aunque no sea mucho, como aquella viuda. Administra con la sabiduría que viene de lo alto; ahorra, no gastes sin pensar. Revisa que el progreso material, nunca sea mayor que el espiritual, (3ª de Juan 2). vive con gozo y dignidad. No te avergüences de ser pobre. Jesús, nació humilde, en un establo prestado; creció pobre, hijo de un humilde carpintero, predicó desde una barca prestada, cabalgó sobre un burrito prestado, lo sepultaron en una tumba prestada. Pero vivió con la frente en alto porque tenía puesta su mirada en el galardón. Te esperan calles de oro. Una corona de perlas, una casa para estrenar con tu nombre en la entrada, y una mega ciudad de ensueño para vivir. Paciencia, sólo es cuestión de tiempo.

> "El hermano que es de humilde condición, gloríese en su exaltación; pero el que es rico, en su humillación; porque él pasará como la flor de la hierba..."
>
> **Santiago 1:9-10**

Y si tú eres rico, vive como humilde y que esa humildad sea tu gloria

1 de febrero

Rocas en tu camino

Cierto rey, colocó una gran roca en medio del camino que llevaba al palacio y se sentó para ver quién sería aquel que se preocuparía por quitarla de en medio. Uno tras otro pasaban sin molestarse por mover semejante obstáculo. Algunos se detenían a preguntar quién dejó allí esa roca, la rodeaban, la ignoraban pero todos y cada uno seguían su camino indiferentes sin preocuparse por aquel que viniera detrás. Las horas pasaban y el rey se preguntaba si en su comarca habría alguien considerado que dedicara un poco de tiempo para atender obstáculos aparentemente ajenos. El rey sin más esperanza, se retiró apesadumbrado.

Al anochecer, un campesino que transportaba su cargamento de leña llegó a aquel lugar, dejó por un momento su carga y con gran esfuerzo, movió la gran roca dejando libre el paso. Cuando ya se retiraba feliz de haber hecho lo que correspondía, observó que en el sitio donde había estado la roca, había una bolsa repleta de monedas de oro y una nota del rey diciendo que el dueño de esas monedas sería el que despejara el camino.

Querido amigo, cada obstáculo en el camino puede esconder una gran bendición si lo enfrentamos sin egoísmo y con el ejemplo altruista de Jesús. Él vio tu pecado y el mío, no como un problema ajeno, ni nos ignoró desde Su cielo. Tal vez muchos conciben a Dios como indiferente a los problemas humanos, insensible y lejano, pero Él es todo lo contrario. Al igual que el Buen Samaritano, bajó de Su cabalgadura de Gloria, nos rescató, nos sanó y nos sentó en lugares celestiales. Todo esto por amor. Si entendemos Su ejemplo y le imitamos, cosecharemos a cada paso recompensas por amar.

Nunca olvides, que cada problema u obstáculo puede encerrar bendiciones y transformase en una oportunidad para aprender nuevas lecciones.

Si en tu camino hay piedras, levántalas, debajo encontrarás tesoros

2 de febrero
Aborto

La guerra no solo es la principal causante de muertes, también lo es el aborto. Durante las nueve guerras ocurridas desde 1775 hasta el presente, murieron 667,286 americanos en los campos de batalla. Tan solo en 1972, 600,000 bebés americanos murieron por causa del aborto. Esto equivale a más de un asesinato por minuto. En ese año, más bebés murieron "legalmente" por medio del aborto en California que el total de los soldados americanos que murieron en las guerras de Vietnam, Corea, Hispanoamérica, México (1812) y la Guerra de la independencia Norteamericana, todas juntas. En la guerra se pretende salvar vidas. Cuando se trata del aborto, los médicos matan. Los bebés abortados no son condecorados con medallas ni se estipula un día de duelo nacional por ellos. Las técnicas que se utilizan, desmembran a los bebés cortándolos en pedazos, o se les quema vivos en una solución salina; no se les da anestesia. ¡Sufren una muerte horriblemente dolorosa! Algunos datos sobre la magnitud del aborto dicen que cada año hay 1.600.000 abortos en los EE.UU. El 92%, aproximadamente 470,000, se practican alegando razones sociales, económicas o personales. Tres de cada cuatro mujeres que abortan dicen que un hijo interferiría con el trabajo, la escuela u otras responsabilidades. ¿En qué mundo vivimos? ¿Este fue el plan de Dios para el ser humano al regalarles la vida y ubicarlos en este planeta? Seamos objetivos. Los medios de comunicación nos hacen creer que los malos son otros pero debemos reconocer que la maldad está dentro del propio corazón del hombre y en consecuencia, todo lo que sale de su interior tendrá un final de vida o muerte. Dice la Biblia:" **Porque del corazón salen los malos pensamientos, los homicidios, los adulterios, las fornicaciones, los hurtos, los falsos testimonios, las blasfemias. Estas cosas son las que contaminan al hombre".** Sólo si acepta la presencia de Dios en su vida, el corazón del hombre y su conducta, cambiarán.

> "Porque del corazón salen los malos pensamientos, los homicidios, los adulterios, las fornicaciones, los robos, los falsos testimonios y las blasfemias".
>
> Mateo 15:19

Sólo si acepta la presencia de Dios en su vida, el corazón del hombre y su conducta, cambiarán

Zona de Gracia

> "por quien también tenemos entrada por la fe a esta gracia en la cual estamos firmes, y nos gloriamos en la esperanza de la gloria de Dios.
>
> Romanos 5:2-5

En las áreas protegidas de la Franja de Gaza, los palestinos buscan refujio en grandes hangares dispuestos por el convenio entre árabes e israelíes, bajo la tutela de la ONU. Es una zona "segura" donde el conflicto bélico acosa a medio oriente. Los padres y sus hijos, observan con horror los aviones y los misiles que surcan el cielo de un lado a otro. Supuestamente, estas armas no deben caer sobre esta franja. Pero la realidad es otra. Cada día civiles inocentes mueren o son mutilados justamente en el lugar donde deberían estar a salvo. Son promesas incumplidas. Es una zona donde la ambición y el orgullo "santo" pueden más que la tregua y el perdón. El hombre busca, desde siempre, "zonas seguras". En la generación pre diluviana tuvieron su refugio en el gran arca. Lot en Sinar fue puesto a salvo de la condenación que acabó con Sodoma. Cuando las plagas azotaban la soberbia egipcia, el campamento de los hebreos estuvo a salvo. En la invasión a Canaán los espías estuvieron seguros en casa de Rahab, la ramera. Ya instalados en su tierra, Jehová dispuso una ciudad de refugio para que todo aquel pecador desprevenido, estuviera seguro hasta tanto se aclarara su delito. A David Dios lo escondió en una cueva, a Elías en el Monte Carmelo, a Jeremías en una cisterna y a Daniel en un foso con leones. Fueron "Zonas de Gracia". Aunque ruja la tormenta, adentro estarás a salvo. En medio de este mundo agitado, con oleadas de delincuencia, inmoralidad, atentados terroristas y vicios destructivos ¿no anhela tu alma un lugar seguro, estar a salvo, una zona de reposo?... Dios ofrece este refugio en Cristo. En este mundo donde habrá tanto buenos como malos momentos, cosas planeadas y aparentemente descontroladas, instantes felices y tristes con lágrimas, siempre la protagonista de ese refugio será la Gracia de Dios y Su amor. Puedes entrar; aún hay lugar; la puerta sigue abierta. Entra al refugio, no te quedes afuera.

Toda propuesta de seguridad momentánea sin Cristo, es solamente otro paso que te acerca a la condenación eterna

4 de febrero
Mártires por una mentira...

Permíteme mencionarte el final heróico de algunos mártires de la fe cristiana. El primero fue Esteban. Predicó con vehemencia y terminó sepultado por las piedras de su auditorio. Le siguió Jacobo a quien Herodes mandó matar. Felipe, el gran evangelista, fue azotado, echado en la cárcel y después crucificado en el 54 D.C. Mateo, fue muerto con una alabarda en Etiopía. Jacobo, el menor, a la edad de 99 años fue golpeado, y apedreado por los judíos, finalmente le abrieron el cráneo con un garrote. Matías, fue apedreado en Jerusalén y luego decapitado. Andrés hermano de Pedro, predicó en muchas naciones de Asia, hasta que fue capturado y colgado en una cruz. Marcos, el evangelista, fue arrastrado y despedazado por el populacho de Alejandría. Pedro, fue crucificado, según Jerónimo, boca abajo a pedido de él mismo. Pablo, el apóstol a los gentiles, fue decapitado y solo pidió que le permitieran orar antes de entregar su cuello a la espada. Judas, hermano de Jacobo, fue crucificado en Edesa, Bartolomé acabó de traducir el evangelio de Mateo al lenguaje de la India y fue cruelmente azotado y luego crucificado por los idólatras de aquel país. Tomás, murió atravesado por una lanza también en la India. Lucas, colgado de un olivo en Grecia; Simón crucificado en Gran Bretaña en el 74 D.C. La lista es interminable si añadiéramos los mártires a lo largo de 2000 años en la historia del cristianismo. ¿Podemos pensar que el evangelio de Jesucristo es un fraude cuando tantas personas estuvieron dispuestas a dar sus vidas por sus convicciones? Puedes sostener una mentira hasta las últimas consecuencias, pero cuando sientas el frío metal de la afilada espada sobre tu cuello o cuando los clavos de la crucifixión comiencen a romper tu piel, músculos y hasta el hueso, ya no podrás sostener más tu mentira y confesarás, ¿Verdad? Ellos creían que Cristo había resucitado porque lo comprobaron y lo sentían vivo dentro de su ser al igual que muchos de nosotros hoy. El evangelio de Jesucristo es la única verdad que transforma vidas. Él dijo en Juan 8:32, **"Conoceréis la Verdad y ella os hará libres."** Y tú, ¿seguirás negando lo evidente, o te entregarás al Cristo resucitado?

> "Y a mí, porque digo la verdad, no me creéis. ¿Quién de vosotros me redarguye de pecado? Pues si digo la verdad, ¿por qué vosotros no me creéis? El que es de Dios, las palabras de Dios oye; por esto no las oís vosotros, porque no sois de Dios."
>
> Juan 8:45-47

Las verdades más sublimes se defienden aún con la propia vida

5 de febrero

Mal genio

El mal genio es una debilidad que conduce al empleo de la violencia. La conclusión lógica es que si vivimos en una sociedad violenta debe ser porque estamos de mal genio, ¿verdad? La ira del hombre es una manifestación peligrosa de su estado emocional que puede dominar al que está enfurecido y afectar a todos los que le rodean. Existen niños que manifiestan ira gritándole a sus compañeros o aún a sus padres. Los padres pierden el control con los hijos y el esposo tiene actitudes violentas con su cónyuge. El empleado se queja de los maltratos de su jefe, los políticos gritan en los parlamentos. Las cárceles están repletas de personas que, en un arranque de ira, se han extralimitado tal vez con la persona que más amaban y le han quitado la vida. Mujeres golpeadas o abusadas sicológicamente, gritos de furia en la carretera porque se atascó el tránsito; platos rotos y portazos en el seno familiar; discusiones, golpes en la cancha de fútbol y en las tribunas... Ira. Violencia. Enojo. No es malo enojarse, hay situaciones que demandan una respuesta enérgica de nuestra parte, pero es peligroso subirse al tren de la ira si no estamos seguros de quién lo conduce, porque si se descarrila puede acabar en tragedia. ¿Por qué nos volvimos tan violentos? Proverbios 19:19 dice: "**El iracundo tendrá que afrontar el castigo; y si intentas disuadirlo aumentarás su enojo**". Jesús también se enojó. Nos cuenta Marcos que enfurecido al observar cómo los religiosos de su época habían convertido el templo en una feria de mercado, improvisó un azote y a los latigazos sacó a todos los comerciantes de aquel lugar. Pero lo notable es que Sus emociones estaban controladas por una profunda comunión con el Dios de paz ya que la noche anterior, nos dice el capítulo 11:11, había entrado también en el templo y había presenciado semejante espectáculo, sin embargo, **"como ya anochecía" se controló y volvió a su casa en Betania"**. ¿Te das cuenta? Ira bajo control es aceptable, furia descontrolada es peligrosamente trágica. ¿Quién conduce el tren de tu ira? Si no lo sabes, te aconsejo que no te subas.

**El que guarda su boca y su lengua,
su alma guarda de angustias**

6 de febrero

El Señor está cerca

Esta declaración emocionante hecha por el apóstol Pablo desde su prisión en Roma en el capítulo cuatro de la carta a la iglesia en Filipos, está llena de expectativa. Todos anhelamos el día en que seamos arrebatados de este mundo corrompido y agitado, a las glorias eternas y el disfrute junto al Señor. Pero hay una nota de advertencia: ¿Cómo nos encontrará en Su venida?... Porque si el Señor hubiese venido en el momento que Pablo escribía esta carta, a Evodia y a Síntique las hubiese encontrado peleadas entre ellas, aun siendo soldados del mismo ejército (4:2-4). ¡Qué absurdo! Es en este contexto que el escritor dice: "El Señor está cerca. Que no te encuentre enojado, amargado, distanciado con tus hermanos, familiares y amigos". Y ahí viene la contrapropuesta **"Alégrense en el Señor siempre"**. La palabra es *regocijarse*. Más que gozo ¡Es un "Re-gozo"! ¿Pero cómo? No puedes ordenarle a tus emociones. Yo no puedo alegrarme o entristecerme simplemente porque alguien me lo imponga, es una cuestión de ciertas condiciones externas que producen en mí diferentes estados de ánimo. Ahí radica el secreto. Pablo aconseja no regular mi estado de ánimo por lo que suceda afuera, o lo que posea en mi ser interior. Por eso este nivel de gozo sólo se obtiene **"en el Señor"** *(4:4)*. Algunos consejos te pueden ser útiles. Toma nota y recuérdalos siempre:

1. Sé amable con todos (v.5).
2. Echa sobre Dios en oración las cosas que te quitan el sueño (v.6); así obtendrás la paz de Dios. Sin ella es imposible pretender estar en paz con los hombres (v.7).
3. Concéntrate en lo positivo de la otra persona, no sólo en sus defectos. Algo bueno debe tener (v.8-9).
4. Ayuda a los necesitados (v.10-18). Te sorprenderás al ver cuántas personas están en peor estado que tú.
5. Saluda a todos, aunque te volteen la cara (v.21-22).

> "Regocijaos en el Señor siempre. Otra vez digo: !Regocijaos! Vuestra gentileza sea conocida de todos los hombres. El Señor está cerca.
>
> Filipenses 4:4-5

¡El Señor está cerca! ¿Por qué será que entre nosotros estamos lejos?...

Forjando mi carácter

> "Los que confían en sus bienes, Y de la muchedumbre de sus riquezas se jactan, Ninguno de ellos podrá en manera alguna redimir al hermano, Ni dar a Dios su rescate (Porque la redención de su vida es de gran precio, Y no se logrará jamás), ".
>
> Salmo 49:6-8

Por medio del aprendizaje, cada sujeto desarrolla su existencia en una continua transformación moldeando así su persona. Es como una cadena, donde cada eslabón representa una secuencia de conocimientos y experiencias adquiridos. La familia en la que fuimos criados es el primer ámbito donde comienza a construirse. En segundo lugar, la herencia genética que llamamos genotipo y es heredada de nuestros padres, que se evidencia en actitudes como: gestos, palabras, reacciones, etc., que en el mejor de los casos son espontáneas e inofensivas, pero en el peor, pueden ser dañinos si son de tipo violento o adictivo.En tercer lugar, hay una herencia cultural, adquirida y recreada por nosotros en contacto con el mundo externo en que vivimos y que denominamos fenotipo. Pero toda esta "fuerza" de lo adquirido y enseñado por otros, muchas veces lucha con lo soñado por uno. Por miedo al caos se sigue el camino deseado por "los otros" antes que el propio, simplemente por esta necesidad de sentir aprobación y confirmación desde afuera. Aún en la vida más adulta uno decide en función de la opinión de otros o lo que piensan que es mejor para nuestras vidas. Pero ante tanta tensión entre lo propio y lo ajeno, ante la contradicción mencionada entre lo que desean los demás y el deseo propio, lo mejor es pensar que Dios es la "Matriz". Él tiene el molde de tu personalidad y tu destino, sin desmerecer los consejos de aquellos que te quieren o te conocen, por lo tanto, buscar la aprobación de Dios debe ser tu causa. Vivir intentando complacer a los demás es una utopía, vivir deseando agradar a Dios es la verdadera realización en la vida. Recuerda: para él eres un hermoso poema y él tiene para ti un plan especial. Dice el apóstol Pablo en Efesios 2:10, **"Porque somos hechura suya, creados en Cristo Jesús para buenas obras las cuales Dios preparó con anticipación para que las pongamos en práctica"**. Descubrirás tu valor real y tu verdadero propósito en la vida, cuando le conozcas personalmente. ¡Hoy puede ser ese gran día!

**Tú eres una hermosa creación de Dios,
¡valórate como Él te valora!**

8 de febrero
Las campanas de Dios

El rey David de la Biblia, experimentó situaciones extremas y opuestas muchas veces en su vida y fue una persona muy distinta en cada una de ellas. Era uno en aquella cueva donde se encontró dormido a Saúl y fue otro en el palacio real. En la cueva fue perseguido y en el palacio aclamado. Fue uno en el campo de batalla y otro en la azotea de su casa real.

> "Dos cosas te he demandado; no me las niegues antes que muera: Vanidad y palabra mentirosa aparta de mí; no me des pobreza ni riquezas; mantenme del pan necesario; No sea que me sacie, y te niegue, y diga: ¿Quién es Jehová?..."
>
> Proverbios 30:7-9

Las reflexiones que escribió mientras pernoctaba en cuevas repletas de ladrones del desierto, son monumentos a la piedad. Pero una vez instalado en el palacio, cuando fue rey, sus problemas familiares le abrumaron. Mientras luchaba por su vida y la de sus soldados en los campos de batalla, su fe se aferró tan fuerte a su Dios como su puño a su espada. Cuando delegó la tarea de liderar a su ejército y se quedó descansando en la casa real, mientras todos los reyes salían a la guerra, perdió la peor de sus batallas: la santidad. Quizás a veces necesitamos estar bajo presión para no perder el rumbo y Dios lo sabe. Es por eso que tantas veces nos expone a situaciones en las que, humanamente hablando, no hay respuesta. No es que se haya olvidado de nosotros, sino que nosotros nos estamos olvidando de Él. Entonces hace sonar Su campanita de la adversidad en nuestras vidas, para atraernos nuevamente hacia Su presencia. Si te fijas en la acusación que el profeta Natán le hace al adúltero Rey David, menciona de paso su pecado con Betsabé, pero va más allá y descubre que, el verdadero motivo de su caída, fue el haber descuidado y tenido en poco su tiempo con la Palabra de Jehová (2° Samuel 12:9). Nos olvidamos de Dios cuando las cosas van bien. Seguramente recuerdas a Dios en esos momentos solo en la sala de espera de un hospital frotando tus manos, llorando y clamando al cielo con un nudo en tu garganta por la vida de tu hijita, luego del accidente. O el día que tuviste que llegar a tu casa, arrodillarte junto a tu esposa y orar al Dios que todo provee, porque te habían despedido del trabajo. O cuando te enteraste de que tu hijo consumía drogas y estuvo faltando a la escuela las últimas dos semanas, urgente llamaste al pastor para que veniera a orar contigo y te aconsejara. ¿Lo ves? Necesitamos las dificultades, y cuanto más nos olvidemos de Él, más pruebas habrá.

> **La flecha de la oración que traspasará los cielos se debe lanzar de un arco completamente doblado. (casi a punto de quebrarse)**

Escalada en ascenso

"Mas la senda de los justos es como la luz de la aurora, que va en aumento hasta que el día es perfecto".

Proverbios 4:18

La vida con Dios está llena de retos nuevos cada día, metas alcanzadas y otras por alcanzar. Es un constante proceso para superar el nivel de la mediocridad que derriba todo argumento estereotipado que esta sociedad propone, y fija objetivos claros basados en los principios establecidos por Dios, que son alcanzables por Su Espíritu. Una característica que se repetirá vez tras vez, es el hecho de sentirnos desafiados por Dios para llegar a nuevos niveles de santidad; y cuando se llega, es sólo para entender que Él nos pide un poco más. Sí, pareciera que Dios nunca se conformara con la medida de nuestra entrega. Dios sabe el peligro del conformismo. Es en este contexto que Pablo exhorta: **"Sed llenos del Espíritu Santo de Dios"** (Efesios 5:18). La palabra "sed", en el original, significa literalmente sed y seguid siendo. Es un proceso continuo. Creo que es justamente ahí donde fracasamos la mayoría de veces, y así la vida de piedad se nos va en intentos. Jesús refirió una parábola acerca del peligro de proponerse metas, alcanzarlas, y luego conformarnos con lo alcanzado (Mateo 12:43-45). Dijo Él que, en este caso, el peligro es acabar peor que como comenzamos. El sujeto de esta historia desalojó su vida de malos hábitos pero no los reemplazó por buenos. Al cabo de un tiempo, esas malas costumbres regresaron con otras "nuevas" y su estado postrero fue peor que el primero. La Biblia presenta lo que se conoce como el método del reemplazo. Quitar algo malo y alcanzar un nuevo nivel de santidad pero no dejar ese hueco en el alma sino llenarlo con otro buen hábito. Es lo que Pablo llama el "Despojarse y vestirse" (Efesios 4:22-24). No intentes conformar a Dios con un mero esfuerzo por mejorar, solamente para dejarlo tranquilo a Él y a tu conciencia. Él te desafiará cada día. Si tuviste diez minutos a solas con Él, te dirá: "Y ¿qué tal 15? Y cuando logres 15 te dirá: ¿Y por qué no 20?... Cada vez que logres cortar las ataduras de tu lengua y hablarle a una persona de tu fe Él te dirá: ¿Te animas a hacerlo nuevamente mañana? Son desafíos de fe y santidad que te llevan bien alto, a la Roca.

Una meta alcanzada no significa nada si no va acompañada de una nueva meta en proceso

10 de febrero

Preparados para la prueba final

El 20 de julio de 1969, La NASA, difundía al mundo entero las imágenes de los astronautas de la misión Apolo XI al momento de llegar a la luna. Dicho alunizaje marcó un hito en la trayectoria tecnológica y científica del ser humano en la tierra.

Es sabido, que los astronautas son sometidos a rigurosas pruebas de adaptación en condiciones similares a las que serán expuestos durante la misión espacial. Simuladores de vuelo, donde se recrean condiciones atmosféricas de presión y temperatura semejantes a las reales, cuando estén fuera de la atmósfera terrestre. Así, esa realidad virtual en menor escala y controlada, les prepara para lo que vendrá, en una situación de alto riesgo y máxima concentración.

De alguna manera, todo ser humano debe estar preparado para el gran viaje a la atmósfera celeste, cuando el fin de sus días le marque la cuenta regresiva. Lo interesante de este hecho es que en realidad, esto se repite a menor escala cada día en nuestra vida. Me estoy refiriendo a la sabia e incomprensible mano de Dios. Situaciones de compromiso, riesgo, tensión y crisis, a menudo se reflejan en nuestro andar y nos sorprenden. Algunos se enojan con la providencia divina y culpan al cielo de cada circunstancia traumática que enfrentan, ignorando que, probablemente, sea una clase preparatoria para el examen real. Esas son las pequeñas trabas que nos capacitan para desafíos cada vez más grandes.

No los esquives, no te enojes, no busques la vida fácil. Conserva una óptica eterna de tu existencia. Al fin y al cabo, toda nuestra vida no es otra cosa que un preludio de la eternidad.

Cuando Cristo, el Hijo de Dios encarnado, subió a los cielos, se fue prometiéndonos preparar un lugar para nosotros. Pero debes saber que el deseo de Él es también prepararnos a nosotros para ese lugar. Así que no te desanimes cuando eres reprendido por Él. Sométete a su dirección que al final, saldrás preparado, fortalecido y más capacitado.

> "A fin de que el hombre de Dios sea perfecto, enteramente preparado para toda buena obra".
>
> 2ª Timoteo 3:17

La cuenta regresiva para el despegue de este planeta, comienza el mismo día que el ser humano pone un pie en este mundo

Rumiando pasto amargo

> "Estad quietos, y conoced que yo soy Dios; seré exaltado entre las naciones; enaltecido seré en la tierra. Jehová de los ejércitos está con nosotros; nuestro refugio es el Dios de Jacob".
>
> Salmo 46:10-11

Según la Biblia, el rencor, la envidia y los celos son "pasto amargo". Una clase de mala hierba que crece en el jardín. No respeta cercas ni terrenos. Donde encuentra condiciones ideales mínimas para brotar, lo hace con toda su fuerza si no recibe un trato adecuado. Además, tiene la característica de permanecer mucho tiempo bajo la tierra pero imperceptible en la superficie. Hasta que un día… ¡Brota! ¡Ahí está! Pensabas que estaba olvidado, solucionado, perdonado, pero no, retoña peor que antes. Si mantienes una planta sólo podándola pero sin arrancarla de raíz lo único que haces es que conserve reservas para el día del rebrote y entonces daña todo. Dice Hebreos que contamina a muchos (Hebreos 12:15). En este mismo contexto, el escritor menciona que tales desviaciones de la gracia son raíces amargas. Creo que, siguiendo con esta analogía, cuando recordamos la ofensa es como si rumiáramos pasto amargo. Los rumiantes, como la vaca o el camello, por ejemplo, tienen varios estómagos, y luego de tragar el pasto le extraen algo de su jugo y lo regurgitan para tragarlo nuevamente en el segundo estómago y luego en el tercero y el cuarto. Es común ver en las Pampas argentinas a estos mamíferos con espuma en su boca por el proceso de rumiar. Si el pasto es amargo debe ser un proceso incómodo y doloroso. Sí, tan incómoda y dolorosa como es la vida del rencoroso, que nunca acaba de digerir la ofensa, que nunca acaba de tragar el odio, los celos y la envidia. ¿Es ese tu caso? Permíteme decirte que el único perjudicado eres tú y solamente tú. Olvida, perdona, traga. Ocupa tu tiempo en cosas más dulces, en alimento más sabroso, como la Palabra de Dios… Está repleta de promesas sólo para ti.

> **"Alzaré mis ojos a los montes; ¿De dónde vendrá mi socorro? Mi socorro viene de Jehová, que hizo los cielos y la tierra".** Salmo 121: 1-2

12 de febrero
Rechazo de Dios

«La nación estadounidense es un claro reflejo de las consecuencias nefastas de darle, deliberadamente, la espalda a Dios. Desde 1973 han asesinado a sus bebés en el vientre de sus madres a una tasa de 4.000 por día para un total de casi 60 millones. Se consume más de la mitad de todas las drogas ilegales producidas en el mundo cuando su población apenas llega al 5%. Se gastan 2,8 billones de dólares en pornografía por Internet, más de la mitad de personas en el mundo. La unión libre en parejas aumentó diez veces desde 1960. Ostenta la tasa de divorcio más alta del planeta. El 40% de los hijos nacen de madres solteras. Se gastan más de cien billones anuales en juegos de azar. Más de 17.6 millones de adultos son alcohólicos. La blasfemia al Nombre de Dios, Su Hijo y la Biblia se ha vuelto común en los medios de comunicación masiva, estos son los principales contaminantes del planeta con su distribución de programas de televisión, películas inmorales, violentas y blasfemas. Ni hablar de la contaminación atmosférica provocada por la industria y consumo masivo de agentes no degradables. Están abandonando a la nación de Israel, exigiendo que entreguen el núcleo de su tierra y dividan su capital. Así, se han convertido en una nación que llama a lo bueno malo y a lo malo bueno (Isaías 5:20), y están pagando el precio por ello. Sus escuelas se han convertido en escenarios de violencia mortal. La población carcelaria está aumentando en forma exponencial. Se está promediando más de 3 millones de casos de abuso infantil cada año. Es la nación número uno en el mundo en cantidad de crímenes, 12 millones/año. Las pandillas aterrorizan las calles. Su dólar se está volviendo cada vez más inservible. Su economía está siendo estrangulada hasta la muerte, por enormes deudas. Los deportes se están volviendo cada vez más violentos remembrando los antiguos gladiadores de la cruel Roma. Sus iglesias están atrapadas en una apostasía pues se deja de lado la Palabra de Dios. El juicio de Dios a través de desastres naturales sin precedentes es evidente. En resumen es un pueblo que se ha vuelto insensible al pecado. ¿No es suficiente evidencia para que aprendamos y no hagamos lo mismo?…

> "¿Se han avergonzado de haber hecho abominación? Ciertamente no se han avergonzado, ni aun saben tener vergüenza; por tanto, caerán entre los que caigan; cuando los castigue caerán, dice Jehová. Así dijo Jehová: Paraos en los caminos, y mirad, y preguntad por las sendas antiguas, cuál sea el buen camino, y andad por él, y hallaréis descanso para vuestra alma".
>
> **Jeremías 6:15-16**

La grandeza de una nación es proporcional
a la grandeza de su piedad...
La grandeza de una vida también

Muchas bocas poca comida

> "Porque se levantará nación contra nación, y reino contra reino; y habrá terremotos en muchos lugares, y habrá hambres y alborotos; principios de dolores son estos".
>
> Marcos 13:8

Cada día nacen 360 mil personas en el mundo, el doble de la cantidad de muertes/día. De ahí la alarmante tasa de incremento demográfico. Sólo pensemos que hasta el año 1800, aproximadamente, un censo estimado arrojó la cifra de mil millones de habitantes en el mundo. Pero en estos doscientos años la cifra se ha multiplicado por siete. Ya hemos pasado los siete mil millones de habitantes. A este ritmo de crecimiento, el futuro es alarmante.

Por consiguiente, la comida escasea cada vez más. Se estima que en cincuenta años duplicaremos la cifra actual. ¿Cómo haremos para alimentar siete billones más de bocas? Este es un tema de primer orden a tratar en la mesa de trabajo de las grandes potencias mundiales. Claro que para todo, estos "inteligentes poderosos" tienen "una solución". Estas son algunas de las medidas mortíferas que están proponiendo:

- Reducir la población mundial para proveer una alta calidad de vida para todos.
- Reducir las tasas de natalidad forzando a las mujeres solteras a abortar sus bebés o entregarlos en adopción.
- Implantar cápsulas de esterilización en personas cuando alcancen la pubertad.
- Agregar, a las reservas de agua potable y a la comida básica, productos químicos que esterilizarían a la gente.

¿Y qué hay de aquellas ideas de reducir activamente la población incrementando la taza de muerte, como por ejemplo mediante las guerras o deliberadamente propagando las pestilencias?

Estas medidas son dictatoriales y proceden directamente del abismo. Aunque ciertamente el ser humano ha administrado arbitrariamente este planeta concedido por su Dueño y lo maltrata. La creación y sus habitantes gimen, dice la Biblia, como mujer con dolores de parto en espera de la restauración final, la redención completa por parte de Dios (Romanos 8:18-23). ¡Hay tanta superficie deshabitada a lo largo y ancho de nuestro planeta! El tema son las ciudades atestadas de habitantes con las nefastas consecuencias que esto acarrea. Sólo cuando le devolvamos el control de este planeta a Jesús, Su Creador, veremos orden, progreso y paz. Antes no. Tal vez tu vida sea hoy un caos que no encuentra solución final y valedera. Cede el mando de tu vida a Jesús, esa es la única solución.

La única solución final es la que comienza con Cristo

14 de febrero

No busques la felicidad, recíbela

La felicidad no se encuentra, se logra. Sí. En cualquier lugar del mundo, época de la historia, en distintas circunstancia que te encuentres o la persona con quien compartas la vida, puedes llegar a experimentar paz y gozo a pesar de todo. "¡Espera, espera un momento!", me dirás. "¿Cómo es eso, que con cualquier persona, en cualquier lugar o circunstancia puedo llegar a ser feliz?" No estoy promoviendo un estilo de vida displicente y alocado, no. Lo que quiero decir es que, las diferentes situaciones tal vez no deseadas que hoy te toca enfrentar, ya sea por malas elecciones o porque no tenías otra opción, no son excusa para negarte una experiencia de vida confiadamente feliz.

> "Tú diste alegría a mi corazón Mayor que la de ellos cuando abundaba su grano y su mosto".
>
> Salmo 4:7

Muchos dicen: "Pensé encontrar la felicidad en esto o aquello, (matrimonio, dinero, placer, hijos, etc...) y me equivoqué. Me siento defraudado, desilusionado, y no me queda otra que llorar mi decepción observando cómo otros pasan por mis narices y disfrutan. ¡Qué ironía! " Es que la felicidad depende de ti, no de los otros o de las cosas. Si en tu interior estás en paz con Dios y por ende, contigo mismo, nada ni nadie te puede apartar del gozo que viene de Dios. Hombres cuya fe se centraba en Dios, han escrito y hablado sobre el gozo como nadie, encerrados en un frío y húmedo calabozo con ambas manos encadenadas a crueles guardias romanos que se turnaban cada ocho horas. ¿Cómo lo lograron? Porque hallaron a Cristo. Aquel que sufrió la cruz, el oprobio, y supo poner un gozo delante de él que le capacitó para avanzar hasta la meta. Fijando los ojos en el Autor y Consumador de la fe, es que podemos enfrentar los embates de la vida con firmeza. Porque la felicidad no está en algo o en alguien, sino en Cristo.

¿Tienes a Cristo? Entonces tienes la felicidad. ¿No lo tienes? Entonces con nada ni nadie te sentirás conforme.

No encuentras la felicidad, la felicidad te encuentra a ti por medio de Cristo. ¿Ya lo aceptaste?

Honestidad

> "Mejor es reprensión manifiesta Que amor oculto. Fieles son las heridas del que ama; Pero importunos los besos del que aborrece".
>
> Proverbios 27:5-6

Uno de los bienes más preciados y menos hallados en la actualidad, es sin duda la honestidad. ¡Cómo es de escasa, qué difícil es encontrar una persona honesta en varios kilómetros a la redonda! ¿Verdad? De los otros... Los falsos y mentirosos sobran; los encuentras en cada esquina y la persona que no ha desarrollado ese discernimiento frente aquellos que hoy te dan palmadas en el hombro para luego empujarte al precipicio, porque puede ser víctima del aplauso ajeno. No cualquiera es lo suficientemente honesto como para decirte la verdad. Por miedo a ofenderte, perder tu aprobación, o por falta de interés en tu futuro, simplemente te dice: "No es mi problema, que continúe en su error aunque sufra el daño"... Es tan común él: "No te metas"... Realmente nuestro paso por la vida se ha transformado en un sendero minado, ya no sabemos de dónde vendrá la próxima explosión ¿Verdad? Proverbios 28:23 dice: **"Con el tiempo, aprenderás a valorar más al que te critica que al que te alaba"** ¡Claro! De los que te aplauden para obtener algún beneficio personal de ti hay montones, pero, ¿sabes? Es prudente escuchar a los otros, a los que te dicen la verdad aunque te duela, porque esos son tus verdaderos amigos y tal vez mañana los vas a necesitar. Un capítulo antes Salomón escribe: **"Más digno de confianza es el amigo que hiere que el enemigo que besa"** (Proverbios 27:6). Jesús sabía muy bien de esto, lo experimentó en carne propia en el huerto de Getsemaní. Allí sintió el frío puñal del engaño disimulado con un beso. No en vano se dice que el peor de los crímenes es el de la traición. Sé honesto, aunque eso signifique herir al que amas. La promesa bíblica te asegura que al final serás recompensado. Y rodéate de honestos, serás el hombre más rico hacia el final de tus días. Dice la Biblia: **"El que odia, lo disimula con los labios, pero en su interior maquina engaño; por más que hable amigablemente, no le creas, porque siete abominaciones hay en su corazón"** *(Paráfrasis).*

Más digno de confianza es el amigo que hiere que el enemigo que besa
Proverbios 27:6

16 de febrero
Volver a empezar

Le sucedió a un amigo en Cristo. En pleno examen de ingeniería química, no lograba llevar la solución de los ejercicios por buen camino. En poco tiempo, el enredo se le volvió tan complicado que no supo por dónde empezar. Se dio por vencido y anunció al jurado su completo fracaso. Uno de los profesores se acercó a la pizarra y luego de algunos minutos, mirando el garabato de tiza y símbolos con paternidad docente, sugirió: Vea joven, procure comenzar otra vez; pero hágalo por este punto y siga este camino para la solución. ¡Sorpresa! El profesor le indicaba dónde comenzar y cómo elaborar el desarrollo. ¡Eso sí que fue tener una oportunidad! Las pistas recibidas encendieron la luz. Recomenzó. Llegó al final. ¡Y obtuvo la calificación máxima! Aquel profesor (casi un ángel) le hizo, en el momento oportuno, el regalo preciso. Le había ofrecido un nuevo comienzo. El regalo de Dios también es un nuevo inicio de todas las cosas. Su oportuna dádiva cambia el destino eterno del hombre. Su divina dosis imprime una nueva naturaleza. Considere lo que señaló Santiago: **"Él, de Su voluntad, nos hizo nacer por la Palabra de verdad"** (1:18). Gócese en la permanente buena disposición de Dios, No hay en Él un solo vestigio de mala voluntad. Y si usted capta la onda de Dios verá que siempre es la óptima. Valore el hecho de tener una nueva oportunidad. ¡Qué bendita ocurrencia! ¿Recuerdas el cántico que se escuchó en Belén hace dos milenios? Se sigue escuchando hoy desde el cielo: **Gloria a Dios en las alturas, y en la tierra paz, todo esto es posible por la buena voluntad de Dios para con los hombres.** Sí. Dios tuvo siempre toda la mejor disposición para sacar al hombre de la maraña de caminos torcidos que le enredan y le quitan la paz, ahora viene tu parte de reconocer que sólo no puedes, que debes dejar que Él tome tu mano y disponerte a observar con asombro cómo poco a poco todo se va ordenando a partir de un nuevo comienzo, una nueva vida.

> "Y repentinamente apareció con el ángel una multitud de las huestes celestiales, que alababan a Dios, y decían:!Gloria a Dios en las alturas Y en la tierra paz, buena voluntad para con los hombres!»
>
> Lucas. 2:13-14

En Cristo siempre hay un nuevo comienzo

17 de febrero

Interactuemos

> "Debemos siempre dar gracias a Dios por vosotros, hermanos, como es digno, por cuanto vuestra fe va creciendo, y el amor de todos y cada uno de vosotros abunda para con los demás;"
>
> **2ª Tesalonicenses 1:3**

La interacción es la oportunidad que la vida te brinda para ser humano. Ser parte de este ecosistema en el que un día despertaste. Entonces, te vas dando cuenta de que eres parte vital del mismo a medida que creces. La interacción no sólo fortalece tu conciencia e identidad, sino que también te educa, te enriquece y te hace cada vez más capacitado para subsistir en un mundo de riesgos y peligros. Es parte del Plan Supremo para tu vida. No has sido creado para ti mismo sino para tu Hacedor y tus semejantes. Querer ignorar esta verdad es fatal para tu desarrollo y formará en ti un carácter asocial que marcará un destino de soledad irrevocable.

La Biblia dice en Proverbios que así como el hierro se afila con otro hierro, de la misma manera el perfil del hombre es afectado y pulido al interactuar con otro. Evitar dicha fricción preserva tu ser, pero al costo de perder la oportunidad de ser enriquecido con experiencias nuevas y percepciones de vida diferentes.

Conocer nuevas personas, culturas, opiniones y experiencias de vida, te capacita para responder ante situaciones críticas con objetividad y sensibilidad, porque al conocer nuevos pensamiento descubres necesidades tal vez más grandes que las tuyas, dolores más insoportables, penas más amargas, y te haces más humano. Por eso decimos que la interacción es la oportunidad que la vida te brinda para ser humano.

Aislarte e ignorar tus propios problemas, solamente atrofiará en ti el sentido de vida y el desarrollo de tu personalidad, formando un carácter apático e introvertido que se pierde cada vez más en sus propias opiniones, llegando a creer que todos están equivocados y sólo tú tienes la razón.

Nunca olvides que fuiste creado por un Ser Superior que siempre quiso darse a conocer y que quiere relacionarse contigo para decirte cuánto te ama y desea que seas feliz viviendo en comunión con Él y con los demás.

La interacción es la oportunidad que la vida te brinda para ser humano

18 de febrero
Antes y después

Si tenemos que mencionar un momento en la historia humana que haya marcado un antes y un después, fue cuando Dios hecho hombre, fue colgado de un madero. Ese sí que es "El Evento". Por tal motivo, cada vez que pones la fecha en tu reloj, en tu chequera o en tus cartas, te refieres al año calendario "Después de Cristo". Agnósticos ateos, moralistas religiosos y sectarios fanáticos, no pueden evadir este hecho histórico que dividió a la historia humana en dos. Pero este ícono de amor y perdón no hubiese sucedido si miles de años antes otro evento de la misma magnitud no apareciera en la historia. Tú me dirás "¿Un ícono más importante que la muerte del Hijo de Dios en la Cruz?... Imposible". Bueno, no igual en amor, pero sí en tragedia. En aquel remoto paraíso creado por Dios, el Edén, el hombre, criatura hecha por Dios, se debatió entre la decisión que ha presionado desde entonces a todo ser humano: Obedecer o desobedecer. Creerle a Dios o creerle al diablo, confiar en que el Creador que sabe lo que nos conviene y lo que no, o adquirir por nuestra propia cuenta el conocimiento de lo bueno y lo malo para la vida. Acercarnos en humildad al Árbol de la Vida Eterna para comer de su fruto: Cristo, o alejarme de Él. Todos sabemos lo que Adán y Eva escogieron y las nefastas consecuencias que esto provocó en toda la descendencia humana. Esta deuda eterna fue el pago que completó Jesús en aquella cruz... Y aquel pago superó la deuda. Como dijo el salmista David: "Mi copa está rebosando". Tu historia fue marcada por aquella tragedia edénica y hoy puede ser saneada por la demostración de amor en el Calvario. El fruto prohibido de un madero dio inicio a una trágica cadena. El fruto divino de otro madero puede romper esa cadena de muerte y darte vida, dividiendo tu propia historia en dos.

> "Porque por cuanto la muerte entró por un hombre, también por un hombre la resurrección de los muertos. Porque así como en Adán todos mueren, también en Cristo todos serán vivificados".
>
> **1ª Corintios 15:21-22**

La caída del hombre es una rebelión voluntaria ante la voluntad revelada de Dios

19 de febrero
Lo malo de la ignorancia

La Biblia destaca las virtudes de la sabiduría como provenientes de Dios, así como también nos advierte los peligros de llevar una vida dedicada a defender solamente las razones propias. Sobre este punto aconseja no creerse sabio en la propia opinión ya que, cuanto más tiempo pasemos parados en la ignorancia, acabaremos creyendo que es un cimiento verdaderamente estable y reconoceremos el error cuando sea demasiado tarde y tengamos que emerger de los escombros. Lo malo de la ignorancia es que va ganando confianza a medida que se prolonga. De alguna manera, somos advertidos con señales en el camino, como aquellas en la carretera que nos indican que vamos a más velocidad de la permitida y si no disminuimos acabaremos en desastre. Salomón destaca que **"A cada uno le parece correcto su proceder, pero el Señor juzga los corazones"** (Proverbios 21:2).

Nacemos con una tendencia natural a pelear por lo nuestro, y lo que nos parece verdadero, sea o no. Ese instinto natural que nos grita desde adentro: "¡Defiéndete, pelea por tu vida!", muchas veces se transforma en orgullo. Orgullo ciego que no escucha razones y nos lleva a límites inimaginables. Sabemos que Dios, nuestro Creador, nos dio dos oídos y una boca para escuchar el doble de lo que hablamos. ¡Es tan prudente saber oír antes de hablar! El mismo Salomón dijo: **"Aún el necio es considerado sabio cuando calla"**.

Claro que la vida nos va enseñando esta importante lección, pero casi siempre cuando ya es tarde. Por esto es mucho mejor **"Escuchar al Padre de los espíritus y viviremos"** (Hebreos 12:9). La Palabra de Dios presenta la triste historia del pueblo escogido por Dios para anunciar al mundo entero el evangelio de Jesucristo. Triste porque vivieron equivocados y negaron al Justo Hijo de Dios, crucificándole y persiguiendo a sus seguidores, los cristianos. Por tal motivo Dios, en Su amor y verdad, los disciplinó poniéndolos aparte por un tiempo **"hasta que digan: ¡Bendito el que viene en el nombre de Jehová!"** Aquel día, **"verán al que traspasaron"** y se arrepentirán de haber vivido tanto tiempo abrigando un concepto equivocado y aceptarán al Cristo Glorioso. Estas cosas sucedieron como ejemplo para nosotros, para que no cometamos el mismo error.

El primer paso de la ignorancia es presumir de saber

20 de febrero

Viendo a las personas como árboles

El capítulo ocho de Marcos narra la segunda alimentación milagrosa que realizó Jesús. En la anterior y en esta, Él enseñó lecciones de vida a los Suyos luego de meterlos en la barca. Entre ambas enseñanzas, el capítulo siete narra una extensa discusión con los fariseos que, al final del milagro, tendría su repercusión (7:31). El cuadro es casi idéntico

ahora pero en otra región, Decápolis, una zona de gentiles. Una serie de pueblos incluyendo Gadara. Jesús detalla a Sus discípulos lo apremiante de la situación, porque el hambre dijo: "Presente" y otra multitud hambrienta esperaba a la vuelta de la esquina (v.2 y 3). Parece increíble que ellos no se compadecieran habiendo sido exhortados en el milagro anterior (v.4). La respuesta de los discípulos muestra "vergüenza" en lo poco que tenían: "**Sólo tenemos siete panes**". Pero recuerde que cuando ponemos al servicio de Dios lo poco que tenemos, para Dios es mucho. Esta actitud repercutió en otro, que se animó a ofrendar sus peces. Sobraron siete canastas. Eran más grandes que las cestas del milagro anterior. Cabían unos doscientos Kg. de pan en cada una. Pero faltaba LA LECCIÓN en la barca (14-21). El milagro terminó con la gente satisfecha, los discípulos entrando en la barca por orden de Jesús y de los 1.400 Kg de pedazos de pan que sobraron no quedó sino un solo pan. ¿Se habrían olvidado de traerlo?... Quizás por temor a la opinión de los fariseos que veían mal el comer con manos inmundas (como hacen los gentiles (7:1-5), no quisieron contaminarse recogiendo las sobras del pan que había sido creado por las mismas manos del Señor. Sus prejuicios les impidieron participar del milagro y de la bendición. A esto se refirió Jesús cuando, en el versículo 15, les advirtió: "**Guardaos de la levadura de los fariseos**". En la Biblia la levadura representa la fermentación sutil por la presencia del pecado. El pecado de los fariseos se llamaba hipocresía y falso misticismo. Pero ellos estaban ciegos, con sus corazones endurecidos ante la necesidad. Quizás precisemos un segundo toque (v.25).

Mi hipocresía, prejuicios y legalismo, endurecen mi corazón y me privan de disfrutar de Sus bendiciones

Armas de destrucción masiva

"Todas las cosas me son lícitas, mas no todas convienen; todas las cosas me son lícitas, mas yo no me dejaré dominar de ninguna."

1 Corintios 6:12

No hay nada que ejerza tanta influencia en nuestro pensamiento, como los medios de comunicación. Desde estos medios se esparce una filosofía de vida secularizada, donde el hombre y sus conquistas son las propuestas principales. Se sostiene que el hombre es quien fija su propio destino sin detenerse a considerar la opinión de nadie, (ni de Dios). Entonces, todo es relativo. Nada es absoluto, no hay punto de referencia. Así vivimos sumergidos en este relativismo moral donde a lo bueno se le llama malo y a lo malo, bueno. Las pantallas de televisión, computadores y celulares, lanzan información de distintos temas que son captadas por miles de millones de personas en todo el mundo, logrando una enorme confusión para quienes la reciben. Las antenas de comunicación, son la "Torre de Babel" moderna construida para desafiar la existencia de Dios. Este enfoque secular que lo relativiza todo, nos debe poner alerta porque pululan innumerables ideas a nuestro alrededor. Muchas de estas informaciones distorsionadas nos llegan en formato subliminal. Los productores de esto, se han dado cuenta de que la parte consciente de la mente del ser humano ofrece resistencia a lo que se le transmite. Se procesa, se analiza y se decide, pero la parte subconsciente, es como una ciudad sin murallas fácilmente abordable. Cuando estos conceptos logran entrar y tomar el control, tenemos la batalla perdida. Es así como hemos cedido el timón de nuestra nave al artífice del mal. Satanás desea tu mente y posee armas de destrucción ejecutadas desde los medios masivos de comunicación. Sólo una relación personal con Aquel que te dio la vida, Tu Creador, el Espíritu Santo, y la mente de Cristo gobernándote, pueden librarte de ser otra víctima más de esta influencia diabólica. ¡Cuidado! Vivimos nadando en la mentira, pero si la verdad dirige tu barca, serás libre y llegarás a puerto sano y salvo.

Podemos defendernos a nivel consciente, pero las incitaciones al consumismo están dirigidas desde la T.V. a nuestros indefensos subconscientes

22 de febrero
Valor Relativo

El valor que le demos a los bienes materiales no es absoluto sino relativo. Uno es el precio que le ponemos a nuestras posesiones en el disfrute de las mismas, otro es lo que significan para nosotros, por ejemplo en el lecho de muerte, ¿Verdad? Cuánto apreciamos los que tenemos, radica en el momento en el que nos encontremos. Hay quienes se aferran a lo material como si eso fuera el todo en la vida, pensando neciamente que le acompañarán hasta el más allá y que aún le proporcionarán alguna garantía en el futuro. En los momentos críticos es cuando observamos en realidad, el valor intrínseco de las cosas. Así como los valiosos amigos perduran en las malas y los proyectos con motivaciones sanas son los que se llevan adelante a pesar de los obstáculos que aparezcan en el camino. En cambio, los proyectos fugaces, son los que se desvanecen ante la primera adversidad, de la misma manera las posesiones y todas aquellas cosas que aparentan ser fundamentos en tu existencia, pueden perder valor cuando te encuentras en momentos difíciles o terminales, como la muerte misma. Aquel millonario que vivió en deleites y lujos en esta vida, mira a sus montañas de dinero con poco o ningún interés si sabe que le quedan horas de vida, ¿No es cierto? Y por otro lado, manda a llamar en su agonía, a sus hijos, amigos y esposa a rodear su cama de enfermo para despedirse porque su conciencia le remuerde al saber que no los disfrutó en vida, los ignoró y abandonó por las ocupaciones de sus negocios. Así que, aquello que tuvo valor en vida ya no lo tiene y lo que para él no fue importante, ahora es de primer orden. ¿Con qué vara medimos el valor de las cosas? ¿No será que Dios a veces nos pone en este tipo de circunstancias para que aprendamos a valorar mejor lo que pasa por nuestras manos? Concéntrate en lo eterno. Sólo allí existen los valores absolutos. Dijo Jesús: **"Más bien, acumulen para sí tesoros en el cielo, porque donde esté tu tesoro, allí estará también tu corazón"**.

> "No os hagáis tesoros en la tierra, donde la polilla y el orín corrompen, y donde ladrones minan y hurtan; sino haceos tesoros en el cielo, donde ni la polilla ni el orín corrompen, y donde ladrones no minan ni hurtan. Porque donde esté vuestro tesoro, allí estará también vuestro corazón."
>
> Mateo 6:19-21

El valor que damos a lo que tenemos, depende del momento en el que nos encontramos

El peor de los muertos

> "Como está escrito: No hay justo, ni aun uno; No hay quien entienda, No hay quien busque a Dios. Todos se desviaron, a una se hicieron inútiles; No hay quien haga lo bueno, no hay ni siquiera uno. Sepulcro abierto es su garganta; Con su lengua engañan. Veneno de áspides hay debajo de sus labios."
>
> Romanos 3:10-13

Una de las ciencias más repulsivas pero tremendamente necesarias, es la medicina forense, que estudia la anatomía de los cadáveres para descifrar la causa de su fallecimiento. La Biblia presenta una autopsia de este tipo en el libro de Romanos capítulo 3. El forense se llama Pablo. El cadáver en examen es el pecador. Empecemos introduciendo el bisturí en su garganta, ¿qué hallamos? Dice el forense en el v. 13 que el olor nauseabundo que proviene del interior, se asemeja a un sepulcro abierto. Sí. Las palabras del hombre sin Dios huelen a podrido. Sigamos por la lengua. Dice el forense que está hinchadísima, ¿será por intoxicación? Parece que sí. El tóxico hallado es tan fuerte como el de serpientes venenosas y ha ingerido tanto que no solamente se impregnó en su lengua sino también debajo de sus labios y hasta llenar toda su boca, dice el v. 14. ¿Qué comió este pobre pecador? Jesús dice: lo que intoxica al pecador no es tanto lo que entra por su boca sino lo que sale de ella ya que sale directamente de su propio corazón porque: **"de la abundancia del corazón habla la boca"**. Así que, por el examen de este *cadáver* podemos también ver su corazón y descubrir que está lleno de veneno. El mismo veneno y la misma serpiente que viene mordiendo desde el Edén. El diablo y su mordida, el pecado. Pero continuemos. Es el turno de sus pies, están totalmente manchados de sangre, dice el v. 15. El análisis hematológico dice que no es su propia sangre sino ajena, y parece que corrió sobre ella. Sí, el pecador corre hacia la violencia y en su competencia cruel, derrama mucha sangre inocente a su paso. Es la autopsia de aquel que camina sin Dios. ¿Estás allí, en la morgue del pecado? Cristo quiere resucitarte a una nueva vida si le extiendes tu mano ahora mismo. Nunca olvides que la paga del pecado es muerte pero que Dios te regala vida eterna en Cristo Jesús, Señor nuestro.

No son muertos los que en dulce calma, la paz disfrutan de una tumba fría; muertos son los que teniendo muerta el alma, viven todavía

El mundo le pertenece a los soberbios, pero no los cielos

La ciudad de Ajaccio, en honor a uno de sus ilustres hijos, Napoleón, levantó un monumento impresionante; Sobre el plano inclinado que constituye el zócalo, se halla esculpida esta frase: "Napoleón I, Emperador de los franceses; lo hemos visto subir soberbio, las primeras gradas de los cielos." Que haya alcanzado, en pocos años, la cumbre de la grandeza humana causando asombro, por su gloria terrenal, no se puede discutir. Pero el mundo pertenece a los soberbios, no los cielos. Las Sagradas Escrituras nos enseñan precisamente lo contrario. Lo que los hombres tienen por sublime, delante de Dios es abominación. El Señor Jesús comenzó Su misión humillándose más que cualquiera, para luego subir al cielo. Él, estando en la condición de hombre, se humilló a sí mismo, haciéndose obediente hasta la muerte y muerte de cruz (Filipenses 2:8). El camino a la glorificación lo transitas de la mano de Jesús y siguiendo Su ejemplo. Los que escogen la soberbia como bastón de mando se quedan en las gradas, junto a Napoleón. Los sabios proverbios salomónicos dicen: **"Antes de la caída es, la soberbia y antes de la humillación la altivez de espíritu"**. Debes saber que si cultivas una actitud déspota, orgullosa y engreída, tu fracaso está a las puertas. Tal vez para los hombres hayas llegado o estés llegando alto, muy alto. Es que en esta sociedad altamente competitiva no se considera como avasallamiento, el ponerle el pie a tu prójimo o la tiranía en pro de la escalada social. Lo que importa es llegar alto, cada vez más alto. Para el hombre, el progreso se mide en ancho, no en alto. Creces hacia los costados pero no logras superar la mediocridad a la que están confinados tus proyectos enajenados de Dios. Pero cuando Él comienza a ser el centro de tu vida y te inunda con Su amor, entonces, sólo entonces te proyectas hacia arriba. Porque sólo la senda de aquellos que han sido justificados por Jesús, va en aumento, como la luz de la aurora, hasta que el día es perfecto.

"Preserva también a tu siervo de las soberbias; que no se enseñoreen de mí; entonces seré íntegro, y estaré limpio de gran rebelión."

Salmo 19:13

Para el hombre, el progreso se mide en ancho, no en alto. Crece hacia los costados pero no logra superar la mediocridad a la que están confinados sus proyectos enajenados de Dios

La mejor compañía de comunicaciones

> "Amada mía... muéstrame tu rostro, hazme oír tu voz; porque dulce es la voz tuya, y hermoso tu aspecto."
>
> Cantares 2:14b

Creo que no pasa una semana sin recibir, vía celular, teléfono fijo o Internet una invitación para conversar. Vivimos en la era de las comunicaciones. Pero mientras más industrias de comunicación hay, menos nos relacionamos con nuestra compañía: **"Nuestro cónyuge"**. Son cada vez más comunes palabras tales como: Maltrato verbal, separación, divorcio, votos rotos y familias disfuncionales. Lo más importante en la convivencia conyugal es la comunicación. Aún más que el romance, el trabajo, los hijos o las responsabilidades. Veamos algunas escenas de comunicación en matrimonios bíblicos y aprendamos de las lecciones sustanciosas.

- **No manipules a tu cónyuge**. Génesis 12:13. Abraham, instándole a mentir a Sara, antes de entrar en Egipto para sacar ventaja. "Mira que soy el líder de la iglesia. No sería bueno que se enteraran de nuestro hijo"...
- **Habla bien de tu cónyuge**. 1° Samuel 25:25. Abigail, hablando con David, acerca de su esposo Nabal. Arregla tus males en casa y presenta a tu cónyuge públicamente **"sin mancha, ni arruga, ni cosa semejante"**.
- **No culpes a tu cónyuge de tus errores**. "La mujer que me diste por compañera, me dio del árbol y yo comí".
- **Dale ánimo a tu cónyuge en medio de la prueba**. "Maldice a Dios y muérete". No hagamos como la esposa de Job a su marido.
- **No hagas culpable a tu cónyuge de tus presiones**. "Dame hijos o me muero". Génesis 30:1 Raquel a Jacob, al ver que su hermana tenía hijos y ella no.
- **No uses la ironía**. "¡Cuán honrado ha quedado, hoy el Rey, descubriéndose delante de las doncellas de Israel como se descubre sin decoro un cualquiera!" Mical, al observar danzar a David. Esto es desleal dentro del matrimonio.
- **Comprende y no sobrecargues a tu cónyuge**. 1° Samuel 1:4-10. Pobre Ana, su esposo no le entendió. Y pobre de nuestros cónyuges cuando nosotros agregamos sal a sus heridas.

No olvides que la base del matrimonio es la sana comunicación.

Mientras más industrias de comunicación existen hoy, menos nos comunicamos con nuestro cónyuge

26 de febrero
Veredicto fatal

Nuestro mundo está habitado por más de 7.000 millones de personas. 90 millones nacen cada año y este aumento demográfico es menor que el porcentaje de aumento de pobreza, o sea que cada vez hay más pobres en el mundo y menos ricos. La quinta parte de la población mundial vive en extrema pobreza, con menos de $ 85.oo por año. Una tercera parte

> "He aquí yo pongo hoy delante de vosotros la bendición y la maldición: la bendición, si oyereis los mandamientos de Jehová vuestro Dios, que yo os prescribo hoy, y la maldición, si no oyereis los mandamientos de Jehová vuestro Dios, y os apartareis del camino que yo os ordeno hoy, para ir en pos de dioses ajenos que no habéis conocido"
>
> Deuteronomio 11:26.28

sufre de insuficiente alimentación, y esto se agrava al considerar que son menores de 15 años. El 50 % de América Latina vive en la pobreza. Ahora entendemos por qué el 20% de la población mundial tiene depresión. El suicidio ocupa el 4º lugar como factor de muerte mundial. Sólo en América Latina hay más de 200 millones de personas que sufren de este mal. 600.000 llegan a suicidarse por no encontrar respuestas satisfactorias a sus interrogantes. ¿No será tiempo de recapitular?

1963 fue uno de los años más lamentables para la historia estadounidense. No hubo ninguna guerra, no hubo atentados ni catástrofes, la economía estaba más floreciente que nunca, entonces ¿qué fue aquello tan lamentable para una nación en progreso como esa? Ese año, por mandato presidencial, se decidió quitar de las escuelas públicas la lectura de la Biblia y la oración como práctica diaria. ¡Lamentable decisión! El final de esta práctica piadosa, fue el comienzo de su decadencia social y espiritual. A partir de allí, comenzaron a multiplicarse prácticas como la hechicería, los cultos satánicos que llegaron a más de 200.000 personas. Hoy el satanismo es la subcultura con mayor difusión entre los jóvenes. La venta de video clips satánicos va en considerable aumento, la delincuencia juvenil ha alcanzado niveles alarmantes. ¿Sabes? Cuando hacemos a un lado la Palabra de Dios, todo nuestro ser se encamina por senderos equivocados que nos llevan a destinos erróneos y trágicos. Cuando sientas ganas de preguntarle a Dios: "¿Por qué permites tanta injusticia, violencia, hambre y dolor y no haces nada al respecto?", Vas a ver que Dios te responderá con la misma pregunta.

Cuando hacemos a un lado la Palabra de Dios, todo nuestro ser se encamina, por senderos equivocados que nos llevan a destinos erróneos y trágicos

27 de febrero
El poder está en tus manos

Cierta historia cuenta la lección aprendida por una niña. Ella era muy inteligente, la más atenta de su clase. Se enteró de que en las afueras del pueblo vivía un anciano muy sabio y quiso ir para probarlo. Ideó un plan. Dijo: "Voy a atrapar una mariposa, se la voy a llevar al sabio y le preguntaré ¿qué tengo en mis manos? De seguro responderá: Una mariposa, entonces le haré otra pregunta: ¿Está viva o muerta?... Si responde: "Está muerta" abriré mis manos y le mostraré que está viva, y si me responde que está viva la aplastaré antes de abrir mis manos mostrándole que está muerta". Fue al jardín, atrapó una mariposa y la llevó en sus manos. Al llegar a la casa del anciano en la montaña le preguntó: "¿Qué tengo en mis manos?" El sabio respondió: "Una mariposa asustada", y la niña respondió: "Sí, pero dime ¿está viva o muerta?", el sabio le respondió: **La respuesta está en tus manos**. La Biblia enseña una verdad similar tocante al poder de la lengua. Creo que los humanos no hemos aprendido aún el arte de comunicarnos. Cuando nos relacionamos con los demás, los mensajes que enviamos están formados por tres partes. **VERBAL**. Las palabras que usemos pueden ser exageradas, imprecisas, acusadoras o evasivas. Es importante escoger bien las palabras que usemos para expresar nuestros pensamientos, ya que ellas son el estuche del concepto que intentamos transmitir. Pero, para tu sorpresa, te diré que representan solamente el 7% del mensaje total. **ORAL**. Más importante que las palabras que decimos es el tono de voz que usamos. Las posibilidades de darle "sentido" a las palabras que expresamos según como usemos nuestro tono de voz son incalculables. Este aspecto vocal constituye el 38% del mensaje total. Por último, el aspecto **NO VERBAL**. El lenguaje corporal es la parte más importante de toda comunicación. Piense en cómo pueden influenciar un mensaje los siguientes movimientos: Poner los ojos en blanco, sacudir la cabeza, encogerse de hombros, fruncir el ceño, cruzarse de brazos, hacer una mueca burlona, Etc. Las señas visuales constituyen el 55% del mensaje total. Así, las tres partes de tu mensaje deben ser coherentes si deseas ser bien comprendido.

> **El que aprendió el "arte" de comunicarse es un genio de la vida**

28 de febrero
Lo que podría haber hecho

Presta atención a esta lista de premios Nobel. **LITERATURA**, 1910, Paul Heyse. **PAZ**, 1911, Alfred Fried. **FÍSICA**, 1905, Adolf Von Baeyer. 1944, Isidor Issac Rabi. 2000, Alan J. Heeger. **ECONOMÍA**, 1970, Paul Anthony Samuelson. **MEDICINA**, 1946, Hermann Joseph Müller. 1996, Lu Roselacovino. Sólo te he nombrado el 6% de un total de 129 premios Nobel ¡Y **todos Judíos!** Sí, una nación de apenas 14 millones de habitantes, cerca del 0.02% de la población mundial, posee la mayor proporción de premios Nobel en el mundc. Esta es una evidencia de las cualidades de este dotado pueblo de Dios. Las promesas hechas a los patriarcas hebreos sobre prosperidad, bendición y dominio se siguen cumpliendo, aunque en menor escala, a pesar de su rebeldía y desobediencia hacia los pactos estipulados por Dios. La pregunta es ¿qué sería hoy de Israel si hubiese permanecido fiel al llamado de su Dios? ¿Cuánto más habría impactado nuestro mundo? Si, perseguidos, discriminados, torturados y expatriados llegaron a ser hoy lo que son ¿dónde estarían si no hubiesen sido disciplinados?... La respuesta es evidente. Promesas como la de Isaías 60:1-11 nos muestran la futura restauración de ellos cuando se arrepientan: **"Levántate, resplandece; porque ha venido tu luz, y la gloria de Jehová ha nacido sobre ti... Mas sobre ti amanecerá Jehová, y sobre ti será vista su gloria. Y andarán las naciones a tu luz, y los reyes al resplandor de tu nacimiento... Entonces verás, y resplandecerás... y las riquezas de las naciones hayan venido a ti para traer tus hijos de lejos, su plata y su oro con ellos, al nombre de Jehová tu Dios, y al Santo de Israel, que te ha glorificado. Y extranjeros edificarán tus muros, y sus reyes te servirán; porque en mi ira te castigué, mas en mi buena voluntad tendré de ti misericordia. Tus puertas estarán de continuo abiertas; no se cerrarán de día ni de noche, para que a ti sean traídas las riquezas de las naciones, y conducidos a ti sus reyes"**. La reflexión para nosotros hoy es: No esperes la disciplina de Dios para aprender Sus lecciones. Perderás tiempo y oportunidades. Vive en el centro de Su Plan, sensible a Su Palabra, que todo te saldrá bien.

> "Solamente esfuérzate y sé muy valiente, para cuidar de hacer conforme a toda la ley que mi siervo Moisés te mandó; no te apartes de ella ni a diestra ni a siniestra, para que seas prosperado en todas las cosas que emprendas... para que guardes y hagas conforme a todo lo que en él está escrito; porque entonces harás prosperar tu camino, y todo te saldrá bien.
>
> Josué 1:7-9

Un día estaremos de pie ante Su tribunal. Entonces Él nos mostrará lo que hicimos en vida y luego LO QUE PODRÍAMOS HABER HECHO...

Prediciendo generalidades

> "El profeta que tuviere la presunción de hablar palabra en mi nombre, a quien yo no le haya mandado hablar, o que hablare en nombre de dioses ajenos, el tal profeta morirá.
>
> Deuteronomio 18:20-22

Pascal escribió lo siguiente: "Una de las principales enfermedades del hombre, es su inquieta curiosidad por conocer lo que no puede llegar a saber". La astrología explota esta realidad. Se cree que tuvo sus orígenes en Babilonia, para luego diseminarse entre los caldeos, griegos y romanos. Más adelante, los chinos, la antigua India y las civilizaciones mayas de Centro y Norte América desarrollaron otras variedades de adivinación. Hoy día esta tendencia ha conquistado el mundo entero. No existe revista o periódico importante que no incluya el horóscopo en sus páginas. Las grandes cadenas de televisión y las Web Sites llenan sus espacios publicitarios de predicciones astrológicas. El astrólogo Swamy Watkins predijo el 2 de febrero del 2001 que el electo presidente George W. Bush diría algo inapropiado durante el transcurso del año. Tan generalizada fue esta predicción que no tardó mucho en cumplirse. El 10 de abril aconteció lo predicho. Otro astrólogo dijo que en el año 2001 sucederían terremotos, hambre y conflictos internacionales serían titulares de periódicos. Ese mismo año hubo más de ocho terremotos, en especial el que acabó con la vida de 20.103 personas en la India. Yo me haría más que famoso prediciendo generalidades tales como: El próximo año un país latinoamericano verá su economía en crisis. Un alto dignatario será acusado de corrupción. Un latino saltará a la fama; un acto terrorista enlutará al mundo, una estrella de la canción morirá víctima de una sobredosis de barbitúricos; árabes y judíos no cesarán sus hostilidades; una tragedia aérea asombrará al mundo. No pensé mucho para imaginarme cosas que suceden todos los años. Estoy vaticinando generalidades. Mientras tanto los astrólogos siguen ganando dinero de la pobre gente que cree sus palabras. Es un magnífico negocio. Dudo que exista algún astrólogo que pase hambre. En Deuteronomio 29:29 dice: **"Las cosas secretas pertenecen a Jehová nuestro Dios; mas las reveladas son para nosotros y para nuestros hijos para siempre, para que cumplamos todas las palabras de esta ley"**. Es verdad que Dios dejó cosas en Su secreto que no deben ser indagadas, pero mucho más cierto es que Dios reveló cosas que son vida para el alma humana, esas son las que debes descubrir en comunión con Él y con Su palabra.

Que tus temores sobre tu futuro no te hagan descuidar tus deberes del presente

2 de marzo
Limpia tu ventana

Si observáramos nuestras conges-
tionadas ciudades desde un mirador
como un cerro o un gran edificio es
un espectáculo angustioso. Cuando
descubrimos la gran nube gris de
"contaminación" que la cubre excla-
mamos: "¡Noooo! ¿Allí vivo yo?... El
humo industrial y la combustión de
NUESTROS motores contaminan todo.
Paulatinamente, el vidrio de nuestras

> "Así que, amados, puesto que tenemos tales promesas, lim-piémonos de toda contamina-ción de carne y de espíritu, perfeccionando la santidad en el temor de Dios."
>
> 2 Corintios 7:1

ventanas se va ensuciando de ese hollín. Si no te tomas el trabajo
de limpiarlo periódicamente, al cabo de un tiempo la luz del sol dejará de entibiar tus mejillas cada mañana, y deberás aprender a caminar en medio de la oscuridad dentro de tu misma casa porque ya
no hay luz. Limpias tu ventana o vivirás a tientas. La Biblia enseña
que la ventana de nuestro espíritu es la conciencia. Dios la puso allí
para arrojar Su luz dentro de la habitación del ser. También nuestras
mentes y corazones se ven expuestos cada día a la corrupción que
nos rodea. Televisión, Internet, moda, agentes contaminantes que
arrojan su humo al cielo y ensucian lo más íntimo de nuestras almas.
De la misma manera si no realizamos un saneamiento periódico nos
vamos acostumbrando a un estilo de vida turbio, caracterizado por
la oscuridad. Según el Apóstol Pablo tu conciencia puede cauterizar-
se (1ª Timoteo 4:2). El proceso de la cauterización es producto de
una constante exposición al calor. Así, la piel se endurece y al cabo
de un tiempo, pierde su sensibilidad. Puede también corromperse
(Tito 1:15). Del mismo modo si vas cediendo, negociando tus principios éticos y morales, cuando te das cuenta, el olor de la corrupción
ya no se puede disimular. Son esas "obras de la muerte" las que
van ensuciando la conciencia y por ende todo el ser. ¿Qué hacer?...
Limpia tu ventana. ¿Con qué? con la fe y la aceptación del perdón
de Dios en Cristo, demostrado en la entrega de Su vida en aquella
Cruz hasta la última gota de Su sangre (Hebreos 9:14). Lo más trágico no es que la ventana de tu alma se encuentre sucia, sino que te
hayas acostumbrado a caminar en las tinieblas y ya no lo ves como
tan malo. Deja que Él te limpie. Su luz te sorprenderá y te ayudará
a poner tu casa en orden.

**Lo más trágico no es que la ventana de tu alma
se encuentre sucia, sino que te hayas acostumbrado
a caminar en las tinieblas**

Salvado del agua en el momento preciso

> "Y ahora os digo: Apartaos de estos hombres, y dejadlos; porque si este consejo o esta obra es de los hombres, se desvanecerá; mas si es de Dios, no la podréis destruir; no seáis tal vez hallados luchando contra Dios."
>
> Hechos 5:38-39

Un grupo de pasajeros esperaba ansioso la llegada de su crucero a la orilla de un muelle. De pronto, uno de los hombres cayó al agua. La conmoción se apoderó del grupo al darse cuenta de que el hombre no sabía nadar. Nadie se percató en saltar al agua y socorrerle. Entre las personas se encontraba un marinero experto en natación pero permaneció inmóvil. Sólo se quedó mirando cómo aquel hombre trataba inútilmente de salvar su vida. Los minutos pasaban, ya se había hundido dos veces y parecía que no le quedaban fuerzas para salir a flote, cuando de repente aquel marinero saltó al agua, le tomó por la espalda y en pocos segundos lo llevó mansamente a tierra. Todos bajaron del muelle y acudieron a socorrerle, los paramédicos anunciaron que aquel hombre estaba en perfectas condiciones. De inmediato, uno de los pasajeros increpó al marinero echándole en cara su demora en reaccionar para salvarlo, argumentando que era su deber haberlo hecho antes y evitar el agotamiento extremo al que fue sometido aquel hombre obeso y fuerte. "Hubiera sido una imprudencia arrojarse a luchar con él en el agua para tratar de salvarlo; la vida de ambos correría peligro. En cambio, tuve que esperar a que el hombre se cansara para que no ofreciera resistencia y poderle sacar fácilmente. Al escuchar la respuesta de aquel experimentado marinero, no hubo objeciones.

Muchas veces, los hombres luchamos con Dios vanamente ignorando que estamos hundiéndonos y que Él sólo quiere salvarnos. Es por eso que se aleja, nos observa desde Su muelle, permite que agotemos todos nuestros intentos de auto rescatarnos y cuando ya no nos quedan fuerzas ni argumento alguno, Él se presenta con Su brazo de amor y nos salva. Si sientes Su brazo extendido, apreciado amigo, no luches contra Él. Entrégate y saldrás a la vida. Es perder el tiempo luchar contra Aquel que quiere y puede rescatarte. Como dijera aquel erudito Gamaliel en Hechos 5:39, "¡Cuán grave sería descubrir que estáis peleando contra Dios!

Despreciar la mano del cielo es aferrarte a las garras del infierno

4 de marzo

No hay espacio para otro Dios

Todavía hay quienes defienden su postura sobre el politeísmo. "Hay varios dioses", dicen, "y la cuestión radica en relacionarse con aquel que mejor se adapte a mi estilo de vida." Es así como algunos creen en un objeto inanimado, o en los astros, las piedras, animales, deidades antiguas, o figuras y esfinges. Dicen: "la cosa es escoger algo en qué creer, y depositar la fe en ello." A un inocente niño, con manifiestas aptitudes espirituales, de una fe sencilla y de crianza cristiana, le preguntaron si creía en Dios, a lo cual el niño, con voz firme y convincente respondió: "Por supuesto que creo en Dios." "Y ¿en cuál de todos los dioses, crees?" "Pues qué, ¿es que hay varios dioses?", prosiguió. "Obvio. O ¿acaso tú piensas que hay sólo uno?" "Bueno", culminó el niño, "yo creo que hay solamente uno, porque si existieran más, no cabría en el universo ya que Dios, mi Dios, lo llena todo".

Con este sencillo pero profundo razonamiento, es que se llega a Dios. Todo intento de razonar o filosofar sobre la existencia de Dios, o la loca idea del politeísmo, es contraria a la revelación sagrada y a la mente misma del ser humano que, a través de su conciencia, reconoce que hay un solo Dios, Creador, Sustentador y Soberano. Dice el segundo libro de Samuel, capítulo 7 versículo 22: **"Por tanto, tú te has engrandecido, Jehová Dios; por cuánto no hay Dios como tú, ni hay Dios fuera de ti, conforme a todo lo que hemos oído con nuestros oídos."**

Si quieres inventarte un dios a tu medida, que no se meta en tu vida ni te discipline con Su Palabra, es cuestión tuya. El Eterno Dios es omnipresente. Lo Llena todo, te rodea, te contiene, te sustenta, te observa, te llama, te ama, te espera… ¿Hasta cuándo negarás su existencia?

> "Porque hay un solo Dios y un solo mediador entre Dios y los hombres, Jesucristo, hombre."
>
> 1 Timoteo 2:5

¡Dios, mi Dios, lo llena todo!

5 de marzo

Aunque no lo veamos

> "Después de estas cosas y de esta fidelidad, vino Senaquerib rey de los asirios e invadió a Judá, y acampó contra las ciudades fortificadas, con la intención de conquistarlas".
>
> 2º Crónicas 32:1

Muchas veces tu fe y la mía entran en crisis debido a algún obrar de Dios que para nosotros es incongruente. Es parte del trato hacia Sus hijos. Lo hace con la intención de fortalecernos, aunque al comienzo no nos guste. Usará circunstancias incomprensibles, inesperadas... Amargas. Si te concentras en esas situaciones y no en Dios, es probable que te desanimes. Es mucho más saludable juzgar las circunstancias a través de Dios. No siempre sucede por causa de tus errores, como consecuencia de algún pecado. Tal vez sí, tal vez no. Una vida de fidelidad no está exenta de pruebas (2° Crónicas 32:1). Si quieres, pregúntale a Juan el Bautista. En labios del mismo Jesús fue el profeta más grande, y de los nacidos de mujer (o sea de todos los hombres), el mayor. Dios quiso que fuera encarcelado. Su fe entró en crisis. "¿Eres tú el Mesías que había de venir o esperaremos a otro?"... Meses antes él mismo había declarado: **"He aquí el Cordero de Dios que quita el pecado del mundo"**, señalando a Jesús. Es difícil mantener el ánimo cuando te encuentras solo, olvidado, humillado. Jesús responde: **"Id y decid a Juan: Los sordos oyen, los cojos andan, los que están en problemas son ayudados"**. En otras palabras: Concéntrate en las evidencias palpables de la gracia de Dios, no en tus circunstancias presentes. Y los mensajeros regresan al calabozo del profeta con esas palabras. Y me parece escuchar el reclamo: "O sea que todos son ayudados menos yo. ¿Y qué de mí? ¿Acaso no soy yo más importante que cualquier otro hombre? Por lo menos eso creo que es lo que dijo Jesús de mí". Y las variantes de una fe en crisis son interminables. Te metes en un laberinto de preguntas a muchas de las cuales no les encontrarás respuesta (por lo menos en esta vida). Dios quiere que aprendamos a vivir por fe, aunque no le veamos. Lo que importa es que Él sí nos ve y allí debemos anclar nuestra fe.

Una vida de fidelidad no está exenta de pruebas

6 de marzo
Asnos y bueyes

Una banda de contrabandistas, cargó sus mochilas repletas de mercadería en territorio israelí y partió secretamente de noche hacia tierras musulmanas. La policía no pudo dar con ellos en varios días. Sólo encontraron sus asnos atados en un poste cerca de la frontera. Pero un policía judío, devoto fiel de su religión, tuvo una idea brillante al leer los primeros

> "Oíd, cielos, y escucha tú, tierra; porque habla Jehová: Crié hijos, y los engrandecí, y ellos se rebelaron contra mí. El buey conoce a su dueño, y el asno el pesebre de su señor; Israel no entiende, mi pueblo no tiene conocimiento.
>
> Isaías 1:2-5

trozos de la profecía de Isaías: **"El buey conoce a su dueño y el asno el pesebre de su señor. Israel no entiende, mi pueblo no tiene conocimiento."** Los asnos fueron detenidos, guardados varios días sin pasto y luego sueltos. Los pobres animales, medio muertos y rebuznando, fueron directamente al escondite de los contrabandistas en medio de un pueblo fronterizo seguidos por los agentes de la policía. Es de alabar la perspicacia de aquel hombre, pero nos preguntamos si tomó a pecho la acusación que Dios hace en cuanto a su propio pueblo. Hablamos de los animales como brutos, y nos gusta usar el asno como primer ejemplo, pero Dios dice contundentemente que este animal supera en sabiduría a la gente que hace caso omiso de Él. Este pasaje de Isaías 1:3 declara dos condiciones del hombre que ignora a Dios. La primera la compara con el buey que conoce a su dueño y esto me habla de pertenencia, la segunda con el asno que sabe cuál es el lugar de su comida: necesidad. Es que por ambas razones, el hombre y la mujer deberían buscar a Dios mientras dure su estadía en esta tierra, porque le pertenecen, les creó, y le necesitan para vivir y disfrutar de la vida. Somos propiedad suya y nosotros mismos tenemos necesidad de Él. Así como aquellas bestias no tuvieron descanso hasta que no volvieron a sus señores, así no encontrarás paz en tu alma hasta que llegues a los pies de la cruz de Cristo, el Dios hecho hombre que vino a demostrarnos cuánto nos ama y darnos una oportunidad de vida. Dijo Dios en Eclesiastés: **"Todas las almas son mías"** ¡Vuelve a Él ahora mismo que te está esperando!

Toda vida es cíclica. Al fin y al cabo volverás ante el Dios que te creó algún día. ¿Estás preparado?

7 de marzo
El verdadero milagro

El evangelio de Mateo narra la increíble experiencia vivida por el apóstol Pedro cuando Jesús lo desafió a caminar sobre las aguas. Su osadía transformada en hazaña le habría otorgado un lugar en el libro de Guiness Récords. Se apagaba un día repleto de emociones. Un pic-nic improvisado, una inoportuna multitud hambrienta física y espiritualmente, el mayor de los milagros, y casi 10 mil personas alimentadas con algunos panes y peces. Se despide a la multitud satisfecha y Pedro, junto al resto del equipo, se embarca en su bote de regreso a casa. Les sorprende la noche y la tormenta arrecia. De pronto, como si no hubiesen tenido suficientes emociones, algo parecido a un fantasma camina sobre el lago hacia la barca. Entonces, el arrebatado Pedro desafía: **"Señor, si eres tú, manda que yo vaya hacia ti caminando sobre las aguas"**. ¡Hay, Pedro! ¿No se te podría haber ocurrido proponer otra cosa? Pero así es Pedro. Y el Señor no lo ridiculiza: "Ven". Puso un pie con recelo, puso el otro, un paso tembloroso, otro, otro y otro... ¡Milagro! ¡Estoy caminando sobre las aguas!

Los meses pasaron, los milagros y las lecciones siguieron. Llegó el momento final, la traición, el arresto, el patio del Sumo Sacerdote, el fogón, la negación, el gallo, la noche, el llanto amargo... "Señor", había declarado el mismo Pedro días antes, **"aunque todos te abandonaren, yo no. Mi vida pondré por ti"**. ¿Sabes? Pedro tuvo que aprender que el verdadero milagro no era caminar sobre el agua, sino sobre la tierra. La hazaña no consiste en morir por Cristo, sino en vivir por Él cada día, soportando la presión del materialismo y la vanidad. Manteniéndose al margen de esta sociedad que nos envuelve; levantando en alto principios y convicciones de ética y moral regidas por preceptos bíblicos a cualquier costo. Eso es valentía, heroísmo, un verdadero milagro. Y para vivir así necesitas una dosis sobrenatural del poder que sólo encuentras en Dios; en ese Dios de milagros. Está a tu disposición si le buscas en humildad de corazón, reconoces tu incapacidad y te dispones a aceptar Sus desafíos, tomado de Su mano.

El verdadero milagro no es caminar sobre el agua, sino sobre la tierra

8 de marzo
Victorias pasadas

Si sólo vives en los triunfos del ayer, mañana puede sorprenderte el fracaso. Cada día es una nueva batalla, enfrentas nuevos desafíos. De ahí las palabras de Jesús acerca de la necesidad de tomar la cruz "cada día". Él no dijo: Cada mes o cada año. Dios sabe que así como nuestro Guardián Protector no duerme nunca, tampoco nuestro adversario el Diablo lo hace.

Si nos confiamos en logros pasados, en metas alcanzadas, en la fuerza o la experiencia obtenida, nos hallamos al borde de un precipicio, la Biblia dice: "El que se cree firme mire que no caiga". La vida cristiana no se vive con experiencia sino con dependencia. Muchas veces el paso del tiempo nos va enseñando cómo caminar. Nos soltamos de Su mano y andamos "de memoria". Es que pareciera que incorporáramos cierto "chip de vida cristiana" que nos indica qué hacer, cómo y cuándo. Pero así no funciona con Dios. Eso sería actuar sin Él, y Él dijo que separados de Él no podemos hacer nada. Nada que glorifique a Dios. Creo que el principal peligro de la autosuficiencia es que soy capaz de hacer muchas cosas en la carne, quizás buenas cosas, es decir no necesariamente pecaminosas, pero separado de la Fuente de poder. Es que ser carnal no sólo es hacer lo malo, también es hacer cosas que parecen buenas pero separados de Dios. Y ese es el aspecto al que más debemos temerle. Aquí es donde se debe conectar la orden de llevar la cruz cada día. Es necesaria la disciplina diaria de crucificar todo deseo de actuar solo; todo impulso de la carne, sea bueno o sea malo. Ese "Yo" que quiere bajarse de la cruz donde el Señor le colgó hace más de 2.000 años juntamente con Su cuerpo, en aquel Calvario. Declararlo, recordarlo, asentirlo por la fe, esa fe que vence al mundo (1ª Juan 5:4), esa fe en la cual soy capaz de resistir al Diablo (1ª Pedro 5:8-9), esa fe por la que vivo (Habacuc 2:4). Da gloria a Dios por tus logros pasados y teme respecto a tu futuro porque la guerra aún no acaba.

Ninguna victoria personal es suficiente para prevenir una derrota futura si estamos separados de Dios

La perfecta voluntad de Dios

> "Por tanto, nosotros todos, mirando a cara descubierta como en un espejo la gloria del Señor, somos transformados de gloria en gloria en la misma imagen, como por el Espíritu del Señor."
>
> 2 Corintios 3:18

En las vidas de los seguidores de Jesús siempre ha sido y creo que seguirá siendo esta La "pregunta del millón": "**¿Cómo puedo saber cuál es la voluntad de Dios para mi vida?**"... Aunque parece difícil es tan sencilla, que se resume en una sola palabra: CRISTO. Sí, Cristo es la perfecta voluntad de Dios para la vida de sus hijos. El eterno anhelo del Creador fue ver a sus criaturas reflejadas en Él, por eso al crear a la raza humana la creó a su imagen, cosa que no hizo con el resto de su creación. Cuando analizamos este aspecto comprendemos la magnitud de la encarnación de Jesús, como la perfecta revelación de Dios: "Cristo es la imagen del Dios invisible, el primogénito de toda creación." (Colosenses 1:15) Entonces, Cristo en nosotros es la meta de Dios porque somos transformados de gloria en gloria a Su imagen. La voluntad de Dios es ver a Cristo reflejado en nosotros, porque nuestra imagen natural está dañada por las consecuencias del pecado y esto no tiene remedio hasta que seamos glorificados. Los discípulos de Jesús se encontraban con el rostro tenso y el corazón turbado por los anuncios de la pasión y próxima muerte de su líder. Además, la manifiesta traición de Judas había traído confusión al resto del grupo. Es entonces cuando Jesús les anima diciendo: *"No se turbe vuestro corazón; creéis en Dios, creed también en mí... voy, pues, a preparar lugar para vosotros... Para que donde yo esté, vosotros también estéis. Y sabéis a dónde voy, y sabéis el camino. Le dijo Tomás: Señor, no sabemos a dónde vas; ¿cómo, pues, podemos saber el camino? Jesús le dijo: Yo soy el camino"* (San Juan 14:1-6). La duda de Tomás es la misma a la que hicimos referencia al comienzo, "¿Cuál es el camino a seguir para llegar a la voluntad de Dios?" Jesús no le indicó ningún camino, simplemente le dijo: "Sígueme. Al seguirme te darás cuenta que estás en el camino porque Yo soy el Camino." Así que concéntrate en seguir Sus pisadas cada día. Cuando te des cuenta, encontrarás el camino que te conduce hacia el centro del corazón del Padre.

Pisando donde Jesús pisó llegaremos a donde Él llegó... a Dios

10 de marzo
Contentamiento

¿A quién no le gustaría que cada día fuera día de fiesta? Paradójicamente, esto no es una utopía si se toma el consejo del viejo predicador de Proverbios. Para Salomón, el secreto no radica en tener la fiesta fuera sino dentro. El estado de fiesta que te rodea no es capaz de lograr tu fiesta interior, pero cuando eres un ser feliz en esencia, no importa cuán negro sea el ambiente que te rodea, tu siempre vivirás alegre. ¿Imposible? No cuando aprendes el concepto de contentamiento. Me temo que las personas *hiperocupadas* de hoy, con sus días de 25 horas y sus agendas repletas, han perdido el dulce sabor de ese tiempo especial de reflexión, relax, contentamiento y meditación. No hay tiempo ni para ser feliz. Deben hacer y hacer, correr, lograr, trepar, muchas marcas por superar, logros que alcanzar y sólo queda tomarse una taza de café caliente cuando todos duermen, un beso en las mejillas tibias del hijo recién dormido, repasar los años vividos en medio del silencio de un lago, recostado en los brazos del cónyuge... Si esto te hizo poner melancólico y reflexivo, si después de escuchar esto das un profundo suspiro y dices, para tus adentros: "Sí, pero yo no puedo perder tiempo en estas cosas", eres otra víctima de las urgencias de la vida y necesitas "urgentemente" hacer una pausa. Rutina, compromisos, agendas, llamadas telefónicas, trámites, pagos, viajes, stress, cosas, y más cosas... **Venid a mí, dijo Jesús, todos los que estáis trabajados y cargados y yo os haré descansar"**. ¿Puedes escuchar promesa más tentadora que esta? Lo que más precisa el hombre y la mujer de hoy es descanso y sólo Jesús puede darlo. Reclámalo, es gratis, sólo debes ir a Él ahora. Recuerda, ¿de qué sirve la fiesta afuera si adentro está el luto? *Acude a su cruz. Él sufrió ayer para que tú disfrutes hoy y siempre.*

> "Para el afligido todos los días son malos; para el que es feliz siempre es día de fiesta".
>
> **Proverbios 15:15:**

Si eres otra víctima de las urgencias de la vida necesitas "urgentemente" hacer una pausa

Eres codiciado

> "Digo, pues: Andad en el Espíritu, y no satisfagáis los deseos de la carne. Porque el deseo de la carne es contra el Espíritu, y el del Espíritu es contra la carne; y éstos se oponen entre sí, para que no hagáis lo que quisiereis. Pero si sois guiados por el Espíritu, no estáis bajo la ley."
>
> Gálatas 5:16-18

Permíteme decirte que eres codiciado en diferentes sectores. Por lo menos eso es lo que te dice Dios en Su Palabra. En primer lugar **Satanás** te desea. Bueno, yo sé que eso no era justamente lo que esperabas escuchar, pero debes saberlo. Por ignorarlo muchos han naufragado y han llegado a negar al mismo Señor. Ese fue el caso del apóstol Pedro, por ejemplo. ¡Y eso que el mismo Jesús se lo advirtió! **"Simón, Simón, Satanás os ha pedido para zarandearos como a trigo"** (Lucas 22:31). Analicemos. Cuando Jesús se refería a Pedro con su antiguo nombre, era para recordarle que aunque había nacido un nuevo Pedro continuaba viviendo en su interior el mismo Simón de siempre. Era tal su debilidad que Jesús lo comparó con una delgada caña de trigo que soporta los embates del viento y es mecida de un lado a otro a su merced. La palabra que utilizó el Maestro al referirse al pedido del Diablo es *"desea"*. Ahí tienes entonces a tu primer aspirante. Si este enemigo te desea desde afuera hay otro menos evidente, pero igual de peligroso que te desea desde adentro, desde tu interior: **La Carne**: "no satisfagáis los **deseos** de la carne" (Gálatas 5:16). Sientes cada día el deseo de lo prohibido, lo malo y la independencia de la voluntad. Pero para tu preocupación te digo que aún queda otro. También ataca desde afuera y se llama: **Mundo**. Un mundo que está condenado a pasar junto con sus **deseos** (1ª Juan 2:17). El mundo sin ti no tiene razón de ser. Satanás ideó este sistema cósmico para tu ruina. ¿Qué hacer frente a este enjambre de maldad que nos persigue para clavarnos su aguijón de muerte?... Tres actitudes diferentes para defendernos de estos enemigos. A Satanás debemos resistirle firmes en la fe depositada en las promesas de Dios. (1ª Pedro 5:9). A la carne mantenerla a dieta, ya lo vimos; y ante el mundo mostrarnos tan indiferentes como un muerto que cuelga crucificado de una cruz (Gálatas 6:14). Eres codiciado, sí, pero no temas, Jesús ruega por ti para que tu fe no falte.

Es verdad que Satanás te desea para zarandearte, pero Jesús también te desea y ruega por ti... eso es lo más importante

12 de marzo
El caballo y el cerdo

Un hacendado tenía un caballo que enfermó. El veterinario le dijo: "Tiene un virus, y es necesario que tome este medicamento tres días consecutivos, luego de los tres días veremos si ha mejorado. Si no lo ha hecho, entonces no queda más remedio que sacrificarlo". El cerdo, que escuchaba la conversación cuando le dieron el medicamento, se acercó y le dijo: ¡Fuerza amigo! Levántate de ahí, si no vas a ser sacrificado". Al segundo día le dieron nuevamente el medicamento y el cerdo se acercó y le dijo" ¡Vamos mi gran amigo! Levántate, o vas a morir, vamos, yo te ayudo". Al tercer día le dieron el medicamento y el veterinario dijo: "Probablemente vamos a tener que sacrificarlo mañana, porque puede contagiarle el virus a los demás caballos". Cuando se fueron, el cerdo se acercó y le dijo: "Vamos amigo, es ahora o nunca. Ánimo...fuerza...Yo te ayudo... vamos...un, dos, tres,...despacio...así... eso...eso... ahora corre despacio...más rápido...fantástico...corre...corre... ¡Venciste campeón!" Al llegar el dueño del caballo, vio al caballo corriendo y dijo: "Milagro, El caballo mejoró...hay que hacer una fiesta, vamos a matar al cerdo para comer y festejar..." Esta historia nos muestra que pocas veces se percibe quién es el que realmente tiene los méritos por un buen suceso. Muy a menudo, no recibe el premio quien lo merece sino otro. Seguramente te pasó en el colegio, en el trabajo, o entre tus amigos. El mérito de tu esfuerzo se lo llevó otro. Pablo sabía de esto. Sabía cuán importante es el aliento, el sostén, el premiar a cada uno por su esfuerzo y dedicación. El sabía que Dios ve todo y que recompensa todo. Todos necesitamos un aplauso, una palmada en el hombro, una felicitación por el buen trabajo, un reconocimiento, una retribución por lo que hicimos bien. Comienza tú a hacerlo hoy mismo, a reconocer lo bueno del otro. Que no le debas nada a nadie, mucho menos, reconocimiento y respeto. Valora el esfuerzo ajeno, anima al que se siente ignorado, no te juntes solamente con los que son aplaudidos, busca al que está sólo, al que realiza ese trabajo anónimo. La Biblia está llena de anónimos que hicieron grandes aportes a la obra de Dios.

> Otros experimentaron vituperios y azotes, y a más de esto prisiones y cárceles. Fueron apedreados, aserrados, puestos a prueba, muertos a filo de espada... pobres, angustiados, maltratados; de los cuales el mundo no era digno... Y todos éstos, aunque alcanzaron buen testimonio mediante la fe, no recibieron lo prometido.
>
> **Hebreos 11: 36 - 39**

No te juntes solamente con los que son aplaudidos, busca al que está sólo

Incongruencias en Noruega

> "Porque sabemos que toda la creación gime a una, y a una está con dolores de parto hasta ahora; y no sólo ella, sino que también nosotros mismos, que tenemos las primicias del Espíritu, nosotros también gemimos dentro de nosotros mismos, esperando la adopción, la redención de nuestro cuerpo. Porque en esperanza fuimos salvos;
>
> Romanos 8:22-24a

En defensa de las especies en extinción en el país de Noruega, el gobierno aprobó una ley que prohibía dar muerte a las focas. Este animal, apreciado por su carne y por su piel, era cruelmente aniquilado en estas regiones con serios peligros de extinción. Por tal motivo, si alguien es sorprendido matando una foca es instantáneamente enjuiciado y encarcelado con varios años de prisión. Es de elogiar este gesto de respeto por nuestro ecosistema que el gobierno noruego aplicó. El hombre hace uso indiscriminado de animales, vegetales y cuanta materia prima encuentre a su paso para su beneficio personal, desgastando este planeta que nos fue dado en concesión por Dios, Su Creador. No es nuevo. Ya la Biblia lo anticipaba en Romanos 8:22 **"Sabemos que toda la creación todavía gime a una, como si tuviera dolores de parto"**. Es verdad que percibimos cierto sentido de reflexión en estos últimos tiempos. Organizaciones mundiales están saliendo en defensa de nuestro ecosistema. Lástima que en muchos casos ya es demasiado tarde. ¡Pero en otros no! ¿Será muy cruel incluir dentro de la lista de estos crímenes contra la vida a esos indefensos bebés en formación dentro del vientre de su madre que por la locura del aborto se les priva de ver el sol? Quizás tú me dirás: Bueno Pablo, paciencia, por algo se empieza, muy pronto se dictarán leyes en contra del aborto... Es incongruente ver que justamente el país de Noruega, fue el primero en aprobar el aborto dentro de sus fronteras. Se defiende a una foca y se permite quemar en solución salina o desmembrar a un niño. ¿En qué mundo vivimos? No hay mejora. La Palabra de Dios dice que el pensamiento del hombre va de continuo al mal. Irá de mal en peor. Pero un día, el Autor de la vida pedirá cuentas a cada uno por sus actos. Aquel que nos prestó la vida te dirá: ¿Qué hiciste tú con la tuya? Sólo entregándola a Jesús, tu vida cobra valor en esta tierra y obtendrá un seguro en el cielo. No dudes.

Vivimos en un mundo condenado a corromperse. Pero tú puedes evitar la corrupción

14 de marzo
Creer y confiar

Un príncipe y su esposa visitaban una fundición y el encargado les dijo que si primero se sumergía la mano en agua podía recibirse en la mano el metal fundido, sin ningún daño. Luego invitó al príncipe a hacer la prueba: "No, gracias, dijo el príncipe. Acepto su palabra". Entonces el encargado técnico, hizo la misma propuesta a la princesa la cual inmediatamente sumergió la mano en el agua y luego recibió en ella un poco de metal derretido. Esta es la diferencia entre creer y confiar. El príncipe creyó en las palabras de aquel hombre pero no quiso arriesgarse. Su esposa, en cambio, confió plenamente en esas palabras y dio un paso de fe. Millones y millones de personas en este mundo dicen creer en Dios, pero al momento de poner sus vidas en Sus brazos, responden igual que aquel príncipe: "No, gracias". Eso no es fe, es un simple asentimiento intelectual, es simple creencia histórica de la existencia y poder de Cristo, pero ese tipo de fe no salva. A Dios no se le conoce sólo con la mente sino con el corazón y con el alma. Aquel que, consciente de su necesidad y su pobreza de espíritu, acude con fe a la cruz salvadora, no da un paso atrás. Cuando Dios le pide que entregue su vida, no negocia, no cuestiona, ni pregunta, solamente sabe que está eternamente condenado, que sólo el amor de Dios le puede dar la vida eterna y se arroja confiadamente a Sus brazos. Claro que habrá cosas que no entenderá al principio, pero el infierno está repleto de personas que quisieron saber todo de Dios antes de conocerlo y se les acabó la vida. No basta con reconocer que Dios existe. Dice la Biblia que los demonios también creen y tiemblan, sin embargo están condenados eternamente. Cuando llegues al punto de no encontrar ningún otro sustento confiable para tu vida, cuando te des cuenta de que todo a tu alrededor ha fallado, entonces acudirás y te entregarás a Su cuidado. Sólo entonces experimentarás la verdadera vida que disfrutan, aquellos que creen en Él.

> "Tú guardarás en completa paz a aquel cuyo pensamiento en ti persevera; porque en ti ha confiado. Confiad en Jehová perpetuamente, porque en Jehová el Señor está la fortaleza de los siglos."
>
> Isaías 26:3-4

El infierno estará repleto de quienes creyeron en Dios, pero no lo suficiente para confiarle sus vidas

15 de marzo
Las "señales" de los milagros

> "Porque no tenemos lucha contra sangre y carne, sino contra principados, contra potestades, contra los gobernadores de las tinieblas de este siglo, contra huestes espirituales de maldad en las regiones celestes. Por tanto, tomad toda la armadura de Dios, para que podáis resistir en el día malo, y habiendo acabado todo, estar firmes."
>
> **Efesios 6:12-13**

La palabra "señales" es una palabra clave en el evangelio de Juan. Él nombra sólo ocho milagros que realizó Jesús, y casi nunca Juan se refiere a un milagro como milagro, sino como señal. A Juan no le interesaba tanto el milagro, como el mensaje que Jesús podía enseñar a través del milagro. Lo que Juan pudo descubrir, a diferencia de los otros discípulos, es hacia dónde apuntaba Jesús cuando realizaba un milagro. Por eso él dijo: son señales. Juan narra la alimentación de los cinco mil y de los cuatro mil. Y en los otros evangelios también se narran. Pero Juan es el único que parece darse cuenta de que cuando Jesús alimentó a la multitud, en realidad tenía una enseñanza para los discípulos, y su corazón endurecido por el egoísmo y por los prejuicios, aunque ellos habían sido también alimentados cuando los envió a predicar de dos en dos y no les faltó alimento. Jesús les dijo: **"dadles vosotros de comer"**, pero ellos no pudieron hacerlo. De esto solamente Juan se da cuenta, quien siempre estaba atento a los discursos de Jesús.

Muchas veces quizas te ha sucedido que te encuentras en una situación difícil, extraña y fea. Puede ser una enfermedad o una mala noticia y te concentras en esta situación y le pides al Señor que la quite de tu vida; cuando el Señor te contesta y te sana, le agradeces a Dios. Sin embargo, no aprendes nada de la experiencia vivida.

Es de sabios el hacer una pausa cada vez que atravesamos alguna situación difícil para preguntarnos hacia qué parte del carácter quiso Dios apuntar cuando, nos permitió atravesar por aquella situación. De lo contrario habrás existido, pero no habrás vivido.

16 de marzo
Carreta vacía

"Hermanos míos, no pretendan muchos de ustedes ser maestros, pues, como saben, seremos juzgados con más severidad. Todos fallamos mucho. Si alguien nunca falla en lo que dice, es una persona perfecta, capaz también de controlar todo su cuerpo".

Santiago 3:1-2

Un muchacho caminaba de la mano con su padre, en ese momento, él se detuvo en una curva cerca del camino; después de un pequeño silencio el padre le preguntó: "**¿Puedes sentir ese ruido, hijo mío?**" Algunos segundos más tarde el muchacho le respondió, "puedo escuchar el sonido de las aves, el agua del río y las hojas movidas por el viento". "Pero, ¿puedes oír algo más? Presta atención." Otra pausa y entonces le dijo el niño: "Sí, también puedo oír una carreta que se acerca". "Sí", "Es el ruido de una carreta vacía". "**Papá, ¿cómo sabes que está vacía si aún no la hemos visto?**" Él le respondió "Por el ruido que hace; cuanto más vacía está la carreta, más ruido hace".

El niño se convirtió en adulto y cuando veía a una persona hablando demasiado, interrumpiendo la conversación de todos, siendo inoportuna o violenta, presumiendo de lo que tiene, sintiéndose prepotente y menospreciando a la gente, recordaba las palabras de su padre: "Cuanto más vacía está la carreta, más ruido hace". La humildad consiste en callar nuestras virtudes para que los demás las descubran y comenten.

Nadie está más vacío que aquel que está lleno de egoísmo y arrogancia. Todo hombre nace vacío sin Dios. Si continúa el camino con ese vacío, irá por la vida haciendo ruido, nada más que ruido. Si permite, en cambio, que Dios llene ese hueco dentro de su ser, su vida será de peso y los que le rodean oirán una suave melodía que alienta y contagia optimismo. Deja que Dios llene y satisfaga tu vida, deja de andar por el mundo haciendo ruido como carreta vacía.

**Cuanto más vacía está la carreta, más ruido hace.
Nadie está más vacío que aquel que está
lleno de egoísmo y arrogancia**

17 de marzo

Los principales pensadores y Dios

> "Y él dijo: Antes bienaventurados los que oyen la palabra de Dios, y la guardan."
>
> Lucas 11:28

En la concepción clásica, Dios era el centro del universo y de la historia. Los principales pensadores de todas las épocas y disciplinas, tomaban en cuenta la mano de Dios en cada aspecto de la vida humana. René Descartes, padre de la filosofía moderna, dice que la certeza de toda verdad depende exclusivamente del conocimiento de Dios. Sir William Blackstone, el codificador del derecho inglés, define la ley como toda regla de acción dictada por un ser superior. En las ciencias, Isaac Newton, Louis Pasteur, y muchísimos otros basaron sus teorías científicas en la fe. En las artes modernas Milton, Rembrandt, Durero, Häendel, Bach e infinidad de otros testificaron de su fe. Desde la más temprana antigüedad se ha vinculado a Dios con la formación y legitimación de naciones, dinastías y gobiernos civiles. Por muchos siglos se apelaba al Papa como legitimador de coronas reales desde Constantino hasta Napoleón. Prácticamente todas las repúblicas americanas fundaron sus naciones sobre la autoridad de Dios, reflejando esto en sus documentos, himnos y símbolos patrios. Por ejemplo La declaración de independencia de México invoca al **"Autor de la vida"**. La de Argentina invoca **"al Eterno que preside el universo"**, el acta de independencia de Venezuela pone por testigo al Ser Supremo, la constitución Uruguaya de 1830 comienza: **"En el nombre de Dios todopoderoso**, Autor, **Legislador y conservador Supremo del universo"**. La lista continúa evidenciando cómo, a lo largo de las edades el hombre ha tenido en cuenta a Dios en sus más nobles ideales y en las empresas más trascendentales de su misma patria. Pero... **¿Son estas meras palabras, votos arrojados al viento y poesía literaria nada más?** La realidad lo confirma: El hombre y la mujer no tienen en cuenta a Dios en sus planes, familias, administración de su tiempo y decisiones. Las palabras de Jesús aún están vigentes: **"Este pueblo de labios me honra pero su corazón está lejos de mi"** (Marcos 7:6). ¿Está tu corazón cerca de Dios? Sólo con una respuesta positiva a esta pregunta habrá esperanza para la familia, las naciones y tú. Dios no quiere estar cerca de ti sino dentro... que es muy diferente.

Dios no quiere estar cerca de ti sino dentro... que es muy diferente

18 de marzo
El perro y la luna

José Barquer no creía en Dios; en uno de sus discursos dijo: Si realmente existiese Dios, Él debería hacer algo conmigo. Me paso la vida negando su existencia y desafiándolo y él no hace nada al respecto. ¿No será simplemente que Dios no existe?

Un campesino presente en la concurrencia contestó: Usted se parece a mi perro. Él tiene la costumbre de ladrar a todo lo que ve, hasta es capaz de ladrarle a la luna cuando brilla. Y ¿qué es lo que usted piensa que hace la luna cuando mi perro le ladra? pues nada, sigue brillando. De la misma manera insensata obra usted, se pasa la vida ladrándole al Todopoderoso y ¿qué hace Dios? Lo que ha hecho siempre, Él hace salir su Sol sobre malos y buenos y hace llover sobre justos e injustos, dice la Biblia. Claro que eso no durará para siempre. Dios dice en Salmos 50:21: "**Estas cosas hacías y yo he callado. ¿Pensabas que de cierto sería yo como tú? Pero te redargüiré y las pondré delante de tu rostro**". Y el apóstol Pablo dice: "**¿No ves que desprecias las riquezas de la bondad de Dios, su tolerancia y paciencia, al no reconocer que su bondad quiere llevarte al arrepentimiento?**" Y más adelante dice "**Porque Dios pagará a cada uno según sus obras**" (Romanos 2:3-4). Barquer comprendió que el silencio de Dios no era debilidad sino misericordia y llegó a reconocer la existencia de un Dios creador.

No te confundas. Las bendiciones de Dios no siempre son sinónimo de aprobación. Que salga el sol sobre tu cabeza y que el cielo envíe lluvia sobre tus campos, no necesariamente significa que Dios se agrade de ti, ni tampoco significa que Él no exista. Su silencio simplemente nos muestra que Él existe y está rodeado de amor y bondad; que es paciente y misericordioso no queriendo que nadie se pierda, sino que todos procedan a arrepentirse. Negarle y gastar la vida desafiándole es tan necio como aquel perro del campesino ladrándole a la luna. Permite que Su amor brille sobre ti, en vez de ladrarle, disfruta de Su presencia, antes de que Dios rompa Su silencio y sea demasiado tarde.

> "Estas cosas hacías y yo he callado. ¿Pensabas que de cierto sería yo como tú? Pero te redargüiré y las pondré delante de tu rostro."
>
> Salmos 50:21

Las bendiciones de Dios, no siempre son sinónimo de aprobación

Los solos

> "(pues el que actuó en Pedro para el apostolado de la circuncisión, actuó también en mí para con los gentiles), y reconociendo la gracia que me había sido dada, Jacobo, Cefas y Juan, que eran considerados como columnas, nos dieron a mí y a Bernabé la diestra en señal de compañerismo, para que nosotros fuésemos a los gentiles, y ellos a la circuncisión".
>
> Gálatas 2:8-9

La soledad es la peor de las compañías. **Dios nos proporcionó este cuerpo para que nos relacionemos y el alma para que brindemos afecto.** Familia, Padre, amor, hermanos, son palabras que usamos a diario; pero muchas veces, ignoramos el alcance de esta realidad. **Uno de los perfiles más simpáticos de Dios, es el de Padre y este título me declara a gritos que todo ser humano fue creado para vivir en familia.** Se nota la intención de Dios de relacionarse con nosotros desde el Génesis. Primero con Él mediante el espíritu; luego con nosotros mismos y nuestros semejantes (pareja, familia, comunidad, iglesia, etc.), por medio del alma. Por lo tanto desde el momento que te dispones a vivir enfrascado en tus asuntos en hermética soledad, te apartas del plan eterno de Dios y comienzas tu declive rumbo al fracaso. De alguna manera arriesgas bastante cuando te dispones a relacionarte. Muchos, por haber sido defraudados, engañados o traicionados, han cerrado con candado las puertas de su corazón y cauterizado sus almas a toda posibilidad de amar o ser amado. **Hay quienes pasan por tu vida y dan una pincelada llena de colores pero otros, una negra, oscureciendo tu vida, denunciando tus errores e ignorando tus virtudes, juzgándote y comparándote con los demás olvidando lo hermoso que hay dentro de ti. Dios lo sabe e igual te anima a relacionarte.** Pero de alguna manera, la interacción nos modifica, para bien o para mal. **"Hierro con hierro se afila", dice Salomón, así el hombre al construir una amistad con un semejante, perfecciona su perfil.** Igual que el metal de una herramienta necesita de otro metal para afilarse, desde el momento en el que te embarcas en la travesía de la interacción, eres enriquecido y perfeccionado. Claro que amar es arriesgar el corazón, pero al final sales ganando. ¡No te pierdas la bendición de vivir cerca de otros! No puedes madurar solo, la peor decisión en la vida es la del hermetismo y la marginación. **No des lugar al diablo. Invita a Jesús a tu corazón, Él será tu primer amigo y junto con Él vendrán muchos más.**

Invita a Jesús a tu corazón, Él será tu primer amigo y junto con Él vendrán muchos más

20 de marzo
Amigo de Dios

A Dios se le considera de muchas maneras, pero pocas como a Él le gusta que se le vea. Le ven como a un ser sumido en Su santidad inaccesible. Como a un policía buscando a quién meter preso, o un juez exigiendo el cumplimiento de la ley y dispuesto a condenar al primero que la infrinja. Otros le ven como a un anciano bonachón con barba larga y blanca, una gran sonrisa y una actitud permisiva. Dijo Jesús caminando un día con sus discípulos, **"ya no os llamaré siervos, porque el siervo no sabe lo que hace su Señor, más os he llamado amigos"** (Juan 15:15). Sí, oíste bien: amigos. Así es como Dios quiere que le veamos, como a un amigo. Él caminó la eternidad y descendió a la tierra para decirnos que quiere ser nuestro amigo. La verdadera amistad no es pasiva sino activa. Se demuestra en acciones porque está asentada en el amor y el amor se demuestra en acciones no sólo en palabras. Decir que amo a Dios pero no soy sensible ante la necesidad ajena, es incongruente, dijo el apóstol Juan en su 1ª carta. **La verdadera amistad, también se goza o se entristece con las cosas que le gustan o le desagradan al amigo,** y cuanto más amigo seas de Dios, más te agradarán Sus cosas y desecharás lo que le ofende, ¿verdad? No te engañes, si eres amigo de Dios, debes caminar a Su lado y dirigir tus pasos hacia el mismo rumbo; si no, te estás engañando a ti mismo y eso es el colmo de la necedad. Muchos dicen tener a Dios a su lado cada día, pero no le tienen adentro; muchos dicen que caminan con Dios cada día, pero... ¿Quién sigue a quién? **"Por sus frutos los conoceréis"**, dijo Jesús. ¿Eres realmente amigo de Dios o solamente simpatizante? Cuidado, el infierno está lleno de ellos. Examínate y abre tu corazón a Su amor. Producirá una revolución de vida en ti, que no podrás disimular.

Examínate y abre tu corazón a Su amor. Producirá una revolución de vida en ti que no podrás disimular

Bala perdida

> "En las muchas palabras no falta pecado; mas el que refrena sus labios es prudente".
>
> Proverbios 10:19

Uno de los daños más comunes en las relaciones interpersonales, es el que se produce por el mal uso de la lengua. Es un miembro de nuestro cuerpo pequeño pero dice la Biblia que es capaz de realizar grandes proezas así como grandes tragedias (Santiago 3:5). Los españoles dicen que "más mató la lengua que la espada". En verdad, ¿quién no ha ofendido alguna vez a alguien con comentarios ácidos? (Santiago 3:2). Aquel que pueda decir que nunca ha tenido que retractarse de sus palabras sería, entonces perfecto. Personalmente creo que no existe tal hombre. Nadie puede domar su propia lengua (Santiago 3:8).

Hombres y mujeres capaces de controlar a millones de personas, pierden los estribos en una acalorada discusión y sucumben bajo la vergüenza de ver que no han podido gobernarse a sí mismos. No olviden, la lengua está en un lugar muy húmedo... resbala fácil. No te apresures a hablar. Oye, piensa, procesa, vuelve a pensar y luego habla. Y al hablar escoge bien las palabras que vayas a usar. Las palabras son el estuche de los pensamientos, y así como nadie va a comprar tu producto si lo envasas con una etiqueta equivocada, de la misma manera nadie va a comprender tu mensaje o será malinterpretado con las peligrosas consecuencias que esto significa si no usas las palabras apropiadas para comunicarte. **El que habla sin pensar es como el que dispara sin apuntar**. No le acierta a nada o, lo que es peor, le acierta al blanco equivocado. Si te ves a diario involucrado en situaciones confusas en las que tienes que estar pidiendo perdón a uno y a otro por lo que has dicho, necesitas urgentemente, educar tu lengua. Dios te dio dos orejas y una boca para que escuches el doble de lo que hablas. Dice Proverbios, que "aún el necio es tenido por sabio cuando calla".

No dispares al aire. Ahorra palabras, acierta el blanco y deja que el Espíritu Santo de Dios controle tu lengua. Al fin y al cabo, Él es quien la creó, la puso allí y sabe mejor que nadie cómo debemos usarla.

El que habla sin pensar es como el que dispara sin apuntar

22 de marzo
Grandes religiones e ideologías humanas

Es sabido que toda cosmovisión, óptica o perspectiva de la vida debe presentar argumentos históricos válidos que expliquen el objetivo o el final del proceso en el que dicha creencia involucra al hombre. Así, el Budismo, por ejemplo, concibe la vida cíclicamente a través de la reencarnación; donde los seres humanos viven una y otra vez hasta alcanzar la perfección.

> "Y también todos los que quieren vivir piadosamente en Cristo Jesús padecerán persecución; mas los malos hombres y los engañadores irán de mal en peor, engañando y siendo engañados. Pero persiste tú en lo que has aprendido y te persuadiste, sabiendo de quién has aprendido;"
>
> 2 Timoteo 3:12-14

El marxismo, por otra parte, convierte a la lucha de clases en el motor de la historia y predice la victoria inevitable del comunismo y la dictadura del proletariado que desembocará en el socialismo. El humanismo secular postula la bondad intrínseca del hombre. La evolución y la perfectibilidad humana, llevan al noble salvaje a terminar siendo **"como Dios"**. La serpiente que engañó a Eva se reencarna nuevamente en enseñanzas religiosas de nuestra **"Nueva era"**. Y así, a lo largo de la historia del hombre, idealistas y religiosos han presentado sus soluciones para el problema del hombre. Algunas de ellas se han ido a la tumba junto con sus líderes, como Marx. Otras sufrieron una muerte lenta que les desmembró hasta el colapso como el comunismo. Algunos aún están de pie pero no pueden permanecer estables ante las evidencias tangibles del fracaso humano y su constante corrupción en los diferentes estratos. La cosmovisión cristiana es en realidad la única que resulta científicamente verificable. La Biblia, escrita por más de 40 autores distintos a lo largo de 1600 años anticipa repetidamente eventos futuros, muchos de los cuales, se han cumplido con asombrosa exactitud. Para algunos, Dios es un ser superior que dicta Sus leyes al hombre y se sienta esperando a que se cumplan. Para otros, Él es un ser personal que se interesa e interviene en la historia tanto individual como colectiva. En este grupo me afilio a la confiabilidad de la Biblia; le sumo mi experiencia de vida, y la de millones que hemos encontrado en nuestro líder: Jesús, un Amigo Fiel que nos conducirá de la mano hasta la historia eterna allá en el cielo. **¿Estás tú en este grupo?**

Dios es un ser personal que se interesa e interviene en la historia, tanto individual como colectiva, del ser humano

Cegados por nuestro egoísmo

> " No juzguéis según las apariencias, sino juzgad con justo juicio."
>
> San Juan 7:24

Cuando la señora llegó a la estación le informaron que su tren se había retrasado una hora. Un poco molesta se compró unas galletas y una botella de agua y se sentó en un banco a esperar. Mientras ojeaba una revista, un joven se sentó a su lado y comenzó a leer el diario. De pronto, sin decir una sola palabra, el joven estiró su mano, tomó el paquete de galletas, lo abrió y comenzó a comerse una. La señora se molestó un poco, no quería ser grosera pero tampoco hacer de cuenta que nada había pasado. Así que, con un gesto exagerado, tomó el paquete, sacó una galleta y se la comió mirando fijamente al joven. Como respuesta, el joven tomó otra galleta y mirando a la señora a los ojos, le sonrió y se la llevó a la boca. Ya enojada, ella cogió otra galleta y, con ostensibles señales de fastidio, se la comió mirándolo fijamente. El diálogo de miradas y sonrisas continuó entre galleta y galleta. La señora estaba cada vez más irritada y el muchacho más sonriente. Hasta que quedó la última galleta. Ella pensó, no podrá ser tan insolente de comerse esta última galleta, entonces el muchacho tomó la galleta, la partió en dos y, con un gesto amable, le dio la mitad a su compañera de banco.

-¡Gracias!- dijo ella, tomando con rudeza el trozo de galleta.

-De nada- contestó el joven, mientras se comía su mitad.

Entonces el tren anunció su partida. La señora se levantó furiosa del banco y subió a su vagón. Desde la ventanilla observaba al muchacho alejarse y pensaba qué sería de nuestro mundo con tanta irreverencia. Sintió su boca seca y metió la mano en su bolso para sacar la botella de agua. Grande fue su asombro cuando encontró su paquete de galletas intacto. Equivocadamente había estado comiendo del paquete del muchacho...

Cuántas veces nuestros prejuicios y decisiones apresuradas nos hacen valorar erróneamente a los demás. Cuántas veces, la desconfianza, ya instalada en nosotros, hace que juzguemos arbitrariamente a las personas y situaciones.

No te apresures a emitir juicios, puedes acabar siendo tú el acusado

24 de marzo
Historias prestadas

Acudí a una casa de venta de películas en formato DVD para comprar alguna con el fin de verla en familia. El vendedor me fue relatando uno a uno su argumento, muy apasionadamente, con la clara intención de venderme alguna. En la tercera narrativa le interrumpí: "Discúlpeme, ¿usted las vio todas?" "Por supuesto", me respondió el hombre. "Yo no vendo ninguna película que primero no haya visto". Me fui meditando que en las lecciones de vida sucede lo mismo. Si repasas los acontecimientos de tu vida que has transitado hasta hoy, podrás identificar claramente escenas, etapas y ciclos. Algunos se repiten, otros se viven sólo una vez. Son como capítulos de una película o corto metrajes que conforman tu historia y la mía. De cada una de esas etapas habrás aprendido algo. Por lo menos, ese es el propósito de vivir: Aprender a ser humano, (cada día un poco más humano). Cuando esto sucede no solamente te beneficias tú con el caudal de aprendizaje acumulado, sino que también te encuentras en condiciones de aconsejar y animar a otros; muchas veces ese aprendizaje es doloroso y traumático. Pero si no sucede, vivirás de lecciones prestadas. Como quien relata la sinopsis de una película que nunca vio y que sólo le contaron y entonces dicho relato carecerá de emoción, será frío, mecánico y memorizado. Pero esas circunstancias en las que aprendemos lecciones se fijan para siempre como una marca de fuego en nuestro ser. El autor de la epístola a los Hebreos dice que aunque el proceso de instrucción muchas veces incluye momentos de tristeza, luego da fruto que redunda en un carácter manso y pacífico. También sirve para levantar las manos caídas y las rodillas que se encuentran amortiguadas al costado del camino y que con mi estímulo, pueden llegar a enderezar su andar otra vez (Hebreos 12:11-13). En verdad la vida tiene momentos tanto tristes como alegres. No andes por ahí sin aprender de lo vivido, a tientas, a los tumbos, tropezando nuevamente con la misma piedra por no haber aceptado nada. Imitando fidelidad. Viviendo por la fe de otros y no por la mía propia, viviendo vidas prestadas, narrando historias ajenas.

> "Es verdad que al presente, ninguna disciplina parece ser motivo de gozo, sino de tristeza, pero después da fruto apacible de justicia a los que en ella son ejercitados. Por eso, fortaleced las manos cansadas y las rodillas debilitadas. Enderezad el camino para vuestros pies, para que el lisiado no se desvíe, antes sea sanado. Seguid la paz con todos, y la santidad, sin la cual nadie verá al Señor."
>
> Hebreos 12:11-14

La voluntad de Dios es como un hermoso mar, no para copiarlo y pintarlo en el cuadro de mi vida, sino para lanzarme y nadar en él

El jabón inútil

"Y esta es la condenación: que la luz vino al mundo, y los hombres amaron más las tinieblas que la luz, porque sus obras eran malas."

Juan. 3:19

Un día, un fabricante de jabón caminaba discutiendo con un pastor cristiano acerca de la ineficacia del evangelio en solucionar los problemas sociales de este mundo. Argumentaba: "Su mensaje es ineficaz, pastor. La Biblia y Jesús nunca lograrán erradicar la maldad y los problemas existenciales que caracterizan al hombre y a la mujer de hoy. Hay mucho sufrimiento y maldad, no puedo creer en su religión". En ese momento, un mendigo sucio y harapiento les extendió las manos implorando limosna. "Mire usted", le dijo el pastor a su compañero. "Su jabón es un fracaso, no sirve para nada". "¿Por qué?", preguntó indignado el fabricante. "Mi jabón es de los mejores, está comprobado". "Bueno", contestó el pastor, "observe las manos de este mendigo, ¡están súper sucias!" "Es que eso no es culpa de mi jabón, amigo, sino que este hombre no lo ha usado. Aplíquelo en sus manos y verá cómo quedan de limpias." Precisamente ese es el caso del evangelio. Está comprobado por miles de testimonios a lo largo de 2000 años de historia que funciona en todo aquel que abre su corazón y deja entrar a Su protagonista: Cristo Jesús. Existen y seguirán existiendo hombres y mujeres con sus vidas sucias de malos hábitos, mendigando en las gradas de la vida postrados por su miseria, pero eso no es culpa de Dios ni evidencia de ineficacia del evangelio; más bien es la evidencia de que existen y seguirán existiendo personas que cierran su corazón al mensaje de Dios y cuestionan Su amor, igual que aquel fabricante de jabón. Dice la Biblia: **"Ésta es la causa de la condenación: que la luz vino al mundo, pero la humanidad prefirió las tinieblas a la luz, porque sus hechos eran perversos"** (Juan 3:19).

Aquel día, apreciado amigo, no habrá argumentos válidos que convenzan a Dios diciendo que Su amor es ineficaz. Hoy puedes levantar argumentos contra el cielo las veces que quieras, pero entonces será demasiado tarde. Déjale a Dios que te demuestre Su poder, permite que te llene con Su amor y te limpie con Su sangre y serás uno más que se sume a la gran familia de la fe que disfrutan de esta vida.

No habrá argumentos válidos que convenzan a Dios diciendo que Su amor es ineficaz

26 de marzo
Perdido sin saberlo

Hace algunos veranos en Rusia, un nadador experimentado decidió cruzar el Volga en las afueras de la ciudad de Volgogrado. La mañana estaba realmente atractiva para darse un buen baño. Sus amigos le animaron a hacerlo y se lanzó. Al fin y al cabo no era grande la distancia que tenía que cubrir, otras veces se había animado aún con trayectos mayores. Comenzó a nadar lentamente para no cansarse. Cuando había logrado algo más de la mitad del recorrido, sintió unas voces a lo lejos que no entendía bien porque eran en idioma ruso. No hizo caso y siguió nadando. Unos minutos más tarde sintió el ruido de un motor de lancha que se acercaba hacia él. Otra vez, voces de advertencia en ruso llegaron a sus oídos pero ignorándolas siguió su travesía. Las voces eran cada vez más apremiantes, luego le arrojaron un salvavidas pero él intentó en inglés y en castellano hacerles entender que se encontraba bien, que sólo deseaba llegar a la otra orilla y que no se preocuparan. Los gritos continuaron hasta que de pronto, un marino se echó al agua y a la fuerza le obligó a subir a la lancha. Le desembarcó en tierra y después de varias amonestaciones le liberó. Más tarde, sus amigos le hicieron ver el peligro en el que se encontraba. Sin darse cuenta, la corriente del río le había desviado casi 1 Km. y se acercaba peligrosamente a un remolino del cual no hubiera salido con vida. Sólo se percató del riesgo en el que se encontraba después de haber sido salvado. Al otro día, observó a otro nadador experimentar la misma situación y con pánico reconoció lo sucedido y dio gracias por haberle salvado.

Muchas personas en este mundo no se dan cuenta del riesgo en que están e ignoran las advertencias desde la lancha de la salvación, hacen oídos sordos y se niegan a recibir la ayuda de Dios. Aquellos que hemos sido salvados del camino de la muerte, hoy agradecemos a Dios y a las personas que nos invitaron a subir a bordo. No rehúses amigo, las advertencias de Dios. Mañana puede ser demasiado tarde.

> "Reconócelo en todos tus caminos, y Él enderezará tus veredas"
>
> **Proverbios 3:6**

Nunca sabrás del peligro en el que te encuentras hasta después de haber sido salvado

27 de marzo
Cambios sin resultado

"De manera que nosotros de aquí en adelante a nadie conocemos según la carne; y aun si a Cristo conocimos según la carne, ya no lo conocemos así. De modo que si alguno está en Cristo, nueva criatura es; las cosas viejas pasaron; he aquí todas son hechas nuevas."

2 Corintios 5:16-17

A través de la historia se ha intentado lograr cambios en el hombre, sin resultado. Nabucodonosor trató de prohibir la oración, únicamente podían adorarlo a él. El faraón trató de ahogar a todos los niños recién nacidos de los israelitas. Los romanos mataron a miles de cristianos por no quemar incienso en honor al César. Los musulmanes trataron de erradicar el robo cortando una mano a los ladrones. Los Incas trasladaron desde sus tierras a naciones enteras. Los europeos trataron de eliminar las herejías con la inquisición. La revolución francesa trató de eliminar todo vestigio de Dios declarando a las iglesias: **"Templos de la razón"**, e inventando la semana de 10 días. Los soviéticos desterraron a 10.000.000 de agricultores a Siberia. Los norteamericanos trataron de prohibir el alcohol. Los Nazis trataron de exterminar a los judíos. Tal vez, la lista es interminable, si citamos a lo largo de la historia proyectos, **"soluciones finales" y genocidios que intentaban crear** "el hombre nuevo, la **nueva raza"**. Sin embargo cada uno de estos cambios no tuvo éxito. Sólo consiguieron otra mancha con rastro de sangre en la historia humana que se ha esforzado vanamente durante siglos en reparar desde afuera, cuando en realidad se logra desde adentro mediante el amor. Tu vida está en constantes cambios. Sin un ente regulador de esos procesos, corres el riesgo de invertir tus días y agotar tus fuerzas en intentos infructuosos similares a los ya citados. Deja a Cristo entrar en tu vida, que Él te llene de Su Espíritu Santo y verás tu vida cambiar lenta pero efectivamente bajo Su mano de amor. Sólo Él puede crear de ti **"una nueva criatura dejando lo viejo atrás.** El nuevo hombre no puede ser fruto de la revolución sino de la redención porque "el que no naciere de nuevo, no puede ver el reino de Dios".

El hombre nuevo no puede ser fruto de la revolución sino de la redención

28 de marzo
La Gran Muralla

Hasta hoy, cuando algún astronauta observa el planeta tierra desde la órbita lunar, solamente alcanza a divisar una única construcción humana que, por su envergadura, es visible desde tanta distancia, la Gran Muralla China. Orgullosa exhibe sus kilómetros y kilómetros de extensión superando a cualquier otra obra de ingeniería humana. Se cree que durante su construcción murieron más de diez millones de trabajadores que perdieron sus vidas cargando piedras tan grandes a tanta altura, soportando los fríos más extremos y sacrificando hasta su último aliento para satisfacer los miedos de un loco emperador que le aterrorizaba algún ataque contra su próspero imperio oriental. Hoy comprendemos que semejante holocausto no era necesario para construir un monumento que en la actualidad sólo sirve de reliquia. En verdad, cada día se sacrifican millones de vidas jóvenes en los campos de guerra, también para satisfacer la loca ambición de nuestros emperadores modernos. Pero eso será tema para otra reflexión. Lo que quiero destacar hoy es que dos mil años atrás una muralla mucho más grande que la china fue —no construida— sino derribada, y no hizo falta sacrificar la vida de millones de humanos sino sólo una. La vida santa del Hijo de Dios, Su único Hijo Jesús, quien se entregó por cada uno de nosotros en la cruz para derribar el gran muro del pecado que nos separaba de Dios. **"Él es nuestra paz, que de ambos pueblos hizo uno, derribando la pared intermedia de separación"** (Efesios 2:14). Esa entrega dejó una marca en la historia humana que se observa, no desde la luna, sino desde el cielo y desde la eternidad. Es triste reconocer que son pocos los que la ven, y la aprecian. Mucho más allá de haber sido un ícono histórico, mucho más allá de haber dividido el calendario en dos, mucho más allá de haber sido un ejemplo de altruismo, ese hecho puede cambiar tu historia personal y le da un Norte a tu vida. Lo ha hecho conmigo y con millones de vidas más que han encontrado en Su muerte vida y en Su sacrificio, victoria.

> "Porque él es nuestra paz, que de ambos pueblos hizo uno, derribando la pared intermedia de separación, aboliendo en su carne las enemistades, la ley de los mandamientos expresados en ordenanzas, para crear en sí mismo de los dos un solo y nuevo hombre, haciendo la paz, y mediante la cruz reconciliar con Dios a ambos en un solo cuerpo, matando en ella las enemistades."
>
> **Efesios 2:14-16**

Mientras los hombres seguimos construyendo muros para separarnos, Dios los sigue derribando para reconciliarnos

Fronteras

> "Pero Dios, que es rico en misericordia, por su gran amor por nosotros, nos dio vida con Cristo, aun cuando estábamos muertos en pecados. ¡Por gracia ustedes han sido salvados!
>
> **Efesios 2:4-5**

Son dos los oficios más antiguos del hombre. Uno fue el de construir fronteras y el otro de atravesarlas. Aunque hoy tratemos de disfrazar esta tendencia crónica con el nuevo concepto de la "gran aldea global" o la globalización, lo cierto es que se siguen alzando fronteras de defensa. Hay fronteras políticas, como lo fue el muro de Berlín, fronteras religiosas como la gran franja de Gaza, aún fronteras sanitarias como en África ante la epidemia del Ébola y en Europa ante la peste negra en siglos pasados o en la actualidad en Asia con la gripe Aviar. También se construyen trincheras en las fronteras de México y EE.UU. para frenar la entrada de los inmigrantes ilegales. También la conquista de fronteras se sigue practicando hoy en día. Se han traspasado fronteras sagradas como la de la vida misma con la clonación. Se han conquistado límites inalcanzables como las del espacio exterior y los ya comunes viajes a la luna. Se intentan borrar fronteras religiosas con el amenazante crecimiento del ecumenismo. Pero tal vez, la frontera más grande que se haya construido jamás, es la levantada por los humanos mismos con sus montañas de pecados que le separan de Dios. Dice el profeta: **"Vuestros pecados han hecho separación entre vosotros y Dios"**. La frontera que demarca la santidad de Dios y la ruina del humano se ha venido extendiendo desde el Edén más y más. Pero ¿sabes? Lo increíble de esta realidad no es tanto la dimensión de esta frontera sino la dimensión del amor de Dios que fue capaz de atravesarla para llegar hasta Su criatura, raza caída de Adán y redimirla. Dice Efesios 2:4 **"pero Dios, que es rico en misericordia, por su gran amor por nosotros, nos dio vida con Cristo,** *aun* **cuando estábamos muertos en pecados. ¡Por gracia ustedes han sido salvados!** El hombre construyó la frontera de separación con Dios, y fue Dios mismo el que la derribó y construyó un puente con la madera de la cruz. Ya no hay división. La reconciliación de Dios contigo ya fue hecha. ¿Qué esperas para reconciliarte tú con Él?

El que levanta fronteras contra el cielo, se encadena al trágico final preparado para esta tierra

30 de marzo

Juntos... pero en armonía

Siempre fui un apasionado por la música. Estudié sus cualidades y características por cinco años y tengo siempre una guitarra cerca la cual toco cuando necesito "resetear" mi disco duro. (El que lee entienda). Recuerdo haber aprendido que los componentes esenciales de la música son: armonía, melodía y ritmo. La diferencia sustancial de los dos primeros, es que la melodía la forman notas individuales, mientras que la armonía es un conjunto de notas que al unísono, forman un acorde musical agradable al oído. Una melodía, entonces es una sucesión de notas únicas tocadas una por vez. La melodía son varias notas que, aunque cada una tiene su sonido particular se unen para formar un único sonido. Cada ser humano es una nota única en el pentagrama de la vida. Todos tenemos sonidos individuales en diferentes etapas de nuestra experiencia, que se mezclan con otros: amistades, noviazgo, matrimonio, compañeros de trabajo, iglesia, el barrio, etc. Armonizar con los demás es todo un desafío. De no usar la paciencia necesaria para enfrentarlo llegarás a la conclusión a la que muchos han llegado, "más vale solo que mal acompañado". Cuando un acorde está desafinado lastima a los oídos, pero el efecto que causa en el ambiente un acorde armonioso es tan bueno que vale la pena repetirlo. Durante años tuve la oportunidad de dirigir un coro de 40 voces y participar en coros de más de 200 voces y te aseguro que no se compara con ninguna obra interpretada aún por el mejor tenor o soprano. Es más sublime, es más completo, llena más el ambiente... Transmite otro mensaje. Creo que el gran cantor de Israel, David, tenía algo de esto en mente cuando escribió: "Mirad cuán bueno y cuán delicioso es habitar los hermanos juntos en **armonía**" (Salmo 133:1). Su arpa era un instrumento armónico. Cuando cada una de sus cuerdas mezclaba sus prolongados sonidos, formaban un acorde que llenaba todo el lugar. ¡Él sabía de qué hablaba! Creo que hay muchas personas melódicas (trompetas, flautas, bajos), pero pocas armónicas, dispuestas a ser parte de un todo por una *causa mayor*.

> "Mirad cuán bueno y cuán delicioso es habitar los hermanos juntos, en armonía. Es como el buen óleo sobre la cabeza, el cual desciende sobre la barba, la barba de Aarón, y baja hasta el borde de sus vestiduras; como el rocío del Hermón, que desciende sobre los montes de Sión, porque allí envía Jehová bendición y vida eterna".
>
> **Salmo 133:1-3**

El mundo necesita escuchar la dulce melodía del Evangelio ejecutada en la armonía de Su pueblo, la Iglesia

La renovación del águila

> "Alma mía, en Dios solamente reposa, Porque de él es mi esperanza. El solamente es mi roca y mi salvación. Es mi refugio, no resbalaré. En Dios está mi salvación y mi gloria; En Dios está mi roca fuerte, y mi refugio. Esperad en él en todo tiempo, oh pueblos Derramad delante de él vuestro corazón; Dios es nuestro refugio. *Selah*"
>
> Salmo 62:5-8

El águila es el ave de mayor longevidad en su especie. Llega a vivir 70 años, pero para llegar a esa edad, a los 40 años debe tomar una decisión crucial y difícil. Sus garras están apretadas y flexibles, y no consigue tomar a sus presas de las cuales se alimenta. Su pico largo y puntiagudo se curva apuntando contra su pecho. Sus alas están envejecidas y pesadas y sus plumas demasiado gruesas. Ya volar se hace casi imposible. Entonces el águila tiene sólo dos alternativas: morir, o enfrentar un doloroso proceso de renovación que dura 150 días. El proceso consiste en buscar en lo alto de una montaña, un lugar propicio dónde poner su nido. Debe ser un lugar donde pueda conseguir su alimento sin necesidad de volar. En esa parte comienza a golpear su inútil pico contra la roca hasta arrancarlo. Luego espera el crecimiento de uno nuevo con el cual desprende una a una sus uñas. Cuando las nuevas uñas comienzan a nacer, las utiliza para arrancar sus plumas viejas y espera algunos meses a que nazcan las nuevas. Después de 5 meses, el águila está lista para su renovada experiencia y volar 30 años más. En nuestras vidas, muchas veces tenemos que apartarnos por un tiempo y comenzar un proceso de renovación para continuar un vuelo de victoria. Debemos desprendernos de costumbres, tradiciones y recuerdos que en algún momento nos causaron dolor. Solamente libre del peso del pasado, podremos aprovechar el resultado valioso que una renovación siempre trae, para después volar hacia la libertad. Tal vez el profeta Isaías observó este fenómeno de la naturaleza al declarar en su libro Isaías 40:31: "**mientras que a los que esperan en Jehová, Él les renovará el vigor, subirán con alas como de águilas, correrán sin fatigarse y andarán sin cansarse**". ¿Quisieras ver tus fuerzas renovadas? La vida produce un desgaste lógico y peligroso, si no sabes regularlo y si no posees la oportunidad, el lugar y la manera de renovarte para un nuevo comienzo; puede llevarte a la anulación, la depresión y la desesperanza. Recuerda: Sólo en Dios encontrarás fuerzas renovadas para volver a empezar.

Líbrate del peso del ayer y comienza hoy mismo a forjar un nuevo mañana

1 de abril

Un mensaje desde la tumba

Carlos I el Grande, llamado Carlomagno, expandió sus reinos francos hasta transformarlos en un Imperio al que incorporó gran parte de Europa Occidental y Central. Cuando su tumba fue descubierta y abierta, hace ya más de 250 años, se encontró su cuerpo embalsamado sobre una losa de mármol y vestido con todo su atuendo real. El monarca sujetaba, con una mano un cetro cuajado de piedras preciosas, y con la otra, su dedo índice apuntaba a un párrafo del evangelio San Marcos que sostenía entre sus rodillas, exactamente en el capítulo ocho, versículo treinta y seis y que dice: "**¿De qué aprovechará, al hombre, si ganare todo el mundo y perdiere su alma?**" Que esta reflexión bíblica haya sido hecha por alguien como Carlo Magno, tiene un valor sin igual. Alguien que, en verdad conquistó el mundo entero. ¿Quién mejor que él para jactarse de sus logros, hazañas y riquezas, que le acompañaron hasta su mismo féretro? Podría haber adjuntado a su lápida algo así como: "No necesité nada en esta vida ni lo necesitaré en la venidera"... Pero no. Reconoció lo inconsistente de la vida, lo efímero de las posesiones materiales, lo intrascendente del ser humano y acabó sus días con la Palabra de Dios como especial tesoro en sus rodillas. No sé si a lo largo de su vida le dio gloria a Dios y honró la Biblia. Me da la idea que, aún hasta su misma muerte, se debatió entre su poder, ejemplificado en aquel cetro aferrado, y su parte espiritual y eterna. Al fin y al cabo, es asunto entre él y Dios en el día del juicio. Lo que nos deja como moraleja es que, si Carlo Magno reconoció la verdad de Marcos 8:36, ¿qué nos queda a nosotros, por pensar?...

El contexto completo de dicho texto reza así: "**porque todo el que quiera salvar su vida, la perderá; y todo el que pierda su vida por causa de mí y del evangelio, la salvará. Porque ¿qué aprovechará al hombre si ganare todo el mundo, y perdiere su alma? ¿O qué recompensa dará el hombre por su alma?**"

> "no mirando nosotros las cosas que se ven, sino las que no se ven; pues las cosas que se ven son temporales, pero las que no se ven son eternas."
>
> 2 Corintios 4:18

Si mueres aferrado a tus logros, significa que nunca has logrado nada

2 de abril

Cadenas de oro

Salmo 34:22

El historiador griego Herodoto de Halicarnaso cuenta en su libro que el Rey Darío, en una de sus tantas incursiones, se torció su tobillo. Llamó a cuantos médicos y curanderos había en el imperio pero nadie logró sanar su pie ni detener el dolor. El famoso médico griego Demócenes, descrito por Heródoto como el mejor de su tiempo, se hallaba preso por falsas acusaciones de herejía. Pero su fama como sabio en la medicina era tal que Darío envió a llamarlo desde la cárcel para que se presentara ante él y atendiera su dolencia. Demócenes accedió presentándose ante su rey encadenado. Luego del tratamiento adecuado, el tobillo de Darío estaba en perfecto estado.

El sarcasmo de este monarca era bien conocido entre sus allegados y no se hizo esperar en dicha situación, ya que, en recompensa por su labor, Darío regaló a Demócenes unos nuevos grilletes para sus pies, pero de oro...

De alguna manera, esta historia grafica la realidad del ser humano, esclavo de sus propias pasiones y deseos, pecados y ambiciones, secretos prohibidos más íntimos y acariciados. Esa esclavitud crónica que, aunque se la quiera disimular con cadenas de oro, esclaviza igual. Aunque se quiera alumbrar los momentos oscuros de la vida con fuegos artificiales, sigue siendo una luz fugaz que deslumbra pero no alumbra. Aunque se quiera maquillar el cadáver, sigue siendo muerte irremediable y déspota, que no reconoce fronteras, sexo, cultura, ni moral.

Sólo con un encuentro personal y sincero con Dios, es que puedes ver tus cadenas caer para siempre, tu vida se alumbrará y experimentarás el nuevo nacimiento. El mejor trato de Satanás puede ser ofrecerte cadenas más bonitas y nuevas, pero cadenas al fin. Cristo, rompe las cadenas.

¿De qué le sirve a un condenado de por vida tener las cadenas de oro?

3 de abril
La vida son detalles

Un discípulo aprendía los secretos de la pintura en un taller junto a un experimentado y talentoso maestro. Durante largas horas trabajó en un cuadro pero al terminar, notó que, aunque en verdad no estaba tan mal, algo le faltaba, tenía poco brillo, no estaba bien iluminado. El maestro se acercó, tomó el pincel y le aplicó los toques que faltaban. De inmediato cambió totalmente. El joven estaba asombrado. Ante sus propios ojos la obra había pasado de mediocre a sublime. Casi con reverencia dijo a su maestro: "¿Cómo es posible que con unos cuantos toques, con simples detalles, la obra haya cambiado tanto?" "Es que en esos pequeños detalles está el arte." Dijo el maestro. Los grandes acontecimientos en la vida nos deslumbran tanto que nos impiden ver esos pequeños detalles que nos rodean día a día. Un ave que canta, una flor que se abre, el beso de tu hijo en la mejilla, son ejemplos de pequeños detalles. La felicidad se basa en pequeñeces que sazonan nuestra existencia. No desestimes las cosas, una carta, una palmada en el hombro o una palabra de aliento. Todas pueden parecer poca cosa, pero no es así. La flor se marchitará, las palabras, quizá, se las llevará el viento, pero el recuerdo de ese detalle permanecerá por mucho tiempo en la mente y el corazón de quien la recibió. ¿Qué esperas? Escribe esa carta, levanta el teléfono, haz esa visita.

Mi hija acaba de darme un beso en la mejilla, como recompensa de un maquillaje que le compré, (por supuesto), pero no me importa. Eso es grande, no se olvida, te da conciencia de estar vivo y cuando ella ya no esté, recordaré ese beso, te lo aseguro. No vivas tan rápido que pierdas la óptica de las cosas esencialmente lindas. Tú puedes cambiar la experiencia triste de un amigo con un detalle. Hazlo pronto.

El día que ignores o desestimes esos gestos, habrás comenzado a morir. El cuadro de tu vida puede cambiar de mediocre a sublime con solo un detalle.

> "Todo tiene su tiempo, y todo lo que se quiere debajo del cielo tiene su hora".
>
> **Eclesiastés 3:1**

Lo esencial es invisible a los ojos

4 de abril
De mala gana

Un maestro de construcción, ya avanzado en años, estaba listo para retirarse y jubilarse cuando su jefe le pidió que construyera una última casa, antes de su retiro. El hombre accedió y comenzó su trabajo. A medida que la casa tomaba forma, se podía percibir que no estaba poniendo el corazón en lo que hacía. Usaba materiales de segunda calidad y aún sus trabajadores que le ayudaban no ponían el mayor empeño. Entre quejas y apuros, la casa fue terminada. Aquel día, su jefe fue a inspeccionar la obra y le entregó al maestro las llaves: "Esta casa es para ti", le dijo. "Esta es tu indemnización por todo tu fiel servicio de tantos años. Tómala. Es tuya" ¡Si el albañil hubiera sabido!... Ahora tendría que vivir toda su vida en una casa imperfecta.

¿Sabes? Construir con sabiduría es la regla esencial que debemos reforzar en nuestra existencia. Incluso si vivimos un solo día, ese día merece ser vivido con gracia y dignidad. De alguna manera, se construye la "casa" de nuestra vida con cada acción, proyecto y decisión tomada e ignoramos que acabamos viviendo en aquello que nosotros mismos construimos. Si agredes a tu esposa, tu vida conyugal será infructuosa. Si descuidas a tu hijo adolescente, cosecharás amargura el resto de tus días. Si eres seducido por el dinero rápido y fácil, acabarás en bancarrota. Si cedes ante la infidelidad sexual quedarás solo al final de tus días. Todos viviremos bajo el techo de las acciones que hemos construido en nuestra vida. Lo que dices a otros, te dirán a ti. Si lastimas hoy, te lastimará mañana. El mal que desees se cumplirá en ti, y la mentira que digas te dejará en vergüenza. La vida es un "búmeran". Dice la Biblia: "Todo lo que el hombre sembrare, eso también segará. No te engañes".

La vida es como un desafío de *"Hágalo usted mismo"*. Tu vida, ahora, es el resultado de tus actitudes y decisiones tomadas ayer. Tu vida, mañana, será el resultado de tus actitudes y elecciones de hoy. ¡Elige por Jesús!

Si lo que alguien ha construido permanece, recibirá su recompensa. (1ª Corintios 3:14)

5 de abril

Intenta sonreír

Hay personas que nunca se ríen por que les cuesta hacerlo. Parecería que les faltaran los músculos del rostro para formar la sonrisa. Semblante tenso, rígido, ceño fruncido y brazos cruzados son su postura más común. Como si reír fuera sinónimo de debilidad, de pérdida de tiempo y la seriedad fuera madurez y firmeza. ¡Nada de eso! Dios nos dio la facultad de sonreír y si no lo hacemos nos estamos perdiendo algo que es patrimonio exclusivo de la raza humana: El humor, la alegría, la sonrisa. Nunca he sabido que dos o tres perros se junten a ladrar de la risa recordando aventuras callejeras. Ni un árbol que largue una carcajada porque el viento le hace cosquillas a sus ramas. Sólo nosotros tenemos el talento para sonreír. Entonces... ¿Por qué nos cuesta tanto hacerlo? Bueno la amargura del alma y el mal genio son síntomas que evidencian la presencia de pecado en nosotros. Se refleja la vida lejos de Dios. "**En tu presencia hay plenitud de gozo**", dijo David, "**delicias a tu diestra para siempre**" (Salmo 16:11). Si Invertimos las palabras en su sentido negativo verás de qué te hablo: "Lejos de Dios me lleno de tristeza, y vivo siempre amargado". Es así que hoy vemos matrimonios tristes, padres "ogros", jóvenes sin brillo en sus ojos y maestros que se parecen más a dictadores que a instructores. Si piensas que con un rostro serio te vas a ganar el respeto estás equivocado. Lograrás infundir terror pero nunca autoridad. Cuando Dios habita en ti, tu carácter cambia. No sólo experimentas un cambio de corazón y de mente sino que también te conectas con los demás, dejas de construir muros y comienzas a construir puentes, y esa experiencia relacionante enriquece tu vida. Alguien dijo que si logras llegar al final de tus días contando cinco buenos amigos, puedes considerarte un hombre rico. Pero para eso debes sembrar durante tu vida sonrisas, contagiar gozo, regalar estímulo, ignorar ofensas.

> "Una mirada radiante alegra el corazón, y las buenas noticias renuevan las fuerzas".
>
> Proverbios 15:30

El gozo, al igual que el amor, más que un sentimiento es una decisión. ¡Decide ser feliz! (Filipenses 4:4)

Una fe razonable

> "Cuando pases por las aguas, yo estaré contigo; y si por los ríos, no te anegarán. Cuando pases por el fuego, no te quemarás, ni la llama arderá en ti".
>
> Isaías 43:2

José Smith, el profeta mormón, llevó a un grupo de sus fanáticos seguidores junto a un río, prometiéndoles que le verían cruzarlo sin mojarse. Cuando se reunieron en la orilla, les preguntó: "¿Realmente tenéis fe? ¿Creéis que yo sí puedo lograrlo?" Todos a una voz gritaron: "Sí. Tú puedes. Confiamos en que sí puedes lograrlo". "Entonces", concluyó Smith, "no es necesario que haga el milagro". Y se marcharon a su lugar meditando en lo sucedido. Obvio que fue un ridículo ardid de alguien que estaba imposibilitado para cumplir su palabra. Hubiera tenido más sentido, si estos fieles seguidores, hubiesen presenciado milagros portentosos realizados a diario. Pero aquí, se les demandaba una fe ciega, sin argumento, ni antecedentes o razón.

Cristo también dijo, ante Su auditorio que demandaba señal, que las obras y prodigios hechos por Él a diario, eran prueba más que suficiente de su autoridad y origen celestial. Pero Él demostró lo que decía ser. **"Mas yo tengo mayor testimonio que el de Juan; porque las obras que el Padre me dio para que cumpliese, las mismas obras que yo hago, dan testimonio de mí, que el Padre me ha enviado... Escudriñad las Escrituras; porque... ellas son las que dan testimonio de mí"** (Juan 5:36-39).

Muchos líderes religiosos demandaron obediencia absoluta de sus feligreses a lo largo de la historia. Algunos por el uso de la fuerza, otros por engaño, otros por altruismo. Pero sólo Jesús fue capaz de respaldar Sus palabras y demandas con una vida consecuente —como ninguno— un poder sobrenatural y un amor sacrificial demostrado allá en Su cruz.

Cuando uno de Sus más fieles seguidores —Pablo— se refirió a la vida de piedad que Dios exige que se entregue, dijo que era un servicio "razonable", "lógico", un culto racional. Aunque nos tilden de fanáticos, de que nos lavaron el cerebro, de que somos seguidores ciegos, los que hemos puesto nuestra fe en Jesús no hemos sido defraudados. Seguimos deslumbrándonos con Sus milagros y nos sumamos a la lista de personas que da testimonio de Él, de Su amor y de Su fidelidad.

Jesús fue capaz de respaldar Sus palabras y demandas con una vida consecuente, un poder sobrenatural y un amor sacrificial

7 de abril

Dios no es sordo

La navidad estaba cerca y Carlos, un pícaro niño de 12 años, deseaba, con todo su corazón, una bicicleta nueva de regalo. Una noche hizo su acostumbrada oración, pero en esta oportunidad oró tan vehementemente y en voz tan alta que se dejaba oír en toda la amplia casa. A la mañana siguiente, mientras desayunaban temprano para ir a la escuela, su hermanita, bastante molesta le dijo: "Carlos, anoche no logré dormir. Oraste a grito limpio ¡como si Dios fuese sordo!". "No", respondió Carlitos. "Ya sé que Dios siempre escucha. Pero si no te diste cuenta, la abuela, que estaba de visita ayer, olvidó traer sus audífonos". Esta cómica escena nos grafica la forma en que nos dirigimos a Dios, muchas veces. Sabemos que Él nos oye y vela por nuestra integridad física, emocional y espiritual, pero al parecer queremos darle una "ayudita", "darle una mano", por si se olvida, por si se duerme. Obviamente esas no son oraciones de fe. **"El que pide"** dice Santiago, **"pida con fe, no dudando en nada. Porque el que duda es semejante a la ola del mar que es arrastrada por el viento de un lugar a otro. No piense, pues, quien tal haga, que recibirá cosa alguna del Señor"** (Santiago 1:6-7).

El problema se suscita cuando pedimos mal (y no recibimos) porque pedimos egoístamente, para nuestro propio beneficio, no para el beneficio y progreso de la obra de Dios o para algún prójimo en problemas. El egoísmo se ha metido hasta en nuestras plegarias, y esas peticiones no llegan ni al techo de tu habitación. Pero cuando oras gobernado por el amor de Dios, tus oraciones son un deleite para el cielo y la respuesta no se tarda. Usamos a Dios como amuleto de la buena suerte o como el genio de la lámpara de Aladino que debe satisfacernos cada vez que la frotamos. La oración, más que una oportunidad para conseguir lo que necesito, debe ser la oportunidad para disfrutar de otro ratito más en Su presencia. No seas egoísta.

> "Deléitate asimismo en Jehová, y él te concederá las peticiones de tu corazón".
>
> Salmo 37:4

Cuando Él es mi deleite, mis oraciones son Su deleite

"Pronuncia las palabras mágicas"

> "Sea vuestra palabra siempre con gracia, sazonada con sal, para que sepáis cómo debéis responder a cada uno."
>
> Colosenses 4:6

No sé por qué a la mayoría de la gente le cuesta tanto agradecer cuando alguien le da la mano o pedir ayuda amablemente cuando la necesita. ¿A ti también te cuesta decir: 'por favor' y 'gracias'? Básicamente, un corazón orgulloso impide la amabilidad. De la abundancia del corazón habla la boca, entonces, una boca amable no es compatible con un corazón orgulloso. Debes aprender a conseguir lo que necesitas o esperas de los demás, usando palabras cordiales. Una actitud áspera sólo dificultará más las cosas. Pensamos que pedir favores es sinónimo de debilidad, o de rebajarse, cuando en realidad es todo lo contrario. Al involucrar personas en mis proyectos, estoy diciendo que son importantes para mí y que valoro su aporte. Ese principio construye lazos vinculantes en las relaciones. Escasean cada vez más las personas sociables. Parecería que esta sociedad materialista y competitiva nos hace herméticos. Nos enfrascamos en nuestros propios problemas, cultivamos una actitud agresiva, huraña y levantamos muros en lugar de construir puentes. Todos podemos tener un mal día y errar en la forma de responder o de pedir las cosas, pero aquí aparece la tercera palabra que encierra esta trilogía de la ética y las buenas costumbres: 'Perdón'. ¿Difícil, verdad? Quema en nuestros labios. ¿Por qué? Debería ser natural.

Sucede que en el interior del ser humano se ha perdido esa tendencia natural a la bondad y mansedumbre. A causa del pecado que escogimos esgrimir como estilo de vida, nuestro corazón se halla dominado por el orgullo, la ambición y la ira. Lo natural ahora para los hombres y las mujeres es pensar sólo en uno mismo avasallando al prójimo. Si deseas sanar tu interior necesitas experimentar esa revolución de vida que produce un encuentro personal con Jesús y la fe en Su cruz. A partir de entonces naturalmente brotará de ti una respuesta amable, una palabra edificante y una actitud cordial. No se te hará tan difícil pronunciar las "palabras mágicas" que abren el cofre de los tesoros: "Por favor, gracias, lo siento." ¡Haz la prueba!

El orgullo es como un espejo donde sólo te ves a ti mismo

9 de abril

La persona más "famosa" de la historia

Conquistó una fama indescriptible. Todavía, a pesar de su gran popularidad, algunas áreas de su inteligencia son poco conocidas. Él exhalaba sabiduría delante de sus dolores y era íntimo en el arte de pensar. Ese hombre fue **JESUCRISTO**. La historia de Cristo tuvo particularidades en toda su trayectoria, desde el nacimiento hasta la muerte. Su forma de vivir y Sus pensamientos, marcaron generaciones durante muchos siglos. Él nunca deseó destacar social o político, y creció sin someterse a la cultura clásica de su tiempo. Cuando abrió su boca, liberó pensamientos de inconfundible complejidad. Tenía poco más de treinta años, pero turbó profundamente la inteligencia de los hombres más cultos de su época, aquellos escribas y fariseos que poseían una rica cultura milenaria, intérpretes y maestros de la ley, los cuales, quedaron impactados con sus pensamientos. Su vida siempre fue difícil, sin ningún privilegio económico o social, y conoció en la intimidad los dolores de la existencia. Con todo, en lugar de preocuparse con sus propios dolores y desear que el mundo girase alrededor de Él se preocupó por los dolores y las necesidades ajenas. El sistema político y religioso no fue tolerante con Él, sin embargo Él fue tolerante y manso con todos, hasta con Sus peores opositores. Cristo vivió sufrimientos y persecuciones desde Su niñez. Fue incomprendido, rechazado, burlado y hasta escupieron en Su rostro. Fue herido física y psicológicamente. Pero, a pesar de tantas miserias y sufrimientos, no desarrolló una emoción agresiva y ansiosa; antes, emanaba tranquilidad delante de las más difíciles situaciones y aún tenía aliento para predicar acerca del amor en su sentido más poético. Muchos autores, a lo largo de los siglos, comentaron acerca de Cristo en diferentes aspectos espirituales: Su divinidad, Su propósito trascendental, Sus actos sobrenaturales, Su reino celestial y Su resurrección, pero pocos hombres han comprendido Su mensaje evangélico en el sentido más profundo. Descúbrelo en las páginas de la Biblia y déjate cautivar por Su amor.

> "Este es el mensaje que hemos oído de él y que les anunciamos: Dios es luz y en Él no hay ninguna oscuridad".
>
> 1 Juan 1:5

Si no has comprendido el mensaje de la cruz, no has comprendido el secreto de la vida

10 de abril

A Dios le importan los nombres

Desde el comienzo de la revelación sagrada en la Biblia, Dios se presenta como un Ser superior, eterno, excelso, pero, principalmente, un Dios personal. El capítulo cinco del libro de Génesis, es un claro ejemplo de lo que intentó decir. Puedes leerlo. ¿Lo hiciste? Tú me dirás: "Sí, y ¿qué tiene de interesante? Es una aburrida lista de nombres y fechas de nacimientos"... Bueno, justamente eso lo hace sorprendente. Si miras los primeros once capítulos del Génesis, verás que se cubre un período de historia de 2.000 años. Sí. Dos milenios narrados en tan poco espacio. ¿No te parece perder el tiempo en dedicar, de esos 11 capítulos, uno entero solamente para nombrar las genealogías, fechas, cuántos años al engendrar, cuántos años al morir, cuántos años el hijo vivió después de que murió su padre, nombres y más nombres? Con tanto para relatar, Dios se detiene en nombrar personajes insignificantes que no trascendieron más allá en la historia de los primeros siglos.

Es que, aunque el ser humano no haya hecho algo importante o grande, a Dios le interesa y para Él nadie es insignificante. Dios conoce a cada una de Sus criaturas, las llama por su nombre y disfruta de una relación personal con ellas. ¿Quién fue Cainán? ¿Qué hizo? No sé, pero Dios sí sabe, y quiso registrar su nombre allí. ¿Quién fue Malalel? ¿Qué hizo? No sé, pero Dios sí sabe, y quiso registrar su nombre allí. ¿Quién fue Jared? ¿Qué hizo? No sé, pero Dios sí sabe, y quiso registrar también su nombre. Pon tu nombre, atrévete. "No. ¿Quién soy yo? ¿A quién le importó?... " No sé, pero Dios sí lo sabe y quiere registrar también tu nombre en Su libro, allá en el cielo.

En aquel libro de la vida, están todos los nombres de aquellas personas que se animaron a conocer a un Dios de amor personal y lo descubrieron para nunca más separarse de Él. ¿No te gustaría adjuntar tu nombre? Comienza hoy mismo una relación personal con Dios a través de Su Hijo Jesucristo. La lista ¡aún continúa abierta!

¿Has pensado en que Dios se tomó seis días para crear el universo y nueve meses para formarte a ti?

11 de abril

Libre por confesar

Pablito, el pequeño travieso, visitó la granja de sus abuelos. Él tenía una honda con la cual se pasaba el día apuntado y lanzando piedras. Practicaba en el campo pero nunca daba en el blanco. Un poco desilusionado, regresó a casa a cenar. Al acercarse a la ventana vio al pato mascota de su abuela. Sin poder controlarse, tomó su arma, apuntó al pato y le acertó justo en la cabeza. Aquel pato cayó muerto al suelo. Estaba tan asustado que tomó al pato y lo enterró en el bosque. Pero su hermana Miriam lo estaba observando. Ella no dijo nada. Después de cenar, la abuela dijo: "Miriam, acompáñame a la cocina a lavar los platos". Pero la niña contestó: "Abuela, dijo Pablo que él se ofrecía hoy para ayudarte. ¿No es cierto, Pablito? " Y le susurró al oído: "¿Recuerdas lo del pato?" A lo que Pablito, calladito se dirigió hacia la cocina, rojo de ira.

Al otro día dijo el abuelo: "Niños, ¿Quieren ir de pesca?" Pero la abuela mencionó: "Lo lamento, pero Miriam debe ayudar en la cocina". "Yo sí puedo ir", dijo Miriam. "Pablo quiere ayudar en la cocina. Él acaba de decírmelo. ¿Verdad Pablito? "Sí", respondió el hermano con mal genio mientras observaba cómo su hermana menor se iba de excursión. Por muchos días, Pablo hizo sus tareas y las de su hermana. Hasta que cierto día, harto de semejante esclavitud, no soportó más y le confesó a su abuela que él había matado al pato. La abuela lo abrazó y dijo: "Amorcito, ya sabía lo del pato. Lo vi por la ventana, lo sé todo y te perdoné porque te amo. Lo que me preguntaba es ¿hasta cuándo ibas a ser esclavo de tu hermana?" Y yo te pregunto a ti: ¿Hasta cuándo vas a permitir que tus pecados pasados te mantengan esclavo? Confiésalos y apártate. Al fin y al cabo, Dios ya sabía de ese pecado mucho antes de que lo cometieras, desde el mismo momento en que te adoptó como hijo.

> "El que encubre sus pecados no prosperará; Mas el que los confiesa y se aparta alcanzará misericordia."
>
> **Proverbios 28:13**

"Si confesamos nuestros pecados, él es fiel y justo para perdonar nuestros pecados" (1 Juan 1:9a)

Una taza de té

"Y cualquiera que dé a uno de estos pequeñitos un vaso de agua fría solamente, por cuanto es discípulo, de cierto os digo que no perderá su recompensa".
Mateo 10:42

Un hombre calvo y demacrado, se hallaba en su cama de hospital. Su cara pálida denotaba el reciente trasplante de médula ósea. Padecía de leucemia. La enfermera Hanne Dina se le acercó, lo saludó y le preguntó si quería sopa, toscamente respondió que no, que sólo deseaba morir. Al rato, Hanne le llevó su medicina. La tomó con mala cara y volvió a hundirse en la almohada. Hanne fue a la cocina del hospital y se preparó una taza de té, la colocó en una bandeja y al lado puso otra. Entró al cuarto y preguntó a aquel enfermo: "¿Puedo tomar aquí mi taza de té? Quisiera ver las noticias acá mientras tomo mi té." "Por supuesto que puede quedarse, si así lo desea". Respondió el enfermo. Ella encendió el televisor mientras le decía: "Traje una taza extra por si quiere té". "Sí. Sírvame el té, por favor". Respondió el enfermo. Al día siguiente, Hanne volvió con la bandeja y dos tazas y así lo hizo por una semana. A los pocos días, ya convalecido, el hombre se fue para terminar el tratamiento en su casa. Cuatro meses más tarde, Hanne estaba en un centro comercial, y de repente oyó una voz potente: "¡Hanne, qué gusto verla!" La enfermera lo reconoció de inmediato. Era el enfermo de la taza de té. Él la abrazó y presentándole a su esposa, le dijo: "Ella es Hanne, la enfermera que me salvó la vida con una taza de té".

Pequeños gestos pueden realizar grandes milagros. No tenemos ni idea de lo que Dios puede hacer con lo poco que tenemos a mano. Pueden ser dos panes y dos peces, una simple vara, o sólo dos moneditas, pero con el aderezo de un corazón que se alegra al dar, puede suceder lo inesperado, lo grandioso, lo imposible. Dios no mira cuánto des o cuánto tengas, sino con cuánto te quedas. Puede ser que sea poco, pero cuando lo poco que tienes lo usas para bendecir a otros, para Dios significa mucho.

Cuando lo poco que tienes lo usas para bendecir a otros, para Dios es mucho

13 de abril

Vamos a triunfar

El concepto de triunfo se ha desvirtuado como resultado del continuo ofrecimiento de medallas baratas que exaltan los logros de cada ser humano. Existe en el interior de toda persona una sed de alcanzar metas, de superarse en cada proyecto de vida, de progresar. No es malo, para nada. De alguna manera esto fue diseñado por Dios y es innato en nuestra especie. Sin embargo, cuando el hombre y la mujer se fijan metas enajenadas de Dios, son simples deseos. Cuando nos lanzamos a la concreción de esos ideales separados de Él tendremos como resultado un final negativo, estéril e infructuoso y, aunque lo hayamos logrado, no encontraremos satisfacción alguna en ello. De ahí que Jesús haya mencionado: **"Separados de mí NADA podéis hacer"**. Somos seres con ideales y capacidades maravillosas, es cierto. Fuimos creados a semejanza de un Dios extraordinario. Es más, la Biblia dice que fuimos hechos para triunfar, gobernar, señorear: **"me pregunto: ¿Qué es el hombre, para que en él pienses? ¿Qué es el ser humano, para que lo tomes en cuenta? Pues lo hiciste poco menos que un dios, y lo coronaste de gloria y de honra. Lo entronizaste sobre la obra de tus manos, todo lo sometiste a su dominio; todas las ovejas, todos los bueyes, todos los animales del campo, las aves del cielo, los peces del mar, y todo lo que surca los senderos del mar"** (Salmo 8:4-8). ¿Lo ves? Fuimos hechos para Su Reino. El problema comienza cuando queremos alcanzar la corona pasando por alto Su cruz. Él te dice: **"Toma tu cruz y sígueme"**, la corona vendrá por añadidura. Jesús está dispuesto a sufrir contigo tus derrotas para que tú disfrutes con Él Su corona. Trabaja junto a Él. Considera a Dios en todos tus caminos que todo proyecto te saldrá de acuerdo con Su propósito. Acepta las puertas abiertas así como las que se cierran y no logras abrir. Pisa donde Él pisó. Así, al final de tu camino será el mismo de Él: El cielo.

> "Mas a Dios gracias, el cual nos lleva siempre en triunfo en Cristo Jesús, y por medio de nosotros manifiesta en todo lugar el olor de su conocimiento".
>
> 2 Corintios 2:14

Vamos a triunfar. Pero la victoria nos va a costar sangre, sudor y lágrimas. Su sangre, mi sudor, y las lágrimas de ambos

Sonríe

"El corazón alegre hermosea el rostro; Mas por el dolor del corazón el espíritu se abate".

Proverbios 15:13

Creo que se nos está borrando la sonrisa del rostro. ¿Me equivoco? ¿Cuándo fue la última vez que te reíste con ganas, hasta llorar? Parece que esa sonrisa natural que brotaba de nuestros rostros ante la mínima morisqueta cuando éramos bebés quedó allá, muy lejos, en la cuna. ¿Qué nos está pasando? *"Es que hay tantos problemas, desgracias en el mundo, injusticia..."* Podrás poner las excusas que quieras, pero debes saber que si escoges una vida amargada, resignada y quejambrosa, **la primera persona perjudicada serás tú**. Claro que duele. Molesta el desprecio y la indiferencia, pero andar por la vida con una cara larga hará que te tropieces con tu misma tristeza y caigas. De alguna manera, Dios nos dio el rostro para los demás, para los otros, aquellos que observan tu cara y la disfrutan o la soportan. No tiene porqué enterarse todo el mundo de los dolores de tu corazón. Sí es bueno compartir con aquel amigo que está cerca y te ofrece su hombro para llorar, pero debes tratar de transmitir un mensaje alegre y optimista siempre. El apóstol Pablo aconseja en su carta a los Filipenses: **"Alégrense en el Señor siempre. Les repito: Siempre"**.

Es verdad que muchas veces hay que esforzarse por sonreír, pero es un esfuerzo que trae ricas recompensas y **la primera persona beneficiada serás tú**. 350 músculos de tu cara se activan cuando te ríes. Una hormona que inhibe el desarrollo de agentes patógenos es secretada por una glándula que se activa con la risa. Hace años que se curan enfermedades con la terapia de la risa. Está comprobado que quien más ríe, más vive. Así que sonríe -aunque sólo sea una simple sonrisa en medio de tu tristeza- porque la verdadera tristeza, es no saber sonreír. ¿Eres feliz? No te pregunto si te diviertes... Sólo aquel que está en paz con Dios por la obra de Jesús en la cruz a favor suyo, puede estar en paz con los hombres y consigo mismo. La paz y la felicidad se pueden cultivar, cuando verdaderamente aceptas a Dios en tu corazón.

"El corazón es tuyo, puede llorar. El rostro es de los demás, debe sonreír." (Irene Amalia Casas)

15 de abril

Asustado de sí mismo

En cierta ocasión, un joven león sediento se acercó a un manso lago de aguas cristalinas para beber. Al acercarse, vio su rostro reflejado en el agua y pensó: ¡Dios, este lago es de este león! Debo tener cuidado con él. Se retiró atemorizado. Tenía tanta sed que regresó y allí estaba otra vez el león. ¿Qué hacer? La sed lo devoraba y no había agua más cerca.

Retrocedió, pero tal era su sed que tomó más fuerzas y abrió sus fauces amenazadoramente. Grande fue su sorpresa cuando vio que el otro león hacía lo mismo. Se alejó y luego de pensar un poco en lo que sucedía, volvió decidido a tomar en ese lago, pasara lo que pasara. Y así lo hizo; ¡al meter la cabeza en el lago, el otro león desapareció... Enfrentar los problemas y los miedos sin temor, debe ser para los hijos de Dios una decisión que no se puede aplazar. No tengamos miedo de los aparentes obstáculos; a veces con sólo enfrentarlos desaparecen. Hay personas que viven cargadas de muchos miedos dándole lugar a los espejismos. Pierden la dimensión real de los acontecimientos y fantasean con cuanta adversidad se avecina, esperando siempre lo peor. Satanás es experto en espejismos y nos hace ver los problemas más grandes de lo que en verdad son. Por eso, el consejo bíblico es resistirlo con decisión para que él huya de nosotros. ¡Haz la prueba! Moisés se quejó por una supuesta trampa de parte de Dios trayendo a Su pueblo al desierto para matarlo en manos enemigas, cuando Dios, en realidad, ya tenía la victoria preparada. Elías pensó que era el único profeta que quedaba con vida cuando había siete mil más. Tomás, el discípulo, estaba listo para sumarse al funeral de Lázaro cuando en realidad, Lázaro dormía.

No te apresures a sacar conclusiones gobernadas por el pánico. Encomienda a Jehová tu camino, confía en Él, que Él hará.

**El que le teme a su propia sombra,
es porque vive lejos de la Luz**

16 de abril
El nuevo jefe indio

"El que al viento observa, no sembrará; y el que mira a las nubes, no segará".

Eclesiastés 11:4

Los indígenas de una remota reserva preguntaron a su nuevo jefe si el próximo invierno sería frío o apacible. Dado que el jefe había sido educado en la moderna sociedad, no poseía el conocimiento de la naturaleza que tenían sus ancestros. Así que se vio incapaz de pronosticar qué sucedería con el clima. De cualquier manera, para no perder el respeto de la tribu, respondió que el próximo invierno iba a ser frío, por lo tanto había que recoger bastante leña y estar preparado. Pero como también era un dirigente muy práctico, por las dudas, telefoneó al servicio de meteorología de la región consultando si el invierno que se avecinaba sería cruel o benévolo. La respuesta recibida fue: "Sí. Parece que el próximo invierno se viene con todo". De modo que este jefe indio reunió a la tribu y les dijo que había que reunir más leña pues el invierno sería muy hostil. Una semana después el jefe llamó al servicio de meteorología nuevamente y peguntó: "¿Seguro que el invierno será muy frío?" "Por supuesto", respondieron los técnicos. "Será muy frío." Aún más preocupado por su gente, el jefe volvió al campamento y ordenó a sus hermanos que recogiesen toda la leña posible, ya que parecía que el invierno iba a ser realmente crudo. Dos semanas más tarde, el jefe llamó nuevamente al servicio de meteorología: "¿Están ustedes absolutamente seguros de que el próximo invierno va a ser muy frío?" "Absolutamente. Sin duda alguna", respondió el meteorólogo. "Va a ser uno de los inviernos más crudos que se hayan conocido." "¿Y cómo pueden ustedes estar tan seguros?", preguntó el jefe. "Muy sencillo", le respondieron. "Porque los indígenas de la reserva están recogiendo leña como locos..."

Si vives mirando lo que hacen los demás y condicionando tu actuar por normas, principios y conductas "prestadas", es muy posible que te equivoques o vivas al margen del error. No te arriesgues. Observa a Dios".

> **El que se rige por lo que dirán los demás, nunca desarrolla un carácter auténtico**

17 de abril
Donde más duele

Así como el enemigo número uno de Dios y de todo lo que Él creó, Satanás, sabe dónde atacarnos por nuestro lado más débil, también nuestro Amigo número uno: Dios, nuestro Creador, sabe cómo disciplinarnos tocando donde más nos duele. Dios actúa como un padre porque es el Padre Eterno, y al igual que los papás y las mamás, cuando los hijos colman la medida de su paciencia optan por quitarles el celular, los programas de TV que más les agradan o algo que, sin ser de primera necesidad les duela, hasta que aprenden que la obediencia trae privilegios y la desobediencia disciplina, Él nos muestra varios ejemplos muy claros de Su disciplina en la Biblia. Jacob era muy hábil en salir de diversas situaciones extremas en las que su carácter tramposo le metía a diario. Un día, luchando con Dios, Él tocó uno de los ligamentos principales de su pierna y le dejó cojo por el resto de su vida. ¡A ver cómo te las arreglas para correr ahora, Jacob! Bueno, tendrás que aprender a confiar más en Dios que en tus propias piernas. Abraham amaba mucho a su único hijo Isaac; quizás le amaba demasiado. Tal vez desplazó el único amor que le correspondía a su Dios. "Dame a tu hijo, Isaac, el que amas." ¡Qué difícil habrá sido para este hombre de fe entregar a su hijo en sacrificio! Otra vez Dios tocando donde más nos duele. Tu vida y mi vida tienen la natural tendencia a alejarse de Dios. Él es nuestro sustento, nuestra vida, nuestro todo. Observa lo que dijo Pablo, apóstol, predicando en Atenas, **"El Dios que hizo el mundo y todo lo que hay en él es Señor del cielo y de la tierra. Él es quien da a todos la vida, el aliento y todas las cosas. Esto lo hizo Dios para que todos lo busquen y, aunque sea a tientas, lo encuentren. En verdad, Él no está lejos de ninguno de nosotros, puesto que en Él vivimos, nos movemos y existimos".** (Hechos 17:24-28).

Cuando nuestro foco de atención comienza a centrarse en otra cosa que no sea Él, Su celo le mueve a tocar donde más nos duele hasta que no nos queda nada. Es entonces cuando llegamos rendidos a Sus pies para comprender que Él era lo único que necesitábamos.

> "Para que busquen a Dios, si en alguna manera, palpando, puedan hallarle, aunque ciertamente no está lejos de cada uno de nosotros. Porque en él vivimos, y nos movemos, y somos; como algunos de vuestros propios poetas también han dicho: Porque linaje suyo somos".
>
> **Hechos 17:27-28**

Muchas veces la única manera de mirar al cielo es que caigamos de espaldas

18 de abril
Ladrón de lo propio

Carlos entró sigilosamente en el garaje sin encender la luz, abrió la puerta posterior del vehículo; con gran presteza, cortó los cables que conectaban el equipo de audio al automóvil. Ya con su botín en mano, dejó la vivienda y se perdió rápidamente en las sombras de la noche de aquel barrio neoyorquino. Su suerte duró poco, pues a la vuelta de la esquina, un patrullero le interceptó, le detuvo y confiscó el producto de su robo antes de que lo vendiera por unos pocos billetes. Una vez en el destacamento, rastrearon el auto al que pertenecía ese aparato gracias a un microchip insertado y luego buscaron al dueño del vehículo y su domicilio. Fue grande la sorpresa del oficial al constatar que tanto el nombre del propietario como su dirección, coincidían con los datos del detenido. En estado etílico y bajo el efecto de las drogas, Carlos Paredes había entrado en su propio domicilio y despojado a su propio vehículo. No pudo ser detenido. ¡No había incurrido en ningún delito! No se considera un robo tomar algo que es propiedad personal, aunque sea en semejantes circunstancias.

Lo cierto es que esta ironía se repite vez tras vez en varios hogares sin dejar registro en los archivos policiales. En realidad, robamos lo que le pertenece a nuestra propia familia cuando malgastamos el dinero de la leche del bebé en una apuesta de Póker, o cuando destinamos el tiempo que le pertenece a los hijos pasando horas frente a un televisor que nos cautiva; cuando robamos la inocencia de los hijos abusando sexualmente de ellos, o entregamos nuestro cuerpo, ojos o mente a otra mujer que no sea nuestra esposa, usurpando así la confianza que nos tuvo por años. Ladrones de lo propio, destructores de aquello que construimos, asesinos de la vida que concebimos.

¿A dónde queremos llegar? Necesitamos urgentemente quitarnos la venda de los ojos para darnos cuenta del desenfreno en el que estamos viviendo, y eso sólo puede lograrlo Cristo.

Hay hombres tan necios que derriban, con sus propias manos, aquello que construyeron durante toda su vida

19 de abril

Aprendiendo de Él

Tenemos una tendencia natural a detenernos cuando las fuerzas parecen haberse acabado. El razonamiento lógico nos invita a dejar la tarea para recobrar ánimo y continuar, y esto es cierto. Pero también es verdad que existe cierta renovación de las fuerzas en la continuidad del trabajo. Tal vez te ha sucedido que te sentiste agobiado, extenuado y dijiste: "¡Basta! Dejo todo aquí. Me voy. Tengo que salir". Te fuiste, quizás a un viaje de descanso, cambiaste de aire, amigos, paisaje... Regresaste a tu casa y te esperaba la misma rutina de problemas, caras, demandas y exigencias laborales. Los compromisos y las tareas inconclusas que abandonaste, súbitamente siguen ahí. Entonces, no has desempacado las maletas de tu viaje cuando ya estás tan estresado como antes de irte. Quizás estás haciendo algo que otra persona podría hacer. Probablemente no lo hará como tú, pero lo hará. O tal vez te encuentres realizando una actividad a la cual no fuiste llamado. De alguna manera, la propuesta de Jesús dirigida a todos los que están trabajados y cansados no es exactamente un sillón reconfortante, sino todo lo contrario. Primero un yugo, (elemento de trabajo pesado) y luego una cruz. Pero se adjunta una nota interesante y creo que allí radica el secreto de una vida de solaz. Porque si revisamos la agenda del Señor te diré que fue bastante apretada, mucho más que la tuya o la mía. Había días en los que ni tiempo tenía para comer. Dormía poco, trabajaba mucho, siempre con una larga fila de personas esperando a su puerta para ser atendidas... Pero manso, sereno y tranquilo. Nunca estresado, ni de mal genio, siempre con tiempo para los demás y rara vez corriendo. **"Aprended de mí que soy manso y humilde de corazón y hallaréis el tan deseado descanso para vuestras almas"**. No apuntó al cuerpo sino al alma. Porque nunca descansará tu cuerpo y tu mente hasta que no encuentres la paz interior que sólo Dios puede darte. Cambia tu actitud hacia Dios, la vida, tus propias justicias, y a los demás; avanza, que tus fuerzas se renovarán cada día en Él.

> "Irán de poder en poder; Verán a Dios en Sion".
>
> Salmo 84:7

Muchas veces lo que agota tus fuerzas no es tanto el trabajo excesivo sino el esfuerzo mal enfocado

Intelectuales religiosos

"Para que os dé, conforme a las riquezas de su gloria, el ser fortalecidos con poder en el hombre interior por su Espíritu; para que habite Cristo por la fe en vuestros corazones, a fin de que, arraigados y cimentados en amor, seáis plenamente capaces de comprender con todos los santos cuál sea la anchura, la longitud, la profundidad y la altura."

Efesios 3:16-18

Es verdad que Cristo Jesús dejo el cielo y vino a nuestra tierra para hablarnos acerca de Dios, del pecado, del infierno y del amor de Su Padre. Y lo hizo magistralmente. Nadie jamás reveló la identidad de Dios de una manera tan descriptiva como Él. Tanto así que dijo: **"El que me ha visto a mí ha visto al Padre, porque Yo y el Padre, somos uno"**. Es en ese contexto que Juan se refirió a Jesús bajo el epíteto: "Verbo", haciendo alusión a la palabra como expresión del pensamiento de Dios. El Señor vino a decirnos acerca de la eternidad y de Dios. Pero la información sin formación deforma. Por tal motivo Él invirtió Su tiempo y Su vida entera y escogió un grupo de jóvenes a quienes le habló palabras de vida eterna, les discipuló y formó sus vidas transmitiendo, no sólo Sus palabras, sino Su vida y Su ejemplo. Hoy en día, estamos rodeados de intelectuales religiosos. Personas que conciben a Dios como una idea. Lo experimentan en el plano meramente mental del pensamiento. Conocen de Dios, pero no conocen a Dios. Hablan de Dios pero jamás hablan con Dios. Creen en Él pero no le creen a Él. Leen Su Palabra pero jamás oyen Su voz. Si la información que estás buscando sobre Dios y Su amor te guían a conocerle, bien; pero si te interesas por las cosas espirituales solamente por curiosidad para poseer una opinión más acerca de otra doctrina, pierdes el tiempo. Dios no se hizo humano para que la gente opine de Él, sino para que le reciba en su corazón y le entregue su vida. Este tipo de conocimiento puramente intelectual te deforma, o lo que es peor, te conforma. Acallas tu conciencia diciéndote a ti mismo: "Yo creo en Dios", cuando en realidad no le crees a Dios. Y esa simple diferencia marcará tu destino final. Sólo una experiencia real, una relación personal, única y renovadora con Él será la que te introducirá a la vida eterna, la vida de Dios.

La información sin formación deforma

21 de abril

No dejes que entre en tu casa

No hace muchos años, las puertas de algunas casas quedaban abiertas aún cuando sus dueños estuvieran ausentes. Esto lo hacían por si algún amigo necesitaba algo. No había rejas en las ventanas y podía quedar sin seguro el carro, sin temor de que al día siguiente ya no lo vieras en la puerta de tu casa. Hoy todo ha cambiado. A la mayoría de la gente le inquieta dejar la casa sin medidas de seguridad. De hecho, las empresas de vigilancia privada no dan abasto. Las razas de perros guardianes son las más buscadas. Es que hay personas malvadas que no queremos que entren a nuestras casas, ¿verdad? Cuando alguien llama a nuestra puerta, la mayoría no abre hasta comprobar quién está al otro lado. Queremos estar seguros de que no hay peligro al dejar entrar a alguien que podría hacernos daño. No queremos que "los chicos malos" entren a nuestra casa; pero no nos preocupamos de aquellos que entran a través de la pantalla de nuestro televisor.

Piensa un poco: ¿Permitirías que alguien entre a tu casa para fumar cocaína? ¿Permitirías a un extraño que entre despreocupadamente, saque una pistola y le dispare a alguien que está sentado en tu sofá? En la vida real no permitiríamos ese comportamiento. Aún así, no pensamos en nada cuando encendemos el televisor y los actores lo hacen, al fin de cuentas están fingiendo, ¿Verdad? Pero hay una ley de la mente según la cual nos acostumbramos a las cosas que se repiten. Cada vez que vemos violencia o un comportamiento inmoral, nos molesta un poco menos y si lo vemos durante mucho tiempo, podemos llegar a pensar que es normal. Así que cuando alguien indeseado esté queriendo entrar en tu hogar, toma el control remoto y con un dedo, déjalo fuera sin dudarlo. No olvides que este cosmos está gobernado por Satanás y debes estar alerta para identificar sus armas de destrucción masiva. Asegúrate.

> "Para que Satanás no gane ventaja alguna sobre nosotros; pues no ignoramos sus maquinaciones".
>
> 2 Corintios 2:11

La televisión es el caballo de Troya de nuestros hogares

Anda despacio

> "¿No sabéis que los que corren en el estadio, todos a la verdad corren, pero uno solo se lleva el premio? Corred de tal manera que lo obtengáis".
>
> 1 Corintios 9:24

Por andar como locos nos estamos perdiendo los verdaderos detalles que nos brinda la vida, ¿verdad? Lo principal es invisible a los ojos, lo sabemos y casi de memoria, pero parece que se queda en teoría, nada más. Si es invisible, es imperceptible, con más razón debemos observar con cuidado para no pernernos la oportunidad de apreciar esos valores más caros de la vida. Y para observar con cuidado esas "cosas esenciales" debemos andar más despacio. Corremos, corremos y seguimos corriendo detrás de metas inventadas por nosotros mismos. Las consideramos necesarias cuando en realidad no lo son. Cierta vez Sócrates, el filósofo griego, observaba con sus alumnos el tráfico del puerto de Atenas, dijo: "¡Cuántas cosas que no necesito se hallan en nuestro mundo!" Unos siglos antes, el sabio Salomón empleaba el mismo lenguaje: **"Vanidad de vanidades, todo es vanidad. Dije yo en mi corazón: Ven ahora, te probaré con alegría... Mas he aquí, todo era vanidad de vanidades... No negué a mis ojos ninguna cosa que desearon... y he aquí todo era vanidad y aflicción de espíritu"**, y concluye en el capítulo 12 versículo 13: **"Teme a Jehová, y guarda sus mandamientos, porque esto es el todo del hombre"**. Lo sabemos, lo hemos leído, y casi no hace falta que nos lo repitan, pero el hecho es que seguimos enceguecidos corriendo detrás de estas "vanidades". Se comprende por "vanidad" todo objeto de atención que no es lo que aparenta. Es algo hueco, aunque ocupa espacio, sabe amargo, es de dulce aroma y hace ruido, pero carece de armonía, atrae, pero no guía. Deslumbra pero no alumbra. ¿Me hago entender?

Si cultiváramos un espíritu más pausado, si nos tomáramos un momento para la reflexión de vez en cuando, seríamos más sabios, cosecharíamos lecciones de vida útiles para abrirnos paso en esta vorágine cósmica y para heredarles a nuestros hijos bienes espirituales, más que materiales. Somos espíritus en un cuerpo. No invirtamos los valores. Avancemos despacio, calculemos la distancia, conservemos el ritmo y conquistaremos la meta.

Las tortugas saben de caminos más que las liebres

23 de abril

Instrumentos en Sus manos

De alguna manera somos el rostro, las manos y la boca de Dios. Él mira a través de nosotros y anda nuestros caminos con nuestros pies. Lo que intento decir es que al crear la raza humana Dios concibió la increíble idea de hacernos "parecidos a Él". Lo hizo para tener con quien conversar y verse reflejado, pero principalmente para interactuar en Su magna obra de instalar Su Reino en este planeta tierra. De ahí que leamos en Su Palabra, por ejemplo, que somos colaboradores al servicio de Dios, (1° Corintios 3:9). Él nos usa, nos busca, nos capacita. Me atrevo a decir que hasta nos necesita. Es difícil pensar que Dios necesite algo, pareciera que atenta contra Su omnipotencia. Pero para ver completo Su Plan eterno quiere que participemos con Él. Nos desea (Lucas 22:15) nos busca (Juan 4:23) y nos necesita cerca (Juan 14:3). Pero la verdad fundamental es que al ser usados por Sus manos expertas Él nos ayuda a nosotros. Cuando colaboramos con Dios colaboramos con nuestro desarrollo. Somos los principales beneficiados. Debemos interpretar cada experiencia vivida como una clase más en pro de nuestro desarrollo, que es dictada por El Maestro paciente, amoroso, comprensivo y didáctico. Es difícil entender que Él quiera usarnos, que se digne siquiera capacitarnos, ubicarnos en su mega empresa eterna: La iglesia, y que nos siga dando oportunidades. Cuando nos exponemos ante el espejo de Su Palabra y nuestras miserias e imperfecciones salen a relucir, no tenemos más que exclamar: ¡Señor, me da miedo pensar que sigues empecinado en continuar con esta loca idea de usarme! Él no busca obreros capacitados, sino discapacitados que se dejen usar por Él. No busca fuertes sino débiles, porque solamente el débil es aquel que acude en humildad y busca ser fortalecido. En toda casa grande hay instrumentos de oro y de plata. Honrosos, caros, delicados. Pero también hay de los otros, los de madera, de arcilla o de hierro y también son necesarios, y hasta más usados. Así que la próxima vez que te digan: "¡inútil!", respóndeles: "pero siempre útil en Sus manos".

> "Pero en una casa grande, no solamente hay utensilios de oro y de plata, sino también de madera y de barro; y unos son para usos honrosos, y otros para usos viles. Así que, si alguno se limpia de estas cosas, será instrumento para honra, santificado, útil al Señor, y dispuesto para toda buena obra".
>
> 2 Timoteo 2:20-21

¡Señor, me da miedo pensar que sigues empecinado en continuar con esta loca idea de usarme!

24 de abril

Juguete de sus pasiones

"Pero los que son de Cristo han crucificado la carne con sus pasiones y deseos".

Gálatas 5:24

El que se deja llevar por el ímpetu de sus arrebatos, será siempre un juguete de sus pasiones y un esclavo del primero que sepa observarle. Es que somos impetuosos por naturaleza. Somos seducidos, fácilmente se nos escapan las riendas de una cabalgata sin control que nos deja heridos y tendidos en el suelo. Las pasiones no son malas cuando están bajo control. Es bueno ser "pasional" en todo lo que emprendamos, pero cuando ellas son el motor que guía la vida, cuando cultivo un estilo de vida sensual y voy hacia donde me lleven mis corazonadas, el final no será otro que muerte. De alguna manera, las pasiones son un vagón más en el tren de mi ser integral, no es la locomotora que mueve el tren. ¿Qué es lo que mueve tus decisiones? Si es tu corazón, tus pasiones, deseos o tus sentidos, estás en problemas. La Biblia describe la mini biografía de un joven pasional de nombre Sansón. Hizo todo lo que quiso, tomó todo lo que deseó, fue donde se le antojó y no obedeció ni a Dios ni a sus padres, terminando sus días esclavo, primero de sus propias pasiones y luego de sus peores enemigos que descubrieron su punto débil y lo usaron de juguete. Su final fue triste y lo sumamos a la lista de hombres con un gran futuro que fracasaron cobardemente. ¡Alerta! El ser humano es un envase lleno de deseos insatisfechos, anhelos no cumplidos y un potencial de pasión peligrosísimo. Dios, Su Creador, quiere ser Quien satisfaga esos deseos, Quien te ayude a cumplir tus anhelos más nobles y controle esos deseos y pasiones, transformándolos en amor productivo para tu desarrollo y para Su Gloria. Pero eres tú quien debe crucificar, cada día, en actitud voluntaria, esas pasiones y deseos para vivir la nueva vida que Cristo ofrece.

Deja que Dios tome control de todo tu ser y que la "locomotora" de tu vida sea Su Espíritu y Su Palabra. Sólo así tendrás un final feliz.

El ser humano es un envase lleno de deseos insatisfechos, anhelos no cumplidos y un potencial de pasión peligrosísimo

25 de abril

¿Por qué muerde la serpiente?

Ariel, era un niño de apenas 6 añitos. Vivía en una comunidad indígena de la etnia Huaorani, antiguamente conocidos como "Los Aucas", que en idioma Quichua, significa "Salvajes", haciendo alusión al carácter hostil de esta tribu, antes que el evangelio de Jesucristo les transformara.

Caminaba rumbo a la chacra, que normalmente queda a unas horas por pica (un estrecho sendero en la espesura de la selva), como lo había hecho en tantas oportunidades. Era su vida, su tribu, su mundo. Pero, escondido entre la exuberante vegetación tropical, acechaba el ser más temido por los indígenas: La serpiente. De repente una gran culebra "X" saltó, clavando sus colmillos en la piernita de Ariel. Su padre la mató en el acto cortándole cabeza con el machete, pero ya era tarde. El mortífero veneno corría por el torrente sanguíneo librando una batalla contra el reloj y anunciando la posibilidad de una muerte más. La pierna comenzó a hincharse y ennegrecerse de una manera horrible. Lo sacaron de la selva en un vuelo de emergencia y, después de intentar estabilizarlo por algunos días, el médico dijo: "Hay que amputar su pierna para evitar que el veneno haga más daño". Consternado, su padre dijo: "No. Prefiero que mi hijo muera con sus dos piernas antes que viva con una". Firmó la autorización y lo llevó al brujo de la comunidad. Nada pudo hacer. Cuando al fin permitió la cirugía, ya era muy tarde. Ariel murió en el quirófano.

"¿Por qué muerde la serpiente?"...

A diferencia de cualquier otro animal, ella muerde sin que la agredan. Sólo acecha, espera y cuando ve la oportunidad... ¡Salta y mata! Uno de los nombres de Satanás es: "La serpiente antigua", ya que, desde el Edén, se representó en este animal. Su método es el mismo, sus motivaciones también, y muchos quedan en el camino a causa de su trampa mortal. No seas tú otra víctima. Sólo Jesús pudo aplastar al Diablo en la Cruz hiriéndole en la cabeza, y hoy, te ofrece su Victoria.

> "Y Jehová Dios dijo a la serpiente: Por cuanto esto hiciste, maldita serás entre todas las bestias y entre todos los animales del campo; sobre tu pecho andarás, y polvo comerás todos los días de tu vida. Y pondré enemistad entre ti y la mujer, y entre tu simiente y la simiente suya; ésta te herirá en la cabeza, y tú le herirás en el calcañar".
>
> Génesis 3:14-15

No puedes ser inmune al pecado, pero sí puedes curarte de su veneno mortal

Levantando al caído

> "Antes fuimos tiernos entre vosotros, como la nodriza que cuida con ternura a sus propios hijos. Tan grande es nuestro afecto por vosotros, que hubiéramos querido entregaros no sólo el evangelio de Dios, sino también nuestras propias vidas; porque habéis llegado a sernos muy queridos".
>
> 1 Tesalonicenses 2:7-9

El profeta Jeremías había sido arrojado y olvidado en una cisterna llena de lodo a causa de su ministerio. Sedequías, el entonces rey de Jerusalén que gobernaba bajo permiso de Babilonia, había sido el responsable de semejante injusticia, simplemente porque este profeta no anunciaba lo que el rey quería oír. Pero cierto amigo de Jeremías intercedió por él y le rogó al rey que le liberara: "**Entonces mandó el rey al mismo etíope diciendo: Toma en tu poder treinta hombres de aquí, y haz sacar al profeta Jeremías de la cisterna, antes que muera. Y tomó Ebed-melec en su poder a los hombres, trapos viejos, ropas raídas y andrajosas, y los echó a Jeremías con sogas en la cisterna. Y dijo el etíope a Jeremías: Pon ahora esos trapos viejos y ropas raídas y andrajosas, bajo los sobacos, debajo de las sogas. Y lo hizo así Jeremías. De este modo, sacaron a Jeremías con sogas, y lo subieron de la cisterna; y quedó Jeremías en el patio de la cárcel**" (Jeremías 38:10-13). El punto que deseo destacar es la manera cuidadosa que este etíope usó para levantar a su amigo del lodo. Podría simplemente haber tirado de sus brazos hasta liberarlo, y posiblemente lo hubiera logrado pero con ligamentos, clavículas rotas, y músculos del hombro desgarrados.

Es muy probable que a lo largo de tu vida te encuentres en situaciones en las que tendrás que socorrer sentimental o espiritualmente a alguien. Hazlo con cuidado, con amor, como te hubiese gustado que lo hicieran contigo, con tu cónyuge o con tu hijo. Debemos tratar a los demás como queremos que nos traten. Cuántas veces, por querer ayudar sin ganas, sin amor ni ética, hemos dado un consejo inoportuno, una reprensión dura, una exhortación que sólo logra echar sal a la herida del prójimo, o emitimos un juicio apresurado. Debemos aprender a dar a los necesitados la gracia que Dios nos impartió y no tanto la ley que sólo Dios puede ejecutar sin equivocarse. La próxima vez que quieras levantar a alguien asegúrate de que no lo dejes peor de como lo encontraste.

Si no estás capacitado para ayudar, mejor dedícate a orar

27 de abril

Escucha tú, tierra

Nuestro planeta tierra, pequeño en dimensión —con respecto del universo— pero grande en sus conflictos, se halla al borde de la ruina total. Se ha multiplicado la maldad a todos los niveles; se ha "resfriado" el amor y la santidad es tomada en burla y menosprecio. Todo está al revés. A lo malo se le llama bueno y a lo bueno malo; a la luz se le llama tinieblas y a las tinieblas se le llama luz. Cada vez se hace más manifiesto el culto a Satanás reemplazando el culto al verdadero Dios. Personas, entre ellas intelectuales y sabias, se vuelcan a prácticas de ocultismo y magia, consultando adivinos y pitonisas, horóscopos, infectando sus mentes con prácticas diabólicas. La brujería está a la orden del día y para saber cuál es el futuro, los seres humanos se meten en el terreno de lo oculto. Parecería que el amor pasó de moda. Lo que hoy se conoce como amor o "hacer el amor" es pasión sensual descontrolada, egoísta, enajenada del verdadero concepto de amar incondicionalmente y con sacrificio. Amar hasta que me duela amar. Este relativismo moral y religioso que nos envuelve e intoxica hace que cada vez se vuelva más difícil permanecer inmune. Esa es la evidencia de que hemos desoído el mensaje del cielo.

¿Qué es lo que le sucede a nuestro planeta? ¿Qué le ocurre al ser humano? Es que hemos dejado de oír la voz de Dios, y nos preguntamos... ¿Merece Dios ser escuchado? Creemos que sí.

"**Escucha tú, tierra, porque habla Dios**" Siempre que Dios habla es para bien del ser humano. Debemos atender a este mensaje de Dios. San Pablo pudo transmitir el siguiente mensaje: "**Palabra fiel y digna de ser recibida por todos: que Cristo Jesús vino al mundo a salvar a los pecadores, de los cuales yo soy el primero**" (1ª Timoteo 1:15). La palabra más hermosa que podamos escuchar de parte de Dios es: "Tierra, Yo te amo".

> "¿Robará el hombre a Dios? Pues vosotros me habéis robado. Y dijisteis: ¿En qué te hemos robado? ¿En vuestros diezmos y ofrendas?"
>
> Malaquías 3:8

Si cierras tus oídos a Dios, nunca escucharás los sonidos de la vida

28 de abril
Juicio equivocado

Juzgamos con mayor fuerza los defectos en los otros, que los nuestros. Esto es un mal muy común en los seres humanos. Somos displicentes con las fallas propias y severos al momento de juzgarlas en los demás. Es como si dijéramos: "Sí, es de censurar, está muy mal, no debería haberlo hecho; pero no me mires ni critiques cuando yo lo hago". Alguien dijo que cuando señalamos al otro con el dedo índice, hay tres dedos que me están señalando a mí. En palabras más sabias, Jesús dijo: **"Y tú ¿por qué te fijas tanto en la paja del ojo de tu hermano y no te fijas en la tremenda viga que tienes en el tuyo propio?"**

Algo así, fue lo que le sucedió a cierto pintor con una severa miopía. Acostumbrado a las galerías de arte, entró, aquella tarde, a una exposición de cuadros. Olvidó sus lentes en su vehículo, pero eso no fue problema para él, pues su experta visión crítica no necesitaba de gafas al momento de evaluar una obra de arte. Se detuvo frente a una de ellas —que le llamó poderosamente la atención—. Era el retrato de un hombre de cuerpo entero. Inmediatamente percibió lo desgarbado de aquella silueta, lo demacrado del semblante y la postura triste del personaje, por lo que exclamó: "¡Qué pintor fue el que escogió semejante modelo para su cuadro! En verdad, este artista tiene muy mal gusto". Antes de que pudiera continuar con su crítica destructiva, su mujer se acercó por detrás y le susurró al oído: "Calla, mi amor, estás parado frente a un espejo".

Tal ridiculez revela la actitud de todo aquel que denuncia las faltas en los demás e ignora las propias. Tal persona no es digna de confianza y su juicio siempre será tomado con recelo. Porque el que critica a los otros y se alaba a sí mismo es igual al que se mofa de la imagen del espejo que tiene al frente.

No critiques, si no quieres ser criticado

29 de abril
De aquí no me muevo

La Compañía de bienes raíces Chong quing Zhengsheng, en China, quiso construir un mega parque turístico con la sideral cifra de 77 millones de dólares de inversión. Todo marchaba bien hasta que se toparon con el dueño de una humilde casa en el centro del predio y este no quiso desalojar su propiedad ni venderla. Por más que le rogaron, aumentaron la oferta y hasta le extorsionaron, aquel hombre no claudicó y dijo: "Yo de aquí no me muevo".   La solución fue cavar alrededor de su casa para construir el parque, por lo que la casita quedó elevada varios metros sobre el nivel de suelo como una montaña artificial con su obstinado ocupante dentro. De alguna manera, se ve como un anecdótico atractivo turístico más del lugar.

> "Compra la verdad, y no la vendas; la sabiduría, la enseñanza y la inteligencia".
>
> **Proverbios 23:23**

Es loable tener la convicción y valor necesarios para decir: "De aquí no me muevo" si la situación lo amerita. En Judas versículo tres, se ordena a contender ardientemente por la fe dada una vez a los santos, refiriéndose a la actitud enérgica que hoy escasea el defender la sana enseñanza de la Biblia. También dice Proverbios 23:23, "**Compra la verdad y no la vendas**". No descanses hasta no estar seguro de que estás en la verdad. No hagas como Pilato (Juan 18:38). No estoy a favor de los obstinados y testarudos. No es bueno creerse sabio en la propia opinión, (Proverbios 3:7). Más bien debemos cultivar una actitud dispuesta a escuchar opciones, pero hay cosas que son "no negociables". Nunca negocies tus convicciones, no canjees tus principios morales, no traiciones una buena amistad, no ofrezcas tu cuerpo por conveniencia.

La historia bíblica describe a varios hombres de convicción que actuaron con determinación en las cosas no negociables como el caso de Noé, Sama, Nabot, Rizpa, y otros. Jesús también recibió la oferta, "Si eres hijo de Dios baja de la cruz", pero respondió: "No. Yo de aquí no me muevo". Lo hizo por amor a ti y a mí. Sólo en una correcta relación con Él podrás priorizar tus valores y saber cuándo decir "de aquí no me muevo".

Opinión es lo que tú sostienes, convicción es lo que te sostiene a ti

Y ahora, ¿quién podrá defenderme?

S.O.S. es la señal de socorro más utilizada internacionalmente. Fue aprobada durante una conferencia en Berlín en 1906 para reemplazar la utilizada hasta entonces "CQD" en las transmisiones telegráficas en Código Morse. Se eligió esta representación debido a que podía ser radiada fácilmente usando dicho código, con una sucesión de tres pulsos cortos, tres largos y otros tres cortos. Posteriormente se le asociaron significados para facilitar su memorización, por ejemplo Save Our Souls (salven nuestras almas), Save Our Ship (salven nuestro barco), Si Opus Sit (si fuera necesario) o Save or Socom (salvadnos o morimos) en inglés. Otras alternativas en español son Sálvenos o Socórranos, Socorro Oh Socorro, Socorro o Sucumbo, Sálvenos o Sepúltenos y Sálvenos o Sufriremos. El accidente del Titanic contribuyó enormemente a su popularización e hizo que pasara a sustituir casi por completo al anterior código de auxilio. Lo cierto es que, aunque la señal de S.O.S. fue emitida con toda claridad aquella noche trágica, nadie acudió en socorro de los miles de pasajeros y aquel transatlántico majestuoso se hundió en las heladas aguas, en menos de dos horas. ¿De qué sirve dar un llamado de auxilio si no hay quien lo escuche? ¿De qué sirve quedar ronco de gritar y gritar si aquel que puede o debe darte una mano te mira indiferente o impotente? De hecho, aquella fatídica noche, alguien recibió la señal, pero estaba tan lejos que cuando llegó, sólo fue para recoger los cadáveres flotantes y algunos sobrevivientes.

Tal vez tu vida está llena de S.O.S sin respuesta. Pediste auxilio en tu infancia y nadie te escuchó, denunciaste una agresión y nadie te creyó, y aún hoy tu voz se queda ronca de llamar y llamar y a nadie parece importarle tu caso. Sufres en silencio y los que intentaron ayudarte se cansaron, se fueron. Mira, no llames al número equivocado, el teléfono correcto es 86:7, y lo encuentras en el libro de los Salmos. Sólo Dios puede, sólo Él quiere, sólo Él siente lo que sufres porque lo vivió en la cruz por amor a ti hace dos mil años. Alza a Él tus ojos, de donde sí, vendrá tu socorro.

Cuando llores en silencio, recuerda que Dios cuenta cada una de tus lágrimas. (Salmo 56:8)

1 de mayo
Escaleras al cielo

Hoy quiero que pienses en dos palabras que suenan muy parecidas al oído humano pero muy distintas al oído de Dios: **religión y relación.** La primera la encuentras en los grandes templos, las catedrales majestuosas, en boca de los elocuentes habladores de Dios, en rituales y votos imprecatorios para aplacar la ira de Dios; la segunda, en las rodillas dobladas al

> "sabiendo que el hombre no es justificado por las obras de la ley, sino por la fe de Jesucristo, nosotros también hemos creído en Jesucristo, para ser justificados por la fe de Cristo y no por las obras de la ley, por cuanto por las obras de la ley nadie será justificado".
>
> **Gálatas 2:16**

pie de una cama, en los corazones humillados que le hablan a Dios, en la imposibilidad humana y consecuente búsqueda de socorro apelando a la misericordia divina.

Los hombres y mujeres de todos los tiempos han pretendido llegar a Dios construyendo escaleras de esfuerzo humano y hueca religión, y nunca lo encontraron. De ahí aquella famosa canción del grupo Pink Floid: **"Escaleras al cielo".** La llegada al cielo no se puede comprar. Jesús fue muy cortante con los religiosos de su época. Él los denunció públicamente y los comparó con sepulcros blanqueados que por fuera aparentaban vida pero en su interior hedían. Desde el inicio de los tiempos el hombre siempre intentó llegar a Dios, por medio de esfuerzos humanos. Quizás estés tú, ahora mismo, cansado de buscar la verdadera felicidad, y tal vez Dios permite que llegues a este punto de agotamiento para que dirijas tu mirada a Él, le digas que sólo no puedes, descubras que el trayecto para acercarse a Él ya lo cubrió Jesús al descender del cielo a la cruz, y le pidas perdón, le dejes entrar en tu corazón y te prepares para comenzar una relación con el autor de la vida. Toda la Biblia presenta a un Dios amigable, lleno de bondad más que de ira. Un Dios que busca el diálogo, no los rezos; que se acuerda de que somos polvo y por lo tanto débiles; que nos entiende y se compadece de nuestras debilidades. Llegar a Dios por esfuerzos, aunque sean religiosos, es tan vano como pretender cruzar un río armando un puente de papel.

**Religión es el esfuerzo del hombre,
evangelio es el esfuerzo de Dios**

Valle de sombras

> "Amados hermanos míos, no erréis. Toda buena dádiva y todo don perfecto desciende de lo alto, del Padre de las luces, en el cual no hay mudanza, ni sombra de variación. Él, de su voluntad, nos hizo nacer por la palabra de verdad, para que seamos primicias de sus criaturas".
>
> Santiago 1:16-18

Uno de los textos más memorizados de la Biblia es el versículo 4 del Salmo 23, **"Aunque ande en valle de sombra de muerte, no temeré mal alguno, porque tú estarás conmigo; tu vara y tu cayado me infundirán aliento"**. Algunas verdades que podemos extraer de este pasaje nos serán útiles para transitar aquellos períodos de nuestra vida que nos atemorizan. No debe sorprenderte que desde el comienzo, Dios advierta en Su Palabra que andaremos por valles de sombras. Claro que habrá lugares de delicados pastos donde descansar, pero no siempre. También habrá inesperados, amargos e inoportunos. Esperar lo contrario, solo traerá desilusión y frustración en tu experiencia cristiana. Dios nunca dijo que Sus seguidores estarían llenos de abundancia, prosperidad y un buen pasar. Todo lo contrario, advirtió persecución y pruebas. Días en los que sentirás que alcanzaste la cima más alta de tu montaña y días en los que te encontrarás en valles profundos. Y allí habrá sombras, sombras de muerte. Pero ¡un momento!, son sólo sombras, nada más que sombras. Que no te hagan creer lo contrario. "¡Aunque sean más altas que tú, son solamente sombras! No es la muerte en sí, la sombra no mata, la sombra de una espada no corta y la de un perro no muerde. Tenemos la tendencia a exagerar en situaciones de temor, ¿Verdad? Pero además debes saber que si hay sombra debe existir una luz detrás. De lo contrario, no existiría. ¡Es la luz de Jesús! y Él es más grande. Tal vez no le veas, pero está ahí. Debes aprender a verle con los ojos de la fe. Entonces podrás decir "Si estás conmigo, todo temor se desvanece, llega la fuerza de Tu vara que reconforta y me anima a continuar". Prosigue, te espera una mesa preparada al detalle, para disfrutar junto a tu Señor por largos días.

La "sombra de muerte" no mata, así como la sombra de una espada no corta y la sombra de un perro no muerde

3 de mayo
Resolviendo conflictos

"Alégrense siempre en el Señor. Insisto: ¡Alégrense! Que su amabilidad sea evidente a todos. El Señor está cerca. No se inquieten por nada; más bien, en toda ocasión, con oración y ruego, presenten sus peticiones a Dios y denle gracias. Y la paz de Dios, que sobrepasa todo entendimiento, cuidará sus corazones y sus pensamientos en Cristo Jesús".

Filipenses 4:4-7

"¡Déjalo, ya se le pasará con el tiempo!"... más de una vez ésta es la forma en que damos por terminados muchos de nuestros conflictos. **¡Nada más errado que esto!** La pregunta es: **¿Cómo surgen los conflictos?** Entre muchas cosas, aparecen cuando las motivaciones y los puntos de vista son diferentes. El Construir un vínculo sano en un marco de relaciones, no ocurre por sí solo. Si bien, las diferencias son parte de nuestro universo, es bueno y sano que existan pero en ocasiones, resultan en ruptura, rencor, quiebre y las grietas terminan siendo abismos de diferencias imposibles de salvar. Por esta razón, hay unos que evitan las discusiones siempre que puedan; lo hacen a costa de ceder sus propios argumentos, algunos generan conflicto con facilidad por su intolerancia a las diferencias y otros ante una discusión se cargan de enojo. Por otro lado, están los que se quedan pensando en el problema, dando vueltas en sus pensamientos. Los que se despiertan de noche por la preocupación que les genera el malestar; los que pierden el apetito; los que se **"enferman"**, etc., etc. ¿Cómo actuar frente a un conflicto?

Ser objetivos: A veces las emociones están tan afectadas que no nos permiten pensar acerca del problema con claridad.

Aprender a escuchar: El enojo nos ciega a la posibilidad de escuchar.

Intentar visualizar aunque sea un "punto de encuentro". Aunque sea UNO...

Evaluar la intensidad del conflicto. ¿Qué cosas están en juego?

Ser oportunos. Hay momentos en los que mejor es hablar, pero también a veces hay que saber callar.

El apóstol Pablo comprendía esto cuando dijo a los de Filipos: **"Así que, todos los que somos perfectos, esto mismo sintamos; y si otra cosa sentís, esto también os lo revelará Dios"** (Filipenses 3:15). Reconocía que los desacuerdos son una realidad, no lo negaba. Pero ante el problema, buscar la sabiduría que viene de lo Alto, es el primer paso a seguir. Evalúa tu manera de enfrentar los conflictos con otros y toma la actitud correcta para que sea esto también una oportunidad de crecimiento personal.

> **La diferencia no está en la presencia o ausencia de conflictos sino en cómo los enfrentamos**

4 de mayo
Todos somos iguales

> "pues todos sois hijos de Dios por la fe en Cristo Jesús; porque todos los que habéis sido bautizados en Cristo, de Cristo estáis revestidos. Ya no hay judío ni griego; no hay esclavo ni libre; no hay varón ni mujer; porque todos vosotros sois uno en Cristo Jesús. Y si vosotros sois de Cristo, ciertamente linaje de Abraham sois, y herederos según la promesa".
>
> Gálatas 3:26-29

En cierto aspecto, cada individuo que habita este planeta es igual al resto. No hay grandes diferencias; por ejemplo, todos nacemos igual, de la misma manera, en iguales condiciones de asistencia y dependencia; experimentamos los mismos procesos madurativos en sus respectivas etapas. Cuando este proceso se altera y nos enfermamos, lo hacemos de la misma forma y nuestro cuerpo reacciona igual. En estas circunstancias, experimentamos dolor y es necesario mencionar que todos sufrimos dolores aunque lo somatizamos o lo asimilamos diferente, pero todos sufrimos. Nos espera un mismo destino eterno que se escapa de nuestra elección. Todo hombre y toda mujer se enfrentarán con la muerte algún día. Lo dice Dios en Su palabra: **"Porque está establecido para todos los hombres que después de morir se enfrenten con el juicio"** (Hebreos 9:27). Allí habrá lágrimas, las mismas lágrimas, porque al llorar todos lloramos igual, ¿o no? Podríamos continuar la lista de similitudes pues todos pertenecemos a la misma raza humana. Pero debes saber también que ante la óptica divina, aunque todos somos pecadores, existen dos diferencias sustanciales. Aquellos pecadores perdonados por la cruz y los rebeldes que andan en su pecado y son indiferentes al mensaje de la cruz. Dentro de las similitudes que mencionamos, la más trágica es la tendencia a pecar o, como dice en la Biblia, la naturaleza de pecado. Para este mal endémico, la única solución es el perdón que Dios otorga, basado en la sangre derramada en la cruz por Su Hijo, hace más de dos mil años. Todos somos iguales, lo que nos diferencia entre los humanos son los accesorios que nos ponemos por fuera. Lo que nos diferencia ante Dios es nuestro corazón. Te pregunto, y tú ¿de qué lado estás? Dios nos ve desde Su cielo y sólo ve esas dos diferencias. Para Él no hay estratos sociales, clases culturales, nivel económico ni raza. Sólo pecadores perdonados y pecadores rebeldes. Debes definirte. La indecisión es la peor de las decisiones y el infierno estará lleno de indecisos.

Todos somos iguales, lo que nos diferencia entre los humanos, son los accesorios que nos ponemos por fuera; lo que nos diferencia ante Dios es nuestro corazón

5 de mayo
En diferido

Tal vez la vida con Dios sea como ver un partido de fútbol del que ya sabes el resultado: Tu equipo salió ganador, el evento terminó hace una hora, y tú te sientas en el sillón de tu casa para ver la victoria. Comienza el partido y a los diez minutos tu equipo recibe un gol en contra. En otra ocasión te hubieras desesperado, los nervios te hubieran robado la calma.

Pero no; estás tranquilo, ya sabes el resultado final, y en lugar de que llegue el gol del empate llega otro a favor del equipo contrario. ¡Imagínate viéndolo en directo! Ya estarían culpando al árbitro, al entrenador, al arquero, a la defensa... Pero no, tranquilo, tú ya sabes el resultado. Entonces sí, llegó el empate y el gol de la victoria. Estaba todo claro, sólo era cuestión de tiempo y saber esperar. Una de las frases que se repite en el Apocalipsis es: "Hecho está". Sí, si estás en Jesús ya está todo dicho. "Somos más que vencedores", es un hecho, el triunfo es nuestro. Aunque el marcador vaya en contra, sabemos que en algún momento llegará el gol de la victoria. El apóstol Juan lo estaba viendo desde la tierra, el escenario consumado de los tiempos se desplegaba ante él como una película, y la frase que, ante la limitada mente de Juan y su espíritu ansioso, le traía descanso: "Hecho está". Cuando te falte la fe, cuando las cosas no salgan como tú piensas, cuando Dios parezca distante y el futuro incierto, acuérdate que ya eres más que un vencedor porque hubo Alguien que te amó y prometió hacer tuya Su victoria. Si tú no lo ves así, si dudas acerca del resultado final, si piensas no poder lograrlo perderás tu victoria, porque todo lo debes lograr en Cristo que te da las fuerzas. ¿Quién te sustenta? ¿Con qué fuerzas corres la carrera? No te asustes. Siéntate a esperar, que el triunfo ya está hecho. Es cuestión de tiempo.

> **Aunque el marcador vaya en contra, sabemos que en algún momento llegará el gol de la victoria**

Hoy lo entiendo

> "Cuando yo era niño, hablaba como niño, pensaba como niño, juzgaba como niño; mas cuando ya fui hombre, dejé lo que era de niño. Ahora vemos por espejo, oscuramente; mas entonces veremos cara a cara. Ahora conozco en parte; pero entonces conoceré como fui conocido".
>
> 1 Corintios 13:11-12

En mi memoria reposan recuerdos de la infancia y del hogar muy especiales. Algunos cotidianos, casi insignificantes para muchos, pero valiosos para mí. Son alusiones que toman un brillo único al comprenderlos desde la óptica de adulto, décadas después. Siempre me intrigó, por ejemplo, por qué mi mamá soplaba la leche hervida en el jarro antes de llenar mi taza. ¿Lograría enfriar toda esa cantidad de leche caliente solamente con soplar?... Hoy lo entiendo. No pretendía enfriarla sino impedir que la nata formada en la superficie cayera a mi tasa. Un día mi padre me reprochó el dejar salpicada la pileta del baño cada vez que me lavaba las manos. ¿Puede ser eso tan importante como para enojarse así?... Hoy lo entiendo. Cada vez que mi esposa Marta deja la casa impecable, trato de que dure por lo menos ese día y persigo a mis hijas para que colaboren con el aseo de la casa. Hace mucho tiempo, me contaron de una esposa que cortaba los extremos del pescado antes de sumergirlo en la olla de agua hirviendo; intrigado su esposo, le preguntó el motivo: "En realidad no sé. Siempre vi a mi madre hacerlo de esa manera. Preguntémosle a ella". Al hacerlo se sorprendieron de la respuesta: "Hijita, es que no teníamos más que esa pequeña ollita. Debía cortarle los extremos si quería que el pescado entrara en ella. Pero tú, con esa gran olla que tu esposo te compró no necesitas hacerlo"... La vida nos enseña cosas que no comprendemos. Son lecciones de vida que deben ser aprendidas a medida que atravesamos pruebas. Marta me sabe decir: "Lección reprobada, lección repetida". Creo que la verdadera tragedia, es atravesar duras pruebas en la vida sin "cosechar" las lecciones que esa prueba nos quiere enseñar. Dios es quien está detrás de esas pruebas; son lecciones que necesitamos aprender, y que Él nos quiere enseñar. Ver las cosas incomprensibles desde esta óptica cambia la vida. Hoy lo entiendes, tal vez ayer no. Descansa, confía, observa, considera. La escuela aún no ha terminado, aquí todavía no hay graduados.

La graduación de la escuela de la vida será allá, en el cielo

7 de mayo
¡Nietzsche ha muerto!

En la tira cómica "Mafalda", Susanita le hace un comentario a su amiga referente a la escuela: "Si dicen que la vida es una escuela, ¿para qué entonces ir a la otra escuela?, yo no quiero dos. ¿Qué tiene de malo la escuela de la vida?" Mafalda le responde: Lo malo de la escuela de la vida, Susanita, es que las fiestas de egresados siempre son un velorio". Sin lugar a

> "Porque para mí el vivir es Cristo, y el morir es ganancia. Más si el vivir en la carne resulta para mí en beneficio de la obra, no sé entonces qué escoger. Porque de ambas cosas estoy puesto en estrecho, teniendo deseo de partir y estar con Cristo, lo cual es muchísimo mejor".
>
> **Filipenses 1:21-23**

dudas, nadie quiere egresar de esta escuela. La muerte es un tema que nadie desea enfrentar, pero que es tan real como la vida misma. El sabio Salomón declaró: "Para todos hay un mismo final: para el justo y el injusto, para el bueno y el malo, para el puro y el impuro, para el que ofrece sacrificios y para el que no los ofrece; para el bueno y para el pecador, para el que hace juramentos y para el que no los hace, todos tienen un mismo final... y su fin está entre los muertos" (Paráfrasis de Eclesiastés 9).

En una de las estaciones de tren en Alemania un graffiti rezaba así: "Dios ha muerto. Atentamente: Nietzsche", haciendo alusión a lo expresado por este filósofo ateo. Pero alguien escribió otra frase al pie de la anterior: "Nietzsche ha muerto. Atentamente: Dios".

El emperador Augusto dijo antes de morir: "Amigos, se acabó la comedia". Enrique VI de Inglaterra: "Ahora lo pierdo todo, mi vida, mi corona, mi alma". El filósofo inglés Thomás Hobess: "Voy a dar un salto a las tinieblas".

Pero qué diferente es la actitud del justo frente a la muerte. Agustín de Hipona en su lecho exclamó: "Déjame morir, oh Dios, para que viva". Juan Huss mientras era quemado exclamó: "Señor Jesús, entrego mi alma en tus manos, porque me redimiste". Esteban, muriendo lapidado decía: "Señor, recibe mi espíritu".

Sí. Para los que han sido perdonados de sus pecados por la fe en Jesús, la graduación en la escuela de la vida será una fiesta allá en el cielo.

La muerte es el tema que nadie desea enfrentar, pero es tan real como la vida misma

Aprendiendo humildad

> "El oído que escucha las amonestaciones de la vida, entre los sabios morará. El que tiene en poco la disciplina menosprecia su alma; mas el que escucha la corrección tiene entendimiento. El temor de Jehová es enseñanza de sabiduría; y a la honra precede la humildad".
>
> Proverbios 15:31-33

Este proverbio salomónico me muestra tres fuentes del saber. Tres canales por donde las verdades esenciales pueden llegar a ti. El primero es "La Vida". Las diferentes experiencias y enseñanzas que la vida te depare. No hay nada más infructuoso que transitar los diferentes senderos de la experiencia humana sin cosechar los frutos o resultados de cada una de esas experiencias. Pero el texto continúa mostrando una segunda y efectiva fuente de lecciones, el fracaso. Palabras como disciplina y corrección enmarcan el verso 32. Es que la escuela del fracaso es una de las más efectivas. Nuevamente como dijera Spurgeon "Lo que he aprendido en mis tiempos de bonanza cabe en una moneda, pero las cosas que aprendí en mis tiempos de quebranto son incalculables". Alguien dijo que un inteligente es un fracasado con mucha experiencia. No es la forma ideal de aprender. Siempre es mejor la medicina preventiva que la curativa. Pero aprendemos o aprendemos. Y termina nuestro proverbio en el verso 33 con la más recomendada, el tiempo de comunión en el temor de Dios. Ese acercamiento reverente ante el trono de Su gracia. El temor de Jehová. En lo secreto Dios, a través de Su Palabra, nos dirá cosas que ninguno más se hará porque Él nos conoce mejor que nadie, y esas revelaciones de nos capacitarán para continuar. Pero al fin y al cabo, ¿qué es lo que debemos aprender?... Las palabras finales de nuestro texto lo dicen: **HUMILDAD.** El nivel de sabiduría que Dios nos ofrece está en proporción directa con nuestro espíritu de humildad. Una persona sabia no es orgullosa. El orgullo y la vanidad son como veneno para el espíritu de sabiduría. Así que esfuérzate en avanzar en el conocimiento de tu Dios (Oseas 6:3). La eternidad no bastará para seguir expandiendo nuestra mente y conocerle. Pero comencemos hoy, pues el principio de la sabiduría es el temor de Jehová.

Quien piense ser sabio está descalificado en la clase de Dios

9 de mayo
Tiempo de amor

Cuánto más le dedicamos tiempo a ciertas cosas, más evidente resulta el valor que tiene para nosotros. Al compartir con una persona le estás dando parte de tu tiempo y de tu vida; si quieres conocer sus prioridades, simplemente fíjate en qué emplea su tiempo. En este mundo lleno de afanes, las relaciones interpersonales y la comunicación se han deteriorado bastante; muchos no pueden entender a su esposa o a sus hijos y argumentan que no saben por qué se quejan, **"Les doy todo lo que necesitan. ¿Qué más quieren?"** ¡Te quieren a ti, tu tiempo compartido con ellos, tu atención e interés! **¡Aunque cueste!** Siempre que des de tu tiempo estarás cultivando la esencia del amor. Por eso dice la Biblia: **"Traten a todos con amor, de la misma manera que Cristo nos amó y se entregó por nosotros"**. Es posible dar sin amar, pero es imposible amar sin dar. Somos egoístas; alguien dijo que la escala de valores correcta es: primero Dios, después los otros y por último yo, pero el ego grita: ¿último yo? ¡Nunca! En cambio **"Amó Tanto Dios al mundo que dio"** (Gálatas 6:10). Amar es entregarse. La Biblia recalca que **"Siempre que tengamos oportunidad, hagamos bien a todos"** (Efesios 5:16); **"aprovechando bien el tiempo porque los días son malos"**. **"Nunca digas a tu prójimo: Vuelve más tarde y te ayudaré, si en tu mano tienes con qué ayudarle"**. Por eso, este es el mejor momento, para expresar tu amor genuino ya que no sabemos si mañana tendremos la misma oportunidad. Las circunstancias cambian, las personas se mueren, los hijos crecen... Si quieres expresar tu amor, más vale que lo hagas ahora mismo. Dios no pierde el tiempo, el vio tu necesidad y como regalo dio a Su hijo por ti en demostración de Su amor. **¿No será hora de que comiences a dedicarle un poco de tu tiempo a Él?**

> Así que, según tengamos oportunidad, hagamos bien a todos, y mayormente a los de la familia de la fe.
>
> Gálatas 6:10

Cuánto más le dedicamos tiempo a ciertas cosas, más evidente resulta el valor que tienen para nosotros

10 de mayo

La mayor de las victorias

La historia de las naciones, su independencia, guerras y conquistas, están manchadas con la sangre de los combatientes que dieron sus vidas en honor a causas supuestamente justas. Miles o quizás millones han teñido de rojo el suelo de sus territorios en el afán de ampliar sus dominios. Sangre de jóvenes y adultos, de culpables e inocentes, convencidos y obligados por la causa, todos han derramado hasta la última gota en el campo de batalla. Placas conmemorativas, medallas y condecoraciones, premian, de alguna manera, ese valor heroico. Se recuerdan, se admiran, se imitan.

Pero la batalla más grande que la historia haya presenciado, se libró en una montaña con forma de calavera hace más de 2000 años. Cristo batalló en contra de la muerte, el odio y el pecado, completamente solo. Colgado entre el cielo y la tierra, soportando el maltrato, la burla, y principalmente tu pecado y el mío. Pero salió vencedor de aquella cruz y de aquel sepulcro para que tú hoy puedas gozar de esa victoria de la vida, el amor, y la belleza de la santidad. Entonces... ¿Por qué vivir derrotados? Dejas que otros te venzan: Tu pasado, tu futuro, tu presente, tus miedos, tus traumas... Cuando estás del lado de Jesús, estás del lado de la victoria. No hay placas, ni medallas ni galardones colgados en la Cruz; pero en los corazones de aquellos que hemos comprendido Su victoria, brilla el emblema de Su amor y la esperanza de conquista final en el cielo con cuerpos glorificados. Esa fue la mayor de las batallas y la mejor de las victorias. Puede ser tuya si solamente recibes a Jesús y crees en tu corazón que Dios le levantó de los muertos.

La batalla más grande que la historia haya presenciado se libró en una montaña con forma de calavera hace más de 2000 años

11 de mayo
Después de la caída

Muchas veces pensamos que el objetivo del diablo es simplemente tumbarte. Pero en verdad esa es solo la primera etapa de su engaño; luego viene la segunda, donde la vergüenza no deja que te levantes. El orgullo te aleja de Dios, la vergüenza te mantiene lejos. El orgullo alejó al hijo pródigo de la casa de su padre, la vergüenza le hizo comer con los cerdos. Orgullo y ambición, llenaron el corazón de Judas moviéndolo a traición, la vergüenza le impidió ir a Jesús y equivocándose de madero, fue a un árbol antes que a la cruz y se ahorcó. Así como la Biblia habla del amor de Dios, Sus cuerdas de amor para alcanzar a los pecadores, también el diablo tiene maquinaciones y no las debemos ignoraR. La Biblia dice, en Proverbios 16:18 **"Antes del quebrantamiento es la soberbia, y antes de la caída la altivez de espíritu"**. Orgullo y Vergüenza. Mira, hay dos mentiras estratégicamente usadas por el diablo, y las usa muy bien... La una te susurra al oído: **"tú puedes lograrlo sólo, no necesitas tanto a Dios. Tú eres capaz"** ¿Lo notaste? Orgullo. El mismo razonamiento que en el Edén la serpiente usó con Eva: apeló a su orgullo. ¿La otra mentira?... La vergüenza. Si la primera te dijo tú puedes lograrlo solo, esta segunda te grita: **"Tú nunca podrás lograrlo. Tú no eres capaz de esto, abandona. Dedícate a otra cosa"**. Igual que al principio. ¿Qué le hizo comer del fruto prohibido a Eva? Su orgullo, el deseo de ser igual a Dios. Y ¿qué es lo que la mantuvo junto a Adán lejos y escondidos en el bosque? Su vergüenza, porque se dieron cuenta de que estaban desnudos. Siempre juntas las dos hermanitas, ¿eh? Los problemas del corazón humano siguen siendo los mismos. Pero también existe la solución. Primero, para el orgullo, debes reconocer la grandeza de Dios, tu pequeñez y no discutir con Él. Y para la vergüenza, recuerda que Jesús la vivió antes que tú, en mayor dolor y colgando de una cruz. Tal vez es muy doloroso, pero no te preocupes Él está contigo y te entiende.

> "Cuando fueres convidado por alguno a bodas, no te sientes en el primer lugar, no sea que otro más distinguido que tú esté convidado por él, y viniendo el que te convidó a ti y a él, te diga: Da lugar a éste; y entonces comiences con vergüenza a ocupar el último lugar.
>
> Lucas 14:8-11

Antes del quebrantamiento es la soberbia, y antes de la caída la altivez de espíritu

No es asunto mío

> "Pero el que tiene bienes de este mundo y ve a su hermano tener necesidad, y cierra contra él su corazón, ¿cómo mora el amor de Dios en él? Hijitos míos, no amemos de palabra ni de lengua, sino de hecho y en verdad".
>
> 1 Juan 3:17-18

Cuenta la historia que un día, cierto ratón observó por el agujero de su cueva a la dueña de la casa, la cual muy felizmente compró una trampa para ratones. Espantado por el peligro que esto le representaba, acudió a sus amigos de la hacienda para que juntos pudieran hacer algo. Entonces, buscó a la gallina: "Amiga, algo terrible ha sucedido en la casa. La dueña compró una ratonera. Imagínate. ¿Qué podemos hacer?" "Podemos", replicó la gallina, "ese es problema tuyo. A mí no me representa ningún peligro esa trampa". Al no encontrar cabida a su reclamo, el ratón corrió hacia el chiquero y le pidió ayuda al chancho quien lo despachó con la misma indiferencia. Por último acudió a la vaca. Ella tenía reputación de ser muy condescendiente con los problemas ajenos. Pero no: "Amigo ratón, ¡qué pena no poder ayudarte!, pero tengo otras cosas que hacer. Te prometo que estaré pendiente de "TU PROBLEMA". A nuestro amigo no le quedó más opción que refugiarse en su cueva esperando lo peor. Esa misma noche el grito desesperado de la señora despertó a toda la hacienda. Una desprevenida serpiente quedó atrapada por su cola en la ratonera. La mujer, feliz al pensar que había capturado a su tan odiado roedor, se acercó descalza y recibió una mordedura en el pie. De urgencia, el esposo la llevó al médico del pueblo con mucha fiebre: "Dele un buen caldo de gallina y compresas de agua fría. Mañana estará mejor". Al otro día sus amigos y vecinos desde lejos llegaron a visitarle, pues se enteraron de lo ocurrido y para atenderlos, al esposo no le quedó más remedio que hornear al cerdo. Pero por no contar con el antídoto necesario, la mujer murió a los cuatro días. Los gastos del funeral fueron cubiertos con la venta de la vaca. *Moraleja*: La próxima vez que te pidan ayuda, aunque no sea tu problema, sé más sensible, más solidario. Aquel que disfrutaba de su acomodada existencia, se humilló hasta la muerte y muerte de cruz por socorrerte; se despojó de Su gloria y acudió en tu ayuda.

El que ayuda al prójimo se ayuda a sí mismo

13 de mayo
Como la polilla

Las palabras de este Salmo develen una de las verdades más caras a la experiencia humana. Tu vida y la mía están en las manos de Dios. Pero no solamente son manos de amor y comprensión, de sanidad y descanso; También de instrucción y disciplina severa y constante, con el fin de formarnos a Su manera y no a la nuestra. Varios pasajes bíblicos muestran a Dios en Su relación con Sus criaturas. Como una leona celosa de su cachorro, cual novia celosa que quiere ser la única y reclama la exclusividad de su novio, Dios nos insta siempre a tener una devoción exclusiva por Él. No permite competencias; Él desea nuestro corazón; ocupar el trono de nuestras emociones; ser quien regule nuestras decisiones. Nacemos y a medida que crecemos, vamos adoptando ciertas costumbres, adquiriendo ciertos hábitos y amando nuevos placeres, muchos de ellos nocivos a nuestra relación con Dios. Es entonces cuando Él los deja en evidencia para trabajar juntos en la tarea de desecharlos. Son ídolos ocultos, son concesiones sutiles que carcomen como polilla nuestra integridad. Tal vez el tiempo que usamos navegando en internet, cierta idolatría por el trabajo, un celo enfermizo por el cónyuge o los hijos; quizás la obsesión por la apariencia, el físico, el carro, etc. Debes saber que también Dios, con la paciencia, pero a la vez con la eficiencia de una polilla, no descansará en Su tarea de acabar con aquello que está compitiendo con Su trono en nuestro ser. Como dice este texto "aquellas cosas más deseables" para nosotros. Al fin y al cabo, podemos llamarlo como queramos, pero para Dios es pecado. Él nos hará comprender qué es lo correcto, porque nos ama y espera el mismo amor de nuestra parte. No nos resistamos. Ríndámonos a Sus pies que Él nos llenará de Su amor y seremos vencedores. Nuestra vida, comparada con la eternidad, dura lo que dura un suspiro; no perdamos el tiempo, ¡rindamos nuestra vida a Dios!

> **Él te hará comprender qué es lo correcto, porque te ama y espera el mismo amor de tu parte. No te resistas. Ríndete a Sus pies que él te llenará de Su amor y serás vencedor**

Las madres nunca mueren

Las madres no mueren mientras sus hijos viven, son inmortalizadas en su descendencia. Se proyectan en la existencia de sus hijos y los valores inculcados por ellas. Es ahí donde comprendemos el texto sagrado: "Y oí una voz del cielo que me decía: Escribe: Bienaventurados de aquí en adelante los muertos que mueren en el Señor. Sí, dice el Espíritu, porque descansan de sus trabajos; pero sus obras con ellos continúan." (Apocalipsis 14:13). Permanecen sus logros y caracteres templados. Parecería que existiera un anhelo de proyección natural de que sus hijos alcancen metas que ellas no lograron alcanzar. Si esto no se torna en una obsesión de forzarlos, puede llegar a ser un noble deseo. La Biblia menciona tal proyección en la familia de Doña Loida quien infundió valores morales en su hija Eunice, la cual a su vez dejó cierta herencia de fe en su hijo Timoteo. Este joven dio vuelta al mundo con su carácter de fidelidad y perseverancia. ¡Qué triste es la realidad de hoy! Los padres y las madres se esfuerzan por dejar a sus hijos herencias materiales más no espirituales. No en vano alguien dijo: "La mano que mece la cuna mueve el mundo". Creo que el hecho de proyectarse en un hijo o hija, es la única licencia aceptable para preocuparse en el futuro; lo demás no es de tanta importancia ni trascendencia. En ese contexto Jesús advirtió sobre el peligro de afanarse por el día de mañana, pues éste traerá su propio afán. Bienes materiales, conquistas humanas, edificios, carteles, cuentas abultadas en instituciones bancarias fraudulentas, son efímeras vanidades que se diluyen en lo intrascendente. Pero con la herencia espiritual que dejes a tus hijos es diferente. Ellos son tu proyección. Dios capacitó a las madres con ese instinto natural para mirar a un hijo y proyectarse en su futuro. De alguna manera ven su mañana a la vez que nutren su presente. Son miradas de fe. Miradas que sólo poseen mujeres de fe.

Las madres nunca mueren mientras sus hijos vivan

15 de mayo

Las batallas más importantes

El capítulo 28 del primer libro de Samuel, narra la actitud desesperada de Saúl luego de la muerte de su consejero personal, el profeta Samuel. Los filisteos amenazaban con atacar el reino; Saúl consultaba y consultaba a Dios pero no había respuesta. El ejército enemigo se acercaba y angustiado el rey, tomó otra de sus tantas decisiones equivocadas y se dirigió a casa de una adivina para consultar a los muertos, práctica claramente prohibida por Dios. Veamos la angustiante reflexión de Saúl en el versículo 15: **"Saúl respondió: Estoy muy angustiado, pues los filisteos pelean contra mí, y Dios se ha apartado de mí, y no me responde más, ni por medio de profetas, ni sueños; por esto te he llamado, para que me declares lo que tengo que hacer"**. ¿Te está sucediendo también a ti? Pides y pides a Dios y parece que el cielo es de bronce... No hay respuestas. Creo que la explicación la encontramos en la epístola de Santiago capítulo 4:3, **"Pedís, y no recibís, porque pedís mal, para gastar en vuestros deleites"**. Lo que realmente le preocupaba a Saúl era el ejército filisteo que acechaba su vida. Ni siquiera le preocupaba su familia o su pueblo, (28:15). Eso es egoísmo con mayúscula. Había otras batallas más peligrosas de las cuales Saúl tenía que preocuparse, otros ejércitos que le estaban conquistando por dentro. Su **envidia**, (por la cual quiso traspasar con su lanza a David dos veces). Su **orgullo**, (por el cual quiso matar a Jonatán que le confrontó). Su **impaciencia**, (por la cual se apresuró a sacrificar holocaustos no siendo él sacerdote), y su **obediencia parcial**, (por la cual no destruyó el botín en la batalla contra Amalec como Jehová le había ordenado). De esas batallas Dios quería conversar. Por eso Dios no le respondía. Porque pedía para él, para lo que le convenía a él. El pasaje de Santiago dice en el v.1 que dentro de nosotros **"combate un ejército de malas pasiones"** (*Traducción del original*). Así que, si sientes que Dios se te ha puesto como enemigo (1° Samuel 28:16), no te angusties. Revisa tus motivaciones en actitud sincera y con arrepentimiento de corazón.

> "¿O pensáis que la Escritura dice en vano: El Espíritu que Él ha hecho morar en nosotros nos anhela celosamente? Pero Él da mayor gracia. Por esto dice: DIOS RESISTE A LOS SOBERBIOS, y da gracia a los humildes. Someteos, pues, a Dios; resistid al diablo, y huirá de vosotros".
>
> Santiago 4:5-7

No esperes que Dios se interese de tus batallas externas cuando tú no te interesas por tus batallas internas

Iceberg

¡Cuidado con el iceberg! Fue la voz de alerta aquella trágica noche en el Atlántico a bordo del gran Titánic. Sería la última noche para el trasatlántico más grande del mundo en su viaje inaugural. Pero era tarde, demasiado tarde. A la vez que el capitán y su timonel hacían esfuerzos sobrehumanos para virar el curso de la nave, y que aquel monstruo de acero esquivaba la mole de hielo emergente, por debajo de la superficie, donde nadie lo veía, la base de aquel iceberg laceraba el lateral derecho de la quilla, inundando 5 de las 6 recámaras que hacían flotar la nave. El proceso lento pero certero del hundimiento comenzó y dos horas más tarde, aquel Titánic, para muchos invencible, se hundió en las heladas aguas del mar y luego pasó a la historia como otro ostentoso capricho británico. ¿Una historia de imprudencia, jactancia, arrogancia o desafío? Un poco de todo. Es sabido que los icebergs —masas de hielo flotantes— forman en sus bases una cantidad de hielo mucho mayor que la que emerge en la superficie. Lo que tú ves es solo el vértice, pero por debajo está el 80% de la helada roca. Quisieron esquivarlo pero ya era tarde. Iban rápido, es verdad. Llegar más temprano de lo previsto le hubiera concedido gran prestigio a la proeza. Igual al otro día estuvieron en los titulares de los diarios matutinos, pero no por lo rápido sino por lo trágico del viaje. ¿Sabes? Lo importante no es llegar rápido, sino llegar bien. En la vida, hay muchos Icebergs que pueden causar el mismo daño, ya sea a tu matrimonio o a tu iglesia. Cosas que asoman como un pequeño problema pueden esconder una gran tragedia bajo la superficie y si no las identificas a tiempo, te pueden hundir. 26 años de experiencia de aquel capitán le hicieron subestimar la situación y pecó por imprudente. Alcanzar la meta máxima en la vida no se logra con experiencia ni velocidad, sino con la guía sabia de Aquel que conoce todas las cosas y te puede llevar a puerto sano y salvo. Pon en las manos de Dios tu vida y no habrá iceberg capaz de hundirte.

Lo importante no es llegar rápido, sino llegar bien

17 de mayo
Camino endurecido

Una de las historias más gráficas de Jesús durante Sus discursos, fue la famosa parábola del sembrador. Una paráfrasis sencilla sería la de un campesino que salió a sembrar con el método tradicional "al voleo". No es un método muy preciso pero efectivo. Hay semillas que se pierden porque no caen en el surco previamente labrado y abierto. Parte de esa semilla arrojada al viento, cuenta el Maestro, cayó a la vera del camino, el resto de la semilla la trataremos en otra ocasión. El hecho es que el terreno que encontró la desdichada semilla estaba tan curtido y endurecido por el ir y venir de los transeúntes, que ni siquiera pudo germinar. Aunque en realidad, no fue desdichada porque fue arrebatada por las aves, y todos sabemos, que es una forma natural de esparcir semillas porque esas mismas aves que se las tragan las depositan luego en otro terreno y en la mayoría de los casos germinan con más vigor. El que realmente sale perdiendo en esta historia es el terreno, porque pierde la posibilidad de ser útil y sigue su proceso erosivo que le condena más y más a un endurecimiento crónico. Dice el autor a los Hebreos 3:7-8, **"Como se acaba de decir: "Si ustedes oyen hoy su voz, no endurezcan el corazón como sucede con la rebelión".** Como ves, una actitud rebelde hace que tu corazón se endurezca. Rebeldía es no querer ver la mano de Dios obrar en tu vida, es desobedecer Su palabra, es echarle la culpa a Dios por las cosas que te suceden hoy y no entiendes. La vemos en Caín, y en cada hombre y mujer que no se dispone a humillarse ante Dios. Puede ser tarde si rechazas Su mensaje a veces recubierto en una simple cáscara, como la semilla que encierra el milagro de la vida debajo de un débil y desagradable tegumento. Como Cristo, deidad enfrascada en la mortal humanidad; como este sencillo mensaje que acabas de leer.

> "Por eso, como dice el Espíritu Santo: Si oyereis hoy su voz, no endurezcáis vuestros corazones... vuestros padres; me probaron, y vieron mis obras cuarenta años. A causa de lo cual me disgusté contra esa generación, y dije: Siempre andan vagando en su corazón, y no han conocido mis caminos".
> **Hebreos 3:7-13**

Una actitud rebelde hace que tu corazón se endurezca

El oso y el cazador

> "Pero temo que como la serpiente con su astucia engañó a Eva, vuestros sentidos sean de alguna manera extraviados de la sincera fidelidad a Cristo".
>
> 2ª Corintios 11:3

El cazador caminaba silenciosamente por los senderos de aquel bosque. Le habían dicho que un enorme oso había estado allí el día anterior y él no perdería semejante oportunidad. Su dedo estaba listo en el gatillo y los sentidos bien alertas para reaccionar ante el mínimo indicio de movimiento. De repente, parado en el camino comiendo frutillas silvestres en lo alto de un árbol, aquel gran oso mostró toda su talla. Ambos se miraron, el cazador apuntó su rifle justo entre sus dos ojos y cuando se disponía a girar el gatillo el oso habló y le dijo: "Un momento amigo, negociemos, ¿qué es lo que tú quieres de mí? Yo te lo daré si hacemos un trato". El hombre dudó por un momento y luego bajó su rifle: "Yo quiero cubrirme con un abrigo de tu piel", dijo el cazador. "Muy bien", respondió el animal, "y lo que yo quiero es sólo alimentarme y llenar mi vientre". Siguieron conversando hasta que el trato se cerró. Después de una hora, el oso salió caminando sólo... Las negociaciones tuvieron éxito, el hombre quedó cubierto con la piel de aquel oso y el oso contento con su estómago lleno. ¿Adivinaste qué le sucedió a este ingenuo cazador?... Lo mismo sucede a toda persona que comete la locura de intentar negociar con el diablo. Este viejo oso experimentado en tragarse con sus trampas a tantos caminantes que ignoran sus feroces intenciones, entra en pacto con el hombre siempre con su sutil diálogo. Lo hizo con Eva en el Edén, ¿Te acuerdas? Y lo ha seguido haciendo hasta la fecha. ¡Cuidado! Nunca saldrás beneficiado; puede que obtengas el abrigo de piel del pecado, ese placer externo que te cobija por un tiempo, pero siempre que lo lleves puesto te irá comiendo vivo. Cuando del mal se trata, no podemos darnos el lujo de negociar, porque este adversario, el diablo, anda alrededor como león hambriento buscando a quién devorar. ¿Serás tú el próximo?

Cuando del mal se trata, no podemos darnos el lujo de negociar

19 de mayo

Aferrado a Su cruz

Cuando era joven, me gustaba jugar con mis amigos, a los desafíos de fuerza. Uno de ellos consistía en dejar que mis compañeros depositaran sobre mi espalda bolsas de alimento balanceado para pollos. Cada saco pesaba unos 40 Kg. y el ganador era aquel que aguantara más. El más fuerte llegaba a cargar sobre su espalda, con sus manos sobre sus rodillas, hasta cuatro. Era emocionante ver como tus piernas y todo tu cuerpo comenzaban a temblar por la presión extrema hasta que, no soportando más, caíamos de rodillas. Tal vez fue eso lo que tuvo en mente el Señor Jesús cuando recomendó y advirtió a Sus seguidores que, aquel que quisiera ser su discípulo, debía estar dispuesto a permitir que Dios pusiera sobre su espalda el peso de la cruz. (Lucas 9:23). Hay una escena de la película "La Pasión de Cristo" de Mell Gibson que me impacta. Es el momento cuando el Señor siente que Su cruz se la cae de las manos, se le desliza por el peso y el cansancio extremo y Él se aferra con fuerza, con pasión, casi que la abraza, como queriendo que nadie se la arrebate. ¿Cómo se puede llegar a amar una cruz de oprobio, tortura, vergüenza y dolor?... Siendo consciente de que es justamente esa cruz la que me acerca a Dios. Lo que Jesús sintió en aquella Vía Dolorosa, habrá sido algo parecido a lo que sintió en la cruz misma, al oír la propuesta de la carne en boca de los espectadores: "Bájate de la cruz". Si yo me bajo de la cruz para salvarme a mí mismo entro en un plano de facilismo, en lo "humanamente posible", y en ese plano no necesito de Dios. Por eso bajar de la cruz me aleja de Dios y aferrarme a la cruz me acerca a Dios. Cuando nos encontramos en esos momentos de la vida en los que sentimos que ya no tenemos fuerzas para continuar y nuestro transitar se convierte en un calvario, pensemos que Dios está poniendo más peso sobre nuestra espalda para doblar nuestras rodillas, para quebrar nuestro orgullo, para que me postre ante Él. Así llegaremos a enamorarnos de las pruebas y a agradecer por la cruz.

> "Y estando en agonía oraba más intensamente".
>
> Lucas 22:44 a

Si yo me bajo de la cruz para salvarme a mí mismo entro en un plano de facilismo, en lo "humanamente posible", y en ese plano no necesito de Dios

20 de mayo
Todo listo, sólo faltaba el ser humano

Aquel cuarto de bebé había quedado increíble. Colores vivos por todos lados, móviles colgando del techo, una luz tenue para alumbrar toda la noche la cuna donde dormiría el primer nuevo integrante de aquella flamante familia. Los regalos de los parientes ya habían comenzado a llegar, el piso alfombrado, para suavizar más el andar de los primeros pasos y no hacer ruido en la noche. Y su cuna... como salida de un cuento, toda bordada a mano, nueva, recién pintada en tonos que combinaban con las cortinas. Pero faltaba algo, lo principal, lo más importante, sin eso nada tendría sentido. Claro, adivinaste, faltaba el bebé. Es que no nacía aún, la fecha estaba prevista para el siguiente día. Y cuando llegó el ansiado día, aquella habitación tomó un color especial y todo tuvo sentido. En un aspecto, este relato se repitió en Edén, en aquella eternidad pasada cuando Dios creó este hermoso y colorido planeta en el que tú y yo vivimos, que gozaba de un perfecto equilibrio que lamentablemente el mismo huésped y motivo de dicha creación, destruyó. Todo estaba listo dice Génesis 1:1-2. El desorden reinante en aquel espacio sin forma había comenzado a tomar color por la mano creadora de un Dios inteligente. Primero separó las tinieblas y las aguas, luego las aguas de lo seco, luego las lumbreras, las especies, los animales, etc... Cada día que pasaba se completaba el cuadro, la obra de arte estaba por terminar, y cuando todo estuvo listo, igual que los padres decorando aquella sala para la llegada de su recién nacido, Dios creó al hombre y a la mujer y les dijo: **Esto es para ustedes, cuídenlo, disfrútenlo, llénenlo. ¿Por qué? Simplemente porque los amo.** El mismo razonamiento simple y sencillo es el que mueve cada obrar de Dios con Sus criaturas humanas. Ese es el Dios que presenta la Biblia, y es el Dios que tú debes conocer. Un Dios de amor que te busca, se interesa por tu bienestar y te comprende. Encuéntralo en Jesús, y serás salvo.

Cuando el amor de Dios te cautive, entenderás tantas cosas que hoy te abaten

21 de mayo
Blancos, negros y pieles rojas

Alfred Bronson, misionero de los indios americanos en el área de Minesotta, predicó a los "pieles rojas" en 1837. Habiendo fracasado en su intento de hallar un intérprete que le ayudara en su tarea de predicar a los indios en el área en que residía, viajó a Fort Snelling para ver si había algún cristiano que conociera la lengua Dakota y le ayudara en la traducción de los sermones. Alguien le habló de un comandante que vivía allí y que era dueño de un esclavo que se había casado con una mujer india. Este esclavo era negro y cristiano y conocía la lengua de los "pieles rojas". Cuando el misionero le dijo al comandante que precisaba a su esclavo para que le ayudara en el ministerio este le dijo que sí, pero que había pagado por él $1.200 Dólares y que no lo dejaría por menos. Bronson no tenía ni un centavo para realizar aquella compra por lo que presentó el problema a su oficina de misiones. Al cabo de unos días, habían recogido el dinero suficiente y se lo enviaron. Bronson compró al esclavo por la suma acordada e inmediatamente le extendió un certificado de libertad. Así, el hermano negro traducía cada sermón que daba el misionero. Muchos oían y eran convertidos. Aquel mensaje de liberación y amor, era predicado por un mensajero blanco, traducido por un ex esclavo negro y aceptado por miles de pieles rojas. Como vemos, Dios no hace acepción de personas, razas o colores. El amor que emana de la cruz de Jesús, sigue y seguirá salvando a todo aquel que se entregue por la fe a Sus pies y reclame la asistencia para vivir. Hoy, los humanos dividimos, marginamos, somos estrategas en construir fronteras que nos aíslan, diferencian y anulan por ser unos mayores o mejores que otros. Pero Dios nunca ha sido así ni lo será. Un día, dice Juan en Apocalipsis, habrá de pie ante el trono del Cordero, uno de cada lengua, tribu, pueblo y nación dándole gloria al que murió por ellos. Y tú... ¿eres uno de ellos o aún no?

> "Después de esto miré, y he aquí una gran multitud, la cual nadie podía contar, de todas naciones y tribus y pueblos y lenguas, que estaban delante del trono y en la presencia del Cordero, vestidos de ropas blancas, y con palmas en las manos; y clamaban a gran voz, diciendo: La salvación pertenece a nuestro Dios que está sentado en el trono, y al Cordero."
>
> Apocalipsis 7:9-10

En un mundo polifacético, Dios sigue mostrando Su mejor faceta: Su amor

Los defectos

La palabra defecto ha tenido una connotación sumamente despectiva. Si la vida quiso que nacieras con alguna malformación o discapacidad, seguramente es un aspecto alejado del estándar que esta sociedad perfeccionista exige para aceptar a alguien, estás en serios problemas mi amigo. Es una sociedad déspota, cruel, insensible. Desde muy pequeños los seres humanos comenzamos a mostrar este perfil discriminatorio en la escuela. Los apodos están a la orden del día entre los pequeños, ¿Verdad? El gordo, la narigona, el petizo, la flaca, el cabezón, el rengo, el sordito, la mudita... Debemos sumarle a esto los mal llamados defectos de carácter: El tímido, el retraído, la abusiva o extrovertida, el solitario... ¿Cómo encaja este asunto en el amor y las cosas de Dios? Todos estos casos y muchos otros más que se podrían añadir a esta lista de hombres y mujeres, niños y viejos que han entrado en este mundo con un perfil especial o diferente a los generalmente aceptados por la sociedad? Porque la respuesta inmediata a esta pregunta es simplemente otra pregunta: Y ahora... ¿Dónde está Dios? ¿Por qué Dios permitió esto? La misma pregunta le hicieron los discípulos a Jesús al ver a aquel hombre discapacitado de nacimiento: "Señor ¿quién pecó, este o sus padres? Buscar culpables de los defectos no conduce a ningún lado. Ni culpar a Dios, ni a los padres ni a uno mismo. Más bien debemos aceptarlos como parte del plan de Dios para nuestra vida y buscar en Él Su asistencia y dirección, para ponerlos a Su servicio y ser de utilidad a otros. De alguna manera, todo ser humano es defectuoso. Dice Romanos 3:23, **"Que todos pecaron y están destituidos de la gloria de Dios"**; en otras palabras están discapacitados para reflejar Su gloria, así que nadie puede jactarse. Pero Aquel que fue sin mancha, sin defecto alguno, se hizo la persona más defectuosa del mundo y de la historia, cargó con tus discapacidades y las mías y nos capacitó para reflejar de nuevo la gloria de Dios. Nuestra imperfección se hizo de Él para que Su perfección fuera la nuestra hoy.

La verdadera discapacidad del ser humano es: sentirse capaz lejos de Dios

23 de mayo
El astrónomo los vio

Era una magnífica noche estrellada de primavera. Aquel astrónomo preparó su gran telescopio y apuntó hacia el firmamento como siempre en busca de las galaxias. Giró el foco una y otra vez en busca de nuevas constelaciones. En una colina que distaba unos 15 kilómetros se interpuso un gran árbol de manzanas en la ruta de aquel telescopio. El pulso del científico se detuvo al divisar, que en el árbol estaba trepado un muchacho bajando apresuradamente frutas. Dos compañeros hacían guardia al pie del árbol vigilando que el dueño no viniera. Cargaron sus mochilas y se fueron riéndose al ver que nadie se había dado cuenta. Nadie... Sólo aquel astrónomo con su potente lente. ¿Cuánto más Dios desde los cielos? Amigo, podrás esconderte del hombre, pero del ojo omnipotente de Dios, jamás. Dijo el salmista: **"¿Adónde huiré de tu presencia? Si subiere a los cielos estás tú, si descendiese a las profundidades del mar allí tú estás, no hay lugar que me oculte de ti"**. El pecado en el corazón del hombre produce vergüenza y miedo y le hace esconderse y alejarse de Dios. Eso es justamente lo que le pasó al 1er hombre y a la 1ª mujer en el paraíso; pecaron desobedeciendo la voz de Dios e instantáneamente se avergonzaron de su estado y se escondieron a tal punto que Dios tuvo que preguntarles: "¿dónde estás tú?"

El pecado es triste pero no irremediable; es bueno que lo reconozcas y te avergüences, pero si eso no te lleva a los pies de Jesús para pedirle perdón, y te ocultas pensando tontamente que podrás evadirle, puede ser fatal. Confiésale a Él hoy mismo tu pecado, descubrirás a un Dios de amor que te dirá: "Sí ya lo sabía, sólo estaba esperando que vinieras arrepentido a contármelo. Ya mi Hijo lo pagó por ti, vete y no peques más". Recuerda que el que piensa que Dios puede ser engañado se está engañando a sí mismo.

> "¿A dónde me iré de tu Espíritu? ¿Y a dónde huiré de tu presencia? Si subiere a los cielos, allí estás tú; Y si en el Seol hiciere mi estrado, he aquí, allí tú estás. Si tomare las alas del alba Y habitare en el extremo del mar, Aun allí me guiará tu mano, Y me asirá tu diestra".
>
> **Salmo 139: 7-10**

Recuerda que el que piensa que Dios puede ser engañado se está engañando a sí mismo

Lindo banquete

> "Mas tú oye lo que yo te hablo abre tu boca, y come lo que yo te doy. Y miré, y he aquí una mano extendida hacia mí, y en ella había un rollo de libro. Y lo extendió delante de mí. Me dijo: Hijo de hombre, come lo que hallas; come este rollo, y abrí mi boca, y me hizo comer aquel rollo. Y me dijo: Hijo de hombre, alimenta tu vientre, y llena tus entrañas de este rollo que yo te doy. Y lo comí, y fue en mi boca dulce como miel". Ezequiel 2:8-3:4

Seguramente habrás sido invitado a comer en casa de algún amigo, vecino o una cena de negocios donde te habrán servido un plato que no te fue fácil comer. Tal vez una comida exótica que nunca degustaste o ese plato que odias desde niño y ahora tienes frente a ti, pero estás rodeado de varias personas que te observan. ¡Difícil! ¿Verdad? Pero nunca te habrás encontrado en la situación que tuvo que pasar el profeta Ezequiel en el capítulo dos y tres. Para su propio asombro, el Señor le obliga a comer nada más y nada menos que un libro. Sí, un libro. ¿Qué me dices? ¡Lindo banquete! Había una lección detrás de todo. Ezequiel tenía un importante mensaje que entregar al pueblo, pero antes de eso, Dios tenía un mensaje que entregarle a Ezequiel. Ese mensaje estaba escondido en aquel libro, por eso él debía comérselo. Es que no podemos dar lo que no tenemos. Muchos predicadores andan por ahí hablándole a la gente de Dios cuando nunca le hablan a Dios de la gente. Intentan trasmitir un mensaje divino cuando ellos no toman tiempo "comiéndose" la Biblia en estudio y meditación. Así abundan los mensajes diluidos y pobres, donde las experiencias de quien habla tienen el protagonismo pero no la revelación sagrada. El comerse el libro era con la intención de ilustrar un ejercicio espiritual en el que todos nosotros deberíamos participar. Si hemos de proclamar la verdad de Dios con significado y poder, debemos dedicar el tiempo para llenar nuestros corazones de ella. Tenemos que sentir las palabras que Dios ha dicho. Yo no sé cómo reaccionó el estómago del profeta horas más tarde, pero alguna consecuencia debió tener. Es que si luego de leer tú Biblia nada pasa... Algo no anda bien. Debemos dejar que La Palabra se vuelva parte vital de nosotros, de manera que no podamos hablar de ella sin reflexión. Los pensamientos y las palabras reales de Dios están encerrados en la Biblia. No te limites a leerlos o memorizarlos. Piensa en ellos, siéntelos, pide a Dios que te los enseñe y los haga parte de tu ser.

Debemos comer la Palabra antes de hablarla. Tal vez así no tengamos que tragarnos nuestras palabras después

25 de mayo
Advertencias

Si analizamos el tipo de mensajes publicitarios que nos bombardean, desde los medios masivos de comunicación hasta un pequeño llavero, podemos vislumbrar la filosofía humanista y enajenada de Dios que está impregnada en el espíritu mismo del hombre de nuestros días: Si no perjudicas a otro con lo que hagas, vive tu vida de la manera que

> No traspases los linderos antiguos que pusieron tus padres.
> Prov. 22:28

se te antoje, disfrútala y sé feliz. Señales en las carreteras tales como: **"Si tomas, no manejes"**, dejan ver la intencionalidad de un desorden con responsabilidad. En otras palabras, aquel cartel en la carretera transmitía el siguiente mensaje subliminal: Toma todo el alcohol que quieras, pero trata de no perjudicar a otro conduciendo tu automóvil en estado de embriaguez. Como quien dice, "puedes destruirte gradualmente y permitir que el trago queme tus intestinos y tu salario, pero no seas tan ingenuo de estrellarte contra un poste en la ruta". Un mensaje análogo es el que está bombardeando nuestras mentes desde los medios masivos de comunicación, en sus campañas contra el Sida, cuando dicen que el preservativo es uno de los medios más eficaces contra este virus. Lo que realmente están publicando a gritos es la fornicación, el sexo libre, siempre y cuando lo hagas en común acuerdo con la otra persona y uses el tan preciado preservativo… ¡No! Justamente la causa del Sida y las demás enfermedades venéreas fue el uso indiscriminado del sexo, fuera del ámbito establecido por Dios en Su Palabra: el matrimonio. Cuando ideamos formas de controlar la oleada de depravación, que no son las que Dios estipuló en Su palabra, tomamos un camino incierto con un final riesgoso. Recuerda. No eres libre para hacer lo que quieras, eres realmente libre cuando vives haciendo aquello para lo cual fuiste creado: agradar a Dios. Si Cristo te liberta, serás verdaderamente libre. Respetar las señales que Dios te pone en el camino es una manera de decirle a Dios, "creo en lo que tú dices"; ignorarlas, es desafiarle. **"He aquí, yo estoy a la puerta y llamo; si alguno oye mi voz y abre la puerta, entrare a él, y cenaré con él, y él conmigo"** (Apocalipsis 3:20).

Respetar las señales que Dios te pone en el camino, es una manera de decirle a Dios, creo en lo que tú dices; ignorarlas, es desafiarle

La culpa

Todos hemos experimentado ese sentimiento de culpa, como una voz interior acusadora que nos confunde, y lo que debería ser una oportunidad para el cambio de actitud y el arrepentimiento se convierte en un obstáculo en nuestro camino hacia ello. La culpa es algo así como un estado de pelea interna entre lo que *deberíamos haber sido o hecho y lo que realmente somos o hicimos*. Muchas veces la culpa se vale de su mejor disfraz y sale vestida de *"Tristeza"*, por ejemplo. Las culpas hacen que nuestro humor y afectividad, cambien a veces sin darnos cuenta. Se vale también del *"Enojo"* para camuflarse. Nos volvemos irritables ante las cosas o personas que antes tolerábamos sin ningún problema. Nos pone también en el escenario del *fracaso* y nos llegan pensamientos engañosos de estancamiento y derrota. La *vergüenza*, el *aislamiento*, la *crítica* también pueden llegar a ser aspectos manifiestos de un corazón que no resolvió su culpa. ¿Está mal sentirla? ¡Claro que no! ¿Qué hacer entonces si esto que se llama culpa está invadiendo mi vida? Debes saber que hay un aspecto positivo por el cual vale la pena aprender de ella: *"La culpa debería acercarnos más a la necesidad de perdón que a la idea de miedo al juicio"*. En el caso de pedir perdón a quienes hayamos ofendido, hacerlo obrará a favor de nuestra libertad, más allá de la reacción con que puedan responder esos otros. Hay culpas que surgen como resultado de no perdonarnos por lo que *deberíamos haber sido o hecho* con nuestra historia. Allí, la necesidad del perdón debe ser satisfecha en nuestro interior para poder así "amigarnos" con esa historia. Romanos 8:33 dice: **"¿Quién acusará a los escogidos de Dios? Dios es el que justifica"**. ¿Está la culpa acusándote día a día? Resuélvela bajo el amparo de la *"Gracia de Dios"*. Su justicia tiene la cuota exacta que necesitas para liberarte de las acusaciones que en tu interior estás experimentando. Descansa en Su perdón, disfruta de Su comprensión, conoce a través de esto, Su inmenso amor.

La culpa es algo así como un estado de pelea interna entre lo que deberíamos haber sido o hecho y lo que realmente somos o hicimos

27 de mayo
Tu cara no es tuya

Las empresas de cosméticos facturan millones de dólares por año en sus productos. Podemos decir sin temor a equivocarnos, que la reina del mercado es hoy en día la cosmética. Cremas antiarrugas, de limpieza facial, delineadores, brillo labial, sombras, bellos tonos rojizos para los labios y rubor para las mejillas; mascarillas de arcilla en los *spa*; crema anti-acné para los adolescentes, etc., atraen a hombres y mujeres, grandes y chicos, ricos y pobres a esta tendencia fóbica de cuidar y embellecer el rostro. Pero en realidad tu cara no es tuya, ¿sabías? Aunque gastes fortunas en su mejoramiento, tu rostro, la imagen que transmites, no es, ni nunca será tuya, a menos que andes constantemente con un espejo colgando de tus narices. De lo contrario, los que vean y disfruten tu rostro serán los demás, nunca tú. **No hay por qué obligar a los demás a ver una cara amargada.** No hay duda de que nos agrada ver rostros alegres y optimistas. Del mismo modo, los dueños de esos rostros tienen derecho a esperar reciprocidad de nuestra parte, devuélveles una sonrisa y una cara alegre. ¿No te parece que escasean esos bellos rostros? Abundan las otras caras, las de ceño fruncido, las sonrisas forzadas, las de ojos airados fuera de órbita, muelas apretadas y mandíbulas tensas. ¿Será por eso que al entrar a un comercio necesitamos que se nos diga: "**Sonría lo estamos filmando**"? La palabra de Dios dice en Proverbios 15:13: "**El corazón alegre hermosea el rostro**", o sea que una cara tensa y avinagrada puede estar simplemente evidenciando que ese corazón está cargado de pesares. **Es que al fin y al cabo, de la abundancia del corazón habla la boca.** De cierta manera, la cara es la ventana del alma, y muchas veces habla de una casa sucia y de un dueño sucio. Así también una rostro triste me habla de una vida y de un individuo triste. ¿Cómo está tu corazón? ¿Alegre porque has experimentado el amor de Dios o triste hasta tal punto que no puedes disimularlo? **Sonríe, Dios te ama.**

> "El corazón alegre hermosea el rostro; Mas por el dolor del corazón el espíritu se abate."
> **Proverbios 15:13**

"El corazón es mío, puede llorar. El rostro es de los demás, debe sonreír"

Doctorado en humildad

En la escuela de Dios Él nos va enseñando a comprender los tratos de Él y a aceptar los del hombre. Es así como somos sometidos a diario a situaciones —la mayoría de ellas traumáticas— que activan en nuestro interior un sinfín de sentimientos encontrados que nos confrontan. Por un lado, la antigua personalidad nos incita a reaccionar en defensa propia; por el otro, la nueva naturaleza nos repite: **"Aprended de mí que soy manso y humilde de corazón, llevad mi yugo sobre vosotros, y hallaréis descanso para vuestras almas"**. Cristo fue el ejemplo máximo de humildad. Es como si Dios, cansado de lidiar con Su criatura para que aprendiera a inclinar su cabeza (única forma de ponerle el yugo al ganado), hubiese mandado a su mejor alumno, graduado en humildad, para que viéramos en una clase práctica (que duró tres años), cómo ser humildes. Porque Él fue un máster en el tema. Su vida fue el aula de clases; su barca humildemente prestada; el púlpito y la cruz fueron Su graduación: **"Pero Hijo y todo como era, aprendió en la escuela del dolor lo que cuesta obedecer"** (Hebreos 5:8). Traicionado, abandonado, torturado injustamente, escupido, ridiculizado semidesnudo frente a miles, traspasado, muerto como el más vil... "ENMUDECIÓ Y NO ABRIÓ SU BOCA". Antes exclamó: "PADRE, PERDÓNALOS." ¿Eres capaz?... Creo que yo no. No voy a mentirte. Pero a ese nivel quiere llevarnos Dios. ¿Te resistes?... Te estresas, (Mateo 11:29). ¿Luchas?... Eres vencido, (Jeremías 20:7). ¿Exiges tus derechos?... Quedas solo (Juan 12:24). Los años posteriores al Calvario fueron teñidos con la sangre de los mártires, los primeros cristianos. ¿Cómo podían ellos quejarse, reaccionar y vengarse ante sus verdugos cuando habían sido testigos oculares de la cruz? Ellos vieron lo que soportó su Maestro... y calló. No podían hacer menos que eso. ¿Y tú?... ¿No será esa la causa de todos tus pesares? Siéntate en la escuela de Su humildad, aprende de Él, sé un graduado, no un reprobado.

La única manera en que se le puede poner el yugo al buey es enseñándole a inclinar su cabeza

29 de mayo
Sinergia

El diccionario de La Real Academia Española define la palabra "sinergia" como fuerza resultante de la acción conjunta de varias fuerzas, derivando ésta en una proporción mayor a las anteriores. Este resultado de la "asociación de fuerzas" es fácilmente experimentable. Si pruebas observarás que eres capaz de levantar un peso aproximado de un Kg. con cada dedo de tus manos y si sumáras tus diez dedos levantarías diez kilos, pero no. ¡Levantas mucho más que eso! Todos los músculos interactuando unidos son mucho más efectivos. La interacción es un principio vital que sustenta nuestro ecosistema. La convivencia armónica debería ser una responsabilidad de cada individuo. De lo contrario, nos transformamos en un atentado potencial contra las relaciones interpersonales. La armonía no sólo produce un ambiente agradable, produce sinergia. Se crea cierta simbiosis en dicha relación donde se intercambian afectos, ideas y diferentes puntos de vista. Esto resulta en una fuerza incalculable. Dios dice en Su Palabra: "Uno hará huir a mil y dos a diez mil" (Deuteronomio 32:30). Si sacaste cuentas esta matemática no es exacta. Es que la matemática del cielo no es como la de la tierra. En el mismo contexto dice Isaías 40:29 "Él da esfuerzo al cansado y multiplica las fuerzas al que no tiene ningunas". En la escuela nos enseñaron que, todo número multiplicado por cero será siempre cero, pero aquí no. Ese es el resultado de la armonía horizontal (entre mis semejantes) y vertical (con el Creador). Somos siempre más eficaces cuando actuamos juntos. No es de extrañar que Satanás intente, por todos los medios, deshacer esa armonía. Dijo el estratega militar Napoleón: "Divide y triunfarás". El Diablo sabe que nuestra unidad frustrará sus progresos. Hoy en día existen muchos motivos para actuar independientemente de los demás. El estrés, la desconfianza por sentirnos defraudados, la competitividad cruel, y la codicia en el corazón humano ; todo esto atenta contra la armonía y las sanas costumbres. Dios nos llama a ser pacificadores, es decir a trabaja por y para la paz. Hay una promesa hermosa para estos promotores de la sinergia en Santiago 3:18, promesa de abundante cosecha de frutos de justicia. Así que unamos fuerzas, limemos asperezas y aprendamos a soportar.

> "Porque donde hay celos y contención, allí hay perturbación y toda obra perversa. Pero la sabiduría que es de lo alto es primeramente pura, después pacífica, amable, benigna, llena de misericordia y de buenos frutos, sin incertidumbre ni hipocresía. Y el fruto de justicia se siembra en paz para aquellos que hacen la paz".
>
> Santiago 3:16-18

No puedo exigir perfección en los demás cuando yo no puedo ofrecerla

Arrojado al mar

> "Porque la palabra de Dios es viva y eficaz, y más cortante que toda espada de dos filos; y penetra hasta partir el alma y el espíritu, las coyunturas y los tuétanos, y discierne los pensamientos y las intenciones del corazón".
>
> **hebreos 4:12**

Un hombre medio borracho caminaba junto a su pequeño de cinco años a orillas del mar mediterráneo en Tolón, Francia. Su hijo tiraba de su chaqueta implorando descanso porque hacía tiempo que caminaban y sólo habían comido un pedacito de pan el día anterior. El hombre, que había gastado sus últimos francos en una taberna, harto de las quejas del niño, en un ataque de cólera, lo alzó y lo arrojó al mar. El niño pudo salvarse agarrándose de una tabla y luego fue recogido en alta mar por un buque. Jacobo relató su triste experiencia y le recibieron como mascota de la tripulación. Más tarde fue adoptado por una familia inglesa que le dio la educación suficiente como para llegar a graduarse de doctor. En reconocimiento a sus salvadores, quiso enrolarse para servir como médico en aquel mismo buque en medio de la guerra entre ingleses y franceses. Aquel buque fragata, trabó batalla con una nave francesa y le venció. Jacobo, el médico de a bordo, tuvo mucho trabajo en socorrer a las decenas de heridos que eran rescatados. Le llamó la atención un hombre mayor con una gran herida en la pierna y casi agonizante. Este le dijo: "Doctor, yo voy a morir, le dejo de recuerdo este libro, una Biblia. Ella hizo de mí un hombre nuevo. Yo era un borracho empedernido y Jesús me transformó y perdonó mis pecados. Lo sé. Pero soy yo el que aún no puedo perdonarme el peor de los pecados que pueda cometer un hombre; un día arrojé a mi pequeño Jacobo al mar porque éste me pedía un pan. ¡Oh mi pequeño Jacobo!, ¿dónde estarás?" "Aquí está tu Jacobo", respondió aquel joven, y llorando se echó sobre su pecho. Dios les había reunido milagrosamente. Minutos más tarde aquel hombre moría con una sonrisa en sus labios. Jacobo guardó aquella Biblia, y comenzó a leerla con profundo respeto, y encontró a Jesús el salvador. Jacobo hoy ministra la palabra de Dios en varios lugares, contando su conmovedora historia. Dos vidas, un mismo libro, el único Dios soberano que ama a todos sin distinción.

No hay lugar donde la mano de Dios no llegue

31 de mayo

Dios está mirando las manzanas

En un comedor infantil, la maestra había dejado, en una esquina de la mesa, una fuente repleta de manzanas rojas y jugosas para que se sirvieran los niños, dejando una nota al pie que decía: "Toma sólo una, no olvides que Dios te está mirando". En la esquina opuesta, otra maestra dejó una bandeja llena de galletas de chocolate recién horneadas. Algún niño travieso adjuntó también su propia nota que decía: "Puedes tomar todas las galletas que quieras, total Dios está ocupado mirando las manzanas". Con la misma ironía, muchas veces pensamos que Dios mira y juzga ciertos actos del ser humano y otros no. Estandarizamos el pecado y ponemos nuestras notas adjuntas a cada cosa que hacemos intentando decirle a Dios qué cosas Él debe aprobar y qué no. Generalmente somos más propensos a juzgar con implacabilidad los actos ajenos y con condescendencia los propios, ¿Verdad? Por ejemplo, que es un delito el ingresar a una propiedad privada y tomar lo ajeno, pero no que a Dios le interese el hecho de estar enganchados al cable de la luz, o el TV cable del vecino y no pagar la mensualidad, ¿verdad? Ni qué hablar de aquel que empuña un arma y mata a su prójimo, es un asesino suelto; sin embargo, las palabras que empuñamos como armas y con las cuales herimos muchas veces a nuestros seres más queridos, son tenidas como simple ofensa. Es noticia cuando alguien abusa físicamente de un infante, pero nadie se entera de la cantidad de abusos sicológicos que sufren en silencio miles de mujeres aún de sus propios maridos. Nos hemos atribuido el derecho de juzgar lo correcto e incorrecto como si tuviéramos el patrimonio de la justicia y la verdad. Sólo Aquel que es la verdad y que está hecho de la justicia, CRISTO, puede sentarse a juzgar y un día lo hará, en un Gran Trono Blanco, para mostrar a los hombres impíos cómo han vivido su vida y declarar Su veredicto: culpable. Acude hoy mismo a Dios, deja que Él limpie todo ese pecado y vive a Su manera.

> "Porque con el juicio con que juzgáis, seréis juzgados, y con la medida con que medís, os será medido. ¿Y por qué miras la paja que está en el ojo de tu hermano, y no echas de ver la viga que está en tu propio ojo?
> **Mateo 7:2-5**

Nos hemos atribuido el derecho de juzgar lo correcto e incorrecto como si tuviéramos el patrimonio de la justicia y la verdad

No estamos listos

> "Malditos sois con maldición, porque vosotros, la nación toda, me habéis robado. Traed todos los diezmos al alfolí y haya alimento en mi casa; y probadme ahora en esto, dice Jehová de los ejércitos, si no os abriré las ventanas de los cielos, y derramaré sobre vosotros bendición hasta que sobreabunde".
>
> Malaquías 3:9-10

A medida que crecemos y nos relacionamos, se comienza a desarrollar dentro de nosotros cierto mecanismo de "necesidades no cubiertas", algunas básicas y otras no, ligado a un espíritu de supervivencia elemental y natural en todo ser humano, y nos adaptamos al medio ambiente en el cual nos toca desenvolvernos para empezar a decidir, lo que nos conviene y lo que necesitamos. Es la herencia del Edén, producto de haber comido del árbol que abrió los ojos de nuestros primeros padres al conocimiento del bien y del mal. En este proceso natural, y a la vez peligroso, llegamos a confundir metas con deseos y propósitos de vida con ambición y codicia. Dios, en Su Palabra, asegura dar abundantemente y sin acepción de personas, lo necesario para tener cubiertas nuestras necesidades básicas. El pan nuestro de cada día, la lluvia que Él hace caer sobre buenos y malos, acampa alrededor de los que le temen y los defiende, y la lista no nos alcanza para enumerar todas Sus bendiciones y promesas. Pero también es cierto que podríamos pasar largos períodos de tiempo en espera de cosas que necesitamos y creemos que ya no podemos vivir sin ellas, y no llegan. El hecho de que no lleguen aún, no quiere decir que no llegarán. Tal vez hay bendiciones listas para ser derramadas sobre nosotros pero no estamos listos para recibirlas. ¿Entiendes? Tal vez ese ascenso con mejor remuneración está girando en el cielo sobre nuestra cabeza. Sólo que Dios quiere enseñarnos algunas lecciones más sobre administración del dinero antes de darnos más. Esa compañera, esa novia que no llega, esa mujer para toda la vida, seguramente en algún rincón del mundo está siendo preparada, pero ¿cómo está nuestra pureza sexual, los pensamientos lascivos y la forma de mirar? Dios no va a exponer a esa santa mujer a sufrir al lado de un hombre cuyos deseos no son controlados por el Espíritu sino por la carne... No culpemos a Dios por las oraciones sin respuesta. Piensa si no seremos los responsables de que esas respuestas aún no hayan llegado.

Tal vez hay bendiciones listas para ser derramadas sobre ti pero eres tú el que no está listo para recibirlas

2 de junio
Cambios climáticos

Nuestro planeta está experimentando cambios geofísicos asombrosos en estas últimas décadas. Se sabe que el 2005 fue el más caluroso que se haya registrado en el hemisferio norte y el segundo más caluroso en todo el mundo. Ocho de los diez años con temperaturas más elevadas (según los registros), pertenecen a la última década. (BBC News, Gran Bretaña).

> "El Señor no retarda su promesa, según algunos la tienen por tardanza, sino que es paciente para con nosotros, no queriendo que ninguno perezca, sino que todos procedan al arrepentimiento".
>
> **2 Pedro 3:9**

La temporada de huracanes del Atlántico en el 2005 también fue la más activa y posiblemente la más devastadora que haya existido. En siete de los catorce huracanes registrados, la velocidad del viento superó los 177 Kilómetros por hora. (Administración Nacional Oceánica de EE.UU.). En 1850 había más de ciento cincuenta glaciares en el Parque Nacional Glacier, de Montana (EE.UU.) En la actualidad, hay sólo 27. (The Wall Street Journal, EE.UU.).

Como vemos, nuestro ecosistema se está volviendo loco. La Biblia dice que, hacia el final de los tiempos, esta será una de las características que anunciarán la venida de Cristo cuando juzgará las injusticias de los hombres, que han administrado mal todo préstamo que Dios les ha concedido en Su amor. El mismo Jesús advirtió: **"E inmediatamente después de la tribulación de aquellos días, el sol se oscurecerá, y la luna no dará su resplandor, y las estrellas caerán del cielo, y las potencias de los cielos serán conmovidas. Entonces aparecerá la señal del Hijo del Hombre en el cielo; y entonces lamentarán todas las tribus de la tierra, y verán al Hijo del Hombre viniendo sobre las nubes del cielo, con poder y gran gloria"** (Mateo 24:29-30).

Lo triste es que el planeta siente que Cristo viene y **"Gime al unísono"** (Romanos 8:22), pero sus habitantes, los seres humanos, hacemos caso omiso de sus advertencias. Debes saber que Dios: **"El Señor, no tarda en cumplir su promesa, según la tienen algunos por tardanza. Más bien, él tiene paciencia con ustedes, porque no quiere que nadie perezca sino que todos se arrepientan"** (2ª Pedro 3:9).

Es triste ver cómo la creación gime y Su Creador advierte, mientras las criaturas se divierten

Vaciado para ser llenado

> "El era antorcha que ardía y alumbraba; y vosotros quisisteis regocijaros por un tiempo en su luz".
>
> Juan 5:35

De todos los males que acosan a una persona racional, la insatisfacción puede llegar a ser la más tediosa. No se complace con sus proyectos de vida, sus logros, su presente, su pasado, etc... Tiene la visión de su alma nublada y temor del porvenir. Vive triste, amargado y amargando a otros. No disfruta de la vida, no canta, no ríe, no sueña. Nuestra cosmovisión —el mundo— nos propone un sinfín de productos aparentemente necesarios para experimentar satisfacción. Entonces entramos en una alocada carrera tras la búsqueda de valores irracionales que, al alcanzarlos, nos proporcionan "satisfacción temporal", liviana, sólo para dejarnos luego en la misma insatisfacción de antes. Erramos al pensar que la verdadera felicidad consiste en proponernos metas, nobles y altruistas, y luchamos hasta alcanzarlas. Existe un patrón eterno que Dios dejó plasmado en Su Palabra y que algunos hombres y mujeres entendieron muy bien, y nos dejaron un legado de realización en sus vidas, digno de imitar. Por ejemplo Juan el Bautista, primo hermano de Jesús y precursor de Su ministerio terrenal sea el máximo exponente, al comprender que su papel en el plan de Dios para la humanidad estaba llegando a su fin, gozándose por ver al Mesías prometido, exclamó: "**Es necesario que Él crezca pero que yo mengüe**". Jesús mismo nos da el epíteto de la vida de Juan y dice: "**El era antorcha que ardía y alumbraba; y vosotros quisisteis regocijaros por un tiempo en su luz**". En otras palabras, para que una antorcha sea útil y se sienta satisfecha, por así decirlo, necesariamente debe consumirse, debe menguar. Si te sientes vacío, inútil e insatisfecho, tal vez sea porque estás lleno de ti. Dios quiere llenarte, pero para eso debes primero vaciarte. No le pidas a Él llenura de Su Espíritu si te presentas ante Su trono con tu vaso lleno. Es necesario que tú mengües si quieres que Él crezca en tu interior, solamente así experimentarás la verdadera satisfacción.

"Señor: Ayúdame a vaciarme, para que tú me llenes si no, viviré insatisfecho"

4 de junio
Levanta tu cruz

Algo muy significativo para los cristianos es la *memoria de los mártires*. Aquellos que han anunciado el Evangelio dando su vida por amor. Cuentan que una fría noche en el campamento de Sebaste, cuarenta jóvenes de unos veinte años, pertenecientes a la Legión XII, conocida como Fulminata, indiscutiblemente fieles a su religión, fueron condenados por el emperador Licinio a morir por congelamiento. A pesar de esto, estos cuarenta soldados afirmaron que ningún tormento les apartaría de su fe en Cristo. Una vez llegada la sentencia, los cuarenta fueron condenados a morir de aterimiento: Debían estar expuestos desnudos por la noche, en pleno invierno, sobre un estanque helado, y ahí aguardar su fin. El lugar elegido para la ejecución, al parecer fue un amplio patio delante de las termas de Sebaste, donde los condenados serían sustraídos a la curiosidad y a la simpatía del público y a la vez vigilados por los empleados de las termas. Las horas pasaban terriblemente monótonas, ninguno de los condenados se alejaba de las heladas aguas; San Basilio cuenta que se animaban mutuamente a permanecer fieles hasta la muerte con esta oración: *"Señor, cuarenta entramos en la batalla, cuarenta coronas te pedimos"*. Los soldados que los custodiaban asistían estupefactos a la escena. De repente uno de los condenados, extenuado por los espasmos, salió del estanque y se arrastró hacia la puerta iluminada. Al ver esto, uno de los vigilantes, movido por la entereza de los demás mártires, decidió reemplazar él mismo al cobarde, completando nuevamente el número de cuarenta. Después de quitarse los vestidos, se proclamó cristiano y se tendió sobre el hielo entre los otros condenados, muriendo el 9 de marzo del año 320, con sus compañeros de suplicio*.

Historias como ésta nos hacen pensar en la comodidad que caracteriza nuestro cristianismo actual. Reflexiona, si no lleva la cruz, sencillamente no es cristianismo. Proclámate seguidor de Jesús sin ninguna vergüenza, ya sea en tu colegio, universidad, trabajo, ciudad o familia y verás si no te metes en problemas por tu fe.

> "Bienaventurados los que padecen persecución por causa de la justicia, porque de ellos es el reino de los cielos. Bienaventurados sois cuando por mi causa os vituperen y os persigan, y digan toda clase de mal contra vosotros, mintiendo. Gozaos y alegraos, porque vuestro galardón es grande en los cielos; porque así persiguieron a los profetas que fueron antes de vosotros".
>
> Mateo 5:10-12

*tomada de http://www.primeroscristianos.com/index.php/quien-era/item/1229-los-40-martires-de-sebaste/1229-los-40-martires-de-sebaste

**Algunos argumentan que hoy no hay persecución.
Creo que lo que no hay hoy,
son cristianos valientes como antes**

Dimensión desconocida

> "Jehová ha oído mi ruego; Ha recibido Jehová mi oración."
>
> Salmo 6:9

¿Orar es cerrar los ojos, pensar en una persona imaginaria y hablarle?... ¡NO, no es eso! Cuando oras no usas tu subconsciente como cuando sueñas. Al orar estás en el pleno uso de tus sentidos. Es verdad que te transportas a un mundo espiritual, abstracto e incorpóreo, pero real; tan real como las necesidades que expones ante Su presencia, tan cierto como la paz que experimentas al salir de tu recámara, y tan vivo como Sus respuestas. Cuando sueñas incursionas en otro mundo, pero es una experiencia irreal, donde el tiempo difiere de la realidad, y las escenas recreadas por tu mente son, mayormente, fantasías que no tienen cabida en tu vida real. Al orar, haces uso de tu fe más que de tu imaginación. El conocimiento de Dios te capacita para pedir cosas que sean acordes con Su voluntad. Es en ese momento que tus esperanzas alimentan tus metas y pides con fervor por aquellas cosas que parecen imposibles. Mayormente despertamos de los sueños con una sensación de agitación por las escenas aterradoras vividas en el subconsciente, o con frustración porque despertamos y descubrimos que ese bello lugar era sólo un sueño. Pero cuando oramos, salimos de la presencia de Dios con el corazón repleto de Su paz. Sí, tal vez no hayas recibido aún lo que pedías, pero tenerlo a Él es tenerlo todo. Porque la oración más que acercarnos a las bendiciones de Dios, debiera acercarnos al Dios de las bendiciones. Disfruta de Su presencia aunque no haya respuesta. Ámale porque te oye, no porque te da. Orar es una práctica saludable, necesaria, indispensable, enriquecedora. Te eleva a una dimensión desconocida donde necesitas exclusivamente el recurso del Espíritu Santo de Dios —aunque para algunos pensar en esto es una locura—. Se debe discernir espiritualmente. Si no has recibido el Espíritu Santo de Dios por la fe en Jesucristo, te estás perdiendo una de las experiencias más sobrenaturales de la vida. Hacer contacto con el Creador del universo, humillarte ante Él, y sentir Su toque mediante la oración.

Vivir sin orar es como intentar vivir bajo el agua aguantando la respiración

6 de junio
Cazando lobos

Los esquimales tienen un ingenioso sistema para cazar lobos que vagan por las blancas planicies buscando presas fáciles como las focas. En su afán de encontrar rastros de sangre el ingenio humano les toma ventaja. Los esquimales toman una estaca o un puñal muy afilado y lo mojan con sangre de foca, lo entierran en el hielo unos minutos hasta que la sangre se congela, vuelven a mojarlo en más sangre de foca y a congelarlo nuevamente. Así hacen repetidas veces, entonces, ese puñal cubierto de sangre de foca congelada, es hundido en el hielo, dejando sólo al descubierto la afilada hoja.

> "¿De qué le sirve a uno ganar el mundo entero si se pierde o se destruye a sí mismo?
>
> Lucas 9:25

El lobo, huele esa sangre a varios metros de distancia y, atraído por el olor, llega hasta el puñal. En su curiosidad comienza a lamerlo al identificar el exquisito sabor a sangre de foca. Continúa y continúa lamiéndose hasta cortarse la lengua que, adormecida por el hielo, no siente dolor. Ignora que está bebiendo su misma sangre, ahora tibia, y sigue lacerándose hasta que exhausto, muere allí desangrado o se retira dejando un rojo rastro de sangre en la blanca nieve, siendo así presa fácil para los cazadores. Hay placeres que matan...

Lo mismo le sucede a toda aquella persona que, ciegamente abocada a un estilo de vida pecaminoso, sólo busca placer momentáneo y muere poco a poco. Un artista argentino canta: "Por un minuto de amor, por un segundo de calma, por un ratito de sol, te entrego toda mi alma".

Jesús, refiriéndose a este frenesí egoísta que caracteriza la vida que el mundo propone, dijo en Lucas 9:25: "**¿De qué le sirve a uno ganar el mundo entero si se pierde o se destruye a sí mismo?** Busca satisfacción en Jesús. Él te ofrece vida plena sin que derrames una sola gota de sangre, porque Él ya la derramó toda por ti en la cruz. No olvides que "**hay caminos que al hombre le parecen derechos, pero su fin, es camino de muerte**" (Proverbios 14:12).

El pecado te adormece tanto, que no te das cuenta de que te estás autodestruyendo, y cuando despiertas ya es demasiado tarde

7 de junio
Demasiadas aspirinas

"La paz os dejo, mi paz os doy; yo no os la doy como el mundo la da. No se turbe vuestro corazón, ni tenga miedo".

Juan 14:27

En una pequeña población de Atlanta, Georgia, en USA, hay dos industrias que son las principales. Una es una fábrica de aspirinas y la otra de abonos orgánicos. En un período de dos años, el tonelaje de la producción de aspirinas fue mayor que el de abonos. Es decir que el dolor de cabeza pasó a ser la industria principal, por encima de la agricultura. Muchos son los que, hoy en día, necesitan tomar tabletas para dormir antes de acostarse. Comienzan su día con suplementos estimulantes y viven gracias a sus aspirinas y tranquilizantes para llegar de pie hasta la próxima noche.

La ansiedad y la tensión han llegado a ser un problema nacional en los Estados Unidos. Una encuesta hecha por la escuela de medicina de Cornel, en el centro de Manhatan, muestra que el 82 % de las 175.000 personas interrogadas manifestaron padecer ansiedad en alguna forma. Uno de cada 12 adultos toma tranquilizantes de manera regular, estos tranquilizantes son, en ese país, la 3ª droga en ventas a nivel nacional.

¿Cuáles son los causantes de la ansiedad?

1. La prisa. Queremos meter 30 horas en un día de 24.
2. Esfuerzo. Siempre pensamos que si me estiro un poquito más, alcanzaré lo que necesito para sentirme feliz.
3. Crisis en los vínculos interpersonales. Relaciones dañadas de familia, pareja, trabajo.
4. Amenaza de destrucción. Guerras, caos, devaluación, catástrofes, enfermedades...

¿Hasta dónde pretendemos llegar en esta loca carrera? En medio de esta tormenta Jesús te ofrece paz. Sí, Él sigue diciendo lo que dijo en Juan 14:27, **"La paz les dejo; mi paz les doy. Yo no se la doy a ustedes como la da el mundo. No se angustien ni se acobarden".** Deja de emparchar tu existencia con químicos. Cristo puede hacerte una nueva criatura, darte una nueva vida, llenarte de Su paz, no con tratamientos externos sino con una sanidad interna que te llevará a lugares de delicados pastos y te hará descansar. No dudes más.

Jesús no mejora la vida... te da una nueva

8 de junio
Creación especial

En el relato bíblico de la creación en Génesis, es claro el especial cuidado que tuvo Dios cuando creó la especie humana. Pero cuando se refiere a la creación de los demás elementos y otras especies se destaca cierta generalidad en el acto creativo. Al crear los cielos dice, "Haya **lumbreras**" (Génesis 1:14). Referente a los animales: "Produzcan las aguas **seres** vivientes" (1:20) y "Produzca la tierra **seres** vivientes"(1:24). Pero cuando llega el turno del hombre dice: "Hagamos AL HOMBRE" (1:24). Todos los demás seres vivos fueron creados en masa, pero el hombre fue creación única. Dios podría haber creado de una sola vez toda la diversidad genética que vemos hoy en las diferentes razas, pero decidió concentrarlas en Adán y crearlo único, especial, a Su imagen. Desde el Edén Dios estaba transmitiendo Su mensaje de especial atención al hombre y a la mujer. Las teorías inconsistentes sobre la evolución de las especies y la generación espontánea son un atentado contra este mensaje de amor de Dios. Como sabemos, nunca se han podido comprobar, sólo podemos hablar de que son vanas filosofías. En cambio la revelación de la Biblia, la Palabra de Dios, es clara y tocante a este hecho fundamental. La atención del Creador no cesó en aquel Edén, sino que continuó hasta la cruz, donde Él mismo en forma humana visitó Su criatura especial para recordarle cuánto le amaba. Pero los suyos no le recibieron (Juan 1:11-12). Esa fue la peor equivocación que la humanidad haya cometido jamás: Ignorar la visita de Su creador y Salvador. Pero todavía hay oportunidad; es este mismo amor que hoy te busca y te encuentra, y te hace saber que alguien ora por ti para que seas bendecido. Es Su amor. Nunca olvides, Él te hizo único; eres único, única. Dios tiene, por lo tanto, un plan especial para ti que debes descubrir en íntima comunión con Él. Allí radica la verdadera felicidad.

La peor equivocación de la humanidad fue haber ignorado la visita de Su Creador

Amor en una lata de leche

Dos hermanitos en puros harapos, deambulaban por las laderas de una colina donde había un arrabal. Uno tenía 5 años y el otro 10. Iban pidiendo un poco de comida por las calles que rodeban la colina. "Vayan a trabajar, no molesten", se oía detrás de las puertas que tocaban. "Aquí no hay nada, pordioseros", decía otro. Hasta que por fin, una señora muy amable les dijo: "veré si tengo algo para ustedes". Regresó en unos minutos con una gran lata de leche. Estos niños no lo podían creer. ¡Qué fiesta! Ambos se sentaron en el andén. El más pequeño le dijo al de 10 años: "tú eres el mayor, toma tú primero". El mayor, mirando de reojo al pequeño se llevó el vaso a su boca, apretó sus labios haciendo como que tomaba y dijo: "¡Uy qué rico! Ahora toma tú". El pequeño de 5 añitos tomó un gran sorbo y volvió a darle a su hermano y éste repitió el mismo truco, haciendo que tomaba hasta que al cabo de unos segundos, el vaso se acabó. El mayor no había tomado nada y el menor, que más lo necesitaba, se lo había tomado todo. Con la lata de leche vacía el mayor dio un salto y comenzó a jugar alegremente, feliz de haber hecho una noble acción; estaba radiante, con el estómago vacío pero con el corazón lleno de alegría. Brincaba con la naturalidad de quién no hace nada extraordinario, o aún mejor, de quien está acostumbrado a hacer esas cosas extraordinarias siempre.

Qué gran lección podemos aprender de esta historia: "Quien da es más feliz que quien recibe". Es así como se ama, sacrificándose con naturalidad, elegancia y discreción; que los demás ni siquiera puedan agradecernos el servicio que dispensamos. La Biblia dice que **"Mejor es dar que recibir"** y Jesús dijo: **"De gracia recibisteis, dad de gracia"**.

Recuerda que 1º Dios, 2º el otro y 3º tú

10 de junio
¿Muro o telaraña?

> "Jehová es mi luz y mi salvación, ¿de quién temeré? Jehová es la fortaleza de mi vida, ¿de quién he de atemorizarme? Cuando se juntaron contra mí los malignos, mis angustiadores y mis enemigos, para comer mis carnes, ellos tropezaron y cayeron. Aunque un ejército acampe contra mí, no temerá mi corazón; aunque contra mí se levante guerra, yo estaré confiado."
>
> Salmo 27:1-3

Cuenta una historia del siglo pasado, que en la Rusia comunista un cristiano fue descubierto y tuvo que huir para salvar su vida. Los soldados del régimen le perseguían a paso firme con la orden de ejecutarlo. Cansado y ya sin fuerzas, llegó hasta cierto lugar donde había un hueco en la peña lo suficientemente grande como para meter un cuerpo humano. Sin más opciones, decidió meterse en dicho hueco sin saber qué habría dentro. Ya se oían los pasos de los soldados cuando alcanzó a introducirse dentro de la estrecha cueva. Mientras trataba de acomodarse lo más silenciosamente posible para no advertir a sus perseguidores, de repente vio en la entrada de la cueva a una araña que plácidamente comenzó a tejer su red. Pensamientos de indignación llenaron su mente. ¿Cómo podía Dios pagarle así, si él había renunciado a los ideales de su nación por seguir a Jesús? ¿Es que no le veía Dios allí, tirado en un pozo frío y húmedo? ¿O acaso esta simple araña valía más para Dios que él?... Los soldados llegaron y se detuvieron justo frente de aquella pequeña cueva. Aquel cristiano temblaba de pánico. Uno de los soldados, al ver el hueco dijo: "Podría haberse metido aquí. Echemos una mirada adentro". Ya se estaba agachando para observar cuando el capitán de la compañía dijo: "Es inútil soldado, no pierda tiempo". "¿Por qué señor?" preguntó el soldado, —"bueno es obvio que nadie ha entrado en este agujero hoy. ¿No ve la tela de araña que cubre la entrada?—" Cuando se retiraron, aquel cristiano salió con dificultad de la estrecha cueva. Antes de irse escribió en la piedra, al costado del hueco: "Con Dios, hasta una tela de araña puede convertirse en un muro, pero sin Él hasta el muro más grande puede ser como una tela de araña".

¿Te encuentras en una cueva? ¿Sientes que para Dios vales menos que una simple araña? Conversa con Él. Aunque tú no le veas, Dios ya está obrando a tu favor y Él sí te ve, Siempre te ve y te ama más que a nadie.

"Con Dios, hasta una tela de araña puede ser un muro, pero sin Él hasta el muro más grande puede ser como una tela de araña"

11 de junio
Sacando provecho a tus heridas

> "He aquí, bienaventurado es el hombre a quien Dios castiga; Por tanto, no menosprecies la corrección del Todopoderoso. Porque él es quien hace la llaga, y él la vendará; El hiere, y sus manos curan".
>
> Job 5:17-18

Creo que todos sabemos que las perlas, maravillas de las profundidades oceánicas, de incalculable valor, son nada más y nada menos que heridas cicatrizadas del molusco que las contiene. Mayormente se inician con una partícula de arena o sedimento del lecho marino que atraviesa la delgada capa membranosa que une las dos valvas del molusco. Como reacción a este cuerpo extraño dentro del organismo, el bivalvo comienza a segregar una sustancia calcárea de color nácar y recubre, capa tras capa, esta partícula aislándola por completo. Luego de cierto tiempo, esta forma una preciosa perla que luce radiante en el cuello de una fina dama, una corona real, o cuelga en los aretes de una esposa feliz. Las hay de diferentes tamaños, blancas y negras. Hoy, el mercado se ha industrializado y dispone de extensas superficies de mar designadas para el cultivo en masa de las perlas. ¡Qué interesante! Algo bello y de gran valor que resulta de una herida. En verdad las heridas no son necesariamente malas, ¡también se les puede sacar provecho! Cristo, sacó provecho de sus heridas y nunca se avergonzó de ellas. Las usó para dar aliento a Su desconsolado grupo de discípulos luego de resucitar y las usará al presentarse ante Su pueblo cuando regrese en gloria. También de Sus heridas se formó algo muy valioso: Su Iglesia; "los cristianos", o cristos en miniatura. Jesús al referirse a Su reino le compara a una perla preciosa de gran precio (Mateo 13:46). ¿Sabes? Identificarse con Jesús es estar dispuesto a superar las heridas que la vida te ha dejado y aprender a sacar provecho de ellas. ¿Cómo? Pues identificándote con el que llora a tu lado; recordando lo que sufriste, y no haciendo lo mismo a otros. Aplicando las lecciones recogidas en tus tiempos de pesares en nuevos desafíos que te encuentren más capacitado. Cada cicatriz tiene una historia. Cuando las observo en mi cuerpo tengo dos opciones: Recordar al que me provocó la herida, o recordar a Aquel que me la suturó.

Cada cicatriz de tu alma es un recordatorio de que te lastimaron, pero a la vez, de que Dios la cerró y sanó

12 de junio
Camino al precipicio

Ya había anochecido. Durante la 2a Guerra Mundial, un general y su chofer regresaban rápidamente al cuartel. Llegaron a una bifurcación en la carretera donde estaba estacionado un policía militar para dirigir el tránsito. Le preguntaron el camino y recibieron la siguiente respuesta: "A la derecha".

Después de recorrer unas cuantas millas, el conductor tuvo la impresión de que había algo raro en aquel camino, descendió del vehículo y, para su sorpresa, después de caminar algunos metros, descubrió que donde debía haber un puente había solo un gran precipicio de varios metros, y si no se hubiera detenido en ese instante, habría significado el fin de ambos. Totalmente enojado, aquel general regresó al sitio donde estaba apostado el soldado que había dado mal las instrucciones y le increpó pidiéndole explicaciones. Con gran asombro, aquel joven soldado respondió: "No lo entiendo, mi coronel, he estado dirigiendo el tránsito aquí toda la noche, dando la misma orden y nadie ha regresado a protestar, usted es el primero en quejarse..."

No hace falta explicar cuál fue el destino de los infortunados que pasaron por allí antes que ellos. Es el mismo que les espera a tantas personas que buscan respuesta a los interrogantes más importantes de la vida, en lugares equivocados: adivinos, horóscopo, tarot o aún sus propios razonamientos entenebrecidos. Sin duda, toman decisiones que a ellos les parecen correctas ignorando que caminan rumbo al precipicio de la muerte eterna, porque hay caminos que al hombre le parecen derechos, pero su fin es camino de muerte, dice la palabra de Dios.

Satanás y su mundo es engañador; padre de mentira, se disfraza, se esconde, tuerce siempre la verdad. Sólo aquellos que hemos depositado nuestra fe en Jesús, sabemos lo que es andar confiado, porque ya estamos en el Verdadero Camino y en la Vida, y su final es un final de victoria, gloria y alegría.

> "Jesús le dijo: Yo soy el camino, y la verdad, y la vida; nadie viene al Padre, sino por mí"
>
> Juan 14:6

Pregunta en el lugar equivocado y recibirás una respuesta equivocada

A imagen de Dios

> "Y sabemos que a los que aman a Dios, todas las cosas les ayudan a bien, esto es, a los que conforme a su propósito son llamados. Porque a los que antes conoció, también los predestinó para que fuesen hechos conformes a la imagen de su Hijo, para que Él sea el primogénito entre muchos hermanos".
>
> Romanos 8:28-29

Fuimos creados a imagen y semejanza de Dios. Esa es la idea declarada en el relato bíblico de la creación en Génesis. Esta cualidad distintiva de nuestra especie es patrimonio exclusivo. Dios lo quiso así. Ninguna otra creación cuenta con esa gracia. No se dice eso de los animales, las aves y los peces, ni siquiera del imponente firmamento, o de los océanos. Pero sí de nosotros. De ti y de mí. Sí, fuiste creado con la estampa divina. En otras palabras, Dios quiso que al mirarse en ti se viera reflejada Su imagen. Desde que nacemos nos embarcamos en una lucha contra nuestro propio Hacedor, donde intentamos imprimir nuestra propia imagen, esa imagen que nos propone el mundo, llena de egoísmo, ambición y sensualidad. Esa lucha durará lo que dure tu vida y, aunque no lo creas, la victoria puede llegar cuando te dejas vencer. La Biblia, la cual revela a ese Dios Creador, expresa en sus páginas que Él tiene un plan para ti. Plan diseñado desde antes de crearte. Dios te hizo a su imagen y no te dejó al azar, te "dispuso" en un designio único ideal para ti. Tendrás ofertas para algunas correcciones a ese plan y forcejear con Él para convencerlo de que tu plan es mejor. Pero entonces comenzarás a cosechar un récord de fracasos en tu vivir. Pero debes saber que aunque hayas quedado fuera del plan número uno —el de Dios— por tus pecados, y pierdas privilegios u obtengas disciplina, siempre Su plan será mejor que el tuyo. Es en ese contexto que el profeta Jeremías exclama: "**Me sedujiste, oh Jehová, y fui seducido; más fuerte fuiste que yo, y me venciste**" (Jeremías 20:6). Tu imagen se irá desfigurando paulatinamente a medida que le creas al diablo la mentira de que su plan es mejor que el de Dios. Al fin y al cabo esa fue la táctica usada en Edén, con excelentes dividendos para Satanás, y el primer fracaso para la humanidad. Desde entonces, caímos en la trágica pendiente que nos aleja de Dios. Solamente en Cristo puedes recuperar tu verdadera imagen, la de Dios, y ser alineado otra vez a ese plan eterno donde encontrarás la verdadera felicidad.

El plan de Dios, aunque ya no pueda ser el número uno, siempre será mejor que tu propio plan

14 de junio
Deshidratado

Un interesante comercial televisivo de bebidas hidratantes, cuenta la historia del atleta que en el 2004, a escasos metros de la meta del triatlón en el que participaba, se desplomó víctima de un cansancio extremo y una deshidratación aguda, impidiéndole ganar aquella carrera para la cual se había preparado durante toda su vida. Desmoralizado, Chriss Leight comenzó la tenaz tarea de recuperarse física y sicológicamente y se preparó nuevamente para el siguiente año. Esta vez tomó las precauciones debidas especialmente en lo que a reservas físicas se refiere y se aseguró de que sus músculos tuvieran el suficiente oxígeno y sales necesarias para correr hasta los últimos metros de competencia y ganar. ¡Y ganó! Llegó primero y disfrutó el triunfo y el premio. ¿Sabes? La carrera de la vida no se corre solamente con buenas intenciones, es mucho más que eso; hay que calcular la distancia, conservar el ritmo, conocer la dirección y principalmente, conseguir la fuerza necesaria para no desmayar antes de tiempo. La historia está colmada de hombres y mujeres que comenzaron con ímpetu, tenían todas las intenciones de ganar, no querían caer, no querían hacer el ridículo delante de los que los miraban, pero fracasaron. Se cansaron, se perdieron, no soportaron las exigencias de una sociedad altamente competitiva que les opuso resistencia y hoy, forman parte de la lista de los perdedores. ¿Eres tú uno de ellos? ¿Serás pronto o en algún momento, otro más que cae...? Si estás con dudas, probablemente sea porque aún no has tomado los recaudos necesarios para vencer. Sólo Dios te dice: "**Corramos con paciencia la carrera que tenemos por delante, puestos los ojos en Jesús, el Autor y Consumador de la fe, el cual por el gozo puesto delante de él, sufrió la cruz, menospreciando el oprobio y hoy está sentado a la diestra de Dios**". "Corramos" te dice. ¿Te fijaste? Él va contigo, y es allí donde radica la única fuente de poder suficiente para comenzar y terminar de pie, en Su compañía. No corras solo o terminarás en el suelo.

La carrera de la vida no se corre solamente con buenas intenciones

15 de junio
Cosas ordinarias

"Mas a Dios gracias, el cual nos lleva siempre en triunfo en Cristo Jesús, y por medio de nosotros manifiesta en todo lugar el olor de su conocimiento".

2 Corintios 2:14

Erramos la meta, no damos en el blanco, si pensamos que el éxito en la vida se logra haciendo cosas extraordinarias. Somos bombardeados a diario con desafíos, conquistas y logros imaginarios. Nuestros héroes televisivos, los astros deportivos, las grandes pasarelas de la moda y la fama, condicionan nuestras mentes empujándonos a creer que si no tenemos, no hacemos, o no pertenecemos a su grupo, somos los pobres, los feos, los del montón, los fracasados. Y entonces, las fuerzas, la capacidad de disfrutar los detalles de la vida y las esperanzas, se escurren como agua en nuestras manos. Tal vez Intentamos retenerlas, alcanzarlas, lograrlo, pero... Nada. De ahí la depresión, ansiedad, estrés y el mal genio que amarga nuestra vida y la torna en un sinsentido crónico. Esto es una simulación de "éxito", pero es virtual, abstracto, vacío. El éxito en la vida no se logra haciendo cosas extraordinarias sino, cosas ordinarias, pero extraordinariamente hechas. Si al levantarte y preparar por enésima vez el desayuno a tus pequeños lo haces con el mayor esmero y cariño, te aseguro que llegarás a ser una madre exitosa. Cuando esperas el autobús para llegar a tiempo al trabajo, al mismo trabajo que acudes hace 19 años, te repetirás: "Hoy seré el mejor obrero, el mejor trabajador, el más esforzado, honesto y productivo". Te aseguro que mañana disfrutarás de una vejez tranquila con lo necesario para vivir feliz. Al preparar tu monografía para la tesis de grado investigarás de día y de noche para presentarla lo más completa posible. Probablemente sea el primer peldaño para tu exitosa carrera profesional. Cada día, cada paso, cada nuevo desafío, debe ser hecho con entusiasmo, con esmero, dedicación y excelencia. Creo que la conquista no es una estación a la cual llegamos, sino un vehículo en el cual nos trasladamos. Es un estilo de vida, una convicción interior. Soy triunfador en esencia, por eso avanzo de triunfo en triunfo. Quizás tus logros no estén rodeados de aplausos, medallas y palmadas en la espalda. Tal vez sean triunfos anónimos, cotidianos, "comunes". Pero serán los que te llevarán poco a poco a la cima de los vencedores. Aquellos que aprendieron que sólo venciéndose a sí mismos cada día vencerán.

> **El éxito en la vida no se logra haciendo cosas extraordinarias sino cosas ordinarias extraordinariamente hechas**

16 de junio
Puente seguro

El título de "*Sumo Pontífice*" viene del latín *Summux pontifex*, que significa: máximo constructor de puentes. Este título, lo tenían los emperadores romanos quienes debían incluir dentro de sus ocupaciones, el diseñar y construir puentes que mejoraran el complejo vial romano. Años atrás, dos constructores Chinos, Huang Wenge y Xia Jianzhong, fueron enjuiciados y encarcelados por encargar la construcción de un puente a un arquitecto ciego quien realizó mal los cálculos. Aquel puente colapsó, matando a 12 personas.

Muchas religiones, hoy, están construyendo puentes para llegar a Dios. Son puentes peligrosos porque están construidos por ciegos espirituales y si un ciego guía a otro ciego, ambos caerán al hoyo. Parecen derechos pero acaban en tragedia y muerte.

La Palabra de Dios, presenta a Jesucristo como el Gran Sumo Sacerdote. Él es el Sumo Pontífice divino que construyó el único puente que comunica a los hombres con Dios y a Dios con el hombre. Es por eso que, en realidad, sólo existen dos clases de religiones en el mundo, dos y no más, la que pretende llegar a Dios por esfuerzos, humanos "puentes", y la que reconoce que hay un solo Mediador entre Dios y los hombres: Jesucristo, hombre. Él es el único puente verdadero que te lleva al cielo y a Dios. El puente lo construyó Dios mismo usando madera de la cruz de Cristo y aquellos que creemos en esta obra vicaria, de iniciativa divina y consumada, hemos sido hechos justos y aceptados por Dios; Jesús no es ciego, Él te guía por el camino nuevo que abrió con Su sangre, no es víctima de la ceguera que produce el pecado, por eso es un guía seguro en quien puedes confiar. Dios ha colocado ese puente, la Cruz de Cristo. Muchos escogen atajos, construyen sus propios puentes para luego verlos derrumbarse y acabar en tragedia. No olvides, **"hay caminos que al hombre le parecen derechos, pero su fin es camino de muerte"**. Hay un solo camino, Cristo es el camino, la verdad y la vida.

> "Yo soy el camino, la verdad y la vida, nadie viene al Padre sino por mí".
>
> Juan 14:6

Pretender llegar a Dios por mi propio esfuerzo es como construir un puente de papel e intentar cruzarlo

La ansiedad

"No os afanéis, pues, diciendo: ¿Qué comeremos, o qué beberemos, o qué vestiremos? Porque los gentiles buscan todas estas cosas; pero vuestro Padre celestial sabe que tenéis necesidad de todas estas cosas. Mas buscad primeramente el reino de Dios y su justicia, y todas estas cosas os serán añadidas. Así que, no os afanéis por el día de mañana, porque el día de mañana traerá su afán. Basta a cada día su propio mal". Mateo 6:31-34

La ansiedad es el fruto de la preocupación descontrolada. Es la consecuencia inmediata de una vida que corre tras la conquista de metas, algunas reales y otras ficticias, otras, producto de convicciones propias e imposición de esta sociedad altamente consumista y competitiva. Es esa búsqueda, esa es la carrera loca por alcanzar lo que yo no tengo y otros sí, por creerle a la máquina propagandista que me dice que si no tengo esto o aquello soy menos. Así, a este ser humano posmoderno, se le deshidrata el alma y la vida consumido por el estrés, la ansiedad y la insatisfacción. Es paradójico pero corremos, al fin y al cabo, en pro de la satisfacción personal. Se cree que seré feliz cuando alcance esto o aquello que me producirá satisfacción. ¡Error! La felicidad no se encuentra en el agrado y placer propio, sino en una vida de servicio a los demás. Pero al aplicar esa normativa de vida, los seres humanos corremos buscando cosas que "pensamos" nos complacerá alcanzar, pero en realidad sólo llenarán una parte de nuestro "tanque" emocional, nos desplomaremos por la desilusión, y aprenderemos a convivir con ese sabor amargo de la insatisfacción producto de apostar por cosas que no sacian. Es ese producto lo que denominamos ansiedad. Puede ser la antesala de un estado de inconformismo y descontento que conduce al estrés y a al mal genio, acabando con tu sonrisa, tu paz, y dañando las relaciones interpersonales: matrimonio, familia, sociedad. El consejo de la biblia no es: "No estés ansioso". Dios sabe que es difícil mantener una postura impermeable ante esta ola de presión que nuestro sistema imprime, pero sí dice en 1ª Pedro 5:7 **"Depositen en Él toda ansiedad, porque Él cuida de ustedes"**. ¿Quién cuida de tu vida?... La ansiedad aparece cuando pienso que yo puedo ocuparme de mis asuntos y mi vida mucho mejor de lo que Dios pueda ocuparse. Créeme, nadie está más interesado en tu bienestar que tu Creador. Deja que Él te cuide.

> **La ansiedad aparece cuando pienso que yo puedo ocuparme de mis asuntos y mi vida, mucho mejor de lo que Dios pueda ocuparse**

18 de junio

Sembrando lecciones cosechadas

Las palabras finales de Jesús al despedirse de los suyos conocidas como "La Gran Comisión" encierran uno de los mandatos más sublimes que deba guardar la iglesia cristiana: "Id, y haced discípulos". En realidad una transliteración más feliz del texto sería: *Mientras van andando, hagan discípulos*. El concepto del discipulado fue la estrategia escogida por el Señor para llevar a término la magna empresa eterna de formar Su Iglesia. Lo logró formando discípulos; la Iglesia es ni más ni menos que un conjunto de discípulos de Cristo. No lo hizo desde un aula. Cada lugar para Él era un aula. No usó material didáctico diferente de las oportunidades de señalar alguna lección derivada de una experiencia cotidiana. No usó púlpitos, su vida fue su púlpito. Y al andar, iba arrojando verdades eternas a cada lado del camino como quien siembra la buena semilla. Después de cada milagro, la lección. Después de cada discurso, la pregunta del día: "¿Entienden lo que estoy diciendo?". Después de cada situación difícil que confrontó, la mirada de reojo dirigida a los suyos como diciéndoles: "¿Qué se debe hacer en este caso?"... Así que cuando Él te dice: **"Id y haced discípulos"**, te está diciendo: "Haz lo que hice Yo". Aprovecha cada situación que el Padre, en su buena voluntad, disponga en tu camino para aprender una lección, pero también para enseñarla. Siempre tendrás alguien a tu lado observándote para ver cómo reaccionas. Tu esposa/o, tus hijos, tus vecinos, tu amigo, un desconocido al que puedes impactar con tu actitud, para bien o... para mal. Somos cartas leídas por todos, dijo el apóstol Pablo. Jesús lo sabía. Cierto grupo hostil de líderes judíos lo seguían a sol y a sombra, pero Él sacaba provecho de eso para transmitir Su enseñanza. Reprodúcete en otro. Que tu vida de servicio no se torne infructífera, estéril. Existes para el mismo propósito de la Iglesia hasta que sea arrebatada. Mientras andas por este mundo que tu vida enseñe a los demás las verdades del cielo, no tanto con palabras como con tu ejemplo. Nunca olvides que las palabras mueven pero los ejemplos arrastran.

> "Y entraron en Capernaum; y los días de reposo,[a] entrando en la sinagoga, enseñaba. Y se admiraban de su doctrina; porque les enseñaba como quien tiene autoridad, y no como los escribas".
>
> Marcos 1:21-22

Las palabras mueven, los ejemplos arrastran

Los recursos son de Él

> "Cada uno según el don que ha recibido, minístrelo a los otros, como buenos administradores de la multiforme gracia de Dios".
>
> 1 Pedro 4:10

El evangelio de Marcos relata, en el capítulo seis y en el ocho, dos milagros casi idénticos con algunas miles de almas de diferencia. En el primer caso el Señor Jesús alimentó a cinco mil personas hambrientas y en el segundo a cuatro mil. Después de cada milagro metió a Sus discípulos en la barca y les enseñó lecciones que nosotros hoy debemos escuchar si no queremos acabar como ellos, con el corazón endurecido e insensible. En la primera alimentación los discípulos regresaban de un viaje evangelístico por fe (6:7-13; 30-31). Estaban cansados, y Él fue sensible a sus necesidades. Pero el versículo 33 presenta serias interrupciones para los planes de reposo de Sus discípulos. Una multitud hambrienta esperaba soluciones para su necesidad física y espiritual. Al verles, Jesús se enterneció porque les veía como ovejas sin pastor. Para Él la cosa estaba más que clara: Necesitaban comer. Ante la orden del Maestro de que le dieran ellos mismos de comer (v.35-38) salta a la vista otra necesidad apremiante de los discípulos. No dentro de sus estómagos sino dentro de sus corazones, porque estaban afectados por el egoísmo. Ellos habían sido alimentados durante varias semanas por otros (6:7-9) y ahora no les interesaba el hambre de la multitud. Él se los había advertido cuando los envió de dos en dos: "**De gracia recibisteis, dad de gracia**" (Mateo 10:8). Podemos ver la compasión del Señor versus el egoísmo de sus discípulos (v.34). Fue justamente ese egoísmo el que redundó en una orden cuestionada, (v.37). Él no les dijo que consiguieran la provisión sino que cumplieran la comisión. Los recursos son de Él. Dios es capaz de alimentar a 5.000 con cinco panes y a 4.000 con siete. Es la matemática del cielo. Ellos comprendieron mal la orden. Los recursos los daría Él. Ellos sólo debían administrarlos, (1ª Pedro 4:10). Si pensamos que los recursos para hacer la obra dependen de nosotros nos frustraremos. Un corazón compasivo ve la necesidad en la tierra y ve la provisión en el cielo. Por eso, Él alzó la vista al cielo y dio gracias (v. 41). Sobraron doce cestas. Una para cada discípulo.

El egoísmo endurece tu corazón y te hace fijar la atención en ti mismo y en tus pruebas, más no en el Señor y en los demás

20 de junio
Creados para glorificarle

La creación es fascinante y no deja de sorprendernos. De todos los cuadrúpedos el único que flexiona sus cuatros patas hacia adelante al momento de pararse es el elefante. Esta mole de 12.000 Kg. (récord histórico), necesita este tipo de mecanismo para alzar su pesado cuerpo y Dios lo diseñó así. Ningún otro cuadrúpedo fue hecho de esta manera. Los caballos se levantan del suelo sobre sus dos patas de adelante primero. Una vaca, sobre sus dos patas traseras. La sabiduría de Dios se observa también en la forma en que acomodó las secciones y los segmentos y el número de granos en las plantas. Una sandía tiene un número par de rayas en la corteza. Cada naranja tiene un número par de segmentos. Cada mazorca tiene un número par de filas, cada tallo de trigo tiene un número par de granos, cada cabeza de bananas tiene en su fila inferior un número par de fruta, y cada fila decrece en una. Por lo tanto, si una fila es par la siguiente será impar. En los océanos las olas se arremolinan sobre la orilla veintiseis veces por minuto en todas las playas del mundo. Todos los granos son encontrados en números pares en todos los tallos. Dios ha determinado que las flores florezcan en cierto momento específico del día. Linnaeus, el gran botánico, dijo en una ocasión, que si lograra las condiciones de cultivo ideales en un laboratorio, podría descifrar la hora del día solamente observando el momento en que se abren y se cierran las flores de las plantas. Como vez, querido amigo, la sabiduría de Dios se refleja en cada rincón de Su creación. Lo triste del caso, es que la principal criatura, el ser humano, no le da gloria con su vida. No reconoce Su grandeza y amor, Su orden y Su plan. Tu vida y la mía deben ser ordenadas por el Señor de forma ideal. Él lo hará si se lo permites y confías a Él cada área de tu ser. Si tratas de regular tu propia vida acabarás en desorden y error. Deja que Aquel que te creó te revele, poco a poco, Sus propósitos.

> "Pero parte cayó en buena tierra, y dio fruto, cuál a ciento, cuál a sesenta, y cuál a treinta por uno. El que tiene oídos para oír, oiga".
>
> Mateo 13:8-9

No reconocer la presencia de Dios a tu alrededor, es como intentar tapar el sol con un dedo

Brillan, pero no alumbran

"Lo veré, mas no ahora; Lo miraré, mas no de cerca; Saldrá ESTRELLA de Jacob, Y se levantará cetro de Israel, Y herirá las sienes de Moab, Y destruirá a todos los hijos de Set".

Números 24:17

Los cometas, cuerpos celestes, apenas si son recordados por las fechas en que pasaron cerca de la tierra y quizás por saber cuándo volverán, pero nada más. Son un espectáculo de luces y colores que deslumbra, pero no alumbra. Su brillo es momentáneo y su influencia para nuestro planeta es insignificante. Las estrellas, en cambio, tienen luz permanente y sirven tanto para la navegación, como para las órbitas planetarias y la luz nocturna. Hay personas "cometas" y las hay "estrellas". Las primeras tienen una influencia fugaz en nuestras vidas. Hoy están y mañana... tal vez no. Depende. ¿Depende de qué? Del provecho que logren sacar de ti (como los amigos del hijo pródigo). O de los elogios que cosechen para ellos. Pero cuando estás en necesidad o les dices la verdad, se esfuman cual un rayo. Impactan, pero no influencian. Atraen en el escenario de la vida, pero no sirven como punto de referencia para nadie (Judas 1:13).

Los otros, los "estrellas", son aquellos amigos y personas que mantienen siempre una órbita definida. Giran en torno a principios de vida y coordenadas fijas y no cambian con el tiempo o las circunstancias. Son de "hierro" y siempre se puede confiar en ellos. Nos enojamos cuando nos confrontan con la verdad pero, ¡cómo los necesitamos y extrañamos cuando no están!

Debes ser leal y rodearte de personas genuinas, transparentes, de principios firmes, no vulnerables o especuladoras, que solo busquen tu adulación o sacar provecho de ti; aquellas que te acepten tal cual eres, te guíen, alumbren con su luz, te animen con su calor; un calor real, no artificial, fugaz ni pasajero. Hombres que vivan influenciados por Jesús y e influyan a los que les observan. Aquellos que hagan historia, que marquen la diferencia cuando pasen por tu vida, y difícilmente puedas olvidar. Son los que buscan ser como su líder, Jesús.

> **Hay personas que son como un satélite. De lejos parecen estrellas, pero cuando te acercas te das cuenta de que son un simple aparato**

22 de junio

De rocas a piedras preciosas

Son variados los métodos que Dios utiliza para conquistar los corazones y atraer a la gente hacia Él. A Juan y a Andrés los envió el Bautista. A Pedro y Jacobo los invitaron sus respectivos hermanos. A Felipe le ordenó seguirle el mismo Jesús, y Natanael fue invitado por un amigo aunque en realidad, Jesús le estaba atrayendo hacia Él antes que Felipe le llamara cuando aún estaba haciendo su devocional debajo de su higuera. En Juan 1:44 leemos que **"Felipe era de Betsaida"**. ¿Por qué esta aclaración de aparente valor meramente geográfico? Bueno Betsaida era un lugar corrupto y detestable. Los habitantes de esa ciudad no gozaban de buena fama y fue justamente de allí donde Jesús llamó a tres de sus más fieles seguidores: Andrés, Pedro y Felipe. Dios no sólo mira lo que eres, sino lo que puedes llegar a ser en Sus manos. En Apocalipsis, el mismo Juan ve descender del cielo a la nueva Jerusalén, la ciudad celestial y tiene la oportunidad de observar sus cimientos. Queda asombrado cuando alcanza a leer debajo de cada cimiento los nombres de los 12 apóstoles grabados cada uno en una piedra preciosa distinta. ¡Estaba también su nombre allí, el de Pedro, el de Andrés y los demás! Cuando Jesús los conoció en este capítulo 1 y les llamó, eran simples trozos de piedra sin valor aparente, pero este Arquitecto supo cómo darles brillo y usarles como cimientos de Su Plan. No pienses que Dios anula el carácter de aquellos a los que llama, más bien Dios toma la persona, moldea sus virtudes, purifica su vida y gradualmente hace de ella la obra que tuvo en mente desde antes de la fundación del mundo. Claro que es un proceso que lleva tiempo. Hoy vivimos en el mundo de lo instantáneo, pero debes saber que la santificación es progresiva no instantánea, toma tiempo, y en ese proceso de cincelar el Maestro golpea y golpea sobre el mármol hasta formar el ángel que está encerrado en el interior del ser. No olvides que Dios ve mucho más allá de lo que eres, ve también lo que puedes llegar a ser en Sus manos.

Una vez que rinda su voluntad para que Cristo haga lo que quiera con él, no se puede predecir qué llegará a ser el más sencillo creyente,

Probado a la luz

En cierta tienda al norte de Arabia, una gran variedad de objetos eran expuestos a la venta en un recinto bellamente adornado, se exhibían con orgullo a los turistas, artesanías, jarras y adornos, pero la luz de ese lugar era muy tenue. Los compradores preguntaban al dueño por qué no había más luz para apreciar y escoger el producto, y él respondía: "las piezas de alfarería son tan costosas y algunas de ellas tan antiguas, que la exposición a la luz, por tiempos prolongados, daña el esmalte con el que están pintados". Pronto descubrieron que esa no era toda la verdad. Este comerciante inescrupuloso, remendaba las vasijas fisuradas tapándolas con cera. Los compradores inteligentes sostenían en alto las piezas de alfarería al sol y juzgaban su calidad por la luz solar. La palabra *"eilikrineia"* significa, en el idioma griego, "juzgado a la luz del sol", y es traducida a nuestro español como "sinceridad", de los vocablos "sin cera", libre de engaño, íntegro. Aquel cuya mirada es mil veces más potente que la luz solar, juzga nuestra vida, nuestras actitudes y nuestras motivaciones. ¿Eres sincero ante Dios y los hombres, o eres un producto fraudulento, disimulado para impactar a la gente? Tal vez, aquellos que te conocen de cerca saben de tus fallas y remiendos. ¡Cuánto más Dios, a Quien nadie engaña! Honestidad, transparencia y pureza genuina, son virtudes que describen a quien no teme un examen completo de sus motivos e intenciones, por cuanto nada tiene que esconder. Un día, tu vida y la mía, pasarán el examen final frente al Autor de la vida. Allí no habrá excusas y Dios sacará a la luz toda obra hecha, sea buena o sea mala. Comienza desde ahora a vivir en sinceridad para que aquel día no te sorprenda con remiendos ocultos.

¿Eres sincero ante Dios y los hombres, o eres un producto fraudulento, para impactar a la gente?

24 de junio
Semáforo en rojo

Como de costumbre, él subió al automóvil y emprendió la marcha hacia la oficina. El tráfico estaba como nunca. Coches aglomerados, semáforos en rojo, peatones cruzando a destiempo, camiones transitando a 40 KM/h... La adrenalina subía hasta niveles indescriptibles dentro de aquel vehículo y entonces... ¡No, no puede ser, otro semáforo en rojo! Ya es demasiado tarde. Si me detengo un solo minuto más llego tarde al banco y pierdo mi empleo, además no hay ningún policía a la vista... Aceleró y pasó en rojo, cuando en la esquina siguiente... el policía haciendo señas para que estacionara. El argumento que nuestro protagonista expuso ante el oficial casi le arranca una carcajada: "Señor policía, no es justo que usted me multe por esta infracción de tránsito. He pasado miles de semáforos en verde y respetado otros miles en rojo a lo largo de mi vida de conductor y por este primero y único semáforo en rojo que ignoré ¿usted me multa? ¿No valen todos los que respeté antes para equilibrar éste que transgredí? ¡Esto es una injusticia!"... Irónico y hasta cómico, ¿verdad? Sin embargo, este es el mismo razonamiento que millones de personas tienen al enfrentarse con la idea del juicio futuro ante Dios, quién nos pedirá cuentas por las transgresiones que en vida hayamos hecho a Su ley. Bueno, dicen algunos, aquel día simplemente Dios pondrá en una balanza las obras buenas (semáforos en verde) que haya hecho, y las malas (en rojo), y como sé que he sido más bueno que malo, simplemente me aceptará. Sí, pero... las obras malas siguen ahí, denunciando que aunque hayas trasgredido sola una vez, ya estás bajo juicio y debes pagar la multa. La Biblia dice que la paga por pecar es la muerte, pero ¡gracias a Dios que en Cristo, podemos disfrutar del perdón de nuestras trasgresiones! Él ya pagó la multa y murió en nuestro lugar en la cruz. ¿Nunca lo habías visto desde este ángulo? Pídele perdón hoy mismo y pon a un lado tus inconsistentes argumentos.

> "Porque cuando erais esclavos del pecado, erais libres acerca de la justicia. ¿Pero qué fruto teníais de aquellas cosas de las cuales ahora os avergonzáis? Porque el fin de ellas es muerte. Mas ahora que habéis sido libertados del pecado y hechos siervos de Dios, tenéis por vuestro fruto la santificación, y como fin, la vida eterna".
>
> Romanos 6:20-23

Por más buenas o malas obras que hagas, nunca olvides pedir perdón a Cristo; Él siempre estará ahí para perdonarte

25 de junio
Poniendo el corazón

> "Como en el agua el rostro corresponde al rostro, Así el corazón del hombre al del hombre".
>
> Proverbios 27:19

La Biblia usa el término corazón para referirse a los deseos, esperanzas, intereses, sueños y afectos que posees. Eres lo que sientes. **"De la abundancia del corazón habla la boca"**. De alguna manera, tu corazón es tu timón. Pero si no hay un buen capitán que sepa cómo maniobrar ese timón, puede ser peligroso ¿me hago entender? La vida plena no se consigue con corazonadas sino con dirección divina, pero ni aún Dios es indiferente a los impulsos de tu corazón. De cierto modo, Él quiso que en tu interior se moviera de manera involuntaria ese órgano vital, que late con cierto ritmo distintivo y único en cada ser humano. Los avances médicos en el área de cardiología, han demostrado que cada corazón late diferente. Allí está Dios. Él te dio, no sólo ese ritmo especial sino esos afectos, emociones, gustos y pasiones únicas. Lo que te apasiona a ti, puede que no despierte ningún interés en otro, y puedes pasar horas soñando con alcanzar una meta que para otra persona ni siquiera vale la pena considerar. Instintivamente ponemos más atención en ciertas cosas que en otras. Algunas experiencias captan tu atención, mientras que otras pasan inadvertidas o te aburren. Eso revela la naturaleza de tu corazón. Ese es tu latido emocional único. **¿De dónde proceden esos apegos, inclinaciones e intereses?... de Dios.** Él te hizo afectivo y cuando se entrega cada emoción bajo Su cuidado, tus sueños son cumplidos a Su tiempo. No en vano la Biblia declara: **"Amarás al Señor tu Dios con todo tu corazón"**. Es que no hay otra manera de honrarle que no sea sometiendo tus emociones a su aprobación y cuidado. Es por eso que, en una actitud paternal, Dios te pide permiso para cuidar tu corazón, prometiéndote que Él lo guardará mejor que nadie. **"Dame hijo mío tu corazón"** (Proverbios 23:26). Deja que Él lo cuide, porque de él mana la vida.

La vida plena no se consigue con corazonadas, sino con dirección divina

26 de junio

Hallando más de lo que se buscaba

El 1º de abril se publicó en Barcelona la carta que Cristóbal Colón dirigió a la reina Isabel de España al volver de su primer viaje a América. En esta carta Colón afirmaba que había llegado a las Indias. Él no dudaba que había llegado cerca de la China. Su gran deseo era alcanzar el Oriente para llegar hasta Asia, pero la gran verdad es que llegó hasta Occidente y descubrió América. Colón murió sin saber que había llegado a un nuevo continente. Cuántas historias se podrían narrar de personas que salieron en búsqueda de una cosa y terminaron encontrando otra. El Saúl de la Biblia estaba buscando unas asnas perdidas de su padre y encontró a Samuel que le ungió rey. José salió a buscar a sus hermanos en Dotán y terminó siendo 1er ministro en Egipto. David fue a llevar unos quesos a sus hermanos y terminó siendo héroe en Israel al derrotar a Goliat. Las mujeres devotas salieron aquel domingo en busca de un cadáver y encontraron al Señor resucitado. Es muy normal que estas situaciones se repitan a diario. Este es el motivo por el cual en los grandes supermercados distribuyen los artículos de primera necesidad en distintos puntos porque es una estrategia de marketing comprobada, que la gente ingresa con una lista de cosas que quiere comprar y al recorrer todas las góndolas termina llevando varios artículos que no pensaba adquirir. Se pone difícil la cosa cuando no encuentro en la vida lo que busco, pero, cuando lo que encuentro es mayor o mejor de lo que buscaba no hay problema. ¿Sabes? Con Dios sucede eso a diario. Le pides cosas que tú piensas que necesitas y muchas veces recibes más de eso u otra cosa que, con el tiempo aprendes que era lo mejor para ti. Quizás estaba pensando en eso David cuando exclamó en su Salmo 23: "**Mi copa está rebosando**".

> "Y poderoso es Dios para hacer que abunde en vosotros toda gracia, a fin de que, teniendo siempre en todas las cosas todo lo suficiente, abundéis para toda buena obra".
>
> **2 Corintios 9:8**

Las demoras de Dios, pueden ser la antesala de un milagro mayor

Vivir excusándose

> "Cuando ustedes digan "sí", que sea realmente sí; y cuando digan "no", que sea no. Cualquier cosa de más, proviene del maligno".
>
> Mateo 5:37

Excusarse no es malo, pero cuando se torna un hábito que justifica mis continuos errores, puede llegar a ser adictivo, tedioso y trivial. Cultivar un estilo de vida caracterizado por la excelencia es loable. La improvisación es una opción oportuna siempre y cuando no justifique mi mediocridad crónica. Hay personas que se lanzan a organizar, programar, iniciar proyectos sin un plan, sin calcular costos y sin optimizar recursos. Así, en la mitad del desarrollo, se ven obligados a cambiar de idea, a inventar y "tapar huecos" que tarde o temprano puede que salgan mal. Otros yerran no tanto por sus actos sino por sus palabras. Para estos las excusas también se tornan en "el *plan* nuestro de cada día". Son tan prontos para hablar sin pensar, que hieren a muchos en el camino, pues el que habla sin pensar, es como el que dispara sin apuntar. Pero claro, simplemente pido perdón, me excuso una vez más "borrón y cuenta nueva". Aquí no pasó nada y estoy listo para una nueva embestida. Esto no debe ser así, Dios es un Dios que no improvisa, Él planeó con dedicación y esmero cada detalle de nuestra redención. Dice el apóstol Pablo que la restauración de mi alma y el perdón de mis pecados fue un asunto diseñado previamente desde antes que Él mismo fundase el mundo: **"Porque somos hechura de Dios, creados en Cristo Jesús para buenas obras, las cuales Dios dispuso de antemano"** (Efesios 2:10). La palabra "disponer" significa acomodar en orden sobre la mesa de trabajo. ¿Es, para ti, la excusa un estilo de vida? ¿Vives disculpándote a cada paso? De alguna manera este recurso mantiene tu imagen aceptable ante los demás. Pues desde que se inventaron las excusas nadie queda mal. Pero si abusas, tu cotización se irá devaluando paulatinamente. Ya nadie descansará más en ti o te incluirá en sus proyectos pues no eres de confiar. No te apresures al hablar a un grupo de personas. Los que nos rodean necesitan una propuesta clara, una palabra firme, una vida que transmita seguridad, un modelo a seguir y tú puedes ser uno de ellos si apoyas tu vida en "La Roca".

Desde que se inventaron las excusas "nadie" queda mal

28 de junio
El caminante en el desierto

El calor del desierto era abrasador. Ya hacía tres días que avanzaba exhausto por la arena y sus reservas de agua se habían agotado. Los minutos se hacían horas y las horas días. De repente, la silueta de una vieja vivienda en medio de aquel solitario panorama trajo un haz de esperanza. Acosado aún por la ansiedad, llegó hasta la entrada de la casa. No había absolutamente nadie. Rodeó la casa y lo que vio hizo que su corazón diera un salto. Allí, frente a él, había una antigua bomba de agua instalada en lo que aparentaba ser un pozo. Cuando se acercó un poco más encontró una botella llena de agua al lado de la bomba. Sin dudarlo, la tomó, la abrió y se disponía a beber, cuando observó una vieja nota pegada en aquel envase. Decía algo así: "Amigo, debes vaciar el contenido de esta botella dentro del cilindro de la bomba para que ésta funcione con la presión necesaria. Sólo entonces podrás extraer agua del pozo hasta saciarte. No olvides, antes de retirarte, vuelve a llenar la botella". La duda se apoderó del caminante: "Tal vez sea cierto... Pero... ¿Y si gasto el agua de la botella y la bomba no funciona?"... Dio un paso de fe, cerró los ojos y vació el agua dentro de la bomba. Inmediatamente, se aferró de la palanca y comenzó a bombear, bombear y bombear hasta que un débil chorro de agua sucia salió por la llave. Luego más, y más y más limpia... ¿El final? Bueno, tú ya lo puedes imaginar. Muchas personas, vagan por el desierto de este mundo, sedientos de paz, amor y seguridad. Vanamente intentan satisfacer su sed con momentos de placer pasajero, pero la sed continúa. Cristo y su agua de vida eterna están allí, frente a ti, y necesitas sólo un paso de fe para quedar satisfecho. Es un intercambio donde tú quedas vacío, como aquella botella y entonces eres bendecido con ríos de agua de vida eterna. Miles lo han hecho y hoy dan testimonio de que sí funciona. Cree y verás. (Cuando el caminante se retiraba satisfecho, tomó aquella nota y agregó: "No dudes, vacía toda la botella que sí funciona", y la firmó).

> "Entonces la fe es la seguridad de que lo que estoy esperando, aunque aún no lo vea, lo recibiré".
>
> **Hebreos 11:1 (Paráfrasis)**

Fe es vaciarte de ti mismo y ser lleno de Dios

29 de junio
Sistema de confianza dañado

La base para iniciar y mantener una relación interpersonal profunda es la confianza. Nunca lograré relacionarme correctamente con alguien si no confío en ella o si esa persona no confía en mí. Será una asociación de intereses mutuos, nada más, pero nunca una verdadera relación. Esto se torna en un grave problema cuando en una pareja, por ejemplo, se daña el sistema de confianza por la infidelidad de uno de los cónyuges. La cuesta que tienen por delante es extremadamente difícil si quieren salvar su matrimonio, porque a la parte lastimada le es muy difícil volver a confiar y, por lo tanto, siente que ya no puede amar y relacionarse libremente. Hasta que no se recupera la confianza es imposible restablecer la comunicación. Lo mismo sucede con aquella hija que ha sido abusada por su padre. Aquel que debería haberle dado protección fue justamente el que la mancilló. En este caso como en el anterior nuevamente el sistema de confianza se encuentra alterado seriamente y esto acarrea un distanciamiento crónico y rencor hacia su progenitor que le dejará cicatrices de por vida. La confianza es esencial en nuestra relación con Dios. Yo no puedo cultivar una relación ideal con mi Creador si no confío en Él. Si Sus promesas son "cuestionables" para mí, si mi tiempo invertido en conocerle es pobre, si las experiencias cosechadas a lo largo de mi peregrinar no son suficientes para alimentar mi fe. Es por esto que Su cruz necesita arrojar Su bendición sobre mi vida. Porque esa cruz sigue y seguirá siendo el ícono principal de Su amor por mí. ¿Cómo está tu "confianza" en Dios? Si se ha dañado estás en una crisis de fe de la cual necesitas salir urgentemente. De lo contrario, dejarás abierta la puerta al padre de mentira, que con su experimentada astucia, te engañará. "Fíjate, hace tres domingos que no asistes a la iglesia y nadie te llamó. Como vez ni notan tu ausencia, mucho menos tu presencia". Argumentos como este y otros tantos son los que entran a tu corazón cuando dejas abierta la ventana de la desconfianza en tu mente.

Yo no puedo cultivar una relación ideal con mi Creador si no confío en Él

30 de junio
Mi mundo ideal

La vida te presenta, la mayoría de las veces, situaciones que no habrían sido de tu elección. Quizás hubieses preferido otro nivel económico que el que hoy soportas (y no es que hayas sido mal administrador o incapaz para el trabajo, simplemente "no se te dieron las cosas"). Puede que alguno de tus hijos haya tomado un camino peligrosamente indisciplinado, (no porque hayas sido mal padre, simplemente es que ningún hijo nace con la garantía de éxito bajo el brazo); o tu matrimonio naufragó, los dos perdieron el rumbo. ¿Culpa de él? ¿De ella? ¿De ambos? Tal vez el cargo que hoy ocupas te ha sido impuesto. No lo hubieras elegido, pero quedó el hueco y, por el bien corporativo, aceptaste llenarlo. Pero en más de una oportunidad dijiste: "En cuanto aparezca otro me hago a un lado. No soporto más este puesto". Imagínate si todas las situaciones que vives fueran de acuerdo con tus propios planes. Consigues los padres ideales, cursas tus estudios de manera exitosa, aplicas para un puesto de trabajo y te lo asignan, formas una familia ideal libre de contratiempos económicos, y consigues un selecto grupo de amigos que nunca te fallan. ¿Utopía? ¡Claro que sí! El cantante Ricardo Montaner cantaba en una película infantil, "un mundo ideal". ¡Pero esto ocurre sólo en las películas! Para crecer necesitamos sufrir, ser traicionados, convivir por años con anhelos no alcanzados que se alimentan por la fe. La frustración es el caldo de cultivo donde se renuevan las fuerzas para procurar otro intento. Sólo así, tu carácter y el mío se fortalecen como el pequeño árbol solitario en la cumbre de la montaña. Con el tiempo aprenderás que Dios está más interesado en lo que suceda dentro de ti que alrededor tuyo. No creo que Moisés se haya sentido siempre a gusto liderando la rebelde descendencia de Jacob. "Envía al que debas enviar", fue su excusa. Ni que Gedeón haya disfrutado del encargo divino de ser el nuevo juez de Israel. Se sentía más a gusto sacudiendo el trigo en su granero. Hasta el mismo apóstol Pablo expresó: "En verdad, predico el evangelio a los gentiles por obligación. Pero mi oración a Dios es por Israel". Dios quiere que aprendamos a aceptar Su trato con mansedumbre. Ese es el principal monumento de fe.

> "Prefiero morir a que alguien me prive de este motivo de orgullo. Sin embargo, cuando predico el evangelio, no tengo de qué enorgullecerme, ya que estoy bajo la obligación de hacerlo. ¡Ay de mí si no predico el evangelio! En efecto, si lo hiciera por mi propia voluntad, tendría recompensa; pero si lo hago por obligación, no hago más que cumplir la tarea que se me ha encomendado".
>
> 1ª Corintios 9:15-17

El peldaño más alto de una vida madura es aprender a someter su voluntad a la del Señor

1 de julio

Sí, pero...

> "Entonces también dijo otro: Te seguiré, Señor; pero déjame que me despida primero de los que están en mi casa. Y Jesús les dijo: Ninguno que poniendo su mano en el arado mira hacia atrás, es apto para el reino de Dios".
>
> Lucas 9:61-62

"Sí" y "Pero". Dos palabras que dicen mucho por separadas pero no dicen nada si van juntas. Sí, te perdono, pero que sea la última vez. Sí, está bien, perdóname, pero recuerda que tú también me ofendiste. Sí, lo haré, pero cuando tenga ganas. Sí, te prometo que haré todo lo que el médico me recetó, pero los fines de semana no me pidas que lo cumpla. Sí, en verdad tengo muchas cosas que cambiar en mi vida, pero no me digas que soy el único en la iglesia, todos llevan una vida mediocre. Sí, voy a romper con esta relación porque no me conviene, pero nunca más confiaré en nada ni en nadie, se acabó. Sí, es una buena persona, todos dan buen testimonio de él, pero desconfío de esto y aquello. Sí, a partir de hoy prometo levantarme más temprano para tener un tiempo de calidad con Dios, pero mañana es sábado, mejor comienzo el lunes. Sí, estoy dispuesto de aceptar el reto de ser parte de la obra misionera, pero espera que ahorre algo más de dinero para asegurarme el sustento, por lo menos de un año en el ministerio. Agrega tú a esta lista las variantes que quieras, las que puedas, las que han sido o son parte de tu experiencia. Una experiencia de intentos fallidos, fracasos, e incompetencia. Dos palabras, conjunción fatal. El "sí" te impulsa, el "pero" te desanima. El "sí" te hace olvidar tus fracasos pasados, el "pero" te los trae a la memoria. El "sí" te renueva las fuerzas y la esperanza, el "pero" te resta las ganas. El "sí" está promovido por Su Espíritu, el "pero" es consecuencia de una raza caída. El primer "pero" de la historia humana está en el capítulo tres de Génesis: "Pero la serpiente era astuta, más que todos los animales de la tierra". Si quieres vivir por encima del nivel de la mediocridad debes **"tener por sumo gozo cuando os halléis en diversas pruebas"**. Esto lo alcanzarás solamente con las fuerzas de Aquel que es capaz de fortalecerte en todo. Apunta arriba, sé optimista, regula tu ánimo en el Señor y ¡BASTA DE "PEROS"!

**Si vives mirando hacia atrás,
andarás de tropiezo en tropiezo**

2 de julio

Los perjuicios de los prejuicios

Un campesino adulto y su hijo caminaban juntos en un día de verano, cuando el padre dijo al muchacho: "Mira, recoge esta herradura que está tirada a orilla del camino". "¡Bah!", respondió el chico, "ni vale la pena agacharse, no vale sino dos pesetas". El padre la levantó y se la echó al bolsillo. En la primera aldea la vendió por $5 pesetas que luego gastó en cerezas.

El clima era seco y el calor insoportable. El muchacho abría la boca para aspirar el aire y aliviar la sequedad de su garganta. El padre, entonces, dejó caer descuidadamente una cereza. El muchacho la recogió y se la llevó a la boca. Después el padre fue dejando caer una tras otra, las cuales el muchacho recogía con ansiedad. Cuando se acabaron todas, se volvió hacia su hijo y le dijo: "Si te hubieras agachado una sola vez para recoger la herradura, no te hubiera hecho agachar más de veinte veces para recoger las cerezas".

Bien dice el cuarteto: "Muchas veces la pereza, el orgullo o el capricho, privan a los hombres de seguros beneficios". Juzgamos por las apariencias y restamos valor a cosas que pueden sernos útiles en el futuro. A veces son personas que quedan en el camino víctimas de mis prejuicios. Así le ocurrió al sacerdote y al levita que, viendo al pobre hombre que bajaba de Jerusalén a Jericó, tendido en el camino medio muerto, pasaron de largo, dominados por sus prejuicios o urgidos por sus compromisos. Sólo el buen samaritano pasó a la historia con su noble gesto. De igual manera nosotros ignoramos señales, oportunidades y beneficios tal vez futuros que Dios nos pone a nuestro lado, por no querer detenernos tan solo un momento. ¿Sabes? Muchas veces los milagros de Dios vienen envueltos en papel periódico y no los valoramos. No juzguemos por las apariencias. Hagamos bien a todos, abre tu puerta a quien la necesite. Algunos, sin saberlo, hospedaron ángeles.

> "Y acercándose, vendó sus heridas, echándoles aceite y vino; y poniéndole en su cabalgadura, lo llevó al mesón, y cuidó de él".
>
> Lucas 10:34

La pregunta no es ¿quién es mi prójimo? sino: ¿de quién puedo ser prójimo?

Autorretrato de Rembrandt

> "Él fue traspasado por nuestras rebeliones, y molido por nuestras iniquidades; sobre él recayó el castigo, precio de nuestra paz, y gracias a sus heridas fuimos sanados".
>
> Isaías 53:5

Rembrandt, el famoso artista holandés, pintó un cuadro de la crucifixión. Captó de manera vívida la agonía del Salvador y Su sufrimiento en la cruz. Las expresiones de los que contemplaban a Cristo en aquel Gólgota reflejaban en sí mismos la crueldad y el dolor de la crucifixión. Una de las cosas más significativas del cuadro aparte de la figura del Cristo agonizante, es el autorretrato de Rembrandt que aparece entre los observadores en la penumbra. De alguna manera Rembrandt quiso decir: "¡Yo también estuve allí, yo ayudé a crucificar a Cristo!".

Nosotros también, tú y yo, apreciado amigo, estábamos allí entre la penumbra de aquella tarde en el monte Calvario. Porque **Dios cargó sobre Él, el pecado de todos nosotros**, dice el profeta Isaías 53:6. Claro que fue en otro tiempo, otra cultura, otras personas, pero el corazón pecaminoso es exactamente el mismo que caracteriza al hombre en estos tiempos. Y la misma solución ante el mismo problema: La muerte sustitutoria de Aquel que fue semejante a nosotros en todo, pero sin pecado. Ese Dios hecho carne colgado entre el cielo y la tierra ante la mirada dura de los presentes, devolviéndoles una mirada de amor y compasión que aun hoy sigue ofreciendo con Su perdón.

Y no olvides, tú también estuviste allí. Para ti también es esa mirada de amor y compasión. ¿Qué harás? Si tan sólo tuviésemos la humildad de aquel artista holandés, en la cúspide de su carrera, y con fama internacional, que reconoció en su interior que era tan culpable de sus pecados como cualquier otro mortal, miraríamos con fe aquella cruz y aceptaríamos los brazos abiertos del Señor que, aun siendo pecadores, nos quiere reconciliar. Podríamos entonces encontrar la verdadera luz que emerge de las penumbras de la vida y aquel cuadro oscuro y gris que hoy pinta la existencia, sería transformado en un presente de luz y color de la mano de Aquel que murió por ti y por mí.

Que el contemplar la cruz de Cristo sea para ti, el mejor cuadro de tu existencia

4 de julio
No te importa

La experiencia de los discípulos en el evangelio de Marcos capítulo 4, revela la crisis de fe en que muchos cuestionan la autoridad de Dios hoy en día. El cuadro comienza con un desafío cotidiano para aquellos hombres. Simplemente subir a su embarcación y pasar a la otra orilla. Subieron, avanzaron y remaron; todo estaba tan tranquilo que Jesús se durmió.

> "Pero se levantó una gran tempestad de viento que echaba las olas en la barca, de tal manera que ya se anegaba. Él estaba en la popa, durmiendo sobre un cabezal. Lo despertaron y le dijeron: ¡Maestro! ¿No tienes cuidado que perecemos? Él, levantándose, reprendió al viento y dijo al mar: ¡Calla, enmudece! Entonces cesó el viento y sobrevino una gran calma. Y les dijo: ¿Por qué estáis así amedrentados? ¿Cómo no tenéis fe?" **Marcos 4:37-40**

Pero... esas nubes en el horizonte no eran como las que les despidieron en la otra orilla; negras, grandes y amenazantes. Todavía estaban remando cuando unas gotas frías mojaron sus caras. Faltaba mucho para llegara al otro lado, como el Maestro había indicado. Ellos sabían muy bien quién dormía en ese bote. ¡Era el mismo Hijo de Dios! Su confianza estaba puesta en Él y en la orden que les dio. Pero... pensaban que esa orden se materializaría en medio de un plácido viaje, no en una tormenta de las proporciones que ya estaba tomando. Más gotas, más viento, más olas, muy grandes... Y la fe en crisis: **"Señor despierta. ¿No te importa que perezcamos?"** (Marcos. 4:38). Quedémonos con esta pregunta tan común hecha a Dios: ¿Qué, no te importa? ¿No te importa que la gente muera en las guerras? ¿No te importan los niños hambrientos? ¿Y los maltratados? ¿No te importan las mujeres golpeadas? Y la demanda se vuelve más personal. ¿No te importa que mi novia me abandone a un mes de la boda? ¿No te importó que me robaran 3 veces la casa o lo que están hablando de mí? ¿No te importa?... Y ¿qué haces tú, Dios? Oh, ya veo, duermes...

Mira, Dios no te promete un viaje tranquilo por la vida, pero sí dice que Él siempre estará a tu lado, aunque parezca dormido. Solamente aquellos que aprenden en comunión que aún el dulce sueño del Señor es más seguro que los ojos despiertos de todo el mundo, desafían las tormentas junto con el apóstol Pablo y preguntan: **"¿Quién nos separará del amor de Dios?"** (Romanos 8:35). Confía en Él, que si Él te dijo: "Pasemos a la otra orilla", ten por cierto que llegarás sano y salvo.

Aún el sueño del Señor es más seguro, que los ojos despiertos de todo el mundo

La resurrección de la fe de María

"Entonces María trajo una libra de perfume de nardo puro (como 1/3 de litro), de mucho precio, y ungió los pies de Jesús, y los enjugó con su cabello. Y la casa se llenó de la fragancia del perfume"

Juan 12:3

Consideremos el relato de la resurrección de Lázaro, en San Juan capítulo once. El proceso de la resurrección de la fe en María merece especial atención. Habrás notado que no hablo de la resurrección de Lázaro sino de la fe de María, porque creo que fue el propósito principal que ocupó el corazón de Jesús en toda la escena. En verdad la muerte de Lázaro fue sólo el púlpito desde el cual Jesús impartió Su enseñanza respecto a no perder las esperanzas, bajo ninguna circunstancia de la vida. Aunque María tenía una fe firme y una devoción mayor que la de cualquier otro discípulo, precisaba algunos ajustes. Siempre aparece en escena a los pies de su Señor. En Lucas 10, está sentada oyéndole mientras su hermana Marta sirve. Aquí, acaba también a Sus pies, reconociendo Su poder, y en el capítulo 13 postrada adorándole y ungiéndole. Puedes ser todo lo espiritual que seas, puedes amar al Señor sinceramente, puedes renunciar y entregar todo por Su Causa, pero llegado el momento de la tragedia inesperada y la amargura de tu alma, tu fe entra en crisis y necesitas una nueva enseñanza del Señor. Juan percibió esta didáctica personalizada para María en medio del milagro y comprendió que todo señalaba hacia ella más que hacia su hermano. Él comprendió que Jesús lloró no tanto por la falta de vida en Lázaro como por la falta de fe en sus seguidores, sobre todo en María. Por eso se refiere al milagro no como tal sino como una "señal" (v.47). Creo que también por ese motivo la menciona a ella antes de comenzar a narrar lo sucedido: "María, hermana de Lázaro el enfermo, era la que ungió al Señor con perfume, y le enjugó sus pies con sus cabellos" (v.2). Es como si nos estuviera diciendo: *Al final, Jesús logró resucitar la fe de María, que estaba tan muerta como el cuerpo de su hermano Lázaro. De tal manera que ella acabó luego adorándole a sus pies.* Aunque muchas veces creas perder la confianza en Jesús, aunque desfallezca tu fe, Él siempre estará a tu lado.

La oscura noche de tu alma puede dar paso a la aurora de una fe mayor

6 de julio
Elefante y ratón

El temor que los elefantes le tienen a los ratones es muy conocido. ¿Nunca te has preguntado cómo el mamífero más enorme del mundo puede entrar en pánico y llegar hasta la histeria al ver al más pequeño de los roedores cruzar debajo de sus pies? Con un solo dedo el paquidermo puede aplastar al diminuto ratón. Sin embargo, comienza a girar en círculos, a mover su pesada trompa en dirección al ratón con amenazantes movimientos o simplemente entra en una huída desenfrenada.

> "Ni lo alto, ni lo profundo, ni ninguna otra cosa creada nos podrá separar del amor de Dios, que es en Cristo Jesús Señor nuestro".
>
> **Romanos 8:39**

La razón es muy simple. En las planicies africanas es muy común encontrar elefantes de enormes orejas pero sordos. Sí. Es que los ratones hambrientos, una vez consiguen treparse al cuerpo del elefante, corren por su gruesa piel, llegan a sus orejas, se meten en el interior del oído medio del animal y se comen el tímpano, en cuestión de minutos. El elefante, desde el comienzo intenta deshacerse del ratón, pero sus torpes movimientos son en vano. En el mejor de los casos la herida cicatriza y el elefante pierde su oído, en el peor, la herida se infecta y el elefante muere. No en vano este enorme mamífero sale corriendo cuando ve un ratón, ¿verdad?

Algo parecido sucede con los temores en las personas; sin embargo, en muchas personas esos temores son infundados. Son fácil presa del pánico ante la más mínima situación desconocida. Son vulnerables, retraídos, nunca construyen una relación seria porque piensan siempre que el mundo está contra ellos, que las personas tratarán de abusarles, que no se puede confiar en nada ni en nadie. De esa manera se encierran en su propio mundo repleto de temores y nunca experimentan el gozo. ¿Qué hacer con el temor descontrolado? ¿Sabes? La frase que más repitió Jesús fue: **"No temáis"**, porque sólo Él es capaz de defenderte, cualquiera sea la situación en que te encuentres, cualquiera sea el enemigo que enfrentes. Confía en Él, no saldrás defraudado.

Temer es confiar en uno mismo

Corramos con paciencia

> "A estos les parece cosa extraña que vosotros no corráis con ellos en el mismo desenfreno de disolución, y os ultrajan; pero ellos darán cuenta al que está preparado para juzgar a los vivos y a los muertos".
>
> 1 Pedro 4:4

Si repasas la vida de Jesús narrada en los evangelios, te encontrarás con reiteradas oportunidades donde Él señaló que obraba en perfecta armonía con el tiempo de Dios. Desde el primer milagro en las bodas de Canaá de Galilea relatado por Juan, encontramos la siguiente actitud: **"Su madre le dijo: No tienen vino y Él respondió: ¿qué tienes conmigo mujer? Aún no ha llegado mi hora"** (Juan 2:3-4). Puedes hacer un rápido recorrido en situaciones similares si lees el capítulo 7:6, 8, 30, y 33. La enseñanza principal, es la necesidad imperiosa de aprender a caminar en la vida de la mano de Dios. Nuestra tendencia natural es siempre ir adelante por ansiosos, o detrás por distraídos, y esto viene desde la infancia, donde tuvimos que aprender a interpretar los tirones, de la mano fuerte de papá, que nos obligaban a caminar al paso de él. Hoy, esos tirones son duros golpes, fracasos y frustraciones por el mismo motivo: No ceder al paso de Dios. Nuestro estilo de vida no es acorde con los tiempos de Dios; por eso Él dijo, que si estamos cansados y cargados, debe ser porque no andamos a Su paso, como hace el buey que aprende a llevar el yugo al paso de otro más experimentado (Mateo 11:28-30). Nuestra sociedad nos dice que si no te apuras, si no corres con ellos en su desenfrenado estilo de vida disoluto (1ª Pedro 4:4), pasas a la historia, te quedas fuera del sistema, eres un retrasado. Pero debes saber que cuando esperamos en Dios no perdemos el tiempo, delante de Él lo ganamos. Luchamos con Dios por cosas que queremos ya, ahora. Muchas veces Dios nos concede esas cosas. Pero luego nos damos cuenta de que nos perdimos una bendición mayor por no saber esperar. Los discípulos apuraban al Señor para que sanara a Lázaro, pero Él no quería sanar un enfermo sino resucitar a un muerto. ¿Dónde hay más gloria para Dios?... Nunca olvides, muchas veces las "demoras" de Dios son la antesala de un milagro mayor.

Cuando esperamos en Dios no perdemos el tiempo, delante de Él, lo ganamos

8 de julio

Lo que queda es bueno

El 18 de noviembre de 1994, Itzhak Perlman, entró al escenario para dar un concierto en el "Avery Fisher Hall" del Lincoln Center de Nueva York. La polio contraída desde chico, dejó terribles huellas en ambas piernas —que cuelgan inertes de su cuerpo—. Verlo cruzar el escenario lenta y costosamente, dando un paso a la vez, es un cuadro conmovedor.

> "Por tanto, no nos desanimamos. Al contrario, aunque por fuera nos vamos desgastando, por dentro nos vamos renovando día tras día".
>
> 2 Corintios 4:16 .

Se sienta despacio, pone sus muletas en el suelo, se inclina y levanta su violín, lo pone bajo su mejilla, hace una señal al director y comienza a tocar. Pero en esa ocasión algo salió mal. Justo cuando terminaba sus primeras estrofas, una de las cuerdas de su violín se rompió. Todos guardaron silencio esperando que el señor Perlman, comenzara otra vez aquel ritual de incorporarse lentamente para salir del escenario a buscar otro violín u otra cuerda, pero no. Esperó un momento, cerró sus ojos y luego hizo la señal al director para comenzar otra vez. La orquesta comenzó, y él tocó. Y tocó con tanta pasión, tanto poder y tanta pureza como nunca antes lo habían escuchado. Aquel violinista sacaba nuevos sonidos de aquellas tres únicas cuerdas, reemplazando los sonidos de la cuerda faltante. Cuando terminó, hubo un silencio impresionante en aquella sala. Entonces la gente se levantó y lo aclamó como nunca antes. Él sonrió, se secó el sudor de sus cejas y luego dijo con tono reverente: **"Ustedes saben, algunas veces la tarea del artista es descubrir cuánta música puede hacer con lo que aún le queda".**

Tal vez sea esta la definición de la vida. Aquí hay un hombre que se ha preparado toda la vida para hacer música con un violín de 4 cuerdas y de repente, sin previo aviso, tiene que hacer lo mismo pero sólo con tres... Así que tal vez, nuestra tarea en este mundo confuso e inestable en el cual vivimos, sea hacer música, al principio con todo lo que tenemos, y luego, seguir tocando con todo lo que nos quede.

**No te quedes mirando lo que se rompió,
mira lo que aún te queda y sigue adelante**

Eres especial

> "Porque por él fueron creadas todas las cosas que están en los cielos, y que están en la tierra, visibles é invisibles; sean tronos, sean dominios, sean principados, sean potestades; todo fue criado por él y para él. Y él es antes de todas las cosas, y por él todas las cosas subsisten: Y él es la cabeza del cuerpo que es la iglesia; él que es el principio, el primogénito de los muertos, para que en todo tenga el primado".
>
> Colosenses 1:16-18

Muchas personas sólo soportan el peso de su existencia aterradas con la idea de que son un accidente de la vida, que nunca deberían haber nacido, que son fruto de un embarazo no deseado o que existen por casualidad. Otras viven en actitud quejumbrosa argumentando que no son como desearían ser o que no tienen lo que otros tienen y este sentimiento de inferioridad les persigue, les alcanza vez tras vez y les aplasta. Dios no nos hizo para que soportásemos la vida sino para que la disfrutemos. Él no quiere que carguemos con el peso de la existencia sino más bien que nos dejemos llevar tiernamente por nuestro Creador y que simplemente disfrutemos del viaje. Debes saber que, en el momento en que naciste, Dios estaba allí como un testigo oculto, sonriendo porque llegabas al mundo. Él lo paneó así. *En realidad, cada niño que nace es la opinión de Dios de que este mundo debe continuar.* Así de simple. Dios, en un sentido, no necesitaba crearte, pero lo hizo para Su deleite y el tuyo. Existes por Dios y para Dios. Eso es lo que dice el apóstol Pablo en su carta a los Colosenses 1:16: **"Porque en Él fueron creadas todas las cosas… todo ha sido creado por medio de Él y para Él"**. También, podemos parafrasear, **"Porque tú creaste todas las cosas, que existen y fueron creadas para ser de tu agrado"** (Apocalipsis 4:11). Es por eso, mi apreciado amigo, que el primer propósito de tu vida es agradar a Dios y vivir para complacerlo. Cuando logres comprender esta verdad, ya no vivirás deprimido ni te sentirás poca cosa. Fuiste creado con la capacidad de sentir placer. Dios te hizo así y Él desea que enfoques tu placer en Él. Dijo David: **"No existe placer para mí que esté fuera de ti"**. Cuando comprendas este secreto de vida, dejarás de existir y comenzarás a vivir una vida abundante.

Descubre quién eres en Dios y dejarás de existir para comenzar a vivir

10 de julio

Contentos con lo que tenéis ahora

El contentamiento es una de las virtudes más caras de la existencia humana. Esta sociedad competitiva y materialista que nos envuelve, ha logrado hacernos creer que necesitamos tener para ser alguien en la vida y, cuanto más poseemos, más prestigio tendremos. A través de los medios de comunicación que se despliegan en el mundo, nuevos productos nos bombardean cada vez más y crean en nuestro interior, necesidades aparentes, virtuales, irreales, que nos deslumbran. Así llegamos a pensar que si no tenemos esto o aquello, nos estamos quedando en el camino —viendo como otros pasan y logran éxito—. Fácilmente se desarrolla en nuestro interior una sed insaciable que nos obliga a tener y tener, cueste lo que cueste. Así tengamos que endeudarnos por conseguirlo, no importa. Lo que importa es tenerlo. ¿Lo necesitamos o nos hicieron creer que lo necesitábamos? Tal vez lo deseamos, que es muy diferente. Si antes de decidir cada compra nos hiciéramos esa sencilla pregunta, ahorraríamos mucho dinero, te lo aseguro. ¿Realmente necesito esto que estoy por comprar o sinceramente lo deseo?... Por vivir insatisfechos, perdemos de vista cosas valiosísimas que nos rodean. Alguien dijo que la vida es cada vez más cara. Sí, pero incluye un viaje gratis alrededor del sol cada año. ¿Lo habías considerado? ¿Viste qué ricos somos?

No es rico el que más tiene, sino el que menos necesita. Cuando Alejandro Magno fue a conocer la morada del gran sabio griego Sócrates, le encontró en una humilde cueva. "Pídeme lo que necesites. Yo te lo daré", dijo el emperador. "Sólo una cosa" exclamó el anciano sabio, "Que se haga a un lado pues me está tapando el sol". ¿Sabes? La verdadera riqueza no consiste en la cantidad de bienes que adquieras, sino en adquirir la sabiduría necesaria para ver lo invisible, lo esencial, lo eterno... Ver a Dios. Recrearme en Él e invertir para la eternidad.

> "Porque los que quieren enriquecerse caen en tentación y lazo, y en muchas codicias necias y dañosas, que hunden a los hombres en destrucción y perdición".
>
> 1 Timoteo 6:9

La vida es cada vez más cara. Sí, pero incluye un viaje gratis alrededor del sol cada año

El pan más pequeño

> "Porque todos buscan lo suyo propio, no lo que es de Cristo Jesús".
>
> Filipenses 2:21

Un rico panadero envió a buscar a 20 niños pobres de su comarca. Cuando llegaron, les mostró una canasta y les dijo, allí dentro hay 20 panes, uno para cada uno, pueden tomarlos. Peleando por el mejor pan, cada uno escogió el suyo y se retiraron sin siquiera decir gracias.Cuando todos se hubieron ido, una niña de 5 años tomó el último pan que quedaba —obviamente el más pequeño— besó la mano del anciano panadero y se fue a su casa. Cuando su madre se dispuso a cortar aquel pequeño pan, encontró en su interior varias monedas de plata. Al instante tomó a su niña y fue a devolvérselas al dueño. Aquel anciano le dijo: "No señora, son para usted. No están ahí por error, las puse para premiar la humildad del que tomara ese pan".

El germen del egoísmo pulula por doquier en nuestro sistema. Lo encontramos dentro de nosotros, y a nuestro alrededor. Todos quieren tomar el pedazo más grande del pastel. Aquella escena tan habitual en nuestros hogares cuando éramos niños, peleando con nuestros hermanos por el trozo más grande, se repite en cada escena de la vida a escalas mayores. Es que el egoísmo nace con nosotros y sigue allí dentro siempre. Sólo la influencia sobrenatural del Espíritu Santo de Dios obrando en nuestro interior nos puede capacitar para quitarlo de nuestra vida y manifestar los frutos espirituales del amor, la benignidad y la bondad. Dice el apóstol Pablo escribiendo a los Filipenses: "**Porque todos buscan lo suyo propio**". Si vives tratando de sacar tajada de cada situación, empujando al que está a tu lado e ignorando al que sufre, te perderás las recompensas ocultas que Dios tiene escondidas para los que practican un estilo de vida espiritual. Permite que el Espíritu Santo de Dios te llene, te transforme y te haga la persona más feliz del mundo porque: "**Mejor es dar que recibir**".

La verdadera felicidad se encuentra en hacer felices a los demás

12 de julio

Espejo, lámpara y escoba

Tres figuras bastante gráficas para referirse al ministerio que desempeña la Palabra de Dios en nuestras vidas. Primero, la Biblia como un espejo, lo dice el apóstol Santiago: **"El que escucha la palabra pero no la pone en práctica es como el que se mira el rostro en un espejo y después de mirarse, se va y se olvida enseguida cómo es"** (Santiago 1:23-24). Así, cada vez que nos enfrentamos ante la "perfecta ley", quedan en evidencia nuestras imperfecciones y nos queda la resolución de corregirlas con la asistencia del Espíritu Santo o salir a la calle para enfrentar el día, igual de desprolijos. En segundo lugar, la Biblia es también una lámpara: **"Tu palabra es una lámpara a mis pies; es una luz en mi sendero"** (Salmo 119:105). Alumbra las decisiones cotidianas, y mis decisiones a largo plazo, aquellas que pueden llegar a cambiar mi vida. En tercer lugar, es una escoba: **"¿Con qué limpiará el joven su camino?... Con guardar tu Palabra"** (Salmo 119:9). Seguramente podrás encontrar más símiles a lo largo de la Biblia, pero todos apuntan al hecho de hacernos reaccionar ante la utilidad de este libro vivo, como ningún otro, legado de Dios a la humanidad. Se deduce, pues, que si no cultivo una disciplina ordenada respecto a la lectura diaria andaré por la vida con el alma despeinada y el corazón sucio. También perderé el rumbo cada vez que me lance a un nuevo proyecto por andar a oscuras y a tientas. En último lugar tropezaré, vez tras vez, al ir por un camino lleno de obstáculos que no fueron barridos y sólo lograré retrasarme en la carrera. Tal vez te parecerá que no funciona, que lees y nada sucede. Pero puedes creerme que nunca sales igual después de que la Biblia pasa por tu vida. Una mujer acudió a su pastor con la misma queja de siempre. "Junte agua con su canasta" le dijo a la señora. "Imposible, pastor, es de mimbre, no retiene nada". "Igual junte agua". Luego de varios infructuosos intentos observó que aunque la canasta no retenía el agua, estaba limpia... Eso mismo sucede con tu vida, cada vez que lees la Biblia.

> "Desechando, pues, toda malicia, todo engaño, hipocresía, envidias, y todas las detracciones, desead, como niños recién nacidos, la leche espiritual no adulterada, para que por ella crezcáis para salvación, si es que habéis gustado la benignidad del Señor".
>
> 1ª Pedro 2:1-3

Si desestimas la Biblia en esta vida, ella misma te condenará en la eternidad

13 de julio
Consejos prácticos para no preocuparse

Por demás está decir que nuestra sociedad híper ocupada adolece de cierto estado de ansiedad del cual no puede salir. Cual un hechizo de cuentos infantiles, por más que el ciudadano moderno intente vivir en paz consigo mismo y con sus semejantes, solamente logra cosechar malos ratos y conversaciones ácidas producto de un malestar interior. Mayormente esa sensación de inconformidad e insatisfacción es resultado de la inseguridad acerca del porvenir. El futuro asusta. Al ver cómo acaban la mayoría de los matrimonios que conozco me da temor de que me vaya a suceder lo mismo. El futuro asusta. Al escuchar la conducta de los jóvenes compañeros de nuestros hijos pienso: "¡No les vaya a suceder lo mismo! El futuro asusta. Las economías de nuestras debilitadas democracias son tan fluctuantes que los ahorritos de toda la vida pueden verse devaluados de un día para otro, acabando con las expectativas futuras. Como dijera un actor popular: "Y ahora... ¿quién podrá defendernos? La Biblia provee consejos prácticos para curar este mal endémico de la preocupación y miedo al futuro.

1.   **Filipenses 4: 6-7**. En primer lugar debemos depender de la ayuda de Dios buscándole en oración sincera.
2.   **2ª Corintios 10:5**. En segundo lugar debemos controlar los pensamientos y no dejar que ellos nos controlen. Concentrarnos en la realidad hoy, no en lo que podría suceder mañana.
3.   **Santiago 1: 2-4**. Aceptar y reconocer esas preocupaciones como reales y entregárselas a Dios.
4.   **Mateo 14:16-33**. Concentrarnos en la solución, no en el problema, no mirar las tormentas sino al Creador de las tormentas.
5.   **1 Juan 5:14-15**. Pensar en las soluciones en forma específica. Confeccionar una lista de posibles soluciones y pedirle a Dios que nos guíe en cuál es la mejor. Trabajar activamente en la solución escogida, ser ejecutivo, no quedarse llorando por lo que puede llegar a suceder; no abrir el paraguas antes de llover.
6.   **Romanos 8:28**. Aceptar lo que no pueda cambiarse, no ser obstinado.
7.   **Mateo 6:33**. Nunca cambiar los valores o prioridades. Jesús lo dijo finalizando Su gran discurso sobre las preocupaciones. Prioridades, es lo que primero se afecta cuando estamos ansiosos. Detengámonos a mirar las necesidades de los demás.

La ansiedad es intentar soportar el peso del futuro, con la dosis de energía que tengo para el presente

14 de julio
No dejes que te la quite, dásela

El pastor William Sangster entró en la habitación de un hospital para visitar a una niña que estaba perdiendo la vista. La pequeña parecía llena de temor. Con sus ojos casi oscurecidos, volvió su rostro hacia el predicador, y le dijo: "Oh, doctor Sangster, Dios me está quitando la vista".

El siervo de Dios se inclinó sobre la temblorosa niña y le dijo tiernamente: "No dejes que te la quite, dásela". La niña quedó profundamente impresionada por esta palabra y fue más tarde una compositora de himnos que, a pesar de su ceguera, ha hecho cantar a miles de personas. Si sientes que hoy Dios te está quitando algo, no luches con Él, sólo dáselo y verás al final la provisión del cielo. Cierto día nos encontrábamos con mi familia en casa de mi hermano Walter para conocer la nueva casa que había adquirido. Entre las cosas viejas que aún estaban por la sala, había un palo de escoba. Lo tomé e hice con él lo que años atrás un pastor había hecho conmigo, le pedí a Walter que lo tomara firmemente. Luego, abriendo cada uno de sus dedos traté de quitárselo lo que le produjo dolor. Entonces le dije: "Vuelve a tomarlo. Pero ahora no con toda tu mano sino sólo con la punta de tus dedos". De un rápido tirón le quité aquel palo de su mano y le dije: "Cuando Dios te dé algo, tómalo así, con la punta de tus dedos, cosa que si algún día Él decide pedírtelo, pueda tomarlo fácilmente y no tenga que luchar contigo para que se lo des". El gran padre de la fe Abraham recibió de Dios un gran regalo, su hijo prometido en la vejez, pero un día se lo requirió; y Abraham sin discusiones, tomó al niño, la leña, el fuego, y subió al monte. Cuando se disponía a entregarlo, Dios proveyó un cordero y premió su fe con la promesa de una descendencia multitudinaria.

> "Así, pues, cualquiera de vosotros que no renuncia a todo lo que posee, no puede ser mi discípulo".
>
> Lucas 14:33

Si sientes que hoy Dios te está quitando algo, no luches con Él, sólo dáselo y verás al final la provisión del cielo

15 de julio
Second life

> "No te maravilles de que te dije: os es necesario nacer de nuevo".
>
> Juan 3:7

Más de un millón de personas, recorren a diario las avenidas de "Second Life", un nuevo juego que ha revolucionado en la Internet. Este juego virtual tiene en la actualidad cerca de dos millones de usuarios conectados. El único requisito para ingresar en este cíber planeta, es tener una PC. Philipe Roseadle, su creador, asegura que en lugar de matar dragones o bombardear territorios enemigos como la mayoría de los juegos interactivos convencionales, en Second Life, los cíber amigos pueden reunirse en actividades sociales, comprar, vender y vivir en una sociedad paralela virtual. Cada miembro participa con una máscara social, se transforma en un avatar, que es simplemente un doble, una oportunidad para escoger cómo quieres ser socialmente; aquel que siempre soñaste y nunca lograste; puedes tener una nueva vida. Es un sitio virtual donde coexisten miles de jugadores simultáneos en un mundo irreal, tridimensional, hecho a tu medida, pero... No se te vaya a olvidar. ¡ES UN JUEGO¡

Es increíble que hace miles de años Jesús también vio la necesidad que tenía el ser humano, de tener oportunidad para una segunda, una nueva vida. Él le dijo a un religioso en el Evangelio de Juan 3: **"No te maravilles de que te dije: os es necesario nacer de nuevo"**. Sí, con Jesús tienes una segunda VIDA, una nueva oportunidad de entrar a una relación y conectarte con otros que han experimentado un nuevo nacimiento. En esta gracia a la cual tienes acceso por la sangre de Cristo derramada en la cruz, podrás recuperar tus sueños rotos, sanar heridas del alma, y descubrir una dimensión nueva donde el amor reina y Dios camina a tu lado. Pero lo más emocionante es que no es un juego, es real, tan real como tu insatisfacción y desencanto por la vida; como Cristo, quien vivió entre nosotros hace 2000 años y regresará a buscar a los suyos para transportarlos a una ciudad celestial. ¿No te gustaría participar?

El mundo ofrece placer virtual, Cristo, satisfacción real... Tú escoge

16 de julio
Leyes sin castigo

Sucedió en Washington, Estados Unidos, que cierta vez promulgaron una ley exigiendo un impuesto sobre la venta de gasolina, pero los legisladores cometieron un grave error al olvidar las sanciones que se aplicarían en los casos que hubiera infracción de la ley. Al comienzo, algunos vendedores se tomaban el trabajo de cobrar el impuesto y enviarlo al departamento de hacienda pero al ver que otros no lo hacían y no recibían ninguna sanción por no estar estipulada la pena, pronto todos dejaron de cobrar ese impuesto. Para hacer la ley efectiva, fue necesario realizar una reunión extraordinaria donde los legisladores reglamentaron la pena correspondiente.

De la misma manera, los hombres no harían ningún caso de las leyes de Dios si Él no hubiese estipulado los castigos consecuentes por violar Sus preceptos. Enfermedades como el SIDA, sífilis, cirrosis o el cáncer de piel no son más que el cumplimiento de disposiciones divinas sobre los que no guardan Sus consejos, aunque el hombre se lo atribuya a causas naturales. Así mismo, desastres naturales como inundaciones, contaminación ambiental e incendios, denotan los claros juicios de Dios que caen sobre la humanidad como consecuencia de no acatar Sus leyes. Dios es el autor de las leyes de la naturaleza y de su función en este mundo. El hombre y la mujer que continúan en su loca carrera de vivir su vida ignorando que Dios les ve y pensando que no habrá castigo al traspasar Sus leyes, van camino a la muerte, desestiman el amor y la justicia de Dios y se preparan para un horrendo final. **"Recibiendo en sí mismo el castigo que merecía su perversión"**, como lo expresa el apóstol Pablo en el primer capítulo de Romanos. Dice también Hebreos 10:31: **"Horrenda cosa es caer en manos del Dios vivo"**.

Mira al cielo. Allí, en lo alto, muy alto, hay un Dios soberano sentado en Su trono que te ve y un día será tu juez. Hoy Él advierte y espera que todos se arrepientan pero habrá un tiempo en que ya será tarde. ¡Vive con miras a ese gran día!

> "¡Aleluya! ¡Alabado sea el SEÑOR! Alaben al SEÑOR desde los cielos, alábenlo desde las alturas. Alábenlo, todos sus ángeles, alábenlo, todos sus ejércitos. Alábenlo, sol y luna, alábenlo, estrellas luminosas. Alábenlo ustedes, altísimos cielos, y ustedes, las aguas que están sobre los cielos.
>
> **Salmo 148:1-6**

Violar las leyes de Dios es subestimarle como juez soberano

De quién te has burlado

> "Yo he sido para ellos objeto de oprobio; me miraban, y meneaban su cabeza. Ayúdame, SEÑOR Dios mío; sálvame conforme a tu misericordia."
>
> Salmos 109:25-26

Un grupo de muchachos jugaba en la plaza del barrio y Pedro los lideraba. En un momento, un anciano enfermo pasó por aquella plaza. Su andar lento, sus manos deformadas su espalda encorvada. Pedro, sin dudarlo, imitó el andar cansino de aquel anciano y el resto del grupo se sumó a su espectáculo burlesco. Al atardecer, Pedro regresó a su casa y quedó pasmado al ver, frente a su vista, a ese mismo anciano hablando con su madre. Sin levantar el rostro del suelo se dirigió al interior de su vivienda, pero a los minutos el llamado de su madre le paralizó la sangre. —Pedro, ven a saludar a este hombre. El muchacho se acercó con gran vergüenza. Aquel anciano puso su mano sobre su hombro y le dijo: Pedro, que Dios te bendiga, espero que cuando crezcas seas un gran siervo de Dios y se marchó. "Mamá, ¿Quién ese hombre?", preguntó Pedro. "Mira hijo, cuando tú eras pequeño, estabas jugando en el lago helado y en un descuido caíste al agua. De no ser por este hombre que se zambulló y te rescató, hubieses muerto. A ti no te sucedió nada pero a él, le internaron en un hospital por congelamiento y quedó con varios músculos atrofiados por el shock. Él vino hoy a saludarte". Pedro no lo podía creer, se lanzó al suelo llorando. ¿Pedro, qué te sucede? —preguntó su madre— "mamá, me porté muy mal con ese hombre hoy".

Esta historia no es muy diferente a la actitud de millones de personas en todo el mundo al considerar la obra de Jesús. Como espectadores de aquella crucifixión, hace 2000 años, también hoy se burlan y le ridiculizan. Él carga aún las marcas en su cuerpo de los horrores que sufrió para salvarte. Dice el profeta Isaías "¿De quién quieren burlarse?" (57:4). ¿Cómo has tratado a Jesús estos últimos años? Aquel que dio su vida por ti, es digno de tu más alto honor; no te equivoques.

Si hoy te ríes de Jesús, mañana te llorarás a ti mismo

18 de julio
Sé feliz

Los seres humanos pensamos, que la felicidad es un destino donde llegaremos si tenemos esto o aquello; exigimos más allá de nuestras capacidades y horarios a nuestros cuerpos y a nuestras familias con el afán de tener y tener cada vez más para fortalecer nuestra imagen y elevar nuestro estatus social. Lo interesante, (por no decir "estresante") es

> "porque nada hemos traído a este mundo, y sin duda nada podremos sacar."
>
> 1° Timoteo 6:7

que, cuando llegamos a la estación tan deseada y alcanzamos la meta añorada, descubrimos que no es tan satisfactoria como nos decían o ya no tiene la misma atracción porque ha pasado de moda. O sea que, estábamos ansiosos, nos desesperamos por alcanzarlo, llegamos exhaustos, sólo para comprobar que "no todo lo que brilla es oro" y quedamos peor que al inicio con una amarga sensación de insatisfacción y frustración. ¡Qué cruel! ¿Verdad? Es que la felicidad no es un destino sino una forma de viajar. No depende tanto de aquello que te pongas por delante o "te pongan por delante" (porque los medios masivos ejerce gran presión en esta vorágine de consumir y consumir), sino en la actitud interior que sostengas durante la concreción de dicha meta. De cierto modo la meta es importante, pero la actitud lo es más. Por ejemplo, el matrimonio "A" considera la posibilidad de cambiar su antiguo vehículo por un modelo nuevo. ¿Por qué motivo? Porque el vecino de enfrente lo tiene y no soportan que les mire con desprecio; por lo tanto, se endeudan e hipotecan su casa para alcanzar dicha meta. ¡Y lo logran! ¡Qué satisfacción! Pero una cirugía inesperada en uno de sus hijos les sorprende y deben devolver el auto para destinar sus ahorros a pagar los honorarios médicos. ¡Qué frustración! El matrimonio "B", en cambio, tiene la misma meta: Vehículo nuevo. Ahorran, planifican, pero no llegan. ¡Imprevistos! ¡No hay problema! Será el próximo año. Lo importante es seguir juntos, sanos y sin deudas. ¡Siempre contentos! ¿Ves la diferencia? Ponte metas pero mientras avanzas hacia ellas, ¡disfruta del viaje!

> **La felicidad no es un destino
> sino una forma de viajar**

19 de julio

Caminando sobre el hielo

En la colonización del Oeste de los Estados Unidos, un viajero solitario llegó a la orilla del río Mississipi al anochecer. El camino terminaba abruptamente y no había puente alguno, sólo el frío río congelado. Tuvo que tomar la decisión de pernoctar allí, a la intemperie, en la fría noche, o animarse a cruzar el hielo con temor de que se rompiera y llegar al poblado que había en la otra orilla. Lo pensó seriamente y decidió cruzar el río. Puso su pie y dio el primer paso, el hielo no se rompió. El segundo, el tercero, caminaba sigilosamente, algunos tramos los hacía de rodillas, casi acostado en el hielo por temor a que no soportara el peso de su cuerpo, esperando el momento en que un chillido le indicara que aquel piso flotante comenzaba a resquebrajarse. En un momento oyó un ruido lejano, algo así como ruido de carruajes, trotar de caballos y alguien cantando. Para su asombro, una gran carreta venía por el camino, tirada por tres caballos y con una pesada carga de troncos. Aquel caminante esperaba el momento en que el conductor detuviera la marcha. Su sorpresa fue grande cuando observó que no lo hizo sino que siguió tranquilamente cantando su canción, por aquel camino de hielo, y como si nada extraño pasara, atravesó el Mississipi tranquilamente. Ese viejo carretero realizaba aquel viaje, en busca de madera, todos los días y conocía muy bien su camino; sabía perfectamente que el hielo no se rompería.

Muchos andan por la vida temerosos, despacio, arrastrándose, presas del miedo y esperando siempre un desastre. Pero los que esperan en Jehová, dice la Biblia **"no tendrán temor de malas noticias"**, porque saben que están parados sobre terreno firme. ¿Eres tú uno de esos que tiemblan al dar cada paso? Confía en Jesús y atravesarás el río de esta vida sano y salvo. Porque el Señor dijo: **"No te dejaré ni te desampararé"**.

Los que confían en Jesús no tienen temor de malas noticias

20 de julio
Afila tu hacha

Aquel que ha usado alguna vez en su vida un hacha, sabe lo que es trabajar intentando cortar madera si no está correctamente afilada. El trabajo queda por la mitad y el esfuerzo empleado es el doble. En cambio, cuando la herramienta está en óptimas condiciones, el producto final es de mejor calidad, se aplica menos fuerza, y se realiza la obra en menos tiempo.

> "Si se embotare el hierro, y su filo no fuere amolado, hay que añadir entonces más fuerza; pero la sabiduría es provechosa para dirigir".
>
> **Eclesiastés 10:10**

Salomón, guiado por el Espíritu Santo, presenta en la Biblia la clave del problema que acosa a millones de personas en la actualidad: "El cansancio". Dos cosas acaban con las fuerzas: No es el excesivo trabajo lo que cansa sino el trabajo mal enfocado, ocupar mi tiempo en cosas que no me corresponde. La otra es usar la herramienta equivocada, o aún la correcta, pero en malas condiciones. Dios nos dio algunas herramientas para usar. El cuerpo es una de ellas. De ahí que, mantenerse en forma es bueno y aconsejable. Muchos de los "placeres" que encuentras en esta sociedad tienen un efecto nocivo para el organismo y su uso o abuso lo deterioran progresivamente. Tu mente también es una herramienta increíble, pero si está repleta de pornografía, rencores, y conceptos ajenos a Dios, te controlará a la larga. Recuerda que somos lo que pensamos. Tu alma y tu espíritu, en último lugar, son tus patrimonio exclusivo y también debes mantenerlos en forma, con una correcta actividad espiritual como un ejercicio de respiración de tu ser interior.

Circunstancias adversas de la vida, situaciones contrarias, personas y anhelos, muchas veces son mecanismos activados por Dios para pulirnos y afilarnos. Mantente en forma, regula tus fuerzas, minimiza el cansancio y el estrés, acepta cuando Dios afila tu hacha. Si cada cosa en la vida la encaras con la sabiduría de lo alto —la de Dios— llegarás al final de tus jornadas de pie.

De tanto cortar árboles, nos olvidamos de afilar el hacha. ¡Mantenla en forma!

21 de julio
La ocasión hace al ladrón

Dos amigos míos dejaron abierta la puerta de su casa por salir apresuradamente a almorzar. Al regresar, encontraron que visitantes no deseados, amigos de lo ajeno, habían entrado. Se tomaron todo el tiempo necesario para robar lo que encontraron. Ante semejante cuadro llamaron inmediatamente a la policía ue nada pudo hacer al respecto. Ya era tarde para encontrar a los culpables del hecho. Aunque en realidad no sé quién es más culpable si los ladrones o mis amigos que dejaron su puerta abierta. Quizás nada hubiese sucedido si ellos hubieran dejado la casa con llave. Al fin y al cabo, como dice el viejo adagio: "La ocasión hace al ladrón". Creo que sucede algo similar en nuestras mentes cuando la duda y los temores logran anidar en nuestros pensamientos. De alguna manera, la duda es como abrir la puerta de tu corazón. El que duda se encuentra en una situación vulnerable, está expuesto al sutil engaño de Satanás. Este ardid utilizado por el diablo desde el mismo Edén con Eva le sigue dando buenos resultados. Primero cuestiona la Verdad de Dios, y cuando logra seducirte para que abras la puerta de tu mente, entra amigablemente, se sienta en tu mesa y comienza un "dulce" diálogo a través del cual te hace dudar para convencerte después, de que su propuesta siempre es mejor que la de Dios. Todos tenemos miedos, temores, dudamos, vacilamos, pero de ahí a abrir de par en par la puerta de tus convicciones, para que toda tu estructura se debilite, es muy diferente. Cosas que antes defendías ahora las cuestionas. Principios de vida y promesas eternas de Dios ahora son puestos a un lado, y pensamientos infundados pasan a ser tu Norte. ¡NO! No des lugar al diablo. Desaloja todos esos pensamientos de temor, esos sentimientos de fracaso y miedo al futuro aferrándote a las promesas inconmovibles de Dios. De lo contrario, nunca avanzarás en ningún proyecto que emprendas. Te paralizarás por la duda y acabarás escondido con temor y vergüenza como Adán y Eva en aquel Edén. Cada día refuerza la puerta de tu mente con las llaves de Sus promesas.

22 de julio

Cuidado con los rumores

Desde que el mundo es mundo, el hombre ha estado atento al rumor de voces. La mayoría de veces solamente cree oír esas voces. En muchas otras, las oye realmente.

Se dice que Adolfo Hitler, creía oír voces que lo llamaban a "redimir al mundo de sus angustias". Estas voces lo llevaron a concluir que los judíos eran la causa de los problemas del mundo y decidió exterminarlos. Voces extrañas escuchadas por el *Führer* lo llevaron a gasificar a seis millones de inocentes judíos en el más brutal, inmoral y nauseabundo holocausto humano. Él dijo: *"Yo cumplo las órdenes que recibo de La Providencia. No hay poder, sobre la tierra capaz de conmover, ahora, al Imperio Alemán, ya que la Divina Providencia ha querido que yo cumpla, plenamente, la obra germánica... Si la voz me habla, entonces sé que el tiempo de actuar ha venido"* Es un peligro escuchar y dar crédito a voces extrañas porque fácilmente conducen a la confusión. No hay la menor duda de que hay voces extrañas y rumores que no debemos escuchar. Jesucristo mismo habló de este fenómeno cuando afirmó: *"al extraño no seguirán, sino que huirán de él, porque no conocen la voz de los extraños"* (Juan 10:15). Ciertamente hay voces que proceden de fuentes extrañas. La Escritura advierte de los falsos profetas que vendrán al mundo hablando lisonjas para desviar al hombre de la verdad.

Nuestra época se caracteriza por todo un elenco de voces y de rumores extraños y por poseer hombres ingenuos que las escuchan y las siguen. El resultado de este extravío masivo es el caos religioso, la confusión moral, la bancarrota espiritual, la convulsión social y la declive económico en que la humanidad se encuentra atascada.

¿Está tu oído sintonizado a la voz del auténtico Pastor? Entonces... ¡A seguirle! Es todo lo que Él pide, que le sigas. Porque... **"El que me sigue no andará en tinieblas sino que tendrá la luz de la vida"**.

(Por Mariano González V.)

> "Entonces tus oídos oirán a tus espaldas palabra que diga: Este es el camino, andad por él; y no echéis a la mano derecha, ni tampoco torzáis a la mano izquierda".
>
> Isaías 30:21

**Loca es la oveja que al lobo se confiesa.
Lo más que puede conseguir es aprender a aullar**

El jinete y su caballo

> " !!Quién me volviese como en los meses pasados, Como en los días en que Dios me guardaba, Cuando hacía resplandecer sobre mi cabeza su lámpara, A cuya luz yo caminaba en la oscuridad; Como fui en los días de mi juventud, Cuando el favor de Dios velaba sobre mi tienda;"
>
> Job 29:2-4

Las primeras sombras de la noche dibujaban siluetas tortuosas en aquellos cerros. A la derecha del jinete, la montaña, mostraba amenazante el precipicio del cual no se veía el fondo. ¿Qué hacer? Pernoctar allí, a 3800 metros de altura era sinónimo de invitar a la helada muerte. Otras veces había cubierto el mismo camino, cabalgado por los mismos senderos, y siempre había llegado a destino, pero ahora, la situación era apremiante. Ya no podía ver ni siquiera dónde asentar el pie su experimentado caballo. Trató de recordar cada curva, cada piedra, cada obstáculo y de esa manera guiar al caballo, más por intuición que por vista. Varias veces luchó con el animal halando de sus riendas porque no le obedecía, al mando de su jinete, y en esta lucha varias veces estuvieron ambos a punto de despeñarse. De pronto el jinete comprendió el mensaje que aquella bestia le estaba intentando transmitir, hacía ya varios minutos. Soltó las riendas y se entregó al instinto del animal. Es sabido que los caballos ven mucho mejor de noche que los humanos. Su visión es mucho más desarrollada que la nuestra. El paso fue lento pero seguro. No hubo traspiés, no se perdió el equilibrio, y llegaron salvos a su destino. A partir de aquella noche, cada vez que Pedro el jinete, se encontraba en senderos de montaña y de noche, soltaba las riendas de su caballo y se dejaba guiar por él.

Tu vida y la mía atraviesan situaciones y etapas semejantes. ¿Quién es el que te guía en situaciones extremas? ¿En quién pones tu confianza cuando no logras ver más allá de tu próxima pisada? Aún con las mejores intenciones y con la mayor experiencia, muchos han caído en barrancos de los cuales nunca han podido regresar. Es emocionante, en esas situaciones, soltar las riendas de tu vida y dejar que Dios te guíe. Dijo David en el Salmo 23: "**Aunque ande en valle de sombras de muerte, no temeré mal alguno porque Tú estarás conmigo**".

**Cuando no veas nada, suelta las riendas
y deja que Dios conduzca**

24 de julio
La edad del árbol

Una interesante manera de descifrar la edad de un árbol es contando los anillos concéntricos que quedan al descubierto luego de un corte transversal del tronco. Al ser talados dejan ver, claramente en su interior, los anillos de crecimiento. Cada anillo significa un ciclo o sea un año. No son todos iguales. Los hay claros y anchos, denotando una temporada de abundantes lluvias y gran crecimiento. Otros son delgados y tan unidos al siguiente que sólo se pueden ver bajo microscopio. En un año de sequía el árbol se limita a conservar sus fuerzas, deteniendo su crecimiento. Quizás puedas encontrar anillos de color carbón, muy oscuros, la historia de ese árbol dice entonces que soportó algún incendio. Un corte transversal en varios de sus anillos nos dice que algún trabajador cansado del camino, clavó allí su machete para descansar infligiéndole una herida al tronco.

Nuestra vida se parece mucho a esto, ¿verdad? Períodos de abundancia y de escasez, heridas, tragedias... La Biblia dice: **"Aquel que está en Cristo nueva criatura es, las cosas viejas pasaron, he aquí todas son hechas nuevas"** (2ª Corintios 5:17). Sólo con una experiencia renovadora en Jesús, tu historia puede comenzar otra vez. Sin parches, sin enmiendas, una nueva vida, un nuevo comienzo, una nueva historia. No importa tu pasado. Si tu presente está "en Cristo" tu futuro está asegurado por Sus promesas. Esto no significa que no habrá sequías, dice el profeta Isaías 58:11, **"El Señor te guiará permanentemente, dará satisfacción a tus necesidades cuando estés en tierras resecas, y fortalecerá tus huesos. Serás como manantial de agua que nunca se seca"**. Recuerda que si recibes el agua viva, experimentarás la nueva vida. Encuéntrate con Jesús y comienza tu nueva historia.

> "Jehová te pastoreará siempre, y en las sequías saciará tu alma, y dará vigor a tus huesos; y serás como huerto de riego, y como manantial de aguas, cuyas aguas nunca faltan".
>
> Isaías 58:11

Si tu presente está "en Cristo" tu futuro está asegurado por Sus promesas

Vidas de comedia

> "Yo soy el pan de vida. Vuestros padres comieron el maná en el desierto, y aun así murieron. Si alguien come de este pan, vivirá para siempre... Así como me envió el Padre viviente y yo vivo por el Padre, también el que me come vivirá por mí".
>
> Juan 6:48-57

Este mundo pasea sus ídolos virtuales en escenarios de efímera y corta vida. Astros de la moda, el deporte y la pantalla grande y chica, cautivan las mentes de millones de adolescentes y jóvenes que intentan imitarlos sólo para acabar frustrados y darse cuenta de que es una utopía aparentar ser como ellos o hacer lo que ellos hacen. En algún punto de sus maquilladas vidas, se enfrentan con la realidad y sucumben. La vida que propone Dios no es para ser imitada ni actuada. Cuando "memorizamos" el libreto cristiano y saltamos a escena prontamente nos agotamos porque falta la esencia, la vida que se siente y que se vive, no la que se actúa. De lo contrario nos enrolamos en las filas de los hipócritas, que al igual que aquel actor griego, precisan de máscaras para vender una imagen que robe aplausos del público. Este estilo de vida de apariencias data de épocas remotas. En realidad, desde que Dios propuso una comunicación franca y abierta con Su criatura asomó la sutil tendencia a la religiosidad y la apariencia como "atajo para la carne". En la Biblia, Dios se refiere a su escogido, Israel, como la "Esposa adúltera de Jehová". Cuando Él tuvo que decirle del dolor que sentía su corazón por semejante traición, escogió al profeta Oseas pero, para que este siervo sintiera primero cómo Dios se sentía, le encargó una misión que creo ninguno de nosotros hubiese podido llevar a cabo. "La primera vez que el SEÑOR habló por medio de Oseas, le dijo: «Ve y toma por esposa una prostituta, y ten con ella hijos de prostitución, porque el país se ha prostituido por completo. ¡Se ha apartado del SEÑOR!» (Oseas 1:2) Y la segunda orden fue tal vez peor pues habiéndola despedido le pidió que la aceptara por segunda vez y que la amara. Es que Oseas no podía hacer pregón de un mensaje dictado, carente de vida, sin sentir en carne propia la indignación que Dios sentía. Esa fue la misma esencia de la encarnación del Hijo de Dios. El escritor a los Hebreos lo explica muy bien (5:7-9). De aquí en adelante deja de actuar y comienza a vivir.

Jesús quiere que le permitas actuar dentro de ti, ¿se lo permitirás?

26 de julio
No aceptes ese regalo

Era un profesor comprometido y estricto, conocido también por sus pupilos como un hombre justo y comprensivo. Al terminar clases de fin de año, mientras el maestro organizaba unos documentos encima de su escritorio, se le acercó uno de sus estudiantes y en forma desafiante le dijo: "Profesor, lo que me alegra de haber terminado clases es que no tendré que escuchar más sus tonterías y podré descansar de ver su aburrida cara". El muchacho estaba erguido, con semblante desafiante, en espera de una respuesta airada de su profesor. Pero ante su asombro, le responde: "Cuándo alguien te ofrece algo que no quieres, ¿lo recibes?" "Por supuesto que no", respondió el chico algo sorprendido. "Bueno", prosiguió el profesor, "cuando alguien intenta ofenderme o decirme algo desagradable, está ofreciéndome algo. En tu caso es una emoción de rabia y rencor que decido no aceptar. Si yo me siento ofendido o me pongo furioso estaré aceptando tu regalo, y prefiero regalarme mi serenidad". "Amigo", prosiguió el profesor, "la vida nos da la oportunidad de amargarnos o de ser felices. Tu rabia pasará, pero no trates de dejarla conmigo porque no me interesa. Yo no puedo controlar lo que hay en tu corazón, pero sí lo que cargo en el mío".

Cada día, en todo momento, tú puedes escoger qué emociones o sentimientos quieres poner dentro de ti, y lo que elijas tendrás hasta que decidas cambiarlo, porque es tan grande la libertad que nos da la vida, que hasta tenemos la opción de amargarnos o de ser felices. ¡Cuántas veces hemos aceptado la ofensa ajena y hemos respondido en su mismo idioma! No olvides que eres tú quién decide aceptar o no la crítica destructiva, la ofensa y la burla. Mantén siempre el control de tus emociones, no guardes amargura en tu corazón contra otro y responde siempre con gracia, con sabor a sal; que de tu fuente salga siempre agua dulce. Como lo hizo Cristo.

> "La blanda respuesta quita la ira; Mas la palabra áspera hace subir el furor".
>
> **Proverbios 15:1**

La ofensa es un regalo que tú decides aceptar o rechazar

Acompañados por la soledad

> "Porque si cayeren, el uno levantará a su compañero; pero ¡ay del solo! que cuando cayere, no habrá segundo que lo levante".
>
> Eclesiastés 4:10

Nuestro mundo está repleto de víctimas. Hay víctimas de la radiación nuclear, del abuso sexual, de atentados terroristas y del aborto. Pero entre todos estos seres desdichados, tal vez los que más sufren, son las víctimas de la soledad; los ignorados, los solos; aquellos de los cuales nadie nota su ausencia y tampoco su presencia. Los que se han cansado de apostar por la amistad y salen defraudados. Los que viven marginados de la sociedad aún siendo ciudadanos "aparentemente" normales. Aquellos que pasan gran parte del día rodeados de gente pero cuando llega el ocaso del día, y las luces se apagan, escuchan ese silencio frío que penetra su ser para recordarles que una noche más, dormirán sin pensar en nadie y todo el mundo se dormirá sin pensar en ellos. Les abraza la noche, les acaricia una lágrima, y se quedan mirando el teléfono que nunca suena. ¿Dónde está Dios? ¿Tampoco a Él le importas?...

Jesús te comprende porque Él sintió lo que tú hoy sientes: desamparo y soledad. Míralo colgado en Su cruz dirigiendo Su rostro al cielo y preguntándole a Dios: "Dios mío, Dios mío: ¿por qué me has desamparado?"... Silencio... Oscuridad... Las lágrimas abrían un surco limpio en el ensangrentado rostro. Pero allí, Aquel Jesús declaró a gritos y repitió dos veces que ese Dios seguía siendo Su Dios. Y así, entregado a la voluntad de Dios, enfrentó la muerte y salió triunfante.

Querido amigo si no has aprendido el secreto de sentirte amparado por Dios, aún cuando nadie te abrace, es porque nunca has conocido personalmente a Aquel que se compadece de tus debilidades porque las pasó primero. Conócelo y así aprenderás a sentirte custodiado por Dios aún sin verle.

Cristo se sintió solo hace 2000 años, para que tú hoy te sientas acompañado

28 de julio
Abandono del amor principal

La primera carta, de las siete escritas a las iglesias del Apocalipsis, está dirigida a la de Éfeso. El reclamo principal que Jesús, el Autor de esta breve carta, les hizo fue la infidelidad de ellos. El nombre de esta iglesia y de la ciudad en la que existía significaba "Deseable", y aunque ella conservaba cierta postura infiel, Jesús la seguía amando y la deseaba, Él andaba en medio de ella por lo tanto sabía lo que le faltaba. Era una iglesia que tenía obras, trabajo y paciencia, pero sin amor. El mismo Jesús le había dicho: **"Ninguno puede servir a dos señores, porque amará a uno y odiará al otro"**. Mira, si quieres abandonar tu primer amor, simplemente comienza a adoptar un segundo amor, sólo será cuestión de tiempo. Para el mundo quizás sean vidas exitosas, para Cristo un fracaso. El trabajo no es sustituto del amor. Martha de Bethania se hubiera sentido cómoda en esta congregación. La reprensión hecha por el Señor en su propia casa le hubiera caído muy bien a los efesios: "Sólo una cosa es necesaria". "Recuerda, por tanto, de dónde has caído y arrepiéntete" (v.5). No se cae en pecado, como decimos livianamente por ahí, se cae por pecado. Ese pecado que me seduce, me atrae, me engaña y, cuando me doy cuenta, me lleva en caída libre hasta el fondo del pozo. En realidad nosotros vamos hacia el pecado, seamos sinceros.

Cuando retrocedas el camino mal andado y vuelvas a reencontrarte con tu primer amor, entonces y solamente entonces volverás a hacer las primeras obras. De lo contrario tu vida se esfumará en intentos infructuosos. La carta termina con una tarjeta de invitación a cenar (v.7). ¿El menú?... Árbol de la Vida, que no es otra cosa que la vida del Jesús crucificado para justificación y resucitado para santificación. ¡Cuidado! Los programas sin pasión acabarán con tu vida de devoción.

> "Porque os celo con celo de Dios, pues os he desposado con un solo esposo, para presentaros como una virgen pura a Cristo. Pero temo que, así como la serpiente con su astucia engañó a Eva, vuestros sentidos sean también de alguna manera extraviados de la sincera fidelidad a Cristo".
>
> 2ª Corintios 11:2-3

Si no pongo mi corazón en su lugar, Dios quitará Su candelero de mi lugar. (v.5)

Los traidores

> "Mi carne y mi corazón desfallecen; Mas la roca de mi corazón y mi porción es Dios para siempre".
>
> Salmo 73:26

Las abejas son unos insectos muy pequeños pero al extremo organizados. Así como para el trabajo de recolectar miel, también se organizan en verdaderos ejércitos voladores cuando consideran alguna amenaza potencial acechando a la colmena. Su arma es un aguijón oculto que clavan en sus víctimas causando, hasta la muerte. Derick Bingham dice que los traidores son como la abeja porque llevan miel en su boca y veneno en su cola.

La Palabra de Dios presenta, a manera de advertencia, un enjambre de traidores que clavaron su aguijón oculto dañándose y dañando a otros. Por nombrar solamente algunos: Balaam, Dalila, Saúl, Joab, Recab, Baana, Absalón, Aitofel, Jezabel, Sambalat, Amán, Judas, Demas, entre otros.

Pero... ¿Qué es lo que motiva al corazón humano, a optar por la traición como recurso nefasto y cruel para alcanzar propósitos egoístas? Básicamente son estas cosas muy bien identificadas: La ambición material, la pasional, la búsqueda del placer y del prestigio que proporciona el poder. Sí. El tener, el placer y el poder, o dicho de otra manera, la lana, la cama y la fama. Como quieras llamarlo. ¡Pero cuidado! Si estas metas no están bien controladas pueden llevarte a extremos tristes traicionando aún, a quien más amas.

Para Balaam fueron los regalos de Moab. Para Dalila, 1.100 talentos de plata dados por cada príncipe. Para Acán, un lingote de oro, un manto babilónico y algunas monedas de plata que sirvieron para traicionar a su pueblo. Para Judas, 30 piezas de plata por vender a su Maestro. Absalón, usurpó el trono de su propio padre con ansias de poder; y así la lista de este enjambre de "abejas asesinas" sigue en cada página sagrada.

Necesitamos la óptica que consiguió Asaf cuando menciona en su Salmo 73 que se mantuvo firme ante la seducción de la envidia por la fama y el poder. Él termina su discurso en el versículo 28: **"En cuanto a mí, acercarme a Dios me ha hecho bien, porque en Él he puesto mi esperanza"**. Espera en Dios, nunca traiciones gracias eternas por conseguir migajas terrenas.

La traición, es el frío puñal que esconde el cobarde

30 de julio
Atrocidades

Las últimas décadas han estado caracterizadas por la aparición de nuevas enfermedades incurables que torturan a la población mundial con amenazas de muerte. Así, por ejemplo, tenemos el caso del cáncer, el SIDA, el mal de Alzheimer, la bulimia y la anorexia, las diferentes mutaciones del virus de la gripe, como la gripe aviar y la porcina, etc. Esto estaba profetizado en la Sagradas Escrituras desde tiempos remotos. La contaminación ambiental, los alimentos artificiales con sus conservantes, edulcorantes, saborizantes y preservantes, el ritmo tan estresante de vida al que es sometido el hombre, y el consumo de sustancias perjudiciales al organismo como el alcohol, tabaco, fármacos y psicotrópicos, han redundado para mal en lo que hoy contemplan nuestros ojos respecto a la salud humana.

Pero la tragedia mayor no radica en lo devastador que es para el cuerpo humano la presencia de estos males, sino en todo el mercadeo cruel que se ha montado en torno a ellos. Doctores deshumanizados lucran con el mal de sus pacientes. Dueños de laboratorios en actitud ambiciosa, lanzan al mercado medicamentos que "camuflan" la enfermedad pero no la curan, con el propósito de seguir vendiendo su producto. No en vano se dice que más son los que viven del cáncer que los que mueren por él. Se sabe, de buena fuente, que, inclusive, algunos de estos males endémicos han sido creados en laboratorio y "lanzados" como prueba en sectores marginados, como algunos países del continente africano.

Esta situación es mucho más triste que la enfermedad en sí y tiene como único origen otra enfermedad peor que se aloja en el corazón humano. No exactamente en el músculo cardíaco, pero sí en su conciencia, en su alma, en su "Yo" interno. La Biblia lo llama pecado y se manifiesta en ambición despiadada, egoísmo cruel e impiedad. Pero un día, el Señor, Juez justo, dará retribución a cada uno según sus obras. Nadie quedará impune y todos saldrán convictos de sus pecados. Hoy es el tiempo para ajustar cuentas con el dador de la vida, antes de que sea demasiado tarde.

> "Ciertamente Él cargó con nuestras enfermedades y soportó nuestros dolores".
>
> Isaías 53:4

Es triste decirlo, pero más son los que viven del cáncer que los que mueren por él

> "Antes, en todas estas cosas somos más que vencedores por Aquel que nos amó".
>
> Romanos 8:37

¡Asegure su casa! ¡Asegure su auto! ¡Asegure sus bienes!, y pague también un buen seguro de vida. Cada vez más, las personas sufren de más miedos y temores. El miedo siempre implica una amenaza que se vive como tal, por no contar con los recursos necesarios para enfrentarla y por ende, lo que sentimos es angustia. Cuando el miedo sirve como alerta ante un posible peligro, es valioso pero cuando nos paraliza sin entender a qué le tememos realmente, termina siendo una emoción muy negativa que nos hace sentir débiles y vencidos. El miedo suele ser una de las causas por las que no iniciamos algún proyecto o no disfrutamos de una relación. ¿Qué nos asusta realmente? No siempre es tan tangible como creemos que debería ser. ¿Por qué? Porque el miedo surge ante lo nuevo, ante lo desconocido y no estoy preparado para responder. La vida nos pone en escenarios de cambios constantes y nada es tan seguro como lo deseamos o imaginamos. Podríamos pensar ejemplos tales como el desempleo, una mudanza, un hijo que se va, una compañía que pierdo, un problema en la salud, una amistad que se rompe y tantas otras cosas que son vividas con miedo por desconocerlas. También hay ciertos estados a los que les tememos casi sin entender porqué: "La soledad, el fracaso, el ridículo, la discriminación". Siempre lo nuevo conlleva angustia e inseguridad. Tener miedo no es de cobardes. Los valientes también sienten el miedo, pero la diferencia es que no se paralizan y avanzan. Si ese avance es confiando en ti mismo, eso es imprudencia. Si ese avance es confiando en Dios se llama fe. Fe en Dios y en Su amor. Antes de dejar nuestro mundo Jesús dijo: **"En el mundo tendréis aflicción, pero confiad, Yo he vencido al mundo"**. ¿Vives acosado por los miedos? Refúgiate en Su amor y estarás a salvo por la eternidad. Porque Él dijo: **"De los valientes es el reino de los cielos"**.

Los valientes también temen, pero igual avanzan

1 de agosto
Dónde está oh muerte tú aguijón

Una familia estaba viajando en su carro con las ventanas abiertas disfrutando del aire fresco del verano. De repente, una avispa grande y negra entró por la ventana y empezó a zumbar por el interior de aquel vehículo. La niña pequeña, alérgica a las avispas, estaba en el asiento atrás atemorizada. Si la avispa la picaba, podía morir dentro de una hora. El padre, entonces detiene el vehículo y la atrapa con su puño esperando lo inevitable. Entonces, la avispa lo pica y el padre, con gran dolor, la suelta otra vez. Viendo que la avispa está volando dentro del carro, la hija vuelve a su estado de pánico: "¡Papá, me va a picar!". Su padre, bien calmado le dice: "No pequeña. No te va a picar. Mira mi mano. El aguijón de la avispa está clavado en mi mano. Ya no te hará ningún daño".

Cristo tomó el aguijón del pecado de Satanás en Sus manos. Hace 2000 años, en la Cruz del Calvario sucedió el hecho más asombroso en la historia de la humanidad. Ese día, Dios hecho hombre en Jesús, despojó al diablo de su poder inherente —el pecado— para esclavizar, atemorizar y destruir al hombre, criatura de Dios. Le quitó al diablo su arma de destrucción masiva, su veneno mortal, su poder. Claro que no fue fácil. Era una pelea anunciada desde la eternidad, pero fue en el capítulo 3 de Génesis cuando Dios dijo a la serpiente en Edén: "**La simiente de la mujer te herirá en la cabeza**". Le costó entregar su propia vida en sacrificio por nosotros, los pecadores. Puso Su mano para que el aguijón del diablo quedara clavado y nosotros resguardados. Sólo aquellos que confían en esa obra de amor sustitutoria son salvos del veneno mortal de Satanás, el pecado. Nunca olvides que en aquella Cruz no sólo fueron clavadas las manos de Jesús sino también tus pecados y los míos. ¿Lo crees?

> "¿Dónde está, oh muerte, tu aguijón? ¿Dónde, oh sepulcro, tu victoria?"
>
> 1ª Corintios 15:55

El aguijón de la muerte quedó clavado para siempre en la madera del calvario

"Cuando Jehová hiciere volver la cautividad de Sion, seremos como los que sueñan. Entonces nuestra boca se llenará de risa, y nuestra lengua de alabanza; entonces dirán entre las naciones: ¡Grandes cosas ha hecho Jehová con éstos!"

Salmo 126:1-2

En la cumbre de una montaña, tres árboles conversaban sobre sus sueños. El primer arbolito miró hacia las estrellas y dijo: "Yo quiero algún día, guardar tesoros". El segundo, "Yo quiero viajar a través de aguas temibles y llevar reyes poderosos sobre mí", y el tercero: "Yo quiero crecer tan alto que cuando la gente del pueblo se pare a mirarme, levanten su mirada al cielo y piensen en Dios". Los años pasaron. Llovió, brilló el sol, y los pequeños árboles crecieron muy alto. Un día, tres leñadores subieron a la cumbre de la montaña a cortar árboles. El primer árbol se emocionó cuando el leñador lo llevó a una carpintería. Pero el carpintero luego lo convirtió en una caja de forraje para animales de granja. El segundo árbol sonrió cuando el leñador lo llevó cerca de un embarcadero, pero aquel árbol fuerte fue cortado y convertido en un simple bote de pesca. El tercer árbol estaba confundido cuando el leñador lo cortó para hacer fuertes tablas y lo abandonó en un almacén de maderas.

Muchos días y noches pasaron. Los tres árboles ya casi habían olvidado sus sueños... Pero una noche, una joven madre de Belén puso a su hijo recién nacido en la caja de alimento y dijo: "Este pesebre es hermoso". Entonces aquel árbol enseguida supo que contenía el tesoro más grande del mundo, a Jesús. Años más tarde, un viajero cansado y sus amigos se subieron al viejo bote de pesca. Y cuando se inició la tormenta y luego se calmó de repente, éste comprendió que llevaba en su interior al Rey del Cielo y de la Tierra, ya que aún el mar le obedecía. Y por esa misma época, un viernes en la mañana, unos soldados tomaron unas viejas tablas y clavaron las manos de un hombre en su madera. Muy pronto el tercer árbol supo que aquel crucificado era nadie menos que el Hijo de Dios, y que cada vez que la gente pensara en ese madero, pensaría en Dios. Eso era mucho mejor que ser el árbol más alto del mundo. La próxima vez que te sientas deprimido porque no conseguiste lo que tú querías, sólo siéntate firme, y sé feliz porque Dios está pensando en algo mejor para darte.

Tu mejor plan para Dios, nunca será comparable con el plan de Dios para ti

3 de agosto
Tiempo al tiempo

Un campesino chino, pobre pero sabio, trabajaba la tierra duramente con su hijo. Un día el hijo le dijo: "¡Padre, qué desgracia! Se nos ha ido el caballo". "¿Por qué le llamas desgracia?", respondió el padre, "veremos lo que trae el tiempo". A los pocos días el caballo regresó, acompañado de otro caballo. "¡Padre, qué suerte!", exclamó esta vez el muchacho. "Nuestro caballo ha traído otro caballo". "¿Por qué le llamas suerte?", repuso el padre, "Veamos qué nos trae el tiempo". En unos cuantos días más, el muchacho quiso montar el caballo nuevo, y éste, no acostumbrado al jinete, se encabritó y lo arrojó al suelo. El muchacho se quebró una pierna. "¡Padre, qué desgracia!", exclamó ahora el muchacho. "¡Me he quebrado la pierna!". El padre, retomando su experiencia y sabiduría, sentenció: "¿Por qué le llamas desgracia? ¡Veamos lo que trae el tiempo!" El muchacho no se convencía de la filosofía del padre, y se quejaba en su cama. Pocos días después pasaron por la aldea los enviados del rey, buscando jóvenes para llevarlos a la guerra. Vinieron a la casa del anciano, pero como vieron al joven con su pierna entablillada, lo dejaron y siguieron de largo. El joven comprendió entonces que nunca hay que dar ni la desgracia ni la fortuna como absolutas, sino que siempre hay que darle tiempo al tiempo.

Lo mejor es esperar siempre el día de mañana, pero sobre todo confiar en Dios, porque todo sucede con un propósito positivo para nuestras vidas y para el plan infinito. Muchas veces las cosas no salen como tú quisieras. Una fe anclada en Dios hace esperar el porvenir con optimismo, sin desanimarse por los aparentes fracasos ni saltar de alegría por los aplausos. Fija tu meta en Dios, Quien cuida, mejor que nadie, de tu vida.

> "No tendrá temor de malas noticias; su corazón está firme, confiado en Jehová".
>
> Salmo 112:7

Nunca olvides que Dios es el más interesado en tu bienestar

Optimista

Hace unos años, a un hombre en sus sesentas, le fueron ofrecidos $200.000 dólares americanos por su hotel, restaurante y gasolinera que había construido en el transcurso de su vida. Él rechazó esa oferta puesto que no quería jubilarse todavía. Dos años después, cuando tenía 65 años de edad, construyeron una autopista que desvió el tráfico de donde estaba su negocio y, como consecuencia, perdió toda su fortuna. La mayoría de las personas a su edad hubieran tirado la toalla. Pero no este hombre. Él sabía cómo cocinar pollo, así que tomó su viejo y deteriorado carro y empezó a viajar por todos los Estados Unidos, intentando vender su receta de pollo a otros restaurantes. Su recorrido fue difícil. Su receta fue rechazada por más de 1.000 restaurantes hasta que, por fin alguien la quiso. A pesar de sus obstáculos, el hombre siguió hacia su meta y en pocos años, había empezado una cadena de restaurantes por todo el país que ahora esta en todo el mundo, llamado KFC -Kentucky Fried Chicken. ¿Aquel hombre? Coronel Sanders.

Como el coronel Sanders, muchos andan por ahí vendiendo sus recetas y con una fe rígida, avanzan por la vida sin amilanarse por la opinión de los demás. Saben lo que valen sus ideas. Toman cada crítica como una opción para replantearse. Dignos de elogio, ¿Verdad? Hay dos clases de personas, las que miran las circunstancias adversas de la vida a través de Dios y las minimizan, o los que intentan ver a Dios a través de sus circunstancias adversas sólo para maximizarlas. Están los que pasan diciéndole a Dios que tienen un gran problema y los que le dicen a sus problemas que tienen un gran Dios y avanzan.

Los hombres te cierran puertas, pero Dios te abre portones

5 de agosto

El endemoniado de Gadara

Tres de los evangelios narran aquella escena en el lago de Galilea en la región de Gadara, donde Jesús realizó uno de Sus milagros más impactantes. Un endemoniado desnudo, atormentado no solo por su condición sino por la sociedad. Sin embargo, Luego del encuentro personal con Jesús, todo cambia, aquel hombre, ahora se encuentra, sano, vestido y en su cabal juicio.

> "Por lo cual dice: Despiértate, tú que duermes, y levántate de los muertos, y te alumbrará Cristo".
>
> **Efesios 5:14**

Este relato termina con la victoria del bien sobre el mal, de la vida sobre la muerte, de la salud sobre la enfermedad, pero hay una nota triste en el contexto del milagro que, creo, se repite a diario aún en nuestros días. Lo podemos leer como lo narra Marcos capítulo 5: "**Entonces la gente comenzó a pedirle a Jesús que se fuera de esa región**".

¿Notaste la actitud de aquellos vecinos? Este hombre endemoniado había sido un problema constante para el pueblo. Le habían atado con cadenas y candados para que no molestara más y ahora que Jesús le había liberado de su tormento y de paso a toda la región, ¡ellos le expulsan de sus contornos! Pero creo adivinar por qué. De alguna manera, todos eran esclavos del mismo amo: Satanás, sólo que este hombre lo evidenciaba más que el resto. La presencia de Jesús, entonces, arrojaba luz sobre todo un pueblo en tinieblas.

Querido amigo, tú eres testigo a diario, de vidas transformadas por el poder del evangelio; no alejes a Dios de tus planes. Hace 2000 años Él desembarcó en las playas de tu vida para decirte y demostrarte cuánto te ama. Claro que Su luz dejará en evidencia tu pecado, pero no para condenarte sino para borrarlo y salvarte. Que no se repita en ti la tragedia de Gadara que aquellos aparentemente libres siguieron esclavos y el evidentemente esclavo fue hecho libre. Acepta a Jesús, es el único que puede romper tus cadenas para siempre.

"La enfermedad del ignorante, es ignorar su propia ignorancia"
Amos Bronson Alcott

El águila envidiosa

> "Porque los que quieren enriquecerse caen en tentación y lazo, y en muchas codicias necias y dañosas, que hunden a los hombres en destrucción y perdición".
>
> 1ª Timoteo 6:9

Dwight L. Moody relató el cuento de un águila que tenía envidia de otra que podía volar mucho mejor que ella. Un día, el águila vio a un cazador con arco y flecha y le dijo, "Deseo que mates a esa águila volando en el aire". El cazador dijo que podía hacerlo, sólo necesitaba unas plumas para su flecha. Así que el águila envidiosa sacó una de sus plumas de un ala. El cazador lanzó la flecha pero no pudo alcanzar a la otra águila porque volaba demasiado alto. El águila sacó otra pluma, y luego otra...hasta que había perdido tantas plumas que ella misma ya no pudo volar. El arquero tomó ventaja de la situación, dio la media vuelta y mató al águila envidiosa. Aplicando la ilustración Moody dijo, "Si tú tienes envidia de otros, el que será más dañado por tus acciones serás tú mismo".

Alguien dijo que no puedes dinamitar la casa de tu vecino sin dañar los cimientos de la tuya propia. En verdad, la envidia es un mal endémico que ha contaminado a millones de personas, destruyendo familias, lacerando a la sociedad y rompiendo relaciones que por años estuvieron fundadas en el altruismo y el amor mutuo. La envidia es en verdad codicia; un deseo desordenado de lo que no tengo, que a veces me controla aunque eso que deseo sea prohibido: una mujer, dinero fácil, un puesto, prestigio...

Como leímos hace poco: tres cosas hunden al hombre: la fama, la cama y la lana. En otras palabras: poder, pasión y prestigio. En este mundo con un marcado estilo de vida pecaminoso, la envidia y codicia por lo ajeno se torna una obsesión que sirve para escalar posiciones. Cuidado que no termines como aquella águila, engañado por alguien más astuto, cautivo y muerto por tu propia envidia.

Tres cosas hunden al hombre: la fama, la cama y la lana. En otras palabras: poder, pasión y prestigio

7 de agosto
Escucha el mensaje

Cuando el telégrafo era el método más rápido de comunicación de larga distancia, un joven solicitó trabajo como operador del Código Morse, en respuesta a un anuncio en el periódico. Se fue a la dirección, entró a una oficina grande y ocupada, llena de ruido, incluyendo el sonido del telégrafo, en el fondo un anuncio en el módulo de recepción indicaba a los solicitantes llenar una forma y esperar hasta que se les llamara a entrar a la oficina interna. El joven llenó la forma y se sentó junto con otros 7 que también estaban esperando su turno.

Después de unos minutos, el joven se paró, cruzó el cuarto y fue hacia la oficina interna. Naturalmente los otros solicitantes se preguntaban qué estaba pasando, murmuraban entre sí que no habían llamado a nadie todavía. Asumieron que el joven que había entrado había cometido un error y sería descalificado.

Luego de pocos minutos, el gerente acompañó al joven fuera de la oficina y dijo a los demás solicitantes: "Caballeros, muchas gracias por venir, pero el puesto ya está ocupado". Los otros empezaron a comentar el uno con el otro, y uno de ellos preguntó: "Espera un minuto, yo no entiendo. Él fue el último en venir, y nosotros ni siquiera tuvimos oportunidad de ser entrevistados y de todas formas a él le dan el trabajo. No es justo". El gerente dijo: "Lo siento, pero los últimos minutos, mientras estaban sentados allí, el telégrafo les estaba mandando un mensaje en Código Morse que decía: Si entiendes este mensaje, entra, el puesto es tuyo. Ninguno de ustedes lo escuchó ni lo entendió. Este joven sí. El trabajo es suyo".

Vivimos en un mundo lleno de trabajo y ruido, como esa oficina. Los mensajes urgentes parecen hacer más ruido que los mensajes importantes y esenciales. Pero hay un mensaje en clave que es el más importante y que debemos escuchar, es el mensaje del cielo y de Dios.

> "He aquí Yo estoy a la puerta y llamo, si alguno oye mi voz y abre la puerta, entraré".
> **Apocalipsis 3:20a**

Lo esencial es invisible para algunos ojos

8 de agosto
Rey ignorado

Cuenta la historia oriental, que en el país de Ling, entre la China y el Tíbet, vivía un rey tan espléndido que se pasaba sentado en su trono de oro y sus pies nunca tocaban la tierra "impura". Pero llegaron los comunistas y lo derrocaron. Hoy, Phuntso Gelek Rapden, es el rey refugiado de Ling. Vive con su esposa y sus dos hijos en una choza en una pequeña ciudad del Himalaya. Cuando anda por las calles para buscar su ración de refugiado, la gente aún se inclina reverente para saludarle. Pero no deja de ser un refugiado que vive de la mensualidad que le pasa el gobierno. Hubo un gran rey que también dejó Su trono para vivir humildemente: fue el Rey Jesús, que dejó Su gloria en el cielo para venir a habitar nuestro miserable mundo. Claro que estos dos reyes tienen diferencias abismales: Cristo dejó Su trono de manera voluntaria; el rey de Ling se vio obligado a abandonarlo. Cristo quiso servir, al rey de Ling se le impuso una vida de mendigo. Cristo volvió al trono después de cumplir Su misión en la tierra; Ling, probablemente, terminará sus días en el exilio forzoso. Pero hay una diferencia aún más trascendental: Cristo fue un rey verdadero. Él vino del mundo de la perfección y la santidad a uno caracterizado por la mentira y el fraude. A Ling le hicieron creer desde niño que sería rey por haber nacido en la familia real. Cada rey humano que se vistió de oro, murió y junto con ellos sus imperios y lujos. Pero Aquel Rey que se hizo pobre por amor a nosotros y resucitó, establecerá un reino eterno que jamás perecerá. Aquel que siendo rey nació en un pesebre, iniciará un tiempo de justicia eterna y paz perdurable. ¡Cuidado! Hoy controla este mundo otro rey mentiroso llamado Satanás. Su reino no es propio, le fue cedido y un día será juzgado y condenado ¿A qué rey estás sirviendo?

La tragedia más grande de la humanidad, es haber ignorado la visita de su Creador

9 de agosto
Deja que se queme

El libro de Daniel narra la heroica historia de tres jóvenes amigos que arriesgaron sus vidas por defender sus convicciones. Cautivos bajo el mando del déspota rey Nabucodonosor, presenciaron la máxima demostración de soberbia de este tirano: la construcción de una estatua de 30 metros de alto, de oro puro que debía ser adorada, cual dios, por todos los súbditos del país, sin excepción. ¿Qué hacer, si sólo al verdadero Dios se debe adorar?

Muchas veces las pruebas vienen de las maneras menos imaginables y en momentos inesperados. De hecho, Sadrac, Mesac y Abed-nego, estaban sin su líder y amigo, Daniel, que los defendiera ante semejante situación ¡justo ahora! Lo cierto es que se jugaron por su Dios y se negaron a arrodillarse ante la estatua del rey. El castigo no se hizo esperar. Fueron atados de pies y manos y lanzados vivos dentro de un horno ardiendo a máxima temperatura. El capítulo tres de Daniel, resalta cuatro veces que los lanzaron **"atados"** al horno. Pero los versículos 24 y 25, merecen ser leídos: "¿Acaso no eran tres los hombres que **atamos** y arrojamos al fuego? Así es, Su Majestad le respondieron. ¡Pues miren! Exclamó. Allí en el fuego veo cuatro hombres, **sin ataduras** y sin daño alguno, ¡y el cuarto tiene la apariencia de un dios!" Nuestros tres héroes, salieron ilesos de aquella prueba. El versículo 27 dice que ni siquiera olor a humo tenían, sólo se les quemaron las cuerdas que ataban sus manos y pies.

Quiero resaltar uno de los objetivos de las pruebas en tu vida: "QUEMAR LO QUE NOS ATA". Igual que en aquel horno, sólo se quemaron las ataduras, lo demás no. ¿Qué es lo que hoy te ata para avanzar y moverte con libertad? No te quejes de la prueba inesperada e inoportuna que Dios puso en tu camino. Él quiere hacerte más puro, más libre. Deja que el fuego se aumente siete veces. Jesús camina contigo en medio del horno y tú serás bendecido cuando todo haya acabado.

Quita las escorias de mi vida y saldrá alhaja al Fundidor

Descontrolado

> "Bienaventurado el hombre que tiene en ti sus fuerzas, en cuyo corazón están tus caminos... Irán de poder en poder; verán a Dios en Sion".
>
> Salmo 84:5-7

Entre los desastres más recordados del Estado de Florida en Estados Unidos, está el caso de 5 muchachos que, inocentemente encendieron el motor de una aplanadora "buldózer" que estaba engranada; así comenzó, una carrera loca sin otro destino que el desastre. Asustados, los muchachos saltaron de la inmensa mole de acero que avanzaba sin control. El saldo de aquella loca embestida fue de cuatro casas dañadas, valles arrasados, postes de teléfono y de luz derribados, vehículos y un gallinero aplastados. Los daños materiales se avaluaron en varios miles de dólares. Esa misma máquina estaba siendo de gran utilidad para los habitantes de aquel lugar, que con un operador al mando realizaba obras para la ciudad. No había muchas máquinas de ese tamaño y con esa potencia, sus servicios eran requeridos a diario, pero esa misma máquina fuera de control, librada al impulso de su propia fuerza fue causa de muchos males.

El hombre y la mujer tienen en su interior un potencial inimaginable. Los impulsos que nos habitan pueden ser muy útiles si son conducidos y operados por una mano maestra, pero si se les da rienda suelta pueden conducirnos, y a los que se crucen por el camino, a un final trágico. En un aspecto aquella aplanadora Buldózer fue por fin libre del control diario de su operador, pero... ¿Era eso verdadera libertad o era libertinaje descontrolado? El hombre es libre sólo cuando está haciendo aquello para lo cual fue creado. Un tren no es libre y útil cuando se sale de su carril para transitar nuevos rumbos. Eso es descontrol y tragedia. Un pez no es libre cuando salta a la superficie, cansado del confinamiento del océano porque muere a escasos metros de la playa. Así, apreciado amigo, tú y yo no somos libres cuando hacemos lo que se nos antoja sin obedecer la voz de nadie, sino cuando descubrimos la voluntad de Dios para nuestras vidas y la cumplimos. ¿Quién controla tu vida? De eso depende que tus potenciales sean usados al máximo.

**Una vida enajenada de Dios,
es una vida esclavizada a uno mismo**

11 de agosto

Dios sabe lo que hace

Después del 11 de septiembre del 2001, una compañía invitó a los miembros de otras empresas que habían sido afectadas por el ataque de las Torres Gemelas y que habían sobrevivido al atentado. En una reunión de la mañana, el jefe de seguridad contó varias historias de por qué esta gente estaba viva... y todas tenían que ver con pequeños detalles.

> "Para que comprobéis cuál sea la buena voluntad de Dios, agradable y perfecta".
>
> Romanos 12:2

Como habrán oído, al director de la compañía se le hizo tarde porque era el primer día del Kinder de su hijo. Otro compañero estaba vivo porque le tocaba llevar las donuts a la oficina ese día. Una mujer se retrasó porque su despertador no sonó a tiempo. A otro se le hizo tarde porque se quedó trancado en la carretera por un accidente. A otro se le pasó el autobús. Uno tuvo un carro que no quiso encender. Una se regresó a contestar el teléfono. ¡Otra tuvo un bebé! Otro no consiguió un taxi. El que más me impresionó fue un señor que se puso un par de zapatos nuevos esa mañana, pero antes de llegar al trabajo le había salido una ampolla, se detuvo en la farmacia por una venda autoadhesiva... por eso, está vivo hoy. Entonces, cuando te quedes atorado en el tráfico, pierdas un elevador, te regreses a contestar un teléfono... todas esas cosas que desesperan, piensa: ESTE ES EL LUGAR EXACTO EN EL QUE DIOS QUIERE QUE ESTÉ EN ESTE PRECISO MOMENTO. La próxima vez que tu mañana te parezca enloquecedora, los niños tarden en vestirse, no logras encontrar las llaves del coche, te topas con todos los semáforos en rojo, no te enojes ni te frustres; recuerda que Dios está trabajando. ¡Él te está cuidando! Encara cada día de tu vida con la confianza puesta en Dios. Él hace que todas las cosas cooperen para el beneficio de aquellos que le aman. Esto es mucho más saludable que vivir quejándose por aquellos imprevistos no deseados y provee la paz necesaria en un mundo repleto de ansiedades.

Acepta la voluntad de Dios, como lo mejor que puede pasar en tu vida

Especialista en vitrales

> "Y los tuyos edificarán las ruinas antiguas; los cimientos de generación y generación levantarás, y serás llamado reparador de portillos, restaurador de calzadas para habitar".
>
> Isaías 58:12

Una explosión había acabado por completo con la mampostería y los hermosos vidrios de aquel edificio en el centro de la ciudad. Un anciano se presentó y pidió permiso para seleccionar y llevarse algunos pedazos de vidrios de distintos colores a su casa. "Por supuesto abuelo ¿A quién le pueden interesar estos vidrios rotos?". Dijeron los que limpiaban la calle.

El anciano se marchó lentamente con su bolsa repleta de pedazos de vidrios. Llegó a su casa, depositó suavemente esos vidrios en su mesa de trabajo y con mano experta, comenzó la misma tarea en la que durante años había ocupado su tiempo. Ese anciano era especialista en vitrales. La técnica de hacer vitrales cuenta con algunos siglos de historia, cuando bellísimos ventanales compuestos por trozos de vidrios de diferentes colores unidos con estaño y sellados con tintes, formaban diseños, en su mayoría de carácter sagrado, y decoraban las catedrales en el viejo continente, mayormente en Francia. Al cabo de unas semanas, esos pedazos de vidrios recogidos en la calle se habían transformado en un bello vitral y eran vendidos a un alto precio por aquel anciano.

¿Sabes?, Dios es especialista en vitrales. Muchas veces, tragedias en tu vida dejan como saldo un tendal de pedazos en ti, tirados en el suelo sin atractivo alguno y sin otro destino que la basura. Pedazos de tus sueños, tu historia... En fin, pedazos de tu corazón.

Si Dios pasa por tu vida (y de hecho está a tu lado si quieres verle), deja que Él recoja esos pedazos, los lleve a Su taller y haga de ti, otro milagro más de mucho valor. Aunque para otros no valgas nada, para Él eres precioso. Lo demostró en la cruz al pagar por ti un alto precio: La sangre de Su Hijo. Dice la Biblia que somos creados en Cristo Jesús para buenas obras las cuales Dios preparó de antemano para que anduviésemos en ellas. ¡Descúbrelas!

Dios es especialista en vitrales

13 de agosto

Todas las comidas pagas

Un emigrante zarpó hacia Norteamérica. Para desayunar, almorzar y cenar, comía bacalao, queso y galletas. El buen olor de la comida que llegaba desde el comedor, llenaba todo el barco y hacía delirar aquel inmigrante hastiado de su rutinario menú. Miraba con envidia cómo otros pasajeros comían aquellos manjares tres veces por día. Cuando el barco estaba cerca de atracar en Nueva York, no soportó más, se acercó al encargado de la cocina y le dijo: "Amigo, ¿cuánto me costaría una buena cena?" El hombre le respondió: "Déjeme ver su ticket de viaje". Cuando el inmigrante le mostró el boleto, aquel encargado le dijo: "Pero amigo, su pasaje incluye las comidas, ya están todas pagas. Siéntese y disfrute"... ¡Y pensar que había perdido casi todas las cenas!

Muchos andan por la vida mendigando migajas, aburridos de sobrevivir un día más con dietas tan monótonas... Viven una experiencia de sinsabores y no disfrutan de la vida. Aquel que está en Jesús aplica el Salmo 34:8: **"Gustad y ved cuán bueno es Jehová. Dichoso en hombre que en él confía"** y pueden decir junto con el apóstol Pablo: **"¡Regocijaos en el Señor siempre, otra vez os digo: Regocijaos!"** Aquellos que intentan vanamente encontrar disfrute y satisfacción por otros medios que no sean los estipulados por Dios en Su Palabra, sólo cosechan una amarga experiencia de monotonía. Pero los que son perdonados por Dios, disfrutan de un viaje sin igual y viven agasajados por Aquel que conduce la nave. Sí. El Capitán de sus vidas les ha pagado todo lo que necesitan para estar alegres y pueden decir: **"No existe bien para mí que esté fuera de Ti"**. Deja ya de vivir como hambriento, rogando algo de sabor para tu amarga vida. Un antiguo himno dice: "Sólo Cristo satisface mi transido corazón. ¡Sí! Gozoso Cristo me hace, por su eterna redención".

> "Bajo la sombra del Deseado me senté, y su fruto fue dulce a mi paladar. Me llevó a la casa del banquete, y su bandera sobre mí fue amor".
>
> Cantares 2:3-4

La satisfacción sin Dios, aburre

El espejo del egoísmo

> "¡Ay de los sabios en sus propios ojos, y de los que son prudentes delante de sí mismos!"
>
> Isaías 5:21

Nuestra óptica del mundo y de la vida depende del cristal con que miremos. Un día, el rabino Eglón recibió la visita de un hombre muy devoto a la fe judía pero muy avaro. Estuvieron conversando cerca de una ventana y el rabino le preguntó:

"¿Qué ves?" "Veo mucha gente", le respondió el rico. Entonces el rabino, que quería enseñarle una lección práctica, le llevó ante el espejo y le preguntó: "¿Y ahora, qué ves?" "Me veo tan sólo a mí mismo", contestó el rico. El rabino explicó: "Tanto en la ventana como en el espejo hay un simple cristal, sólo que el del espejo se halla recubierto por detrás con una fina película de mercurio que, debido a su color plateado, no permite ver más allá, solamente a uno mismo. Al igual que la imagen del espejo, a veces vivimos tan sólo para nosotros mismos y no podemos ver más allá, a nuestros semejantes y sus necesidades". El egoísmo es una desviación tácita del plan original que Dios tuvo con el hombre; es la antítesis del amor que a su vez es la esencia que caracteriza a Dios. El slogan del mundo moderno es: "Mírate a ti mismo, mejora tu imagen personal, sin que te importe lo que suceda a tu alrededor, no mires al prójimo".

Jesús contó la historia de un pobre hombre que, víctima de delincuentes, se encontraba tirado a un costado del camino, implorando ayuda a todo aquel que pasaba por allí. Cada uno, apresurado por sus obligaciones e impermeabilizado por sus prejuicios, pasó de largo. Hasta que un samaritano, le vio, se compadeció y le ayudó, dice en Lucas capítulo 10. ¿Sabes? Un día Jesús hizo lo mismo contigo y conmigo, nos vio en nuestra miseria humana, detuvo Su andar, se bajó de Su cabalgadura, nos subió a nosotros a Su altura y vendó nuestras heridas. ¿Por qué no hacemos nosotros lo mismo con nuestros semejantes?

Quien sólo se contempla a sí mismo, es ciego

15 de agosto
Oro puro

La Biblia, la Palabra de Dios, utiliza varias veces la figura del fuego asemejándolo con la adversidad. Así, una persona probada es aquella que pasa por el fuego de Dios y sale más purificada. En verdad, las adversidades de la vida pueden tener un efecto enriquecedor, y al descubrir esta lección, encontrarás una de las verdades más caras de tu existencia.

> "Bienaventurado el varón que soporta la tentación; porque cuando haya resistido la prueba, recibirá la corona de vida, que Dios ha prometido a los que le aman".
>
> Santiago 1:12

Creo que hay dos tipos de personas: aquellas que quedan desgastadas después de atravesar momentos difíciles y aquellas que salen más enriquecidas y purificadas. El mismo fuego que quema es el que purifica. Depende de cuál sea tu óptica sobre la adversidad. Recuerda, hay quienes pasan quejándose, diciéndole a Dios que tienen un gran problema, en vez de enfrentar su problema y decirle que tienen un gran Dios. La prueba es un proceso. Tiene su tiempo, por eso Santiago habla del tiempo de la prueba en su capítulo 1:12. Además, siempre está en control, nada escapa de la soberanía de Dios. Él no se duerme mientras el oro hierve en el crisol. Como artesano experto, espera el momento ideal de retirar el metal del fuego y entonces sabe que ese metal ya está listo. ¿Sabes cuándo un orfebre conoce el punto exacto de pureza? Cuando puede ver su rostro reflejado en la pieza metálica. Esa es la meta de Dios para tu vida: Ver Su rostro reflejado en ti. El carácter de Su Hijo Jesús reproducido en ti, y hasta que no acabe Su obra, el fuego seguirá ardiendo, el horno seguirá encendido; mientras tanto, tú y yo seguiremos visitando el crisol de vez en cuando. ¿Te molesta, te quema, te resulta incómodo? Deja que Él acabe Su obra. Sólo Dios sabe cómo hacer de ti una joya preciosa. **Bienaventurado el varón que soporta la tentación; porque cuando haya resistido la prueba, recibirá la corona de vida, que Dios ha prometido a los que le aman.** No esquives el momento difícil. Los de vida fácil... nunca maduran.

**No esquives el momento difícil.
Los de vida fácil... nunca maduran**

16 de agosto
Recuérdale su futuro

> "Porque yo sé los pensamientos que tengo acerca de vosotros, dice Jehová, pensamientos de paz, y no de mal, para daros el fin que esperáis."
>
> Jeremías 29:11

Si bien tu memoria y la mía son una bendición de Dios y la evidencia más grande de Su sabiduría y Su amor, para muchos puede tornarse en un instrumento de tortura, un depósito de malos recuerdos, un repaso del pasado, tan odiado, que lacera y amarga el presente.

Para otros, su memoria y sus recuerdos, son un bálsamo. Se recrean añorando momentos felices, personas y circunstancias almacenadas en el banco de su recuerdo, y el sólo hecho de recrearlas les hacen sentir bien.

En realidad, esa capacidad de recordar y razonar fue puesta por Dios en tu mente no con la intención de torturarte sino de ayudarte. Esos momentos no deseados, tienen un fin en sí mismo: La perfección de tu carácter. Esa memoria puede ser usada por Dios para tu bien, o por el diablo para tu ruina, depende de quién permitas tú que la use. Depende de quién tenga el acceso. Es un lugar privado, restringido, peligroso. Satanás sabe que si logra penetrar en tu memoria y, a través de ella recordarte tu pasado funesto, tiene una gran ventana abierta a tu vida y puede hacer estragos.

El escritor a los Hebreos anima a sus lectores, a recordar momentos difíciles en los que les tocó padecer y sufrir; les dice que esos recuerdos les deben animar a enfrentar el futuro porque Dios los gobierna. Así leemos en Hebreos 10:32: **"Recuerden todas las dificultades y sufrimientos por los que ustedes pasaron al principio, cuando aceptaron la buena noticia. A pesar de eso, nunca dejaron de confiar"**.

La confianza es necesaria para aceptar tu pasado y enfrentar tu futuro. No permitas que el enemigo de Dios, el diablo, te torture con ideas falsas. Al fin y al cabo, también él tiene sus horas contadas. Sí, dice la Biblia que le espera un futuro de condenación, juicio y separación eterna de Dios en el lago de fuego y azufre que está preparado para él y sus ángeles. Así que cuando el diablo te recuerde tu pasado, recuérdale a él su futuro, y recuerda lo que a ti te espera en Dios.

Cuando Satanás te recuerde tu pasado, recuérdale a él su futuro

17 de agosto
Al costo por manchas

Dos estudiantes caminaban cierto día por una calle de Londres. De pronto uno de ellos se detuvo frente a una casa de empeños. Señalando un traje con anuncios que decía, "Con algunas manchas, gran reducción de precio", exclamó: "¡Qué buena oportunidad! Pero el amigo respondió: "No lo creas. Mejor espera un poco, junta algo más de dinero y compra el que nunca fue usado, siempre es mejor".

La vidriera de la vida está repleta de anuncios de este tipo. Vidas manchadas por el pecado, juventud enferma, rostros tristes, matrimonios y familias devastadas…, se exhiben en las tiendas de remate como artículos de segunda, tercera o cuarta; son productos de ocasión, que viven en liquidación esperando que alguien se compadezca y las compre a bajo precio. Pureza perdida, inocencia arrancada, confianza traicionada…

Quizás llegaste a un punto en que ves tu propia vida y dices: "Total, ¿qué importa? ¿Qué hace una mancha más? Esto nunca cambiará".

La historia de amor y compasión más hermosa del mundo nos cuenta de alguien que pasó por nuestra tienda, nos vio manchados, devaluados, listos para ser subastados a cualquier precio y nos compró. No al precio que merecíamos sino a un muy alto precio, el más alto, el de Su propia sangre, y limpió nuestras manchas de pecado, nos hizo nuevas criaturas y nos dio la libertad. En nuestra redención, Jesús no vio una oportunidad para Él, sino una oportunidad para nosotros. Fue un trato de amor, una compra de misericordia donde recibimos lo que no merecíamos y no lo que sí merecíamos, todo por amor. No permitas que el pecado, el diablo y este mundo mentiroso, te sigan devaluando. Eres valioso para Dios, acepta el pago que hizo por ti en la cruz y serás nueva criatura, libre para vivir y recuperar tu valor.

> "Porque habéis sido comprados por precio; glorificad, pues, a Dios en vuestro cuerpo y en vuestro espíritu, los cuales son de Dios".
>
> 1ª Corintios 6:20

El ser humano era una raza devaluada pero la oferta de Dios, fue la más alta de la subasta

18 de agosto
Naranjas podridas

> "Porque todos ofendemos muchas veces. Si alguno no ofende en palabra, éste es varón perfecto, capaz también de refrenar todo el cuerpo".
>
> Santiago 3:2

Aquella señora acudió al consultorio de su consejero espiritual apesadumbrada. El rencor la estaba matando por dentro. -No puedo más- confesó. -He sido víctima de mi propio odio, rencor y amargura hacia personas, desde hace años. Cada vez me siento más aplastada por los recuerdos trágicos de aquellos que me hicieron daño-. Aquel consejero respondió: "Bien, su caso es muy típico, las consecuencias son muy dolorosas, usted lo sabe, pero la cura es bastante económica. Venga a verme y traiga una mochila llena de naranjas"... "Perdón, ¿dijo: naranjas?", preguntó asombrada aquella señora. "Sí", respondió el consejero. "Dije naranjas".

Al otro día la señora se presentó en su consultorio con una gran mochila llena de naranjas. "Bien", dijo el hombre, "escriba en cada naranja los nombres de las personas que odia y guárdelas en la mochila". Luego de algunos minutos, más de la mitad de las frutas estaban guardadas con nombres escritos. Cuando acabó él dijo: "Cargue esta mochila durante todo el día, por una semana, a cada lugar que usted vaya debe cargar esta mochila, luego venga a verme".

A la semana, la mujer se presentó nuevamente con claros signos de dolor en sus espaldas y un olor rancio que salía de la mochila. Descargó su fétida carga sobre la mesa y dijo: "No me pida que cargue con esto ni un día más. Ya entendí le lección y aplicaré su consejo".

¿Sabes? Todos tenemos naranjas pudriéndose en nuestra mochila emocional. Si no las descargamos a los pies de Jesús, seguirán estorbándonos y dando mal olor y nos impedirán realizar cualquier otra actividad. Un corazón lleno de resentimiento envenena. Muchas veces pensamos que el perdón es un regalo para el otro, cuando en realidad el principal beneficiado soy yo. No significa que estés de acuerdo con lo ocurrido, ni que lo apruebes. Perdonar no significa dejar de darle importancia a lo que pasó o darle la razón a alguien que te lastimó, significa dejarle la causa al que juzga justamente.

Muchas veces pensamos que el perdón es un regalo para el otro, cuando en realidad el principal beneficiado soy yo

19 de agosto
Venciendo obstáculos

Una hormiga cargaba una pluma y varias veces se encontró con obstáculos en su camino. Después de una pausa momentánea, hizo la corrección necesaria. En un punto de su camino la hormiga tenía que negociar una grieta en el concreto de unos 10 mm de ancho. Después de contemplar la situación unos momentos, la hormiga puso la pluma sobre la grieta, caminó sobre la pluma al otro lado de la grieta, cargó de nuevo su pluma y siguió su viaje. Me fascinó la inteligencia de esta hormiga, una de las criaturas más pequeñas de Dios. Aquí tenemos un pequeño insecto que carece de tamaño, pero al mismo tiempo equipado con un cerebro capaz de razonar, explorar, descubrir, vencer o conquistar. Las hormigas no tienen miedo de trabajar para lograr sus metas, trabajan en equipo, piensan bien y logran pasar sobre cualquier reto que encuentran en su camino y nunca se dan por vencidas.

Hay personas que ante el primer obstáculo abandonan sus proyectos. En lugar de armarse de un espíritu de conquista y enfrentar los retos de la vida, son conquistados por el desánimo, el pesimismo y acaban encerradas en sus propios miedos, aceptando que es un imposible. ¿Sabías que la fe tiene un caldo de cultivo excelente en los imposibles de la vida? En realidad la imposibilidad es el primer paso para un milagro. Claro está que aquellos que han depositado su vida en Dios y forman parte de la escuela de la fe disfrutan de esta óptica indispensable al momento de enfrentar obstáculos. ¿Tienes fe? te pregunta Dios en Su Palabra...

Detrás de este relato gráfico, el Señor intenta animar a los amedrentados y pesimistas a depositar su confianza en Dios. Eso es lo que importa. No tanto la cantidad de tu depósito sino en quién depositas tu fe. Acepta cada desafío de tu vida como una oportunidad para tu desarrollo y adquiere hoy mismo esa fe sobrenatural que ve cada imposible como el primer paso de un milagro en potencia.

> "Entonces el Señor dijo: Si tuvierais fe como un grano de mostaza, podríais decir a este sicómoro: Desarráigate, y plántate en el mar; y os obedecería".
>
> Lucas 17:6

La imposibilidad es el primer paso del milagro

Imperio fundado sobre el amor

Napoleón trató de establecer un reino por medio de la fuerza de sus ejércitos. Lo mismo hicieron Alejandro el Grande, Julio César y otros guerreros. Jesús fundó Su reino sobre el amor, y Su reino va a permanecer. Cuando llegamos a este plano, -el del amor- todas las cosas egoístas e indignas desaparecen, y entonces nuestra obra puede soportar el fuego de la prueba. Un caballero pensaba que el cristianismo no era más que una colección de problemas difíciles, dijo en cierta ocasión a un anciano ministro: "Es una declaración sumamente extraña: "a Jacobo amé, mas a Esaú aborrecí", refiriéndose al pasaje bíblico que se encuentra en Romanos 9:13. "Sí. Muy extraña", replicó el ministro. "Pero dígame, ¿qué es lo que en ella le parece más extraño?" "Oh", replicó, "eso de que aborreció a Esaú. Si Dios es amor ¿Cómo es que puede aborrecer a alguien, o acaso Dios discrimina?"

"Vea usted", respondió el ministro, "cómo son las cosas, y cuán diferentes somos. Lo que a mí me parece más extraño no es que haya aborrecido a Esaú, sino que haya amado a Jacob, porque ambos, al igual que todos deberían ser consumidos; sin embargo decidió amarnos. No hay misterio más glorioso que el del amor de Dios". La gran diferencia de la obra de Jesús y Su impacto hasta nuestros días, es que está basada sobre Su amor. En cambio los demás líderes pensaron ingenuamente que con su bastón de mando, su poder, fama y gloria, construirían imperios eternos.

Lo único eterno es el amor y lo que se construya con madera de ese árbol; lo demás es puro ruido. Como Jacob, nadie merece Su amor, sin embargo todavía miles de personas siguen viendo sus vidas transformadas. No lo merecemos pero aquí estamos testificando de ese amor una vez más. Aún está disponible para ti. No se agota, no se cansa, no se gasta, es ilimitado, pero requiere de un corazón sincero y humillado.

Lo único eterno es el amor y lo que se construya con madera de ese árbol

21 de agosto

Termómetro o termostato

¿Sabes cuál es la diferencia entre un termómetro y un termostato? Muy simple. El termómetro mide la variación de la temperatura del medio ambiente. El termostato, es el componente del sistema de control que abre o cierra un circuito eléctrico en función de la temperatura y permanece inalterable a pesar del frío o calor que haya fuera, el termómetro no. El termostato, activa un mecanismo que regula la temperatura circundante. La diferencia entonces radica en que uno de los dispositivos es alterado por las circunstancias externas y el otro no.

El gozo que Dios te ofrece, es independiente de nuestras circunstancias. Si dependiese de nuestros alrededores, entonces sería tan incierto como una vela ardiendo sin protección en medio de ráfagas de viento. En un momento, la vela arde clara y firme, al siguiente la llama salta al mismo borde de la mecha. Pero el gozo de Dios no tiene relación alguna con el efímero contexto de la vida, y por ello no es víctima de un día fugaz. Un día estoy en las bodas de Canaá y otro frente a la tumba de Lázaro. Un día, las personas me valoran y al otro no veo a nadie a mi lado. Los días son tan mutables como el tiempo. ¡Pero el gozo cristiano puede ser persistente! ¿Dónde reside el secreto? Aquí está el secreto: **"He aquí yo estoy con vosotros todos los días hasta el fin del mundo"** (Jesús). En los días cambiantes, Él no cambia ni se cansa. No es un compañero de tiempos buenos que me deja cuando los días son oscuros. No escoge mis días de fiesta para no ser hallado en mis días de derrota. No se muestra sólo cuando llevo una guirnalda, para ocultarse cuando llevo una corona de espinas. Está conmigo "todos los días". Los días prósperos y los días de adversidad; días en que doblan las campanas de duelo, y días cuando repican las campanas de bodas. ¿Cuentas con la presencia del Señor en tu vida? Sólo así obtendrás la firmeza para soportar los embates de la vida sin perder tu ánimo, sabiendo Quién está a tu lado.

> "Alégrense en el Señor siempre".
>
> Filipenses 4:4

Puedes pretender ver a Dios a través de tu problema, pero mejor mira tu problema a través de Dios

Comprendiendo a los otros

> "Así que acerquémonos confiadamente al trono de la gracia para recibir misericordia y hallar la gracia que nos ayude en el momento que más la necesitemos".
>
> Hebreos 4:16

El anuncio en la tienda decía: "Se venden perritos". Un niño apareció y preguntó: "¿Cuánto cuesta comprar uno de estos perritos?" El dueño contestó: "500 pesos cada uno". El niño puso su manito en el bolsillo y sacó algunas moneditas. "Sólo tengo veintisiete pesos con cincuenta centavos. ¿Me dejarás por lo menos ver y tocar uno de los perritos?", dijo el niño. El dueño rió y dijo: "por supuesto". Abrió la jaula y sacó uno de los más hermosos. El niño observó que uno de los perritos estaba escondiéndose en el rincón de la jaula y preguntó: "y ¿qué anda mal con este perrito, Señor?" El dueño explicó que tenía algo mal con su cadera y que siempre sería cojo. "Ese es el perrito que deseo comprar", dijo el pequeño. "No, hijo mío. Tú no necesitas comprar ese perrito. Si lo quieres, simplemente te lo regalo".

El niño apuntó su dedo al dueño y dijo: "No señor. No quiero que me regales este perrito, yo estoy dispuesto a pagar el precio completo". "Es que no entiendes, niño. Este perrito nunca jamás podrá brincar y correr contigo como los demás perritos pueden". Para sorpresa del vendedor el niño levantó uno de sus pantalones y le mostró el soporte de metal que reforzaba su pierna destrozada por la polio. "Pues yo tampoco brinco ni corro bien", dijo el niño con voz muy suave, "y este perrito necesitará alguien que le entienda". Creo que necesitamos sufrir para comprender mejor a los que sufren. Dios también sabía esto y se hizo humano al encarnarse en forma de niño y venir a nuestro mundo.

Dice el escritor a los Hebreos: "**Porque no tenemos un sumo sacerdote incapaz de compadecerse de nuestras debilidades, sino uno que ha sido tentado en todo de la misma manera que nosotros, aunque sin pecado**". No estás solo, Dios te comprende, sabe lo que es sufrir, deja que Él te lleve en Su regazo, te restaure con Su amor y te sane.

Comprender a los demás es haber sufrido

23 de agosto
Zanahoria, huevo o café

Una hija se quejaba con su padre acerca de su vida y cómo las cosas le resultaban tan difíciles. No sabía cómo hacer para seguir adelante y creía que se daría por vencida. Estaba cansada de luchar. Parecía que cuando solucionaba un problema aparecía otro. Su padre, un chef de cocina, la llevó a su lugar de trabajo. Allí llenó tres ollas con agua y las colocó sobre fuego fuerte. Pronto el agua de las tres ollas estaba hirviendo. En una colocó zanahorias, en otra colocó huevos y en la última colocó granos de café. Las dejó hervir sin decir palabra. A los veinte minutos el padre apagó el fuego. Humildemente la hija preguntó: "¿Qué significa esto, padre?" Él le explicó que los tres elementos habían enfrentado la misma adversidad, es decir "Agua hirviendo", pero los tres habían reaccionado en forma diferente. La zanahoria llegó al agua fuerte y dura, pero después de pasar por el agua hirviendo se había vuelto débil, fácil de deshacer. El huevo había llegado al agua frágil, pero después de estar en agua hirviendo, su interior se había endurecido. Los granos de café sin embargo eran únicos; después de estar en agua hirviendo, habían cambiado al agua. "¿Cuál eres tú?", le preguntó a su hija. "Cuando la adversidad llama a tu puerta, ¿cómo respondes? ¿Eres una zanahoria que parece fuerte pero que cuando la adversidad y el dolor te tocan, te vuelves débil y pierdes tu fortaleza? ¿Eres un huevo, que comienza con un corazón maleable, pero después de la prueba se vuelve duro, rígido y aunque por fuera te ves igual, ¿tienes un espíritu y un corazón endurecido por dentro? O, ¿eres como el grano de café, que cuando las cosas se ponen peor, tú reaccionas mejor y haces que las cosas a tu alrededor mejoren? El apóstol Pablo fue como el grano de café y pudo escribir desde su celda: "Gozaos en el Señor siempre" ¿Tienes esa misma fe?

> "Bienaventurado el varón que soporta la tentación; porque cuando haya resistido la prueba, recibirá la corona de vida, que Dios ha prometido a los que le aman".
>
> Santiago 1:12

No seas vencido por lo malo, vence con el bien el mal

Esclavo por amor

"Estad, pues, firmes en la libertad con que Cristo nos hizo libres, y no estéis otra vez sujetos al yugo de esclavitud".

Gálatas 5:1

Era una de aquellas mañanas frías en la época de la esclavitud, en que unos esclavos, encadenados a un poste, esperaban para ver quién los compraría. Uno de ellos era un hombre corpulento, de aspecto saludable, de buen parecer y con probada inteligencia. Después de exponer las dotes de este esclavo, su dueño comenzó la subasta con el precio más razonable: 30 piezas de plata. "¿Quién da más? Treinta a la una, treinta a las dos..." "Cuarenta", se oyó entre los espectadores. "Yo doy 40 piezas de plata". "Muy bien, cuarenta a la una, cuarenta a las dos"... "Cincuenta. Yo doy por ese esclavo 50 piezas". El pobre encadenado observaba y escuchaba, y se decía para sí mismo: "Aunque sigan pagando más, nunca trabajaré como esclavo para nadie. ¡Antes muerto!" Las ofertas subían, y este hombre apretaba sus muelas repitiéndose la misma sentencia. El silencio reinó cuando un hombre saltó de su silla y ofreció 100 piezas de plata. Nadie superó la oferta, y aquel esclavo se marchó con su nuevo amo. Mientras caminaban hacia la hacienda, el esclavo se detuvo y le dijo a su amo: "Quiero que sepa que aunque haya pagado por mí este precio, nunca obtendrá nada de mí". Llegaron a la casa y el amo hizo sentar a su "nueva adquisición" que seguía repitiendo la misma advertencia. Se puso a escribir y le preguntó: "¿Sabes escribir?", "sí", respondió el esclavo. "Pero nunca escribiré para usted". El amo seguía escribiendo. "¿Sabes leer?" "Sí, pero nunca leeré ningún libro para usted". El propietario acabó su escritura, se la entregó a su esclavo y le dijo: "pues entonces, si sabes leer y escribir, lee esto y fírmalo". Lágrimas comenzaron a correr por las mejillas de aquel esclavo, mientras leía su documento de libertad. "Eres libre. Puedes reiniciar tu vida", le dijo su ex amo. Aquel hombre, profundamente conmovido, decidió vivir siempre en la casa de su dueño para servirle voluntariamente. ¿Sabes? Eres libre. Cristo pagó en la cruz el precio altísimo de tu deuda, te compró y te redimió. ¿Le servirás incondicionalmente? Recuerda que no es libre aquel que hace lo que quiere, sino aquel que hace lo que debe hacer.

Servir a Dios por amor es la meta más noble en la vida

25 de agosto
Refranes de la lengua

¿Cuál es el músculo que puede ser usado a voluntad, que nunca envejece, que una vez amputado no se puede trasplantar y que si es mal usado no se puede controlar?... Acertaste: La lengua. Recuerda que alguien dijo que hay que tener mucho cuidado con la lengua porque está en un sitio muy húmedo y resbala fácil. En Escocia dicen: "Mantén tu lengua en prisión y serás libre". Los españoles dicen: "Más mató la lengua que la espada". En Argentina saben decir que el perro tiene muchos amigos por mover más la cola que la lengua, y muchos dicen que Dios nos dio dos orejas y una sola boca para que aprendamos a oír dos veces antes de hablar. La Biblia abunda en refranes y consejos respecto al uso de este miembro del cuerpo humano tan poderoso y sin ningún hueso. Dice el apóstol Santiago en su excelso capítulo 3: "La lengua es un miembro pequeño pero se jacta de grandes cosas, he aquí cuán gran bosque enciende tan pequeño fuego". Si alguna vez hemos calumniado o difamado a alguien, si hemos oído una crítica o presenciado una discusión subida de tono, si hemos dicho una verdad a medias, que es en realidad una completa mentira, sabemos de qué estamos hablando, ¿verdad? Motivaciones incomprendidas o desconocidas apresuran en nuestro corazón orgullosos juicios premeditados que sepultan a muchos sin siquiera detenernos a investigar si realmente dijeron eso o por qué lo dijeron. El chisme en una evidencia de un corazón enfermo y la Biblia dice: "De la abundancia del corazón habla la boca". Si no quieres vivir preso en tus propias palabras, si vives constantemente pidiendo disculpas porque has ofendido otra vez a tu semejante, necesitas urgentemente sanidad interior. En tu corazón la presencia de Dios, y en tu interior la morada de Su Espíritu que te capacite para poner cada día tu lengua bajo control. Si no puedes domar tu lengua serás devorado por ella.

> "La muerte y la vida están en poder de la lengua".
>
> Proverbios 18:21

> "La lengua es un miembro pequeño pero se jacta de grandes cosas, he aquí cuán gran bosque enciende tan pequeño fuego".

No juzgues por las apariencias

"Por lo cual eres inexcusable, oh hombre, quienquiera que seas tú que juzgas; pues en lo que juzgas a otro, te condenas a ti mismo; porque tú que juzgas haces lo mismo".

Romanos 2:1

Juan estaba manejando una noche cuando recogió a un muchacho que le pidió el favor de llevarlo. Mientras iban en el camino, empezó a sospechar del pasajero. Juan revisó si su cartera estaba segura en el bolsillo de su abrigo que estaba en medio de los dos asientos. ¡Pero no estaba ahí! Frenó rápidamente y le ordenó al pasajero que saliera del vehículo. "¡Dame la cartera inmediatamente!" le dijo. El pasajero, lleno de miedo, le dio la cartera. Juan aceleró en la ruta y se fue. Cuando llego a casa le empezó a contar a su esposa de su experiencia, pero ella le interrumpió, diciendo "antes de que se me olvide, Juan, ¿sabías que dejaste tu cartera en casa, esta mañana?"... ¡Había robado la cartera del desafortunado pasajero que, ante la amenaza de Juan, le entregó lo que pedía! Muchas veces realizamos juicios apresurados basados en las apariencias. Es muy malo juzgar y mucho más aún guiarnos por lo que aparenta ser cada persona. Podemos herir, difamar, hasta matar. La Biblia dice en Juan 7:24: **"No juzguen por las apariencias; juzguen con justicia"**. Un juicio emitido a la ligera es una total imprudencia. También en Romanos 2:1 leemos: **"Por lo cual eres inexcusable, oh hombre, quienquiera que seas tú que juzgas; pues en lo que juzgas a otro, te condenas a ti mismo; porque tú que juzgas haces lo mismo"**. La ciudad de Salem, también llamada « Ciudad de las Brujas » a causa de los infamantes juicios que tuvieron lugar en el año 1692, es un fiel retrato de lo que logra destruir un juicio equivocado. Esta ciudad mundialmente conocida, gracias al escritor Nathaniel Hawthorne por sus relatos sobre los actos de brujería, donde fueron acusados injustamente, hombres, mujeres y niños, se levanta hasta hoy como un bastión del juicio por las apariencias. Pero la historia se repite a diario cuando miramos lo externo al estilo humano en lugar de lo interno al estilo divino.

Un juicio apresurado, te lanza a juzgar

27 de agosto
Paloma mía

Mi vivienda está ubicada a escasos metros de "La Mitad del Mundo" en Quito, Ecuador. Tengo la bendición de vivir rodeado de altas montañas, grandes pinos y eucaliptos donde anidan cantidad de aves diferentes. Entre el trinar de las aves se destaca, cada mañana y tarde, el triste y grave canto de las palomas. Con un sonido casi gutural se suman al dulce cantar aunque no logran igualarles en calidad. Ellas, indiferentes, parecen decirle al resto del paisaje: "esta es la voz que el Creador nos dio y con ella continuaremos cantando les guste o no". Tal vez este fue el pensamiento que también captó el rey Salomón, prolijo observador de la naturaleza, al escoger, justamente el canto de la paloma para elogiar la voz de su novia, la amada sulamita: **"Paloma mía, que anidas en lo oculto de la roca, en lo escondido de escarpados parajes, muéstrame tu rostro, hazme oír tu voz, porque tu voz es dulce y hermoso tu aspecto"** (Cantares 2:14). ¡Podría haber elegido una comparación mejor si quería impactar a su novia con un piropo romántico! ¿Verdad? Tal vez yo le hubiese dicho que su voz se asemejaba al trinar de un zorzal, un ruiseñor o una alondra. Pero ¿la voz de una paloma? Y como para completar el cuadro, compara también su rostro con el de esa ave que, sin ser fea, carece de atractivo. Son plumas cortas, ninguna cresta sobre su cabeza, y mayormente de tonalidades grises. Pero para él era hermosa sin importar lo que pensaran los demás; sin comparaciones. No precisaba competir en belleza con ninguna otra doncella. Era especial para él. El libro de Cantar de los Cantares donde se relata dicho romance, nos ilustra sobre otro romance: el que mantiene Jesús con Su amada novia, la Iglesia; es decir contigo y conmigo. Para él tú eres precioso, tan especial para Dios que estuvo dispuesto a pagar el precio más alto para cautivarte: la vida misma de Su único Hijo, entregada en sacrificio en aquella cruz. Aunque para otros carezcas de atractivo, para Dios eres especial y único y siempre serás el objeto de Su amor. No importa cuánto haya desfigurado la vida tu aspecto, siempre serás hermoso para Él.

> "Habló mi amado, y me dijo: "Amada mía, hermosa mía, levántate y ven. Ya ha pasado el invierno, la lluvia ha cesado y se fue; han brotado las flores en la tierra, ha venido el tiempo de la canción y se oye el arrullo de la tórtola en nuestro país. Ya la higuera ha dado sus higos y las vides en cierne, su olor. "¡Amada mía, hermosa mía, levántate y ven!"
>
> Cantares 2:10-13

La belleza de la vida se descubre cuando me siento amado por Dios

28 de agosto

Que lo que dices...

> "Así también vosotros por fuera, a la verdad, os mostráis justos a los hombres, pero por dentro estáis llenos de hipocresía e iniquidad".
>
> Mateo 23:28

Esopo cuenta en una de sus fábulas que una zorra estaba siendo perseguida por unos cazadores, cuando llegó al sitio de un leñador y le suplicó que la escondiera. El hombre le aconsejó que ingresara a su cabaña. Casi de inmediato llegaron los cazadores y le preguntaron al leñador si había visto a la zorra. El leñador, con la voz les dijo que no, pero con su mano disimuladamente señalaba la cabaña donde se había escondido. Los cazadores no comprendieron las señas de la mano y se confiaron únicamente en lo dicho con la boca. La zorra, al verlos marcharse, salió sin decir nada. El leñador le reprochó porque a pesar de haberla salvado, no le dio las gracias, a lo que la zorra respondió: "Te daría las gracias si tus manos hubieran dicho lo mismo que tu boca". Que lo que dices concuerde con lo que haces. No niegues con tus actos, lo que pregonas con tus palabras.

El relato bíblico cuenta la historia de un joven de nombre Jacob, el cual fue llamado engañador. Tenía un hermano, Esaú, cuyo cuerpo estaba cubierto de excesivo pelo. Cierto día se le ocurrió cubrir sus manos con piel de cordero y engañar a su padre casi ciego, haciéndose pasar por Esaú. En el mismo acto del engaño, su padre Isaac le dice: "A la verdad, hijo, tu voz es la voz de Jacob, pero tus manos las de Esaú". En la Biblia, Jacob representa la vida espiritual basada en la promesa, pero Esaú el estilo de vida que sólo piensa en los apetitos de la carne. (¿Por qué Esaú representa los apetitos de la carne? Muchas veces lo que decimos tiene un perfil espiritual pero lo que hacemos tiene la marca de lo carnal. Eso se llama hipocresía. Cuando lo que haces habla tan fuerte que no deja escuchar lo que dices, estás en graves problemas. Sé consecuente y que tus labios no digan una cosa mientras tus manos hacen otra.

Que no se diga de ti: "Tu voz es la voz de Jacob, pero tus manos las de Esaú"

29 de agosto
El que nunca duerme

Se cuenta que en cierta ocasión una pobre mujer demandaba del sultán de Turquía una indemnización por la pérdida de su propiedad. "¿Cómo la perdiste?", le preguntó el Sultán, "me dormí y los ladrones vinieron y me robaron". "Pero ¿Por qué te dormiste?" preguntó el sultán. "Me dormí, porque se suponía que su majestad estaba despierto". Al sultán le

> "Yo les doy vida eterna, y nunca perecerán, ni nadie podrá arrebatármelas de la mano. Mi Padre, que me las ha dado, es más grande que todos; y de la mano del Padre nadie las puede arrebatar. El Padre y yo somos uno".
>
> San Juan 10:28-30.

agradó aquella respuesta y la confianza que en su gobierno expresaba y ordenó que se le pagase lo que había perdido. Se espera que los gobiernos humanos vigilen los intereses de sus gobernados, pero multitud de veces fracasan. No así el gobierno de Dios. Jamás duerme. Dice el Salmista: **"No dormirá tu guardián protector"** y aún mientras dormimos, **"el Ángel de Jehová, acampa alrededor de los que le temen y los defiende"**. ¿En quién depositas tu confianza? Muchos han despertado de sus sueños sólo para observar con pena cómo se esfumaron en su concreción. Otros han depositado sus vidas y corazones en cosas o personas que supuestamente les defenderían y protegerían y fueron traicionados. La traición duele, lastima, seca el alma. Confiaste en tu padre y te lastimó, en tu amado y te traicionó, en un líder y cayó, y dices: "ya no hay nadie en quién confiar". Sabes, Dios nunca te traicionará, Él nunca se dormirá cuidándote; en Sus brazos estarás seguro siempre. Dijo el apóstol Pablo: "¿Quién nos separará del amor de Dios que es en Cristo Jesús? La respuesta es: NADA NI NADIE. Si hasta ahora has depositado tu vida y tu corazón en lugares equivocados, puedes decir junto con Pablo en 2ª Timoteo 1:12 **"No me avergüenzo, porque sé en quién he creído, y estoy seguro de que tiene poder para guardar hasta aquel día lo que he dejado a su cuidado"**. Deposita tu vida en Sus manos, no hay lugar más seguro en el mundo.

**Ocúpate de las cosas de Dios,
que Dios se ocupa de las tuyas**

30 de agosto
Las ranas en el pozo

"En la lengua hay poder de vida y muerte; quienes la aman comerán de su fruto".

Proverbios 18:21

Un grupo de ranas iba atravesando un bosque y dos de ellas cayeron en un hoyo muy profundo, el resto de las ranas se reunieron alrededor y al ver que este era tan hondo dijeron a las dos ranas que se dieran por muertas. Las dos ranas ignoraron los comentarios y trataron de saltar con todas sus fuerzas para salir del hoyo, mientras que las demás continuaban diciéndoles que se detuvieran, que era inútil tratar de salir. Finalmente, una de las ranas se dio por vencida, y haciendo caso a las demás, se dejó caer al suelo y murió. La otra continuó saltando tan fuerte como pudo, mientras que las otras ranas le gritaban que no sufriera intentando salir y que se dejara morir; pero la rana saltó más y más fuerte, hasta que logró salir. Sus compañeras se dieron cuenta de que era sorda, y todo el tiempo había pensado que la estaban animando a salir, no a darse por vencida.

La historia nos enseña dos lecciones: Nuestra boca tiene el poder de la vida y la muerte, dice Salomón en Proverbios 18:21. Una palabra de aliento a alguien que está pasando por un mal momento puede reanimarlo y ayudarlo a salir adelante. Una palabra destructiva puede ser lo único que se necesite para matarlo. Seamos cuidadosos con lo que decimos. Que tu boca siempre tenga una palabra de aliento para todos aquellos que cruzan tu camino. Cuando sientas el grito de la crítica que dice que nunca podrás lograrlo, haz oídos sordos y continúa en tu tarea. Hay personas que se dejan sepultar bajo la crítica y se desaniman y otros usan esas piedras arrojadas como cimientos para sus caminos. Cuida tu boca, nunca olvides que hay mucho poder en la lengua. El que habla sin pensar es como el que dispara sin apuntar. Úsala para construir y no destruir, alabar en vez de adular, alentar en vez de desalentar, instruir en lugar de murmurar.

En la boca está el poder de dar la vida o de quitarla
(Salomón)

31 de agosto

Ciego, pero solamente de ojos

Todos sabemos la destreza que desarrollan aquellas personas discapacitadas para usar, mejor que otras, algunos sentidos y partes de su cuerpo. Un padre ciego trabajaba arduamente para mantener a su familia como artesano. Sin embargo este trabajo sólo le permitía un ingreso mínimo. Cierto día de navidad quiso regalarle a su hijo de 5 años algo especial. Este niño, tenía como juguetes simples trozos de piezas que su padre no ocupaba; restos del taller. Eran su único pasatiempo y esto ocasionaba tristeza al corazón del papá. Aquel artesano recordó que cuando era pequeño jugaba con un hermoso calidoscopio que le habían regalado y se propuso hacer él mismo, uno para su hijo. Así comenzó la tarea de recolectar cuanto trozo de vidrio, espejo, o metales de diferentes colores pudiera, para usarlos en su proyecto. Al finalizar la cena de noche buena, aquel niñito tenía en sus manos el regalo que con tanto esmero su padre había fabricado trabajando en las noches. La felicidad del hijo fue indescriptible. No durmió observando desde el calidoscopio las luces de diversos colores y las hermosas figuras que se iban formando. Durante los siguientes días, se paseaba orgulloso por el barrio y por su escuela mostrando a sus amigos aquel fascinante juguete. "¡Qué hermoso juguete! ¿Dónde lo compraste?" Preguntaban sus compañeros que sabían de la humilde condición de la familia del niño, "no lo compré, mi padre me lo regaló, y él mismo lo hizo con sus propias manos". Era la orgullosa respuesta del muchacho. "Pero ¿Cómo, si tu papá es ciego?" "Es verdad, él es ciego, pero sólo de ojos. No del alma ni del corazón". La respuesta profunda de este niño de 5 años revela una gran lección que debemos aprender los adultos. No es ciego el que no pueda ver, sino aquel que no puede soñar. La capacidad de amar y de soñar por un amor, la fuerza por alcanzar metas aunque imposibles para otros, es un potencial que nadie puede mutilar, sólo tú. Si buscas asistencia divina, podrás ver donde otros nunca ven y soñar despierto aunque los demás duerman.

> "Abre mis ojos, y miraré las maravillas de tu ley".
>
> Salmo 119:18

> **Pero ¿Cómo, si tu papá es ciego?" "Es verdad, él es ciego, pero sólo de ojos. No del alma ni del corazón**

1 de septiembre
Éxitos y logros

"Así dijo Jehová: No se alabe el sabio en su sabiduría, ni en su valentía se alabe el valiente, ni el rico se alabe en sus riquezas. Mas alábese en esto el que se hubiere de alabar: en entenderme y conocerme, dice Jehová".

Jeremías 9:23-24

Helen Hayes dijo en cierta oportunidad que su madre le explicó la diferencia entre logro y éxito. "El logro es el conocimiento que tienes al saber que estudiaste y trabajaste duro haciendo lo mejor que está en ti. Éxito, en cambio, es ser alabado por otros. Eso es lindo también, pero no tan importante o satisfactorio. Siempre dirígete hacia el logro y olvida el éxito". Claro que esta sociedad prioriza cada vez más el éxito sobre los logros. Para el mundo en el que tú, nuestros hijos y yo nos desenvolvemos, los logros no tienen valor si no están acompañados de éxito, aplausos y reconocimientos. Según la filosofía moderna, no tiene sentido el esfuerzo si no es coronado con medallas y símbolos de triunfo. Para nuestra sociedad, aquel que no ha coleccionado alguna medalla en su trayectoria, es un fracasado. En realidad, no existe la motivación necesaria para la conquista de un ideal si no hay algún reconocimiento en ello. Esto es diametralmente opuesto a la óptica de la Biblia según Cristo enseñó. Él dio Su ejemplo y dijo que el cumplimiento del deber basado en la obediencia por amor es en sí, la meta; esa es la cruz, la sumisión en obediencia, la corona viene después. Sea en esta tierra o allá en el cielo, Dios tiene un registro exhaustivo de cada ideal altruista que Sus hijos hayan hecho en Su Nombre. Cuando la vida está fundada en la obediencia a Dios y a Sus preceptos bíblicos, no nos dejamos seducir ni marear por esta sed triunfalista que caracteriza tanto al cosmos como a su agente Satanás, quién desde antes, dio evidencias de poseer una ambición egoísta. Espera en Dios y cumple Su voluntad, esa debe ser tu meta en la vida y sólo así serás verdaderamente feliz.

Concéntrate en los logros, no en los éxitos que vengan por ellos

2 de septiembre
Escepticismo

Cuenta cierta historia que un borracho fue convertido por el Señor y abandonó su vida desordenada. Cierto día, después de su conversión, un escéptico de la Biblia, se mofó de él diciéndole: "¿Crees tú que realmente Cristo hizo que el agua se volviera vino?" La rápida y acertada respuesta del que había sido un alcohólico fue: "No sé qué decirte; pero lo que sí sé es que en mi hogar Cristo hizo que el vino se volviera pan".

> "De modo que si alguno está en Cristo, nueva criatura es; las cosas viejas pasaron; he aquí todas son hechas nuevas".
>
> **2 Corintios 5:17**

Algo así de simpático se relata en la curación de un ciego. Puedes leerlo en Juan 9:24: **"Por segunda vez llamaron al que había sido ciego y le dijeron: "Júralo por Dios. A nosotros nos consta que ese hombre es pecador. Si es pecador, no lo sé, respondió el hombre, lo único que sé es que yo era ciego y ahora veo. Sabemos que a Moisés le habló Dios; pero de éste no sabemos ni de dónde salió. ¡Allí está lo sorprendente!, respondió el hombre, que ustedes no sepan de dónde salió, y que a mí me haya abierto los ojos. Si este hombre no viniera de parte de Dios, no podría hacer nada. Ellos replicaron: Tú, que naciste sumido en pecado, ¿vas a darnos lecciones? Y lo expulsaron. Jesús se enteró de que habían expulsado a aquel hombre, y al encontrarlo le preguntó: ¿Crees en el Hijo del hombre? ¿Quién es, Señor? Dímelo, para que crea en él. Pues ya lo has visto, le contestó Jesús; es el que está hablando contigo. Creo, Señor, declaró el hombre, y postrándose, lo adoró".**

Es triste ver hoy día, escépticos que niegan el poder de Dios y la veracidad de las Escrituras ante la evidencia contundente de tantas vidas transformadas. Que no sea este tu caso, amigo, más bien reconócele en todos tus caminos y serás salvo ahora y por la eternidad.

La prueba más grande del poder de Dios es ver millones de vidas transformadas a tu alrededor

3 de septiembre
Tus mejores años

"Por tanto, ya que ellos son de carne y hueso, él también compartió esa naturaleza humana para anular, mediante la muerte, a aquel que tiene el dominio de la muerte".

Hebreos 2:14

Una hermosa niña de quince años se enfermó repentinamente, quedando casi ciega y paralizada. Un día, escuchó al médico de cabecera que le decía a sus padres: "Pobre niña, en realidad acaba de vivir ya sus mejores días". "No, doctor", exclamó la niña enferma. "Mis mejores días están todavía en el futuro. Son aquellos en los cuales he de contemplar al Rey en su hermosura". Esa es la esperanza de los que han depositado su fe en Jesús. No seremos aniquilados. Cristo resucitó de entre los muertos como garantía de que nosotros también resucitaremos. La resurrección es el gran antídoto contra el temor de la muerte. Nada puede reemplazarla. Las riquezas y los placeres mundanales no pueden traernos consuelo a la hora de nuestra muerte. El Cardenal Borgia exclamó al morir: "En mi vida me he preparado para todo menos para la muerte y ahora, ¡ay, de mí! No me encuentro listo. Comparemos estas palabras con las de algunos discípulos de Jesús: "Estoy cansado. Quiero dormir. Buenas noches". Estaba seguro de despertar en una tierra mejor.

Seguidores de Jesús como aquella niña, han encontrado en la esperanza de resurrección, la fe y entereza para enfrentar la muerte que grandes y sabios no han podido tener, llegando a los umbrales de su vida terrena con la certeza de que, después, les espera su amigo y Rey para introducirles en los portales de esplendor. En verdad, el temor a la muerte es uno de los verdugos que más prisioneros posee. Amigo, los mejores años que puedas disfrutar aquí en vida, no se comparan con lo que está preparado en el cielo para aquellos que están en Jesús porque: **"Cosas que ojo no vio, ni oído oyó, ni han subido en corazón de hombre, son las que Dios tiene preparadas para los que le aman"**. ¿Estás listo para disfrutar tus mejores días?

Sólo los que viven con la vista en el cielo están capacitados para sobrevivir en esta tierra

4 de septiembre
Alas por lombrices

En una soleada mañana, dos alondras volaban alto. La alondra padre hablaba con su polluelo, pero el pequeño, en su inmadurez, fijó su atención en el tintinear de una campanita, que llegaba a sus oídos desde la tierra. El pajarillo, curioso, bajó al campo de donde provenía el sonido que tanto le atraía, y vio que alguien guiaba un carro mientras gritaba: "¡Vendo lombrices! ¡Dos lombrices por una pluma!" A la pequeña alondra le encantaban las lombrices y al nombrarlas se le hacía agua el pico. Sin pensar más se decidió. Arrancó una pluma de sus alas y la cambió por dos lombrices. Cuando se las hubo comido, volvió junto a su padre muy satisfecha. Al día siguiente la alondra esperó ansiosamente el sonido de la campanita y al oírla bajó a realizar nuevamente su extraño negocio, dando una pluma a cambio de dos lombrices. Esto lo repitió día tras día. Una vez ofreció al vendedor cinco plumas por diez lombrices y por espacio de varios días más continuó con el intercambio. Al final, la alondra batió sus alas inútilmente. ¡Ya no podía volar! ¡Estaba condenada a arrastrarse en lugar de volar! ¡Había cambiado sus alas, su libertad, por un puñado de lombrices! Malos negocios como estos, están narrados en las páginas de la Biblia y nos dejan una clara lección. Esaú, por ejemplo, cambió sus derechos de hijo mayor por un plato de lentejas. Lot, el sobrino de Abraham, cambió la carpa por una casa y terminó en una cueva.
Si vives valorando más los placeres terrenales que los bienes espirituales, terminarás arrastrándote como la alondra de nuestra historia. Hoy se cambia una muchacha del trabajo, por la mujer de nuestra vida. El dinero de la leche de los hijos, por una botella de licor. La mensualidad de la renta por una apuesta de Póquer... No seas necio.

> "¿De qué le servirá al hombre si ganare todo el mundo y perdiere su alma?"
>
> Lucas 9:25

Negociar con Satanás es el peor de los negocios e invertir en el banco del mundo, la peor de las inversiones

5 de septiembre

Joyas en su casa

Una historia antigua acerca de un hombre llamado Ali Facid relata que él tenía una pequeña granja y vivía cómodo junto a su familia. Un día un monje budista vino y le dijo: "Sabes, hay unas piedras muy valiosas llamadas diamantes y si tú obtienes una de éstas, puedes llegar a ser un hombre muy rico". Ali Facid se acostó esa noche, pero las palabras del viejo monje lo cautivaron. Él estaba tan obsesionado que sintió que tenía que encontrar una de estas piedras para poder llegar a ser un gobernante. Vendió su granja, dejó a su familia con sus vecinos y se fue a buscar esas hectáreas llenas de diamantes. Pasaron los meses; estaba quebrado en cuerpo y espíritu. Sus ahorros ya se habían gastado y en la bahía de Barcelona, se lanzó hacia el agua y murió ahogado. Mientras tanto, el hombre que le compró la granja, encontró en el patio una pequeña piedra. Unos días después el viejo monje budista llegó, vio la piedra y dijo: "¿De dónde viene este diamante?" El granjero le responde: "estaba arreglando el jardín y la encontré allí". ¿Sabes? En ese mismo jardín, estaban las joyas y los diamantes que hoy adornan las coronas de Europa y Rusia. En el propio patio había hectáreas de diamantes y él no lo sabía. Esta es una historia real, tan real como la de millones de personas que han dejado aquello que más necesitaban para buscar lo que aparentaba placer y seguridad. Hombres han abandonado a sus esposas por una mujer más joven, perdiendo así su familia. Otros han dejado sus seres queridos y patria para aventurarse a nuevas fronteras que sólo les traen pobreza y nostalgia. Historias de aquellos que salieron buscando algo mejor ignorando que en su propia casa tenían lo esencial.

Lo más valioso que debes tener está muy cerca de ti, es la presencia de Dios en tu interior que te capacita para vivir una vida de contentamiento, libre de malos negocios.

No busques tesoros afuera cuando tienes diamantes en tu casa

6 de septiembre
Estatura espiritual

Un labrador visitaba sus campos para ver si estaba lista la cosecha. Había llevado consigo a su pequeña hija, Luisita. "Mira, papá", dijo la niña sin experiencia, "cómo algunas de las cañas de trigo tienen la cabeza erguida y altiva; sin duda serán las mejores y las más distinguidas, esas otras de su alrededor, que bajan su espiga casi hasta la tierra serán seguramente las peores". El padre cogió algunas espigas y dijo: "Mira bien, hija mía. ¿Ves estas espigas que con tanta altivez levantan la cabeza? Pues están enteramente vacías. Al contrario, estas otras que la doblan con tanta modestia, están llenas de hermosos granos y es su peso el que las dobla. No están enfermas".

El sabio y el bueno son humildes; la soberbia es propia del ignorante y del malo. La altura de una persona no se mide por su elevada estatura, por su inteligencia sobresaliente o por las riquezas que posee. Se mide por sus cualidades y al mismo tiempo, por el servicio que con ellas da a Dios y al género humano. Estoy convencido de que a medida que aprendes lecciones de vida, debes ser más y más humilde. Aquel que por la experiencia que ha cosechado y los logros que ha alcanzado se eleva y desprecia a otros, no ha aprendido nada. Cuanto más aprendes en la vida, más hambre por saber tienes. Cuanto más alto llegues, más bajo deberás ponerte, para comprender a los otros. Aquel que vive de rodillas es el más grande en el reino de los cielos. El más grande hombre que pisó este suelo se arrodilló y lavó los pies de sus discípulos para enseñarnos esta gran lección. ¿Por qué nosotros no hacemos lo mismo? Sólo aquellos que cargan sobre sí los frutos de años de sabiduría e inteligencia, se muestran doblados por el peso de sus logros y en actitud humilde bajan sus cabezas en reverencia a Aquel que merece toda gloria.

> "Revestíos de humildad; porque: Dios resiste a los soberbios, y da gracia a los humildes. Humillaos, pues, bajo la poderosa mano de Dios, para que él os exalte cuando fuere tiempo".
>
> 1ª Pedro 5:5-6

El sabio y el bueno son humildes: la soberbia es propia del ignorante y del malo

7 de septiembre

El león y el mosquito luchador

> "Antes del quebrantamiento es la soberbia, y antes de la caída la altivez de espíritu".
>
> **Proverbios 16:18**

Un mosquito se acercó a un león y le dijo: "No te temo" además, no eres más fuerte que yo ¿Arañas con tus garras y muerdes con tus dientes? ¡Eso también lo hace una mujer defendiéndose de un ladrón! Yo soy más fuerte que tú y si quieres, ahora mismo te desafío a un combate". Y haciendo sonar su zumbido, cayó el mosquito sobre el león, picándole repetidamente alrededor de la nariz. El león empezó a arañarse con sus garras, lastimándose hasta que finalmente renunció al combate. El mosquito victorioso, hizo sonar de nuevo su zumbido y salió en su vuelo triunfal, tan contento y emocionado que fue a enredarse en una tela de araña. Al tiempo que era devorado por ésta, se lamentaba que él, quien luchó contra los más poderosos venciéndolos, fuese a perecer en manos de un insignificante animal como la araña. No importa qué tan grandes sean los éxitos en tu vida, cuida siempre la dicha que tienes de haber obtenido uno de ellos. Muchos en la historia han sido vencidos al final de sus vidas por creerse infalibles, siendo derrotados por enemigos mucho más pequeños. Ese fue el caso de Sansón. Un joven que, según nos relata el libro de los Jueces de Israel, nació y creció con un don otorgado por Dios, que le capacitó con una fuerza física sin igual. Pero abusó, olvidó la fuente de su poder, fue despojado de su grandeza y aquel que vencía a miles de hombres valiéndose sólo de una quijada de buey, fue derrotado por una mujer que lo durmió en sus rodillas. ¿Sabes? Los triunfos más grandes nunca estarán asegurados si no están sustentados por Dios. Él es quien garantiza tu vida y sólo aquellos que hacen suya la victoria de Jesús en la Cruz, pueden decir por siempre que son más que vencedores.

No importa qué tan grandes sean los éxitos en tu vida, cuida siempre la dicha que tienes, de haber obtenido uno de ellos

8 de septiembre
Ironías de la vida

Todo empezó cuando Madeline Murray O'Hare se quejó porque no quería que se orara en las Escuelas. Después, alguien dijo que tampoco debería leerse la Biblia. El Dr. Benjamín Spock dijo que no se debía corregir a los hijos cuando se portaran mal. Todos dijeron, "OK, no los corregiremos más". Más tarde, alguien dijo a maestros y directores de escuelas que no debían disciplinar a los alumnos. Luego dijeron: Permitan a nuestras hijas que aborten si ellas así lo escogen sin tener que tener que pedir permiso de sus padres, y dijimos "buena idea". Otro miembro brillante de una escuela dijo: Si nuestros jóvenes son jóvenes, vamos a darles todos los condones que quieran para que puedan divertirse. Después, otro oficial de gobierno dijo que no importaba lo que uno hiciera en privado mientras cumpliera con su trabajo. Más tarde dijeron vamos a hacer revistas con mujeres desnudas y le llamaremos "arte"... y dijimos: "OK". La industria del "entretenimiento" dijo: "hagamos películas y shows que promuevan la profanación, violencia y sexo ilícito, y dijimos: "Son los medios, sólo se divierten, el que no lo quiera que no lo vea". Ahora, nos estamos preguntando por qué nuestros hijos no tienen conciencia, no distinguen entre el bien y el mal y no les molesta traicionar, golpear o matar a alguien, incluyendo a sus amigos y familiares y hasta suicidarse. ¿Por qué tantos embarazos no deseados... niñas burladas, SIDA, drogas, enfermedades venéreas, abortos, rebeldía? Probablemente, si lo pensáramos lo suficiente, sabríamos por qué... y creo que tiene mucho que ver con NOSOTROS, porque finalmente cosechamos "SOLAMENTE" lo que hemos estado sembrando, dice la Biblia en Gálatas 6. Un joven escribió: "Querido Dios, ¿por qué no salvaste a la pequeña niña de la escuela de Michigan?". Y firmó: Sinceramente, Estudiante preocupado. Recibió una respuesta así: "Amado Estudiante Preocupado: A mí no se me permite estar en las Escuelas... No me dejaron hacer nada. Sinceramente, Dios".

> "El que me rechaza, y no recibe mis palabras, tiene quien le juzgue; la palabra que he hablado, ella le juzgará en el día postrero".
>
> Juan 12:48

Dios está tan lejos como lo hemos puesto de nuestras vidas

9 de septiembre
Somos hermanos

Un alfiler y una aguja se encontraron en una cesta de labores. No teniendo nada qué hacer, empezaron a reñir, como suele suceder entre gente ociosa, entablándose la siguiente disputa: "¿De qué utilidad eres tú?", dijo el alfiler a la aguja; "¿cómo piensas pasar la vida sin cabeza?" "Y a ti", respondió la aguja en tono agudo, "¿de qué te sirve la cabeza si no tienes ojos?" "¿Y de qué te sirve el ojo si siempre tienes algo en él?", dijo el alfiler. "Pues yo, con algo en mi ojo, puedo hacer mucho más que tú". "Sí; pero tu vida será muy corta, pues depende de un hilo."Mientras hablaban así, entró una niña deseando coser, tomó la aguja y empezó su obra por algunos momentos; pero tuvo la mala suerte de que se rompiera el ojo de la aguja. Después cogió el alfiler, y atándole el hilo a la cabeza, procuró acabar su labor; pero tal fue la fuerza empleada que le arrancó la cabeza y disgustada la echó con la aguja en la cesta y se fue. "Con que aquí estamos de nuevo, parece que el infortunio nos ha hecho comprender nuestra pequeñez; no tenemos ya motivo para reñir", se dijeron...

Lo mismo sucede con aquellos que disputan acerca de sus dones y aptitudes hasta que los pierden y luego, echados en el polvo, descubren que son hermanos. Es triste comprobar que cada vez más nos vemos involucrados en riñas causadas por la defensa de nuestros derechos y la exhibición de nuestras virtudes, olvidando que no somos seres absolutos sino complementarios; nada podemos hacer nosotros solos, necesitamos de los demás y especialmente de Dios. Anímate a interactuar, primero con Dios y luego con tus semejantes y verás cuán lejos puedes llegar en la vida. No sea que te sorprenda la humillación y derrota, que llegan inevitablemente, luego de la soberbia.

Antes del quebrantamiento es la soberbia, y antes de la caída la altivez de espíritu. (La Biblia)

10 de septiembre
Línea de flote

En 1876, el gobierno británico dictó una ley en cuanto a los embarques comerciales marítimos. Esta ley requería que todo barco portara una marca en su arco para indicar cuando un bajel ya había recibido la máxima cantidad de carga permitida para garantizar un viaje seguro. Si la marca estaba bajo el nivel de flotación, entonces se requería que el barco bajara la carga para subir la marca hasta el nivel permitido. Esta marca se llamó "la Marca Plimsoll", nombrada en honor al reformador británico, responsable de dicha ley. Dios ha puesto una "marca Plimsoll" en cada uno de nosotros. Señala el límite en el cual ya no podemos recibir carga adicional. Dios conoce nuestros límites y no nos permitirá llevar más de lo que podemos aguantar. A veces somos tentados a cuestionar la habilidad de Dios para leer nuestra "marca Plimsoll". De alguna manera entramos al mar del mundo con la capacidad de carga en cero y a medida que nos comprometemos más con la vida cargamos, inconscientemente, muchas cosas sin valor trascendental, que hunden nuestra marca de flote hasta el límite llegando incluso hasta el naufragio. Esas cosas, frenan nuestra marcha, y se torna pesada y agobiante. Dios tiene Sus mecanismos para hacernos ver lo urgente de la situación, pero miramos hacia otro lado, pensamos que podemos cuidarnos mucho mejor que Dios y arriesgamos nuestras vidas y la de los que viajan a bordo de nuestra nave. No en vano dice la Biblia, despojaos de todo peso para correr la carrera que tienes por delante.

Deja que Dios reordene tu escala de valores. Arroja fuera de tu vida todo aquello que te es pérdida y conserva sólo lo que es ganancia, por la excelencia de conocer a Cristo. Sólo así disfrutarás de la vida y llegarás a puerto seguro.

> "Despojaos de todo peso... y corramos con paciencia la carrera".
>
> Hebreos 12:1

Si quieres hundirte rápido... sobrecárgate

11 de septiembre
Alza tu vista

"¿No decís vosotros: Aún faltan cuatro meses para que llegue la siega? He aquí os digo: Alzad vuestros ojos y mirad los campos, porque ya están blancos para la siega".

Juan 4:35

En la universidad, una de las materias complementarias que uno debe tomar es el atletismo, que tiene una modalidad llamada salto de longitud. Un maestro, puso a todos sus alumnos a saltar sin decirles nada. Después de que cada uno había saltado, les dijo que todos habian cometido un error clásico y básico. Manifestó que al pisar la línea de despegue, todos se fijaban en el punto donde caerían. Todos pensaron que tenían que correr más rápido, saltar más fuerte o algo semejante. ¡Qué sorpresa cuando el maestro les dijo que lo único que quería que hicieran diferente esta vez, era que en el momento de pisar la línea de salto, levantaran la cabeza y alzaran su mirada! "Eso va a jalar sus cuerpos en un ángulo que les permitirá tener una mayor longitud en su salto".

Muchas veces estamos tan enfocados en las cosas de este mundo y en nuestras propias vidas que nuestros "saltos de fe" son pequeños. Pero tenemos que levantar la cabeza y alzar la vista "puestos los ojos en Jesús, el autor y consumador de la fe". Sólo entonces vamos a hacer grandes cosas en el Señor. A veces te encuentras en situaciones extremas donde, si quieres seguir en competencia, no queda otra que saltar. Decisiones laborales, asuntos de familia, cuestiones personales o sentimentales... Momentos determinantes en los que necesitas valor para dar el salto.La confianza en Dios es un patrimonio indispensable. ¿Lo tienes en este momento? Si alzas tus ojos verás a Aquél que tuvo que dar un salto de fe y, aferrado a la confianza en Su Padre, dijo: **"Padre, en tus manos encomiendo mi espíritu"**, y murió por ti y por mí en la cruz del Calvario.

Cuanto más alto enfoques tu mirada, más alto llegarás

12 de septiembre
El Dios que me ve

Agar sabía de lo que se trataba cuando el ángel se le acercó y le dijo que el nombre de su hijo debía ser Ismael, que significa: *Dios oye*, pues ella era egipcia y los dioses egipcios eran ciegos y sordos. Pero para Agar había otra realidad allí, y era que Dios le había visto. Así como Dios le había puesto nombre a su hijo, ella quiso ponerle nombre a ese lugar y le puso el pozo del "Viviente que me ve". Sí, quien le miraba no era un Dios muerto de yeso o de madera, sino el Dios invisible que vive, el Dios de vivos y no de muertos.

Pero Agar no sabía a dónde ir. Había huido de su patrona Sarai y vagaba por el desierto con un hijo en sus entrañas. Su país natal, Egipto, quedaba lejos y su única esperanza era morir sin sufrir mucho. Pero este encuentro con Dios le cambió la vida y esta joven regresó a la casa de su ama con su fe puesta en un Dios que ve y que oye.

Tal vez te identifiques con la muchacha de nuestra historia pues te encuentras sufriendo algún tipo de crisis familiar o estás en una situación económica en la que no sabes qué darle de comer a tus hijos, incluso el problema puede ser de salud... Allí en tu desierto de aflicción hay un Dios que te oye y que te ve. Sí. Aunque tú no le veas a Él, Él te ve a ti y escucha tu clamor, tenlo por cierto. Quizás Dios permitió esta situación para tener un encuentro definitivo contigo y demostrarte cuánto te ama. Tú puedes escoger enojarte con Dios y dejarte morir o levantar tus ojos al cielo, oír su voz, percibir su mirada de amor desde aquella cruz de tormento y abrazarte por la fe a Él. ¿Qué harás?

> "No os afanéis, pues, diciendo: ¿Qué comeremos, o qué beberemos, o qué vestiremos? ... pero vuestro Padre celestial sabe que tenéis necesidad de todas estas cosas. Mas buscad primeramente el reino de Dios y su justicia, y todas estas cosas os serán añadidas".
>
> Mateo 6:31-33

Los desiertos de la vida pueden esconder pozos de aguas que cambien tu perspectiva de ella

13 de septiembre
Mis metas o las metas de Dios

> "Ya que somos hechura suya, creados en Cristo Jesús, para hacer las obras buenas, que Dios había preparado para que las practicáramos".
>
> Efesios 2:10

Muchas veces creemos que el éxito en la vida es alcanzar las metas propuestas. Desde pequeños, consciente o inconscientemente, nos estimulan a ponernos metas y nos insinúan que, en la conquista de esos ideales está encerrado el secreto de la victoria y la plena realización del ser humano. Por consiguiente, la ausencia de metas o la dificultad en concretarlas es sinónimo de fracaso personal con todo el bagaje de frustraciones y traumas que esto conlleva. Así, siempre hemos escuchado la típica y odiada pregunta de nuestros mayores: ¿Qué vas a ser cuando seas grande? Detrás de este interrogante está escondida la propuesta de vida que nuestra sociedad impone respecto a la independencia del que no tiene en cuenta a Dios en sus planes a corto, mediano, y mucho menos, a largo plazo. ¿Has escuchado algún niño responder a este interrogante: "No sé. Mi futuro está en las manos de Dios, a Él pregúntenle"? Yo tampoco. Otra variante del tema es la de aquel cuya posición es: "yo sé que mi vida depende de Dios y me esforzaré por cumplir metas que le agraden y conquistar logros para conseguir así una mejor aceptación de parte de Él". Entonces, nos fijamos el rumbo, planificamos la vida y pretendemos ponerle un rótulo de santidad a aquellos emprendimientos que, aunque con buenas intenciones y fines altruistas, no cuentan quizás con el aval de Dios. Sólo cuando llegamos a la madurez de nuestras vidas, aprendemos que el verdadero éxito no consiste en alcanzar las metas que tenemos para Dios, sino en alcanzar las metas que Él tiene para nosotros. Dice Pablo en Efesios capítulo 2 que Dios tiene buenas obras preparadas desde antes que creara el mundo, para que andemos en ellas. En el descubrimiento y la conquista de Sus metas para mí, se encierra el secreto de una vida piadosa.

El verdadero éxito en la vida no consiste en alcanzar las metas que tengo para Dios, sino en alcanzar las metas que Él tiene para mí

14 de septiembre

Cristianismo sentimental

Hoy se promueve un cristianismo superficial basado sólo en el sentimentalismo humano. La mayoría de la gente se acerca a una iglesia buscando experiencias para sentirse bien. No hay una búsqueda de la verdad, mucho menos un sentir de humillación por el reconocimiento de pecados. Todo el interés gira en torno a lo que "yo" experimente o sienta.

> "Tenemos también la palabra profética más segura, a la cual hacéis bien en estar atentos como a una antorcha que alumbra en lugar oscuro".
>
> 2ª Pedro 1:19

Nadie dice que los sentimientos sean malos, son parte de nosotros, fueron creados por Dios y puestos por Él en nuestro interior, pero el sentimentalismo religioso es algo muy distinto. Es una forma de apaciguar el alma; busca la emoción como una droga, cuyos efectos son pasajeros y provoca un vacío interior cuando falta. Muchas iglesias de hoy, se parecen más a un cine o a un teatro que a un lugar de adoración y fortalecimiento espiritual. Todo marcha bien mientras se mantengan las almas en un clímax de entretenimiento continuo, masticando chicle en lugar de alimentarse con la Palabra de Dios que ocupa cada vez menos espacio en estos "shows pseudo cristianos". Un creyente emocional crece rápidamente como aquella semilla sin raíz, en la parábola del sembrador en Mateo 13, pero se seca con la primera tormenta de su vida. Estas personas buscan una experiencia que los desahogue de los problemas cotidianos, pero no buscan a Cristo y lo único que encuentran es frustración cuando se desmoronan por no tener sustento firme de su fe. Amigo, Dios está interesado en ti integralmente porque te creó como ser integral. Tú no eres sólo alma, emociones, sentimientos; tú eres también cuerpo, mente racional y especialmente espíritu. Alguien dijo que en verdad el ser humano es un espíritu con cuerpo. Basar tu fe sólo en emociones momentáneas y experiencias de culto, es adictivo, hueco e intrascendente. ¿Qué deseas ser, un creyente de emoción o vivir la emoción de ser un verdadero creyente?

¿Qué deseas ser, un creyente de emoción o vivir la emoción de ser un verdadero creyente?

15 de septiembre
Botellas al mar

> "Pero tenemos este tesoro en vasos de barro, para que la excelencia del poder sea de Dios, y no de nosotros"
>
> 2ª Corintios 4:7

Se cuenta de un marino norteamericano que halló flotando una botella en el mar con una carta dentro y la entregó a la reina Isabel II de España. El mensaje en su interior era nada más y nada menos que de Cristóbal Colón, el destinatario la Reina Isabel I de Castilla, y había sido arrojada al mar en 1493, 359 años antes, cuando este viajero pensaba que estaba en las Indias. El pastor Joel T. Pierce deja botellas con mensajes evangelísticos en el río Cosa. De 30.000 botellas que ha tirado al río ha recibido unas 6.000 respuestas, de 29 estados norteamericanos y de 8 países extranjeros. Lo mismo se dice de George Philips, quien desde que se convirtió al cristianismo no deja de enviar su testimonio en botellas de licor arrojadas a la marea. Un soldado norteamericano halló una de estas botellas durante la invasión a África en 1942, cuando se arrastraba por la playa en dirección al interior. Al principio temió haberse encontrado con una bomba disimulada pero en lugar de hallar un mensaje de muerte encontró un mensaje de vida. De alguna manera, Dios envió Su mensaje a la humanidad perdida en este planeta, envasado en la persona de Su Hijo. Cristo fue el vehículo escogido por Dios para enviar y transmitir Su mensaje, Su pensamiento al mundo, de la manera más fidedigna, a tal punto que Jesús pudo decir **"el que me ha visto a mí ha visto al padre"**. En verdad, varias veces en tu naufragar por esta vida te has encontrado con mensajes de Dios, la cuestión es... ¿qué harás con ese mensaje? El envase es simple, un Cristo crucificado y una misteriosa tumba vacía. El medio de envío es más simple todavía, vasijas de barro, simples pecadores perdonados. Pero el resultado de creer esta verdad eterna es increíble: una vida nueva, conciencias libres de culpa, poder sobre el pecado y un destino de gloria eterna en el cielo...

El mensaje glorioso del evangelio, se pasea por el mundo dentro de simples vasijas de barro

16 de septiembre
Huellas en la nieve

El oeste de Minesota, queda totalmente cubierto de nieve en épocas frías. Dos labradores se hallaban cada uno haciendo sus labores diarias en el campo. Uno de ellos se perdió en medio de un gran temporal. Después de mucho transitar con su trineo, encontró huellas del trineo de su vecino que le parecieron conocidas, por lo que no dudó ni un minuto en seguirlas para hallar el camino al pueblo. Viajó varias horas y cuando sospechaba de su paradero, ya que debería haber llegado a destino según sus cálculos, escuchó el tintinear de las campanitas de su amigo. El corazón dio un salto sabiendo que estaba cerca, hasta que le alcanzó sólo para enterarse de que su amigo estaba tan perdido como él. Ambos encontraron luego el sendero al pueblo guiándose por la dirección del viento.

Muchas decisiones en la vida tomadas sin calcular el costo, nos pueden hacer perder el verdadero propósito y rumbo en nuestras vidas y lo que es peor, pueden hacer errar a otros. De hecho, te encontrarás con señales engañosas, consejos errados, caminos que parecen derechos pero su fin es camino de muerte. Pero también es cierto que en algún momento de tu vida, Dios te mostrará alguna señal, te hará ver que estás equivocado, y si aún así persistes en seguir en tu dirección, las consecuencias serán desastrosas. La palabra arrepentimiento en la Biblia significa cambio de dirección y es eso justamente lo que necesitas para comenzar a vivir. Caminar en dirección a Jesús.

> "Si un ciego guía a otro ciego, ambos caerán al pozo".
>
> Lucas 6:39

Si un ciego guía a otro ciego, ambos caerán al pozo

17 de septiembre
Necesitas un cambio

"Yo me acuesto, me duermo y vuelvo a despertar, porque el Señor me sostiene".

Salmos 3:5

Pensaste que era un error de imprenta y estuviste a punto de devolver este libro y reclamar tu dinero. ¿Te sentiste por un momento estafado?...

¿Te das cuenta? Las apariencias, con frecuencia nos engañan. Es que somos apresurados para emitir un juicio. Nuestro orgullo interior, es como un arco entesado listo para ser disparado ante el menor indicio de pérdida, amenaza o traición. Cuando vives a la defensiva y desconfiando de todo, considerando al que pase a tu lado como un enemigo potencial y evaluando cada situación traumática como producto del engaño de algo o de alguien, evidencias una crisis de confianza. Crees que todo depende de ti, que nadie podrá defenderte o cuidarte mejor de lo que tú eres capaz de cuidarte, exiges tus derechos con vehemencia. Te pregunto: ¿Quién te defiende? "¡NADIE! Aprendí a cuidarme solito en la vida", me dirás. Muchos andan por la vida amargados, por rencores y miedos que se han arraigado en el corazón y dudan de todo y de todos. No disfrutan de nada, son pesimistas crónicos y se aíslan de los demás. Dice la Biblia en Hebreos 12:15: "**Asegúrense de que nadie deje de alcanzar la gracia de Dios; de que ninguna raíz amarga brote y cause dificultades y corrompa a muchos**". Este pasaje, nos dice que la amargura enraizada en el corazón del hombre, producto de agresiones y viejas heridas, se torna en una dificultad que le estorba en su diario vivir y a la larga, afecta a los que les rodean. Necesitamos, hoy mismo, un cambio radical en nuestro sistema de confianza, y ese cambio se debe construir desde una base realmente firme, que no necesariamente es el propio orgullo o el mecanismo de autodefensa. Es una fortaleza extrema y externa, que viene desde el cielo y te hace vivir confiado.

Voltea esta página, respira profundo, digiere tus rencores y miedos y eleva una oración de confianza a Dios. Él siempre cuida de ti, mejor que nadie.

18 de septiembre
Pequeños ejércitos

Algunas victorias notables han sido ganadas por pequeños ejércitos. Oliverio Cromwell, por ejemplo, seleccionó a sus hombres hasta que no le quedó sino un regimiento de mil fornidos puritanos que temían a Dios y sabían por qué estaban combatiendo. Estos "Ironsides" nunca fueron derrotados. Garibaldi, el héroe italiano, con mil hombres escogidos, salió de Génova por la noche, fue a Sicilia, derrotó a un ejército de diez mil hombres y en tres meses libertó de la opresión a la isla de Sicilia. Leonidas, y sus trescientos espartanos, en el año 480 a. de J. C. defendieron el desfiladero de Las Termópilas durante dos días, y rechazaron un enorme ejército que Jerjes arrojó en vano contra ellos. La heroína francesa Juana de Arco, perteneció a una familia de aldeanos piadosos, cuando Francia estaba asolada, porque los ingleses la habían invadido. Después de formar un ejército, logró libertar a Orleáns. Después hizo coronar en Reims al Delfín como Carlos VII Rey de Francia. Las anécdotas de pequeños valientes que derrotaron grandes ejércitos se suceden vez tras vez a lo largo de nuestra historia.

Es que el valor no radica en los medios que tengas a disposición para tus emprendimientos, sino en la convicción espiritual e interior que te sustente. Cuando esa base está puesta en Dios y en Su poder, puedes decir junto con el apóstol Pablo: "Todo lo puedo en Cristo que me fortalece". No hay ningún versículo en la Biblia que diga que el hombre es fuerte pero sí hay muchos que dicen que puede ser fortalecido. Dios busca hombres y mujeres que sean débiles y le busquen en oración reclamando poder. Con esos se ganan grandes batallas; Al fin y al cabo, ser valiente no es no tener miedo, sino que, teniendo miedo, igual avanzo. Si avanzo con mi fe en Dios eso se llama confianza, si avanzo basado en mis corazonadas eso se llama imprudencia. Descansa en Dios y alcanzarás fronteras inimaginables en tu vida.

> "Éstos confían en sus carros de guerra, aquéllos confían en sus corceles, pero nosotros confiamos en el nombre del Señor nuestro Dios".
>
> Salmo 20:7

Algunas grandes victorias han sido ganadas por pequeños ejércitos

19 de septiembre
Los que triunfan

Después de una serie de experimentos infructuosos, un científico se negó admitir su fracaso. "No hemos fracasado todavía", le dijo a su colaborador desanimado, ahora sabemos que hay 1.000 procedimientos que no dan resultado, así que estamos mucho más cerca de hallar el correcto. Su nombre: Thomas A. Edisson. Un muchacho era tan lento en aprender a hablar que sus padres creyeron que era anormal, con el tiempo llegó a ser un científico eminente. Su nombre: Albert Einstein. Hubo otro muchacho que tenía muy pocas probabilidades de tener éxito en la vida. Reprobó dos veces el examen de ingreso en una academia militar. Fue aceptado la 3ª vez, se puso a estudiar en serio y pronto el mundo comenzó a tener noticias de él. Su nombre: Winston Churchill, Ministro inglés clave en la segunda guerra mundial y por quien el mundo fue libre de la amenaza de Hitler. Y la lista de hombres y mujeres que no se desanimaron ante sus fracasos, que no escucharon la crítica destructiva y que no tuvieron temor de ser parte de las minorías es larga.

En realidad rara vez las mayorías tuvieron la razón. Fueron algunos pocos escépticos los que revolucionaron el mundo de la tecnología y el arte con sus ideas. Jesús fue el mejor exponente de lo que intentamos decirte. Comenzó sólo con un mensaje revolucionario. Reunió un pequeño grupo de adeptos a los que llamó discípulos, formó un pequeño organismo dependiente de Su misma vida llamada Iglesia que se asemejaba, en Sus propias palabras, a una manada pequeña, pero Su verdad sigue marchando y hoy somos un ejército que le sigue gritando al mundo el evangelio de siempre, aunque parezca locura. Si sigues a las mayorías caerás en el engaño del diablo porque ancha es la puerta y espacioso el camino que conduce a la perdición, pero estrecha es la puerta y angosto el camino que lleva a la vida eterna y sólo algunos se salvan. No te engañes.

Cuando le preguntaron al escritor Riley el secreto de su éxito contestó: la goma de borrar que está al extremo de mi lápiz

20 de septiembre
Antonio Stradivarius

"En amor habiéndonos predestinado para ser adoptados hijos suyos por medio de Jesucristo, según el puro afecto de su voluntad".

Efesios 1:5

En Italia, en el pueblo de Cremona, vivió durante el siglo XVI un joven llamado Antonio quien se sentía triste porque no podía cantar ni ejecutar ningún instrumento musical. Sus amigos se burlaban de él porque al parecer su única habilidad era trabajar la madera. Un día conoció a un famoso fabricante de violines llamado Amatti y le solicitó trabajo en su taller. Allí trabajó durante varios años. Con paciencia hizo varios violines procurando que cada violín fuera mejor que el anterior. Cuando Antonio murió dejó hechos más de 1.500 violines que llevaban en su interior su nombre grabado: Antonio Stradivarius. Hoy son los violines más buscados y apreciados en la tierra. Los violines de Antonio hoy se venden por cifras increíbles. Él no podía cantar ni tocar pero hizo lo que sabía y pasó a la historia de la música, área en la que soñó incursionar. El triunfo en la vida no consiste en hacer lo que quiero sino lo que debo. Lo que debe frustrarte no es el hecho de no haber podido realizar la meta que te propusiste, sino el no realizar la meta que Dios se propuso para ti. Dice Dios en Su Palabra que hay obras preparadas de antemano para que las descubramos y en su concreción está la verdadera realización de la vida y la libertad, porque no es libre el que vive haciendo lo que quiere, sino el que hace lo que debe hacer.

En comunión con Dios, descubrirás cuál es tu propósito de vida y serás un victorioso junto con Pablo Apóstol que dijo: "**Somos más que vencedores por medio de Aquel que nos amó**". Y aunque otros minimicen tus virtudes, debes saber que sólo en Dios recobras identidad y tu verdadero valor en la vida. Para Él eres tan importante que pagó el precio más alto por ti en la Cruz dando a su Hijo en tu lugar. ¿Te animas a ingresar a Su taller?

> **No es feliz el que vive haciendo lo que quiere, sino el que vive haciendo lo que debe**

21 de septiembre
Un simple pedazo de mármol

El escultor Agostino D´Antonio, de Florencia (Italia), trabajó durante días, un trozo de mármol duro, sin poder extraer de él la escultura que deseaba. Cansado ya de intentar varias veces, se dio por vencido y arrojó al montón de basura aquella piedra sin valor. Dando un paseo un día, el gran Miguel Ángel vio el mármol, y después de analizarlo pidió que lo llevaran a su taller. Comenzó a trabajar y al poco tiempo también se percató de lo difícil que sería sacar de esa piedra algo de valor, pero, no se rindió. Lo observó desde todos sus ángulos y buscó diligentemente dónde asestar el golpe y con cuánta intensidad. Día tras día, aquel mármol iba tomando forma. Hasta que al final, cuando el trabajo estuvo acabado, vio la luz una de las más bellas obras de Miguel Ángel: "El gran David".

De alguna manera también David, el pastorcito de los relatos bíblico fue tomado del anonimato, sin valor aparente, ni siquiera para su propio padre, que por ser el hijo menor de la familia no lo veía apto para reinar sobre Israel. Pero Dios vio en él lo que nadie veía. Y poco a poco aquel pastor se fue transformando en rey y llevó a su nación durante 40 años a los umbrales más elevados de estabilidad política, económica y espiritual. De alguna manera también, todos aquellos que hemos sido tocados por el certero cincel del maestro, estamos siendo, en Sus manos, transformados de día en día a Su imagen, y Él va cumpliendo en nosotros lo que es agradable delante de él.

Y tú también puedes, apreciado amigo, ser levantado del montón de desperdicios, donde tal vez la gente te ve, sin valor aparente, y ser transformado en algo glorioso si dejas que Dios obre en ti. Entrégate a Él hoy mismo y serás otro pedazo de piedra transformado en ángel como tantos.

> **Todos aquellos que hemos sido tocados por el certero cincel del maestro, hemos sido y estamos siendo en sus manos transformados de día en día a Su imagen**

22 de septiembre
Media cobija

Don Roque era ya un anciano cuando murió su esposa. Durante largos años había trabajado con ahínco para sacar adelante a su familia. Su mayor deseo era ver a su hijo convertido en un hombre de bien, respetado por los demás, ya que para lograrlo dedicó su vida y su escasa fortuna. Don Roque llamó a la puerta de la casa donde vivía su hijo con su familia:

"Hola papá. ¡Qué milagro que vengas por aquí!" "Hola hijo, qué bueno verte. Quería visitarte, pero temía ser un estorbo para ti. ¿Te molestaría que me quedara a vivir con ustedes? ¡Me siento tan solo!" "¿Quedarte a vivir aquí?... Sí, claro... Pero, no sé si estarás a gusto. Tú sabes..., la casa es chica, mi esposa es muy especial..." "Mira hijo, si te causo muchas molestias olvídalo. No te preocupes por mí. Alguien me tenderá la mano". "No, padre. No es eso, sólo que... No se me ocurre dónde podrías dormir... O sólo que ¿no te moleste dormir en el patio?" "Bien, dormir en el patio está bien, hijo". El joven llamó a su hijo Luis, de 12 años: "Mira hijo, tu abuelo se quedará a vivir con nosotros. Tráele una cobija para que se tape en la noche. Va a dormir en el patio, no quiere que nos incomodemos por su culpa". Luis subió por la cobija y la cortó en dos. En ese momento llegó su padre: "¿Qué haces Luis? ¿Por qué cortas la manta de tu abuelo?" "¿Sabes papá?, estaba pensando en guardar la mitad de la cobija para cuando tú seas viejo y vayas a vivir a mi casa..." Dice la Biblia **"No os engañéis, Dios no puede ser burlado, pues todo lo que el hombre sembrare, eso también segará"**. La familia es una finca y los hijos, como terreno fértil, absorben todo lo que ven en sus padres. Muchas veces cosechamos lo que hemos sembrado en nuestros hijos.

Nunca hagas con los demás lo que no te gusta que hagan contigo

23 de septiembre
Indecisión

Durante la Guerra Civil de Estados Unidos, los poblados que estaban en la frontera fueron los que más sufrieron. Había muchas personas que trataban de quedar bien con ambos bandos. Tenían las dos banderas, y de acuerdo con la situación del momento, izaban una u otra, y daban vivas a uno y otro ejército. ¿Sabéis lo que les sucedió? Fueron despreciados por ambos ejércitos, y sus casas fueron arrasadas.

Alguien ha dicho que hay tres clases de personas en el mundo: aquellas que dicen quiero, aquellas que dicen no quiero, y aquellas que dicen no puedo. Las primeras triunfan en todo, las segundas se oponen a todo y las terceras fracasan en todo. Bien ha dicho alguien que la indecisión es la peor de las decisiones. En cosas superfluas no hay problema pero cuando están en juego cuestiones tan importantes como el destino eterno de tu alma no puedes arriesgar. Dios usa mecanismos a lo largo de tu vida con la marcada intención de atraerte hacia Él y salvarte. Dice la Biblia que la demora de Dios para ejecutar sus juicios sobre la tierra y la humanidad no es síntoma de olvido o debilidad sino de amor y paciencia no queriendo que nadie se pierda sino que todos procedan al arrepentimiento. No postergues tu decisión, no seas indeciso, el infierno estará lleno de ellos. Puedes estar convencido de tu pecado y del perdón divino, pero si eso no te lleva a la cruz para arreglar cuentas, no te sirve de nada. "Aun la decisión correcta se convierte en una decisión incorrecta cuando se toma demasiado tarde". Dios espera tu respuesta, pero un día la oportunidad se acabará y vendrá Su juicio. Sí. Él es lento para la ira, pero aunque lento, llega. No lo dudes.

"La indecisión es la peor de las decisiones"

24 de septiembre
Abre tus ojos

La historia del profeta Jonás relatada en las páginas de la Biblia está repleta de situaciones paradójicas que se asemejan a nuestras experiencias de vida. Lo vemos huyendo de Dios en el capítulo uno, en dirección contraria a la expresa voluntad de Dios. Lo encontramos corriendo hacia Dios en el capítulo dos, luego de una disciplina increíble. Llegamos al capítulo tres de su biografía y le vemos andando con Dios, aunque a desgano, cumple la orden y predica. Pero llegamos al último capítulo y vemos que Jonás ya no corre. Está sentado, enojado, deprimido y con pensamientos suicidas. En cada capítulo Dios le salió a su encuentro para guiarlo a la reflexión, pero aquí ya Dios no sabe qué más decirle a este pesimista y discriminador profeta. "¿Qué haces ahí, Jonás?" "Estoy enojado, no me hables". "¿Enojado? ¿Por qué?" "Porque sabía yo que tú les ibas a perdonar a estos incircuncisos ninivitas cuando se arrepintieran de sus pecados. ¡Bien que ellos no nos perdonan a nosotros y nos ultrajan cuantas veces quieren!" "Jonás, Jonás, tranquilo. Yo tengo aún el control de todo. Ni me has agradecido por la calabacera que hice crecer milagrosamente en un solo día y que te dio sombra del calor. Tuve que quitártela para que la valoraras"... (Silencio). Así acaba el relato de la vida de este desdichado profeta, en silencio. Es el silencio amargo que produce una fe en crisis. Es la apatía del corazón que se siente incomprendido y hasta defraudado por Dios. Es el pesimismo del que piensa que Dios debe obrar como obramos los humanos, con corazones cargados de odio, venganza y rencor. Cuando te encuentras así suceden milagros a tu lado y tú ni te das cuenta. No sólo le sucedió a Jonás, lo mismo le pasó a María magdalena que no conseguía identificar al Jesús resucitado que deseaba consolarla junto a Su sepulcro cuando ella creía que era el hortelano al que acusó de ladrón. Alza tus ojos, mira bien, Dios puede estar obrando a tu lado y ni lo notas porque la desesperanza nubla tu vista. Unge tus ojos con colirio para que veas. Él sigue teniendo el control todavía.

> "El Señor le dijo: "Abraham, levanta la vista desde el lugar donde estás, y mira hacia el Norte y hacia el Sur, hacia el Este y hacia el Oeste. Yo te daré a ti y a tu descendencia, para siempre, toda la tierra que abarca tu mirada. Multiplicaré tu descendencia como el polvo de la tierra. Si alguien puede contar el polvo de la tierra, también podrá contar tus descendientes".
>
> Génesis 13:13-14

El hecho de que no veas tu milagro no significa que no esté sucediendo

Depresión

> "Si tú dispusieres tu corazón, y extendieres a Él tus manos... serás fuerte, y nada temerás. Olvidarás tu miseria, o te acordarás de ella como de aguas que pasaron. Aunque oscureciere, será como la mañana... Tendrás confianza, porque hay esperanza; mirarás alrededor, y dormirás seguro".
>
> Job 11:13-19

¿Es normal estar deprimido? Muchas personas piensan que estar deprimido es un pecado especialmente para el cristiano. Sin embargo, es una reacción normal, un grito, un mensaje, o un sistema de aviso o protección que puede sacarnos de la tensión y darnos tiempo para recobrarnos. Aún los grandes hombres de Dios sufrían con la depresión. David, Moisés, Elías, Jonás, Sansón. La depresión es posiblemente la condición psicológica más común hoy en día y no respeta a nadie. Tarde o temprano, la depresión afecta a todo ser humano a pesar de su edad, sexo, estado económico, cristiano o no. Los expertos en salud mental estiman que de cada diez personas una sufre de depresión. Quizás la persona más vulnerable es la persona que ha experimentado mucho éxito desde su niñez y nunca ha experimentado una falla en su vida. Las mujeres son tratadas por depresión mucho más que los hombres, pero puede ser porque la sociedad no permite que el hombre exprese sentimientos de fracaso o admita que tiene problemas. Por lo general, la depresión dura hasta tres semanas antes de comenzar a mejorarse, y cuando el caso es grave, termina en suicidio. Las características más importantes de la depresión son: Desesperación, tristeza, apatía, falta de gozo y de concentración. Pérdida de la perspectiva, forma en que se percibe la vida, el empleo, la familia y aún Dios. Cambios en los procesos físicos: comida, sueño, etc. **Es importante recordar que, una vez que la persona ha empezado a sentirse deprimida, por regla general su comportamiento va encaminado a reforzar la depresión.** Si bien es una patología normal, Dios no quiere que vivas angustiado. El gozo es la regla de todo aquel que encamina su vida en Dios. El apóstol Pablo dice en Filipenses: **"Regocijaos en el Señor siempre"**, y para que no se le olvide, le repite: Regocijaos. ¿Cómo? Encontrando en Dios, una relación con Él más que en una religión, la seguridad necesaria para enfrentar la crisis y la adversidad.

El gozo es la regla de todo aquel que encamina su vida en Dios

26 de septiembre
Advierte el peligro

Un viejo león, incapaz ya de obtener por su propia fuerza la comida, de-cidió hacerlo usando la astucia. Para ello, se dirigió a una cueva y se ten-dió en el suelo, gimiendo y fingiendo que estaba enfermo. De este modo, cuando los otros animales pasaban para visitarle, los atrapaba inmedia-tamente y se los comía. Cuando la zorra se presentó, preguntó al león cómo le iba con su salud: "Mal", contestó el león, invitándole ama-blemente a entrar. "Claro que hubiera entrado", le dijo la zorra, "si no viera que todas las huellas entran, pero no hay ninguna que sale".

Siempre es bueno advertir a tiempo los indicios del peligro. Así evi-tarás que te dañen. Dios incorporó la prudencia y el temor en Sus criaturas, como un mecanismo para la supervivencia. Alguien dijo que el miedo es de los cobardes. Yo creo que los valientes también temen, pero calculan el costo y avanzan igual. No temer, no es de valientes sino de imprudentes. Al fin y al cabo la zorra de nuestra historia sigue con vida.

¡Cuántas víctimas inocentes han dejado sus huellas de imprudencia por no prevenir el peligro o dárselas de valientes y arriesgadas!

Claro que están aquellos que se paralizan por el miedo y nunca logran nada. Siempre los extremos son malos. Encomienda tus cami-nos a Dios y Él enderezará tus veredas. Los que confían en Jehová, no temen a malas noticias y buscan siempre Su dirección antes de avanzar. Es la manera más saludable de transitar esta vida. Noé aprendió esta lección y preservó su vida y la de su familia. Dijo David: **"En el día en que temo yo en ti confío"**. Si no cuentas con esa garantía de vida, hoy mismo puedes adquirirla a los pies de la Cruz. Es totalmente gratis.

No temer, no es de valientes sino de imprudentes

27 de septiembre
Siempre piensa el mal

"Alaba, alma mía, al Señor; alabe todo mi ser su santo nombre. Alaba, alma mía, al Señor, y no olvides ninguno de sus beneficios".

Salmo 103:1-2

Cuenta una cómica y ficticia historia que un matrimonio de viejitos se encontraba en el hospital. Él yacía enfermo en su cama y a su lado, su anciana esposa le prodigaba cuidados. "¿Estás a mi lado, mi amor?", preguntaba el anciano, "por supuesto", respondía su esposa. "¿Recuerdas cuando me encontraba internado después de la segunda guerra en el hospital y tú también estabas a mi lado?" "Claro que lo recuerdo", respondía la ancianita. "También estabas a mi lado cuando perdimos todo en el incendio. Además de esto también recuerdo que estabas a mi lado cuando éramos bien pobres". Su esposa asentía cariñosamente. Entonces, el anciano respirando profundamente le dice: "¿Sabes qué? Yo creo que tú me traes mala suerte".

Parece mentira pero hay quiénes siempre piensan lo malo de sus semejantes antes de pensar lo bueno. Buscan la manera de endosar a la gente las cosas malas que les suceden, fruto de las inclemencias naturales de la vida o hasta de sus malas decisiones. Ellos nunca tienen la culpa de nada. El asunto es buscar alguien a quién culpar por los daños y perjuicios. Así evaden toda responsabilidad y le amargan la vida aún, a aquellos que más aman. Culpar obsesivamente a los demás por las cosas que nos han sucedido no es bueno. Ni siquiera en el caso de que tengamos razón.

Muchas veces, esta actitud egoísta, nos hace olvidar el amor que otros nos han tenido, y olvidar favores, es un crimen terrible. El que confía en Dios puede decir junto con el apóstol Pablo en Romanos 8: 28 que: **"A los que aman a Dios, todas las cosas les ayudan para bien, esto es a los que conforme a su propósito son llamados"**.

Nunca olvides los favores que te han hecho, anótalos en tu agenda. Los que tú hiciste puedes olvidarlos, pero los otros no. Llegarás al final de tus días rodeado de gente que te aprecia.

**Anota en la roca los favores que te han hecho
y en la arena los que tú hiciste**

28 de septiembre
Cuando Dios trabaja no hace ruido

El jefe de un taller de restauración de muebles repartió los trabajos a cada obrero aquella mañana. A cada uno le dio el plano del diseño en el que tenía que ocuparse durante sus próximas horas, las herramientas necesarias y se retiró recordando que los clientes llegarían al final del día y todo debía estar listo para entonces.

> "Y tras el terremoto un fuego; pero Jehová no estaba en el fuego. Y tras el fuego un silbo apacible y delicado. Y cuando lo oyó Elías, cubrió su rostro con su manto. Y he aquí vino a él una voz, diciendo: ¿Qué haces aquí, Elías?"
>
> 1° Reyes 19:12-13

En cada cuarto se escuchaba el golpe del cincel y el martillo, el paso de la sierra que se dejaba oír y el áspero sonido de la lija. Las horas pasaron y el jefe llegó sólo media hora antes que los clientes. Llamó al encargado y preguntó si cada uno había cumplido su parte. Fue grande su sorpresa cuando le dijeron que en una dependencia no se había oído ruidos en todo el día. El jefe se alarmó pensando que aquel empleado se había dormido o simplemente había abandonado su trabajo. Se acercó sigilosamente, abrió la puerta abruptamente y encontró al artesano tranquilamente sentado con su mueble listo para ser entregado. Cumplió su tarea sin hacer nada de ruido.

Muchas veces, tu vida y la mía atraviesan etapas donde parece que nada sucede. Todos los días son iguales; monotonía, rutina, casi aburrimiento; pensamos que Dios se olvidó de nosotros, que está demasiado ocupado con otros cristianos más consagrados y nos desanimamos. Nunca olvides que cuando Dios trabaja no hace ruido. Así como un árbol crece sin que lo notes, o tu cuerpo desarrolla nuevas células mientras duermes, los silencios de Dios son simples compases necesarios en la sinfonía que Él está componiendo en ti. Son parte de la obra que preparó de antemano, dice Efesios 2:8,9. Sólo espera, calla, confía y verás al final el trabajo completo. Si sientes que tu oración rebota en el techo, si al leer tu Biblia no logras concentrarte, si no ves frutos en tu vida... igual Dios está obrando, habla con Él y deja que Él te guíe.

Cuando Dios trabaja no hace ruido

29 de septiembre
Perro fiel

"Así que, ya no nos juzguemos más los unos a los otros, sino más bien decidid no poner tropiezo u ocasión de caer al hermano".

Romanos 14:13

Una pareja de jóvenes llevaba varios años de casados y no podían tener hijos. Para no sentirse solos, compraron un cachorro "Pastor alemán" y lo amaron como si fuera su propio hijo. El cachorro creció hasta convertirse en un grande y hermoso animal. Siempre fue muy fiel. Quería y defendía a sus dueños contra cualquier peligro. Luego de siete años, la pareja logró tener el hijo tan ansiado. Estaban muy contentos con su nuevo hijo y disminuyeron las atenciones que tenían con el perro. Este se sintió relegado y comenzó a sentir celos del bebé. Ya no era el perro cariñoso que tuvieron durante siete años. Un día, la pareja dejó al bebe plácidamente durmiendo en la cuna, y fueron a preparar una carne asada en la terraza. Su pánico fue grande cuando oyeron ladrar al perro y corrieron al cuarto del bebé vieron al perro en el pasillo, con la boca ensangrentada moviendo su cola. El dueño al ver al perro ensangrentado, sin pensarlo, sacó un arma y mató al perro. Su sorpresa fue grande cuando al entrar al cuarto del bebé, encontró una gran serpiente degollada. ¡Su perro había salvado al bebé!

¿Cuántas veces juzgamos injustamente a las personas? Lo que es peor, las juzgamos y condenamos sin investigar a qué se debe su comportamiento, cuáles son sus pensamientos y sentimientos. Muchas veces las cosas no son tan malas como parecen, sino todo lo contrario. Somos tentados a juzgar apresuradamente. ¡Cuántas relaciones han sido rotas o han quedado heridas por juicios apresurados!

El Espíritu Santo dice en la Biblia: "Ya no nos juzguemos más" y si en algo hay que ser apresurado, dice el texto de Romanos 14, es en "**decidir no poner tropiezo u ocasión de caer a tu hermano**". Es que con nuestros comentarios ácidos les hacemos caer siéndo de tropiezo y las palabras hirientes que, con imprudencia dejamos salir de nuestros labios, difícilmente se puedan volver a corregir. Nunca olvides que tus palabras pueden ser tan mortales como una espada.

Un juicio apresurado te apresura al juicio

30 de septiembre

Aletea, pero nunca levanta vuelo

En la ciudad de Berna, Suiza, hay un jardín zoológico muy grande. Allí conviven aves de diferentes especies y de diversos habitats. En un sector se crían ciertos cuervos marinos de colores vistosos. Por su habilidad para volar, desde el momento en que ingresan al parque se les corta el tendón de sus alas imposibilitándoles su vuelo. La misma práctica le realizan a aquellos que nacen allí en cautiverio. En cierta época del año, sus congéneres libres, llegan en grandes bandadas a realizar una parada obligada en su vuelo migratorio. Unos de un lado de la malla metálica, otros de la otra, se miran y comunican con su propio lenguaje. Llegado el momento de continuar el viaje, los que pararon para descansar, levantan vuelo y se alejan ante la triste mirada de los cuervos en cautiverio. Instintivamente agitan sus alas en un vano intento por levantar vuelo, pero no pueden; y si consiguieran volar un poco, no irían más allá de donde su jaula se los permite. Así que están doblemente imposibilitados de volar, y se quedan con la mirada triste viendo cómo sus compañeros se pierden en el horizonte. Lo mismo sucede con la especie humana. Dice el apóstol Pablo en Romanos 3:23 que a causa del pecado todos están imposibilitados de remontar vuelo en una vida que dé gloria a Dios elevándose por encima de la mediocridad de este mundo. Apreciado amigo, el pecado te quita la capacidad de volar y te liga a la baja esfera del egoísmo y lo temporal. Lo más espiritual del hombre, sea su religión, su ética o sus nobles ideales no pueden ser más que un aleteo con alas mutiladas. Deja que Dios las restituya y con ellas, tu capacidad de volar. Vivirás en una nueva dimensión, libre y superando las adversidades de la vida. Aquellos que viven buscando otra opción a su manera, sólo agotan sus fuerzas en intentos vanos. Sólo la experiencia de amistad con Jesús, puede hacerte verdaderamente libre.

> "Pero los que esperan a Jehová tendrán nuevas fuerzas; levantarán alas como las águilas; correrán, y no se cansarán; caminarán, y no se fatigarán".
>
> Isaías 40:31

Lo más espiritual del hombre, sea su religión, su ética o sus nobles ideales no pueden ser más que un aleteo con alas mutiladas

1 de octubre
Nuevas fuerzas

"Para el afligido todos los días son malos; para el que es feliz siempre es día de fiesta".

Proverbios 15:15

El desgaste físico, el agotamiento y el estrés, es una constante cada vez más habitual en nuestro tiempo. Es necesario, a veces, conocer otros lugares alejados de las grandes urbes, comunidades indígenas o caseríos apartados y darse cuenta que los citadinos vivimos con muchas cosas que no necesitamos. ¿Cómo hacen esas personas para vivir sin "esas cosas" que para nosotros son consideradas indispensables y ellos ni siquiera conocen? Creo que el efecto producido por los medios masivos de comunicación, cuyo único fin es inculcar de todas las formas posibles, la creencia de que las cosas que se promocionan a través de ellos son necesidades urgentes para el hombre, (cuando en realidad no lo son), es devastador. De allí parte esta tendencia desalentadora, esa patología social de consumir, tener, comprar y no parar hasta saciarse.

En realidad, deberíamos escarbar más hondo para encontrar en el fondo del corazón del hombre, esa sed insatisfecha que no conoce fronteras culturales, ni socioeconómicas. El problema se agrava en aquellos que vivimos en las grandes ciudades porque es mayor la oferta de productos y por lo tanto es más lo que queremos tener, que lo que debemos gastar o trabajar. Esto no es tan frecuente en regiones más alejadas de las ciudades, pero todos enfrentamos el mismo problema.

Concluimos que, en realidad, todos tenemos un vacío interior que necesita ser llenado. ¿Con qué puedo saciar esa sed? Dijo Jesús a la mujer samaritana en San Juan 4: **"Cualquiera que bebiere de otra agua, volverá a tener sed; mas el que bebiere del agua que yo le daré, no tendrá sed jamás".**¿Quieres esa agua que sacie tu sed? Pídele a Jesús y dile adiós a la insatisfacción, al cansancio y al stress. ¡Disfruta la vida abundante!

Todo ser humano tiene un vacío con forma de Dios. No intentes llenarlo con otra cosa si quieres vivir satisfecho

2 de octubre

¿Tienes algo para comer?

La noche había sido larga y fastidiosa. Remar y remar, (sudados). Colar y colar el agua sólo para ver, una vez más, las redes vacías, (cansados)... El frío de la madrugaba penetraba hasta los huesos de estos hombres angustiados. Tanto trabajo producía hambre. Debían llevar algo para poner en la mesa del desayuno de sus familias, pero nada. Esa fue la respuesta a la pregunta que el mismo Señor les hizo desde la orilla: "Muchachos, ¿tienen algo para comer? ¿Pescaron algo?"... "Nada. No pescamos nada". Es lo último que un pescador desea oír después de una noche tan agotadora. Pero la sorpresa fue grande y uno de ellos, Pedro, llega nadando hasta la orilla porque sospecha que la voz es la de su Maestro. Además, bajo sus órdenes acababa de pescar 153 grandes peces. Lo ve, confirma sus sospechas, pero observa a su lado algo que no tiene sentido: Brasas ya encendidas y un gran pez asado listo para ser comido. "¿Cómo? ¿No preguntaste si teníamos algo de comer? ¿Para qué necesitabas si tú ya tenías?"... "No, no quería satisfacerme yo mismo, eran ustedes los hambrientos". Es que el trabajo lejos de Dios no llena. En cambio, todo esfuerzo bajo Sus directrices, satisface. Cuando trabajamos para satisfacer a otros o para solucionar sus problemas somos nosotros los primeros beneficiados. ¿Estás satisfecho con lo que estás haciendo? ¿Disfrutas de la carrera que escogiste? ¿Te satisface el corazón de la persona con la que decidiste compartir tu tiempo? ¿Vas con alegría cada día a tu trabajo?... Pedro aprendió que Jesucristo podía darle lo mismo que ellos estaban esforzándose en buscar y aún mucho más. Pero historias como estas sólo acaban en milagro, satisfacción y disfrute, cuando actuamos bajo Su Palabra y buscamos en Su presencia, que es lo que nuestra alma necesita. ¿Dónde estás echando tus redes? Si Dios se te aparece en la orilla de tu vida hoy y te pregunta si tienes algo de satisfacción ¿qué le responderías? No gastes más tus fuerzas donde no hay nada. Escúchale a Él, búscale a Él. Sólo en Dios hay verdadera satisfacción.

> "Dos son los pecados que ha cometido mi pueblo: Me han abandonado a mí, fuente de agua viva, y han cavado sus propias cisternas, cisternas rotas que no retienen agua".
>
> Jeremías 2:13

Aún cuando trabajamos para satisfacer a otros o para solucionar sus problemas somos nosotros los primeros en ser beneficiados

Nombre nuevo, crueldad antigua

> "Sus pies corren al mal, se apresuran para derramar la sangre inocente; sus pensamientos, pensamientos de iniquidad".
>
> Isaías 59:7

La noche había sido larga y fastidiosa. Remar y remar, (sudados). Colar y colar el agua sólo para ver, una vez más, las redes vacías, (cansados)... El frío de la madrugaba penetraba hasta los huesos de estos hombres angustiados. Tanto trabajo producía hambre. Debían llevar algo para poner en la mesa del desayuno de sus familias, pero nada. Esa fue la respuesta a la pregunta que el mismo Señor les hizo desde la orilla: "Muchachos, ¿tienen algo para comer? ¿Pescaron algo?"... "Nada. No pescamos nada". Es lo último que un pescador desea oír después de una noche infructuosa. Pero la sorpresa fue grande y uno de ellos, Pedro, llega nadando hasta la orilla porque sospecha que la voz es la de su Maestro. Además, bajo Sus órdenes acababa de pescar 153 grandes peces. Lo ve, confirma sus sospechas, pero observa a su lado algo que no tiene sentido: Brasas ya encendidas y un gran pez asado listo para ser comido. "¿Cómo? ¿No preguntaste si teníamos algo de comer? ¿Para qué necesitabas si tú ya tenías?"... "No, no quería satisfacerme yo, eran ustedes los hambrientos". Es que el trabajo lejos de Dios no llena. En cambio, todo esfuerzo bajo Sus directrices, satisface. Cuando trabajamos para satisfacer a otros o para solucionar sus problemas somos nosotros los primeros beneficiados. ¿Estás satisfecho con lo que estás haciendo? ¿Disfrutas de la carrera que escogiste? ¿Te satisface el corazón de la persona con la que decidiste compartir tu tiempo? ¿Vas con alegría cada día a tu trabajo?... Pedro aprendió que Jesucristo podía darle lo mismo que ellos estaban esforzándose en buscar y aún mucho más. Pero historias como estas sólo acaban en milagro, satisfacción y disfrute, cuando actuamos bajo Su Palabra y buscamos en Su presencia, simplemente es lo que nuestra alma necesita. ¿Dónde estás echando tus redes? Si Dios se te aparece en la orilla de tu vida hoy y te pregunta si tienes algo de satisfacción ¿qué le responderías? No gastes más tus fuerzas donde no hay nada. Escúchale a Él, búscale a Él. Sólo en Dios hay verdadera satisfacción.

Sólo volviendo a la Biblia las naciones forjarán destinos gloriosos

4 de octubre

El mal no existe

Durante una conferencia con varios universitarios, un profesor de la Universidad de Berlín, propuso un desafío a sus alumnos con la siguiente pregunta: "¿Creó Dios todo lo que existe?"… Un alumno respondió valientemente: "Sí". El profesor dijo: "Si Dios creó todo lo que existe, ¡entonces Dios hizo el mal, ya que el mal existe!, y si establecemos que nuestras obras son un reflejo de nosotros mismos, ¡entonces Dios es malo!" El joven se calló frente a la respuesta del maestro, que se regocijaba de haber probado, una vez más, **que la fe era un mito**. Otro estudiante levantó la mano y dijo: "¿Puedo hacerle una pregunta, profesor?" "Sí", fue la respuesta. El joven se paró y preguntó: "Profesor, ¿el frío existe?" "¿Pero qué pregunta es esa? Lógico que existe. ¿O acaso nunca sentiste frío?" El muchacho respondió: "En realidad, señor, el frío no existe. Según las leyes de la física, lo que consideramos frío, en verdad, es la ausencia de calor. El cero absoluto es la ausencia total de calor, pero el frío no existe. Y, ¿existe la oscuridad?", continuó el estudiante. El profesor respondió: "Existe". El estudiante respondió: "La oscuridad tampoco existe. La oscuridad, en realidad, es la ausencia de luz. La luz la podemos estudiar, la oscuridad, no. La oscuridad es una definición utilizada por el hombre para describir qué ocurre cuando hay ausencia de luz".

Finalmente, el joven preguntó al profesor: "Señor, ¿EL MAL EXISTE?", el Profesor respondió: "como afirmé al inicio, vemos crímenes, violencia en todo el mundo. Esas cosas son el mal". El estudiante respondió: "El mal no existe, señor, o por lo menos no existe por sí mismo. El mal es simplemente la ausencia del bien. De conformidad con los anteriores casos, el mal es una definición que el hombre inventó para describir la ausencia de Dios. Dios no creó el mal".

El joven fue aplaudido de pie, y el maestro, moviendo la cabeza, permaneció en silencio. El director de la Universidad, se dirigió al joven estudiante y le preguntó: "¿Cuál es tu nombre?" "ALBERT EINSTEIN", contestó el aludido…

> "No seas vencido de lo malo, sino vence con el bien el mal".
> **Romanos 12:21**

Si vives dando la espalda a Dios, te encontrarás de frente con el pecado

5 de octubre
Juguetes envenenados

Las noticias en televisión advertían a la comunidad sobre el peligro de algunos juguetes procedentes de China con alto contenido de plomo, en la pintura utilizada, y en los imanes de algunos de ellos. El contacto con estos inofensivos juguetes producía náuseas por intoxicación en los niños. La mercadería fue inmediatamente confiscada, destruida y enterrada. Algo aparentemente inofensivo terminó siendo portador de malestar y muerte. En un plano mayor, la sociedad está repleta de "juguetes", cosas con las que el hombre y la mujer, en especial el joven, juegan sin sospechar que en su interior hay esclavitud, intoxicación del alma y, hasta la misma muerte.

El sexo libre, por ejemplo. Hoy día es considerado como un pasatiempo inofensivo opcional sin mayores implicancias eternas. Sólo pasarla bien un rato con alguien que comparta nuestros gustos... No tiene nada de malo. Los estimulantes como el alcohol o estupefacientes, se consumen en medio de un ambiente de risas para terminar luego en llanto, por los accidentes que ocasionan o las mortales sobredosis. Es que toda la maquinaria que Satanás ha montado para seducir y atrapar al ser humano, está camuflada de inocencia y alegría. De lo contrario, ¡el diablo no tendría trabajo! Es un anzuelo afilado, cubierto de la deliciosa carnada que atrae al pez para, luego, atraparlo y matarlo.

Jesús vino a este mundo para declarar, desenmascarar y deshacer las obras del diablo. No olvides que Él dijo que Satanás se disfraza, para lograr sus malévolas metas en la vida del los hombres, alrededor del mundo. No juegues con el pecado. La paga del pecado es la muerte. Las apariencias engañan. No caigas en la trampa del pez. Si ya te sientes atrapado por el anzuelo, alza tu mirada al Jesús en la cruz, sólo Él te puede hacer verdaderamente libre.

6 de octubre
Lo que nadie calculó

La NASA estaba a punto de realizar uno de aquellos tantos lanzamientos programados al espacio exterior. Esta vez era el turno del trasbordador "Atlantis". Recordemos la gran tragedia del trasbordador "Discovery", el cual explotó en el aire y provocó la muerte de toda su tripulación. Pero esta vez nada podía fallar. Al menos no por un error humano. Todo estaba listo. Comenzó el conteo final: 10, 9, 8, 7, 6... ¡Un momento! Se detiene el conteo. ¡Se suspende el lanzamiento! Todos se miran atónitos. Quizás no puedas creerlo, pero una diminuta araña se detiene justo encima del lente de la cámara del trasbordador dificultando la visión en el momento del despegue. Algo que nadie previó ni sospechó. Una simple araña de campo hacía su tranquilo paseo en el momento menos indicado y en un sitio inoportuno. Este insecto fue el protagonista de aquel día ante miles de ojos que no podían creer lo que veían. Hizo perder tiempo, energía y millones de dólares frustrando una misión de tal envergadura. Casi gracioso, pero muestra a las claras el hecho real de que, por más que calculemos al detalle cada proyecto, siempre debemos estar preparados para lo inesperado, lo inoportuno, e incalculable.

Aquella persona que no soporta las interrupciones y no está dispuesta a improvisar, se condena a sí misma a un estilo de vida perfeccionista y sufre horrores cuando las cosas no salen como espera. Acepta cada imprevisto, cada dificultad, cada sorpresa como un mensaje de Dios. Él tiene una óptica más elevada que la nuestra y sabe por qué permite las cosas. Dice Romanos 8:28: **"Ahora bien, sabemos que Dios dispone todas las cosas para el bien de quienes lo aman, los que han sido llamados de acuerdo con su propósito"**. Vive tu vida en el amor a Dios. Confía en Sus propósitos para ti y déjale a Él las incongruencias de esta vida.

> "Ahora bien, sabemos que Dios dispone todas las cosas para el bien de quienes lo aman, los que han sido llamados de acuerdo con su propósito".
>
> **Romanos 8:28**

Acepta cada imprevisto, cada dificultad, cada sorpresa, como un mensaje de Dios

De ricos y pobres

"Porque nada trajimos a este mundo, y nada podemos llevarnos. Así que, si tenemos ropa y comida, contentémonos con eso".

1ª Timoteo 6:8

Un acaudalado padre de familia llevó a su hijo a un viaje con el propósito de que conociera la pobreza que se vive y se sufre en los sectores marginales a las grandes ciudades. De esta forma, pretendía enseñarle a valorar más las cosas que tenía y la abundancia en la que ellos vivían. Estuvieron un día y una noche completos en la granja de una familia muy humilde.

Al concluir el viaje y de regreso a casa, el padre preguntó al hijo qué le había parecido la experiencia. "Muy lindo, papá", respondió el muchacho. "¿Viste qué tan pobre y necesitada puede ser la gente?", comentó su padre. "Sí". Respondió el muchacho. "¿Qué aprendiste, hijo? ¿Qué lección te dejó lo que viste?"

"Bueno, papá", respondió el hijo, "vi que nosotros tenemos un perro en casa y ellos tienen cuatro. Nosotros tenemos una piscina de 25 metros, ellos tienen un arroyo que no tiene fin. Nosotros tenemos lámparas importadas en el patio y ellos tienen miles de estrellas en el cielo. Nuestro patio llega hasta el límite de la casa, el de ellos domina todo el horizonte. Especialmente, papá, vi que ellos tienen tiempo para compartir en familia y jugar juntos, mientras que nosotros nos vemos sólo al final del día. Tú y mamá trabajan y nosotros nos quedamos con la empleada". Al terminar el relato, el padre se quedó sin palabras y su hijo agregó: "¡Gracias, papá, por enseñarme cuán ricos podemos llegar a ser!"

El concepto de abundancia es relativo. La verdadera riqueza está en aquellas cosas sencillas de la vida. Las riquezas materiales no dan la felicidad, ni siquiera la satisfacción, porque cuando alcanzo lo que ambiciono quiero más y sigo insatisfecho. El contentamiento, que es la aceptación de lo mucho o poco que tengo como aquello que Dios me quiso dar, es la regla de vida propuesta por el cielo para vivir sosegadamente.

Cuando lo que posees comienza a poseerte a ti, estás en problemas

8 de octubre
Plumas al viento

En un pequeño pueblo español vivía María de 18 años y su pretendiente Ramón. Éste insistía en ser correspondido por ella, pero pasaban los días y nada... Cansado de sentirse despreciado, Ramón optó por difamarla en venganza a su indiferencia. Y así, bajo el efecto del alcohol, esparció por todo aquel pueblo aventuras amorosas inventadas que degradaban la moral de aquella muchacha.

Recuperado de su borrachera y arrepentido de lo que había hecho acudió al cura párroco para confesarse. Luego de escuchar su confesión el sabio cura le dijo: "Muy bien Ramón, te diré lo que debes hacer para reparar el daño. Compra una gallina y das la vuelta al pueblo varias veces sacando pluma por pluma. Cada pluma que quites arrójala al viento y grita: "todo lo que he dicho acerca de María, es una completa mentira". Así continuarás hasta que hayas desplumado a la gallina". Así lo hizo y con la gallina sin plumas acudió al cura. "Padre, ya he cumplido mi penitencia. Aquí está la gallina sin plumas". "Un momento", exclamó el cura, "aún no ha terminado tu castigo. Ahora debes rodear otra vez el pueblo y juntar cada pluma que arrojaste al viento". "No puedo. Imposible", dijo Ramón, "ya el viento las esparció lejos". "Así es la difamación, hijo mío, eso es lo que has hecho con la reputación de María", concluyó el cura. En verdad no hay delito más trágico y cobarde que la murmuración oculta y desleal. Dios advierte varias veces en Su Palabra de este mal endémico que carcome relaciones interpersonales en todo ámbito de convivencia. Santiago capítulo tres es un semáforo en rojo que nos advierte del peligro de usar mal la lengua. Jesús dijo: "¿Puede salir, acaso, de una misma fuente agua dulce y amarga a la vez? Con la misma boca podemos alentar y podemos desanimar a otros. Con las mismas palabras podemos construir o destruir, con nuestra lengua podemos elogiar o calumniar. No arrojes más plumas al viento. Cuando quieras recogerlas, ya será demasiado tarde.

La murmuración es el arma del cobarde que no se atreve hablar de frente

Últimas palabras

> "Porque yo ya estoy para ser sacrificado, y el tiempo de mi partida está cercano".
>
> 2ª Timoteo 4:6-8

El día que Karl Marx falleció, el 14 de marzo de 1883, su sirviente se le acercó y le susurró a los oídos: "Dime tus últimas palabras para yo anotarlas", a lo que Marx contestó: "¡Márchate! ¡Fuera! Eso de últimas palabras es para los tontos que no han dicho lo suficiente." Estaba de mal genio aquel "genio", ¿verdad? P.T. Barnun, fundador del gran circo que lleva su nombre, dijo en sus últimos minutos en el lecho de muerte: "¿Cuántas fueron las entradas de hoy?"... Contando monedas a las puertas de la eternidad. ¡Qué ridículo! El gran predicador evangelista, Carlos Spurgeon, dijo antes de despedirse de este mundo y sus seres queridos: "Jesús murió por mí". Juan Wesley, fundador del movimiento evangélico metodista, exclamó expirando: "Lo mejor de todo es que Dios está con nosotros". De alguna manera, las palabras finales a las puertas de lo eterno, marcan el calibre y filosofía de vida del hombre. Jesús exclamó agonizando en la cruz del Calvario: **"Padre, perdónalos porque no saben lo que hacen"**. Podría haberle dicho: "Padre júzgalos, venga mi honor"... Pero dejó ver, ante aquellos espectadores, el amor que impulsó su vida entera.

¡Qué triste es el caso de aquellos que durante su vida han forjado un carácter y conducta enajenada del estilo de vida que Dios propone! Un perfil amargo y un residuo de rencor hacia la vida, las personas y Dios. Sólo aquellos que viven y disfrutan de Su amor podrán acabar su carrera con gozo y dejar un legado de optimismo y servicio hacia aquellos que les recuerden. Dijo el apóstol Pablo, casi despidiéndose de esta vida, en 2ª Timoteo 4:6-8: **"Porque yo ya estoy para ser sacrificado, y el tiempo de mi partida está cercano. He peleado la buena batalla, he acabado la carrera, he guardado la fe. Por lo demás, me está guardada la corona de justicia, la cual me dará el Señor, juez justo, en aquel día; y no sólo a mí, sino también a todos los que aman su venida"**.

**Cuando tú naciste, tú llorabas y todos reían.
Vive tu vida de tal manera que cuando tú mueras,
todos te lloren y tú sonrías**

10 de octubre

La luz en las tinieblas resplandece

Un sabio y anciano rey, que no tenía hijos, quiso buscar en su reino a alguien que poseyera la sabiduría necesaria para tan digna y difícil función. Llamó a todos sus súbditos e hizo proclamar un edicto real: "Aquel que sea capaz de llenar la sala de su casa con algo que la ocupe hasta sus partes más recónditas antes de la media noche, será el heredero al trono". La noticia corrió velozmente por todo el país. Así, uno metió en la habitación toneladas de trigo que tenía almacenado para la próxima cosecha. Otro optó por el algodón, que era más fácil de manipular y llenó con algodón su sala. Uno tras otro probaron, pero ninguno logró la meta. En todas las salas había rincones que no habían sido ocupados. En medio de la oscuridad de la noche el rey preguntó si quedaba alguien que deseaba mostrar su sala. Un humilde campesino pobre se adelantó y dijo: "Mi Rey si se digna entrar en mi casa le mostraré la sala". El rey entró en su humilde morada, se asomó a la sala. Estaba oscura, a lo que su majestad exclamó "¿Y con qué ha llenado tu sala?" Aquel hombre puso una vela sobre la mesa de la habitación y la sala se llenó de una tenue luz que alumbraba cada rincón. El Rey se quitó su corona, la puso sobre la cabeza del campesino y exclamó: "Salud al nuevo rey".

Esta historia me ilustra la verdad bíblica que dice **"La luz en las tinieblas resplandece y las tinieblas no prevalecen contra ella"** (Juan 1:5). Cristo, la luz de Dios que alumbra a todo hombre, vino a este mundo, pero lo triste es que los hombres amaron más las tinieblas que la luz. ¿Por qué? Porque sus obras eran malas, dice Juan 3:19. Deja que Dios te alumbre con Su luz. Claro que quedarán en evidencia los rincones más sucios de tu vida, pero no temas. Ese mismo Dios es el que puede limpiar todos tus pecados (1 Juan 1:7).

> "La luz en las tinieblas resplandece y las tinieblas no prevalecen contra ella".
>
> Juan 1:5

No puedes ordenar tu vida si primero no enciendes la luz. Cristo es la Luz

11 de octubre

Durmiendo con el enemigo

Pensar que el astro más imponente de nuestra galaxia, el sol, esté ahí, alumbrando y entibiando este frío planeta tierra, es para admirarse y alegrarse. Es hermoso, es enorme. Si fuera hueco, cabrían en su interior 1.250.000 globos terráqueos. ¡Sí, oíste bien! Somos una minúscula partícula de planeta comparado con su gran tamaño. Estaríamos convertidos en cenizas, producto de su extremo calor, si éste no estuviese a 1.488 millones de Kilómetros de nuestra atmósfera. La distancia necesaria para entibiar tu rostro cuando sus rayos entran sin permiso en tu alcoba y te despiertan, en un tranquilo día feriado. Algunos astrónomos supersticiosos argumentan teorías sobre su extinción anunciando catástrofes tremendas si el sol se apagara, pero, en realidad se necesitarían 500.000.000 de años para que éste pierda su energía calórica. La Biblia también menciona que el ciclo de rotación de la tierra alrededor del sol tiene como propósito regular nuestros conflictos interpersonales, siendo su ocaso, el límite de tiempo permitido para arreglar una ofensa y pedir perdón o conceder perdón, **"Airaos, pero no pequéis; no se ponga el sol sobre vuestro enojo"** (Efesios 4:26). ¿Cuántas mañanas te has despertado envenenado con el amargo sabor del rencor y el odio con el que te dormiste? ¡Y hasta quizás soñaste con esa persona que te hirió! Qué bueno sería que el crepúsculo solar, fuera también tu crepúsculo de perdón, y que a medida que el sol se pone, se ponga también tu enojo.

Si tan sólo aplicáramos este texto de la Biblia, observáramos el sol y nos comprometiéramos a que, así como se pone en el horizonte, se ponga también en el horizonte el perdón, las ofensas recibidas y la persona que odiamos, estoy seguro de que este astro, por así decirlo, se presentaría con una amplia sonrisa, como nuestros hijitos lo dibujan con papel y lápiz. Dios sonreiría, tus amigos sonreirían, tú serías más feliz y menos amargado... NUESTRO MUNDO SERÍA MÁS FELIZ.

El que se duerme pensando en su enemigo, duerme con su enemigo

12 de octubre
Testigos de Jesús

Un testigo es alguien que vio y que oyó lo sucedido. En la Biblia, las palabras "testigo", "testimonio", "testificar", abundan en varios pasajes. Ser testigos es el motivo y la causa de la existencia del pueblo de Dios sobre esta tierra. Él nos dejó para que diésemos testimonio de Su amor tan grande. La etimología de esta palabra, en el idioma original en que fue escrito el Nuevo Testamento es "martur" de donde también proviene nuestra palabra castellana: "mártir". Esto hace alusión a aquella actitud intrépida de nuestros primeros hermanos cristianos que ofrendaban sus vidas en sacrificio por la causa del evangelio. Cumplían la Gran Comisión legada por el Señor ascendido: "Y me seréis testigos... por tanto id, haced discípulos". Oímos decir por ahí hoy en día: "¡Qué bueno que hoy no hay persecución como en el primer siglo!" Estoy plenamente convencido; hoy no hay persecución, porque hoy no hay cristianos intrépidos que prediquen a tiempo y fuera de tiempo y a toda criatura como antes. Tenlo por seguro que desde el momento mismo en que tú te dispones a practicar un cristianismo como el de antes te meterás en problemas, burlas, cárceles y... vaya uno a saber qué más. Volviendo a nuestra definición de un testigo, debemos concluir que si hoy no estamos testificando como Él espera de nosotros es porque no estamos viéndole y oyéndole cada mañana. Fue el encuentro con el Jesús resucitado lo que cambió el mensaje de María magdalena aquel domingo por la mañana en el sepulcro. Entonces fue y animó a sus compañeros. Solo el mismo encuentro con el Señor dará impulso a tu vida de testimonio. Si Dios no ha levantado a Su iglesia de este suelo todavía, es porque espera que hables, que lo cuentes, que no te calles. ¡Son las buenas noticias del Evangelio! ¿No será que no testificamos porque no tenemos nada que contar? Y ¿No será que no tenemos nada que contar porque no pasamos tiempo a Sus pies viéndole y oyéndole? Es imposible cumplir la Gran comisión sin una gran comunión. Jesús viene pronto y Su galardón con Él para recompensar a todos aquellos que aman Su venida.

> Por tanto, no te avergüences de dar testimonio de nuestro Señor, ni de mí, preso suyo, sino participa de las aflicciones por el evangelio según el poder de Dios".
>
> 2ª Timoteo 1:8

Un testigo es alguien que vio y oyó. Si no testificamos es porque no estamos viéndole y oyéndole. Es imposible cumplir la Gran Comisión sin una Gran Comunión

13 de octubre
Indiferencia

Hace algunos años, ocurrió un accidente en el mar Atlántico frente a las costas uruguayas. Un gran derrame de petróleo por la avería de un buque que transportaba tan letal cargamento, produjo un efecto devastador, un gran desastre ecológico. Los lobos de mar, apostados en una isla, se daban cuenta de que no regresaban los que iban en busca de comida o aparecían cubiertos de aquella sustancia negra, iniciando así una lenta y striste agonía. En contra de su propia naturaleza, modificaron su conducta reprimiendo su instinto de saltar al agua. La sed y el hambre comenzaron a hacer su parte y estos pequeños mamíferos tenían que escoger entre saltar al agua llena de petróleo o quedarse en su isla hambrientos y débiles. La situación se hizo pública. Hubo un lapso de dramática indiferencia, hasta que al comenzar a morir estos lobos por el petróleo en su piel o por el hambre, una organización ecologista decidió alimentarlos con helicópteros mientras que el mar era saneado.

Cuántas veces te has sentido solo y abandonado en la isla de la indiferencia. Y te preguntas: ¿A nadie le importo, nadie se interesa por mí?... Vivimos en un mundo indiferente. Esto no es noticia para ti, ya lo sé. Pero lo que sí puede ser una buena y nueva noticia es que no estás solo. Eso es justamente el evangelio, la buena noticia de Dios que quiere acompañarte en tus desgracias, en tus desastres, en tus soledades. Esa fue la gran noticia que dio ánimo, sanidad y salvación al paralítico en el estanque de Betesda. ¿Recuerdas sus palabras en San Juan 5:7: **"Señor, no tengo quien me ayude"**?

Ahí está otra vez: *la tragedia de la indiferencia*. Pero el mismo Jesús que ayudó aquel lisiado físicamente y hoy puede ayudar al hombre lisiado espiritualmente. Dios no es indiferente. Te lo garantizo. A mí me asiste día y noche y puede hacerlo contigo.

> **"No hay nada más duro que la suavidad de la indiferencia"**

14 de octubre

Información sin formación

Vivimos bombardeados a diario de información. Nuestras mentes están inundadas de imágenes, propuestas y ofertas que seducen e invitan a tomar decisiones. Se ha denominado siglo de la "informática". Buscadores y navegadores de Internet responden cualquier duda o pregunta satisfaciendo las curiosidades más extravagantes. Las universidades se jactan de "lanzar al mercado" sus egresados con carreras y especializaciones para el gusto del consumidor. Son jóvenes con una cabeza llena pero, mayormente, con el corazón vacío. Es que la información sin formación deforma. De alguna manera Jesús también descendió a nuestro mundo para informar. Él nos trajo información acerca del cielo y del infierno, acerca del pecado del hombre y de la santidad de Dios, del pasado y del futuro inminente. Pero su vida no se circunscribió a una simple cátedra de teología. Fue mucho más que eso. No sólo llenó de información la mente de sus seguidores, apuntó 30 centímetros más abajo y llenó sus corazones. No solamente informó sino que formó, discipuló, ministró. No sé qué pensar cuando observo la manera tan despersonalizada en la que se gestan las vidas de nuestros niños, adolescentes y jóvenes. Criados "a control remoto", accediendo a claves y códigos de computadoras que les indican lo que deben hacer, carecen de afecto y ejemplos vivos. Avanzan por inercia abriéndose paso a través de una sociedad violenta, despiadada y hostil que no les deja opción. Así crecen con conocimiento pero sin sabiduría, con diplomas bajo el brazo pero sin una mano amiga, cargando medallas en un pecho que se dobla por no ser capaz de soportar el éxito que les seduce y les marea para hundirlos después en la más amarga depresión. Son vidas deformadas por la competitividad, el egoísmo y los celos. Pecados generacionales que han llegado a ser un ícono de nuestra raza humana caída. Los apóstoles de Jesús no fueron letrados, pero sí fueron formados. No tenían un "Máster en Teología" o un "Doctorado en Divinidad", pero vivían con Dios y, por lo tanto, vivían a Dios. Así revolucionaron el mundo de aquel entonces. Habían sido formados a Su imagen, moldeados por Su mano, influenciados por Su vida.

> "Porque la palabra de Dios es viva y eficaz, y más cortante que toda espada de dos filos; y penetra hasta partir el alma y el espíritu, las coyunturas y los tuétanos, y discierne los pensamientos y las intenciones del corazón. Y no hay cosa creada que no sea manifiesta en su presencia; antes bien todas las cosas están desnudas y abiertas a los ojos de Aquel a quien tenemos que dar cuenta".
>
> **Hebreos 4:12-13**

No olvides: Vive con Dios, vive a Dios

> "Una sola cosa le pido al Señor, y es lo único que persigo: habitar en la casa del Señor todos los días de mi vida, para contemplar la hermosura del Señor y recrearme en su templo".
>
> Salmo 27:4

Acabo de estar en contacto con 11.986.529 personas en un mismo sitio al mismo momento. ¡Imposible! me dirás. No existe auditorio en el mundo capaz de albergar semejante cantidad de personas. La Web site del programa de comunicación "Skype", detalla esa cifra en el margen inferior derecho de mi computador. Este es el mundo en el que vivimos. Un mundo interconectado, mega comunicado, redes mundiales de comunicación comandadas por satélites, conexiones inalámbricas y puertos infrarrojos. Conceptos y palabras que eran desconocidas hace algunas décadas atrás. ¡Hemos avanzado tanto en comunicarnos entre nosotros! ¿Cómo es posible que nos hayamos atrasado tanto en comunicarnos con Dios nuestro Hacedor? Desde el principio, Él mostró Su disposición a comunicarse con Sus criaturas. Fue de Él la primera iniciativa para restablecer la comunión con nuestros primeros padres escondidos y avergonzados por pecar: **"Adán, Adán, ¿Dónde estás tú?"** (Génesis 3:9). Los grandes hombres y mujeres en este mundo, fueron seres con almas piadosas que descubrieron el secreto de la vida que radica en gastar tiempo con Dios, escuchándole y aprendiendo de Él, lecciones que nos previenen de dar malos pasos y caer. En la aldea de Betania, hace ya 2.000 años, se resumió esta paradoja de vida en una circunstancia familiar en casa de Lázaro y sus dos hermanas: María y Marta. Dice el relato en Lucas 10:40-42: **"Pero Marta se preocupaba con muchos quehaceres, y acercándose, dijo: Señor, ¿no te da cuidado que mi hermana me deje servir sola? Dile, pues, que me ayude. Respondiendo Jesús, le dijo: Marta, Marta, afanada y turbada estás con muchas cosas. Pero sólo una cosa es necesaria; y María ha escogido la buena parte"**.

Las "muchas cosas" versus "la única cosa necesaria". La lucha de siempre... ¿Verdad? La vida, apreciado amigo, se resume en una sola cosa: Tiempo con Dios. Pruébalo, disfrútalo. No querrás más que estar en Su presencia.

¡Cuidado! lo urgente siempre grita más fuerte que lo importante

16 de octubre
Fuera del sistema

Nuestra sociedad ha creado cierto sistema de supervivencia caracterizado por lo material, y el poder indiscriminado. Estos valores relativos que este mundo intenta camuflar de absolutos, han alcanzado tanto protagonismo que se han metido en la fibra más íntima del ser humano, a tal punto que si no tienes, no eres, o no sientes, simplemente: NO EXIS-

TES. Eres un ente anónimo condenado a sufrir una lenta agonía que te deja, paulatinamente fuera del sistema. Sí. El mismo sistema que te propone vivir a ese ritmo, es el mismo que te condena y te margina si no encajas en su molde. Entonces como los hombres ven su vida y la de los suyos desmoronarse, escogen atajos ilegales para conseguir dinero, intentan olvidar sus penas detrás de un trago o se suicidan para no ver sufrir más a su familia. Hombres buenos, pero víctimas del sistema. De la misma manera, mujeres amas de casa, son avasalladas por los mensajes distorsionados que el mundo y sus roles cambiados transmite. Así sucumben ante el peso del hogar, los hijos y la casa. Adolescentes que no tienen el cuerpo o el rostro bonito que la última moda impone, son víctimas de la depresión o viven aceleradamente. Enfermedades de nuestro siglo como la bulimia, la anorexia, el mal de *Alzheimer*, el estrés, entre otras, no son más que evidencias de los estragos que produce en el ser humano el no poder vivir de acuerdo con las expectativas de este sistema. Ves cómo quedas atrás mientras otros lo logran y tú te disuelves en un sin fin de intentos, utopías y fracasos. Es un molde despiadado que imprime presión sobre aquellos que contiene y no da opciones: o te amoldas o quedas fuera. Pero gracias a Dios que: **"Justificados, pues, por la fe, tenemos paz para con Dios por medio de nuestro Señor Jesucristo; por quien también tenemos entrada por la fe a esta gracia en la cual estamos firmes, y nos gloriamos en la esperanza de la gloria de Dios"** (Romanos 5:1-2).

Si has quedado fuera del sistema, Dios quiere meterte dentro de Su gracia

17 de octubre
Esclavitud

"Él también participó de lo mismo, para destruir por medio de la muerte al que tenía el imperio de la muerte, esto es, al diablo".

Hebreos 2:14

Hombres ilustres en la lucha contra la esclavitud, pasaron a la historia por sus logros y su labor altruista en bien de la libertad del prójimo. Abraham Lincoln, como su mayor exponente, Martin Luther King, Mahatma Gandhi, Teresa de Calcuta y muchos otros anónimos, convencidos de que la libertad es un derecho absoluto de todo ser humano, dieron sus vidas por esta causa. Produce horror el recuerdo de naciones esclavizadoras, pueblos esclavizados, décadas de opresión y siglos de oscurantismo moral y social que marcaron nuestro mundo en el que aún hoy, lamentablemente quedan vestigios. Nuestra cultura mestiza de Hispanoamérica se forjó bajo la sombra de la esclavitud de los indígenas, dueños absolutos de estas tierras vírgenes y de africanos que, capturados en su África natal, eran llevados a Inglaterra primero, Norte América después, para llegar aún hasta nuestras tierras. Caudillos como el general San Martín, Simón Bolívar y otros hombres y mujeres valientes, dieron todo por la libertad de sus semejantes. Hubo otro hombre, héroe, emancipador de la raza humana, un gran Libertador: Jesús. Muchos no lo ven como tal, y es porque no ven que ellos son esclavos del poder subyugador del pecado. Pero el hombre está encadenado a sus pecados, grandes y pequeños. Su amo es el diablo y las cadenas su natural tendencia a lo prohibido que la Biblia llama naturaleza pecaminosa. Jesús también libró Su batalla, la peleó y la ganó. Derrotó al que tenía el imperio de la muerte, rompió las cadenas de la esclavitud y hoy ofrece libertad al que se la pida. No en vano exclamó: **"Si el Hijo os libertare seréis verdaderamente libres"**. ¿Sabes? La libertad no se conoce fuera de Dios. Libertad tampoco es ausencia de leyes o hacer lo que se nos antoje. Libertad es cumplir con el propósito para el cual fuimos creados y eso lo descubrimos sólo en comunión con Aquel que se jugó Su vida por nosotros en la cruz. Sintamos Su perdón y sabremos lo que es vivir libres de verdad.

**Libertad es cumplir con el propósito
para el cual fui creado**

18 de octubre

No eres un fracasado

El concepto de "fracaso", es una realidad que dice presente en cualquier etapa de la vida. Es como un fantasma que nos asusta. A unos más que a otros. Lo cierto es que todos vivimos con el miedo al fracaso. La temida frase: "¡Fracasaste!" o "¡Eres un fracasado!", nos tortura cada vez que la recordamos. En muchos casos, esta ha producido un daño psicológico irreparable. Debes saber que si fracasas no significa que eres un fracasado. Es prudente agregar a la lista de tus proyectos la posibilidad de que algo no salga como estaba planeado. Si el fracaso nunca figura en tus planes te derrumbarás ante la primera frustración o imposibilidad. Los perfeccionistas, los que no aceptan en sus actividades el menor descuido ni la mínima distracción, fácilmente se irritan y pierden el control. Pero aquellos que saben que es posible que las cosas no salgan como estaba planeado, que muchas veces hay que improvisar y salir por un momento del plan trazado, son los que perseveran hasta el fin y alcanzan logros.

Hubo alguien que, hace mucho, pero mucho tiempo fracasó y quiere que todos fracasen igual que él. ¿Su nombre? Originalmente: Lucifer. Hoy, Satanás. Un ser creado por Dios con belleza, poder e inteligencia inigualables, que abrigó orgullo en su corazón. La criatura quiso ser igual al Creador y fue despojado de sus privilegios y arrojado de la misma presencia de Dios. ¡Él sí que es un fracasado! Con tanto que tenía a su disposición, con tantos poderes... Eso sí es fracasar y en grande. Satanás quiere confundir, robar, matar, destruir. Quiere que tú fracases con él, haciéndote creer sus mentiras y humillándote. Pero nunca olvides que eres creación de Dios, un ser muy especial y hay un plan muy especial preparado para ti que debes descubrir en íntima comunión con Él. Permite que Dios restaure tu ser. Identifica y corrige aquello que has hecho mal, y encomienda a Jehová tu camino, que todo te saldrá bien.

> "Y no sólo esto, sino que también nos gloriamos en las tribulaciones, sabiendo que la tribulación produce paciencia".
>
> **Romanos 5:3**

Que hayas fracasado no significa que seas un fracaso

19 de octubre
A la manera de Dios

> "Porque hay un solo Dios, y un solo mediador entre Dios y los hombres, Jesucristo hombre".
>
> 1ª Timoteo 2:5

En un mundo tan sectorizado y estratificado, donde las clases sociales se diferencian cada vez más, la discriminación social, religiosa y racial es un tema conocido. ¡Y no va a cambiar! La tendencia muestra que seguirá en aumento hasta culminar la pirámide donde unos pocos subyuguen al resto. Pero Dios no. Él no discrimina. Una de las historias más gráficas al respecto, es la narrada en el evangelio de Mateo 22:1-14. Allí se nos presenta a un rey que prepara un banquete e invita a sus convidados. Estos desprecian la invitación y entonces la oferta es abierta para todos cuantos quieran beneficiarse. El banquete está listo, las puertas son abiertas. Aldeanos, campesinos, hombres de la calle y pordioseros, entran al palacio sin poder creer lo que ven sus ojos. ¡Un banquete real dispuesto para ellos! El primero se anima a probar bocado y todos a una se lanzan a la mesa a disfrutar de aquel festín. Pero la euforia se transforma en silencio cuando el rey entra en la sala y ve a uno de los comensales vestido indignamente. Le increpa y, ante el silencio de aquel hombre, le saca de la fiesta y le lanza a la calle. Pero... ¿Quién te entiende rey? Primero nos invitas a nosotros los pobres, y ahora expulsas a este por no tener un traje adecuado?... Suena injusto, si desconoces que, en aquella cultura, se entregaba a cada invitado un delantal acorde al color del decorado del banquete en el momento en que ingresaba por la puerta del salón. Entonces... ¿Por dónde entró este sujeto? Tal vez su propia vergüenza y prejuicios le hicieron entrar por otra parte. Y el rey dijo: No. Todos pueden entrar. Sí, pero bajo mis condiciones y a mi manera y por la única puerta. Dios no discrimina. Cualquier pecador puede entrar y disfrutar de Su banquete espiritual pero no de cualquier manera. Dijo Jesús: "Yo soy la puerta. El que por mí entrare, será salvo".

Si te sientes expulsado por el mundo y sus hombres, acude a Dios. Él te aceptará, pero a Su manera. A través de Su Hijo.

Acercarse a Dios de cualquier manera, es tan inútil como creer en cualquier dios

20 de octubre
Rompe la cadena

Si prestamos atención a estas palabras podemos notar que son cinco los pasos, que conducen a una muerte segura. El primero es la realidad de los malos deseos que todos llevamos dentro, esa tendencia natural a pecar que arrastramos desde que nacemos y nos acompaña de por vida. La Biblia la llama naturaleza pecaminosa. El segundo, es la atracción que ejerce esa natural tendencia. ¿Quién no ha sentido alguna vez el perverso deseo de hacer algo malo? Es una fuerza que te arrastra. El tercero, tiene aroma a engaño. La palabra usada es "seducción" y esto me habla de trampa. Es que en realidad la tentación a pecar nunca te cuenta toda la verdad. El cuarto, es el que te engaña mostrando la cara agradable de pecar, por ejemplo del fumar pero no te muestra el cáncer de pulmón que esto produce. Basta sólo un ejemplo para desenmascarar el método que Satanás ha venido usando hace siglos con excelentes dividendos. Pero la cadena no termina ahí. Lo que comenzó siendo un simple deseo natural ahora es un pecado consumado. En este punto no hay vuelta atrás. Ya saltaste en caída libre y no hay otro final que ¡LA MUERTE! Sí. Ese es el final, el paso número cinco. Por supuesto, pecar no sale gratis. ¿O tú creías que tenías todo controlado? ¿Sabes cuántos pensaron lo mismo y hoy viven una esclavitud de muerte encadenados a su propio estilo de vida? Ya sea muertos en vida o muertos literales, lo cierto es que una vida caracterizada por estos pasos, es una vida separada de Dios que significa la muerte misma. Sólo Cristo puede romper esas cadenas de engaño y muerte. Sólo Dios puede guiar tus pasos a la vida, porque: **"Si el Hijo te libertare serás verdaderamente libre"** (Juan 8:36).

> "Sino que cada uno es tentado, cuando de su propia concupiscencia es atraído y seducido. Entonces la concupiscencia, después que ha concebido, da a luz el pecado; y el pecado, siendo consumado, da a luz la muerte".
>
> Santiago 1:14-15

Subestimar el pecado es como saltar al vacío

Todo depende de cómo lo miremos

> "Grandes cosas ha hecho Jehová con nosotros; estaremos alegres".
>
> **Salmos 126:3**

Los dos enfermos compartían la misma sala del hospital. Uno de ellos, tenía la orden médica de sentarse cada hora en su cama para drenar líquido de sus pulmones. Aprovechaba y miraba por la ventana situada al lado de su cama. El otro no. No podía moverse debido a sus costillas fracturadas y permanecía todo el tiempo boca arriba. Cada vez que su compañero se incorporaba, le describía un bello parque alfombrado por la hierba, un niño jugando con su madre, la alegre banda musical que rodeaba la plaza de la ciudad, dos enamorados tomados de la mano ajenos a la existencia del reloj... Su compañero, el que no se movía, sólo cerraba los ojos mientras oía el relato e imaginaba lo que escuchaba. Así pasaban los días aquellos dos internos, casi sin darse cuenta cómo pasaba el tiempo. Una mañana descubren el cuerpo inerte del enfermo de neumonía junto a la ventana. Murió en silencio, mientras dormía. Cambiaron a su vecino, el de las costillas rotas, a la otra cama y cuando todos se retiraron trató de incorporarse con mucho esfuerzo y dolor para poder ver a través del cristal. Fue grande su asombro cuando sólo vio una gran pared blanca frente a él. Intrigado, le preguntó a la enfermera cómo se explicaban los detallados relatos, a lo que la enfermera respondió que el hombre que acababa de morir además era ciego, sólo imaginaba un mundo ideal para animar con sus relatos a su amigo y ayudarle a soportar su dolor. Es maravilloso el hacer feliz a los demás sea cual sea tu situación. ¡Te hace rico! El dolor compartido hace más suave la pena, son dos los que sufren, pero cuando se comparte la felicidad se multiplica, son dos los que gozan. Dice la Biblia que de la abundancia del corazón habla la boca. ¿Vives quejándote? Analiza tu corazón, tal vez esté saturado de pesimismo, rencor, ansiedad, desilusiones y fracasos. Deja que Jesús lo sane y dedícate a animar con optimismo al que sufre al lado tuyo.

Cuidado, así como se contagia la buena onda, también el desánimo

22 de octubre

Confiar, es soltarse y dejarse caer

Aquella mañana, Jorge decidió subir la ladera oriental de la montaña. Como en las ocasiones anteriores, comenzó su escalada muy temprano calculando el tiempo de luz solar que le permitía llegar al cuarto refugio. Pero ese día el sol se ocultó antes de lo calculado. Desesperado, veía como las penumbras cubrían aquella ladera. Apuró la marcha, su respiración se debilitaba y el cansancio extremo lo abordaba. En un descuido, su pie resbaló y cayó al precipicio en medio de la oscuridad. Afortunadamente, la soga que llevaba se enredó en un árbol durante la caída y el arnés de su cintura soportó el tirón. Casi inconsciente, colgando como un péndulo en medio de aquella noche, intentó usar su radio para pedir socorro. Nadie respondió. Toda su vida pasó como una película por su mente. Le rodeaba la oscuridad más negra. Se acordó de Dios. De las historias bíblicas que su madre le contaba cuando niño y dirigió una oración: "Señor, toda mi vida te he ignorado. Si me salvas de ésta, prometo entregarme a ti el resto de mi existencia". Una voz en la fría noche le respondió: "Si confías en mí, corta la soga y te salvarás". Luchó y luchó para tratar por otro medio, pero se rehusó a cortar la soga que era, según él, la única esperanza que le quedaba para salvarse. Lo encontraron a la mañana siguiente muerto por congelamiento con su cuerpo colgando, a escasos metros del suelo. Evidentemente, si hubiera confiado en aquella voz que le dijo que cortara la soga se habría salvado.

¿Confías en Dios al punto de cortar todo aquello que dependa de tus fuerzas y entregarte solamente a Él? Esa es Su única demanda. Sólo confiando en Su cuidado encontrarás la salvación para tu alma. Muchos creen que pueden cuidarse mejor de lo que Dios puede cuidarles; dudan de Su amor, gastan sus vidas luchando inútilmente y nunca se entregan a Él. Y tú, ¿te atreves a cortar tu soga?

> "Dios mío, fortaleza mía, en él confiaré; mi escudo, y el fuerte de mi salvación, mi alto refugio, Salvador mío".
>
> 2° Samuel 22:3

Confiar es soltarse y dejarse caer

23 de octubre
Mi tío, el Juez

> "El amor y la verdad se encontrarán; se besarán la paz y la justicia".
>
> Salmo 85:10

Mientras la policía llevaba detenido a aquel joven por los reincidentes disturbios callejeros en un adinerado pueblo de Escocia, el muchacho, en actitud tranquila y desafiante gritaba a sus amigos que observaban: *"Tranquilos muchachos. Ya saben, mi tío es el juez de la ciudad, no me va a pasar nada"*. Lo encerraron con cargos en su contra y el día del juicio llegó. La sala del tribunal estaba atestada de gente que llegó para escuchar la sentencia, pues el "Caso del sobrino del juez" había tomado connotaciones de "Noticia de última hora" en los medio de comunicación. El juez tomó la palabra y, luego de examinar las pruebas en su contra, se dirigió a su acusado sobrino y dijo: *"Joven, tú, más que nadie, deberías haber respetado las leyes dadas las funciones de tu tío. En lugar de eso, las has quebrantado. Yo te condeno a pagar la mayor de las multas que autoriza la ley"*. El público quedó atónito, pues pensaba que, debido al parentesco entre juez y acusado, el joven saldría libre con una simple reprimenda, pero no fue así. El muchacho estaba humillado por la vergüenza pública. Pero ante el asombro de todos, aquel anciano magistrado se quitó su toga, bajó del estrado, se puso al lado del joven, metió su mano en su bolsillo y firmó un cheque por el valor de la multa, que luego entregó al secretario del tribunal.

Volviéndose a los asombrados espectadores dijo: *"Esto es exactamente lo que Dios ha hecho conmigo. Me sentenció a condena eterna como pecador culpable que violó sus santas leyes, y luego, en la Persona de su Hijo, se despojó de Su gloria, bajó de Su estrado allá en el cielo, se puso a mi lado y pagó en la cruz, mi deuda"*. Aquel muchacho quedó libre, yo quedé libre y tú puedes hoy ser libre del pecado que te condena y te encadena. Acepta Su amor, Su muerte y Su perdón y vive para agradecerle. Eso es vivir.

Justicia + Amor = Cristo

24 de octubre
Imposibilidades

Creo que hay dos tipos de personas en la vida. Aquellos que ven la imposibilidad como un muro infranqueable, y aquellos que ven los imposibles de la vida como una gran montaña a escalar. Tanto el muro como la montaña son piedras, sí. Pero el uno se mira como obstáculo y el otro como desafío. El pesimista dice: imposible, el optimista, difícil. El pesimista: no puedo; el optimista: puedo intentarlo. El pesimista piensa: este problema me supera, el optimista: debo superar mis temores para enfrentar la crisis. El pesimista dice: esto es demasiado para mí. El presuntuoso piensa: no hay nada difícil o imposible para mí, pero el prudente dice: con la ayuda de Dios, todo lo puedo. Hay algunos que se pasan diciéndole a Dios que tienen un gran problema, en cambio otros, le dicen a su problema que tienen un gran Dios.

Debemos recordar que la imposibilidad es en sí misma el ingrediente indispensable para todo milagro. "¡Esa es la palabra que necesito!", dirás. Un MILAGRO, sólo eso puede salvarme. Has dicho una gran verdad. Pero ese milagro ya sucedió. Fue el milagro más grande que la humanidad haya presenciado: el Dios omnipotente, hecho humano en la persona de Jesús, nació, y vivió como nosotros, en medio de nosotros, y murió en nuestro lugar para salvarnos de la condenación eterna que pendía sobre nuestras cabezas. Ese mismo Dios de milagros quiere que tú vivas una vida sobrenatural, enfrentando cada problema como un nuevo desafío a superar, tomado de Su mano. Cuando te entregues de corazón a Jesús, Dios te capacitará con el poder sobrenatural de Su Espíritu Santo y desarrollará una fe capaz de ver victorias donde otros no las ven. Porque "el que puede ver lo invisible, puede hacer lo imposible". Vive una vida de fe en Dios y di junto con Jesús: **"Para los hombres esto es imposible; mas para Dios todo es posible"** (Mateo 19:26).

> "Todo lo puedo en Cristo que me fortalece." Filipenses 4:13
> "Para los hombres esto es imposible; mas para Dios todo es posible".
>
> Mateo 19:26

"El que puede ver lo invisible, puede hacer lo imposible"

El sufrimiento te hace único

> "Y a Aquel que es poderoso para guardaros sin caída, y presentaros sin mancha delante de su gloria con gran alegría".
>
> Judas 1:24

No existen dos personas que experimenten una situación traumática similar, de la misma manera. Cada sufrimiento, lo vives de una manera diferente a otra persona que pasó por esa misma experiencia. Por lo tanto, el sufrimiento nos hace únicos. ¿Nunca lo habías pensado de esta manera?... Bueno, me dirás, si sufrir me hace exclusivo, prefiero seguir siendo vulgar y esquivar el trauma. Muchos escogen este atajo más fácil. (Que no sea tu caso).

Es que el sufrimiento es parte de tu proceso madurativo y también de tu educación. No sólo te hace único, sino que te hace fuerte. Como el árbol plantado junto a corrientes de aguas, soportando vientos, lluvias, frío y calor. Ese es el que da su fruto a su tiempo y su hoja no cae. Pero el árbol de "invernadero", el sobreprotegido, el que recibe todos los cuidados, el que nunca sufre... no crece.

Vivir evitando el dolor, el sufrimiento, el esfuerzo y escoger siempre la vida cómoda, no sirve para tu madurez. Te desvaneces en las mayorías facilistas y pasas inadvertido el resto de tu vida. Nunca logras nada especial y te diluyes en un estilo de vida sin sabor. No arriesgas pero tampoco ganas. Escondes bajo la arena tu talento por temor y pasas a la historia como uno más del montón. Le temes a salir herido pensando que las heridas y cicatrices son un punto en contra, cuando en realidad, las heridas son evidencia de que sufrimos, pero sobrevivimos y eso nos hace únicos, nos hace fuertes.

Al fin y al cabo, Jesús, el Hijo de Dios, varón de dolores y experimentado en quebrantos (Isaías 53:3), mostró y mostrará amoroso Sus cicatrices. Él no esquivó la Cruz de tormento, más bien, afirmó Su rostro como un pedernal (Isaías 50:7) y avanzó valiente. ¿Con miedos?... Seguramente, pero avanzó y eso le hizo fuerte... El más fuerte. Y tú... ¿le haces frente a los embates de la vida? ¿Arriesgas? ¿Avanzas, aunque con miedos? Aférrate de la mano de Aquel que es poderoso.

Tu sufrimiento te hace único

26 de octubre

Las presiones del materialismo

Podemos reducir las presiones que nos afectan si evaluamos cómo el materialismo influye en nuestras decisiones financieras. ¿Qué es el materialismo? El diccionario lo define como: "Manera de comportarse de los que sólo piensan en las satisfacciones corporales. La doctrina de que la comodidad, placer y riquezas son los únicos o más altos valores y metas". Mencione algo que ha comprado en los últimos 6-12 meses. ¿Piensa que obró basado en las presiones sociales del materialismo? (Lea, por favor, 1ª Timoteo 6:6-10, Lucas 12:15.21, Mateo 13:18-23). La vida no consiste en las posesiones materiales, sino en la relación que tenemos con Dios, la familia y otros seres humanos.

¿Cómo podemos reducir las presiones causadas por el materialismo?

A) Haga un inventario realista de cómo vive ahora, haciendo hincapié en sus valores y actitudes con relación al materialismo. Debemos ser honestos con nosotros mismos respecto a la influencia que el materialismo ejerce sobre nuestras vidas.

B) Continúe creciendo en su entendimiento de la perspectiva bíblica acerca del dinero y las posesiones. (Lea Mateo 6:33, 1ª Timoteo 6:11-12). Debemos encontrar contentamiento con lo que Dios nos ha provisto, sea poco o sea mucho.

C) Tome decisiones acordes con SUS VALORES. ¿Cuál es el concepto que tiene sobre el éxito?

Las siguientes preguntas le pueden ayudar a tomar decisiones f nancieras.

- ¿Es esto algo que deseo o necesito?
- ¿He orado y discutido esta compra con mi pareja?
- ¿Le agrada a Dios esta compra?
- ¿Traerá presiones adicionales durante los próximos 5 años?
- ¿Me obligará a meterme en deudas?
- ¿Sufrirán nuestras relaciones interpersonales a causa de esta decisión?

Nunca olvidemos que cuando lo que poseemos comienza a poseernos estamos en serios problemas.

> "Así que, teniendo sustento y abrigo, estemos contentos con esto. Porque los que quieren enriquecerse caen en tentación y lazo, y en muchas codicias necias y dañosas, que hunden a los hombres en destrucción y perdición; porque raíz de todos los males es el amor al dinero, el cual codiciando algunos, se extraviaron de la fe, y fueron traspasados de muchos dolores".
>
> 1ª Timoteo 6:8-10

Seamos honestos y sometamos todo movimiento financiero ante Su altar

Ojo por ojo

> "Pero yo les digo: Amen a sus enemigos y oren por quienes los persiguen, para que sean hijos de su Padre que está en el cielo. Él hace que salga el sol sobre malos y buenos, y que llueva sobre justos e injustos".
>
> Mateo 5:44-45

El doctor Martín Luther King, dejó una marca imborrable en los anales de la historia de los Estados Unidos de América. Despertó la conciencia del pueblo americano de hacer una realidad los derechos civiles de todos los ciudadanos. Su inspiración fue el entendimiento de la voluntad de Dios para el hombre y logró hacerlo usando medios pacíficos, la "No violencia" que Jesús enseñó. En varias ocasiones, el doctor King, volvió la otra mejilla ante sus enemigos. Cierta vez, fue herido con un pica hielos; varias veces fue arrestado y puesto en prisión. Cierta vez le alcanzó una piedra arrojada desde el público y cayó al suelo. En cada una de las ocasiones siguió adelante en su meta, sin sentir rencor hacia los que querían perjudicarlo. El doctor King murió asesinado, pero aún en el acto de su muerte, triunfó. En el discurso, la noche anterior de su muerte, dijo: *"He escalado la cima más alta y contemplado la tierra prometida"*.

La cultura de la venganza es normal en esta sociedad competitiva que nos globaliza cada vez más. Parecería que es lo que debemos hacer; si no reaccionamos pasan por encima de nosotros, y debemos asegurar nuestro lugar. ¿Los demás? que se las arreglen como hicimos nosotros. Si en el camino de la concreción de las metas, algo o alguien se interpone, simplemente usamos la venganza como arma de destrucción masiva útil y permitida. Jesús dijo: "**Ustedes han oído que se dijo: 'Ojo por ojo y diente por diente. Pero yo les digo: No resistan al que les haga mal. Si alguien te da una bofetada en la mejilla derecha, vuélvele también la otra... Al que te pida dale... Ustedes han oído que se dijo: Ama a tu prójimo y odia a tu enemigo, pero yo les digo: Amen a sus enemigos y oren por quienes los persiguen, para que sean hijos de su Padre que está en el cielo...**" Puedes leerlo en el evangelio de Mateo, capítulo 5. ¿Parece loco, verdad? Es revolucionario. Para este mundo es una locura, pero para Dios, la cultura de la no-venganza es la cultura del cielo donde tú... Vivirás eternamente...¿?

Ojo por ojo... y todos terminaremos ciegos

28 de octubre

¿Qué es lo que yo le hice a Dios?

"¿Qué le hice yo a Dios para que me trate así?"... Es normal escuchar este tipo de quejas ante el cielo, por parte los habitantes de la tierra. Muchas veces, circunstancias adversas arrancan de nuestra garganta un grito de rebeldía y rencor hacia Dios por aquello que nos sucede. Nuestras vidas están enajenadas de Dios casi siempre, pero cuando algo sale mal,

> "Aunque ande en valles de sombra de muerte, no temeré mal alguno, porque tú estarás conmigo".
>
> Salmo 23:4

le echamos la culpa y le alejamos la vida aún más. ¿Es justo esto? Tildo a Dios de injusto y no quiero ver mi propia injusticia al usar a Dios como si fuera un salvavidas, sólo cuando lo necesito y después, ¡ni me acuerdo dónde le guardé! Pensamos que Dios tiene el deber de hacer solamente bien a nuestras vidas. Si piensas tener derechos ante Dios, permíteme decirte que el único que tuvo derecho ante Él por vivir una vida totalmente justa fue Jesús y Él renunció a Sus derechos para justificarnos ante el Padre en la cruz. ¿Sabías esto?

El ser humano, por su condición caída ante su Creador, sólo tiene derecho a la muerte. Dice Romanos 3:23, **"Por cuantos todos pecaron"** pero también continúa diciendo que **"somos justificados gratuitamente por su gracia"**.

Entonces, cuando repitas nuevamente esa pregunta: ¿Qué es lo que le hice a Dios? Respóndete: "Le tuve lejos, le ignoré, le desestimé". Eso es lo que le has hecho. Alguien dijo que cuando las cosas salen mal y preguntamos, dónde está Dios, debemos saber que Dios está allí, lejos, tan lejos como le hayamos puesto, con nuestros pecados. El orgullo natural nos impide reconocer las fallas que la Biblia llama pecado.

Ese pecado es el que te aleja de Dios y cuando lo necesitas le sientes ausente y te enojas. Pero permíteme decirte que en realidad, Dios nunca está lejos. Él cubrió la mayor distancia desde el cielo hasta la tierra para acercarse a ti; sólo extiende tu mano y le encontrarás esperándote para perdonarte y socorrerte. No te enojes con Dios.

El único que tenía derechos ante Dios, los abandonó por justificarnos

Ética circunstancial

> "Tenemos también la palabra profética más segura, a la cual hacéis bien en estar atentos como a una antorcha que alumbra en lugar oscuro".
>
> 2ª Pedro 1:19

El doctor Joseph F. Fletcher, profesor de ética en la Universidad Episcopal de Teología de Cambridge, se considera el líder de la "Ética Circunstancial", una filosofía que piensa que lo bueno o lo malo depende de las circunstancias. Lo que sería malo en algunos casos, puede llegar a ser bueno en otros. El circunstancialista considera cada caso, de supuesta infracción a la ley divina, como individual y concreto, nunca como principio absoluto. Todo es cuestionable, todo es relativo y lo que juzga, al fin y al cabo, la medida de la trasgresión, no es una regla prescrita, sino la intencionalidad que motivó al individuo a dicha acción. De tal manera que el amor sincero y el interés puro pueden justificar cualquier "aparente" exceso.

El circunstancialista, dice Fletcher, está preparado en cada caso concreto para prescindir de cualquier principio, con tal que su acción produzca más beneficio que el de haber seguido estrictamente el principio moral. Lo que prima, entonces, no es la obediencia sino la conveniencia. Fletcher reconoce que su filosofía puede llevar al libertinaje, pero a su vez, crítica a las personas que llama legalistas, que se "acurrucan" bajo la seguridad de una ley moral. Imagínate si, por ejemplo, los 10 mandamientos comenzaran con un prefacio así: *"En casi todos los casos, no codiciarás. En casi todos los casos no mentirás, en casi todos los casos no matarás..."* ¡Sería imposible vivir regulados por un mandamiento tan relativo! ¿Verdad? Necesitamos los absolutos de Dios si deseamos vivir vidas absolutamente seguras.

Ese temor de Dios, que hoy los modernistas llaman "fanatismo arcaico", ha capacitado a muchos para vivir vidas seguras, regidas por los principios absolutos de santidad de la Biblia, en vez de vivir regulados por cierta ética que a su vez es regulada por las circunstancias. Vive bajo la luz de Su Palabra y tu pie no tropezará jamás.

Necesitamos los absolutos de Dios si queremos vivir vidas absolutamente seguras

30 de octubre

Monumentos de Su fidelidad

Ya instalados en el nuevo país, los israelitas debían ser precavidos respecto a su conducta en medio de pueblos paganos porque podrían contaminarse con sus costumbres. Es por eso que recibieron consejos específicos de Dios a través de Josué desde el comienzo. En el capítulo 6:18-19, les dijo que no codiciaran las cosas de este mundo, ya que las cosas que codiciamos pueden debilitar nuestro compañerismo con Dios. Luego les dijo en el 23:7 que tuvieran cuidado de no adoptar la forma de pensar de este mundo, más bien debían permanecer en los caminos de Dios y servirle de todo corazón. En 24:23 leemos: "Deshágan-se de los dioses ajenos que todavía conservan. ¡Vuélvanse de todo corazón al Señor, Dios de Israel!" Esto me habla de rechazar todo aquello que compita con la supremacía de Dios en la vida, llamado idolatría. En el 1:7-8 el consejo es concerniente a encontrar, en las páginas sagradas, todo lo que necesitamos saber para un sano andar diario y cómo practicarlo en nuestra vida. El capítulo 4:4-7 dice: "Entonces Josué reunió a los doce hombres que había escogido de las doce tribus, y les dijo: Vayan al centro del cauce del río, hasta donde está el arca del Señor su Dios, y cada uno cargue al hombro una piedra. Serán doce piedras, una por cada tribu de Israel, y servirán como señal entre ustedes. En el futuro, cuando sus hijos les pregunten: ¿Por qué están estas piedras aquí?, ustedes les responderán: El día en que el arca del pacto del Señor cruzó el Jordán, las aguas del río se dividieron frente a ella. Para nosotros los israelitas, estas piedras que están aquí son un recuerdo permanente de aquella gran hazaña".

Cada momento decisivo en tu vida, cada vez que has podido ver el amor de Dios, Su cuidado y atención, aún cuando tú lo ignoras, debe ser registrado como monumento a Su fidelidad. Son cosas que no debes olvidar al comenzar un nuevo capítulo como el que ellos estaban a punto de iniciar.

> "No escondo tu justicia en mi corazón, sino que proclamo tu fidelidad y tu salvación, tu gran amor y tu verdad".
>
> Salmo 40:10

Si miras al cielo en busca de dirección antes de cada comienzo, el final de tus proyectos será alentador

"¡Habrán de derramarse tus fuentes por las calles?… Son tuyas, solamente tuyas, y no para que las compartas con extraños. ¡Bendita sea tu fuente! ¡Goza con la esposa de tu juventud!"

Proverbios 5:16-18

Un destacado neurólogo, dijo a su auditorio de 350 profesionales médicos en St. Louis, que se está engañando a los adolescentes sin decirles la verdad completa con promesas respecto al sexo en esta nueva tendencia de libertinaje. Se les dice a las jovencitas que las pautas del pasado ya están caducas y que de ahora en adelante lo que prima es la libertad, pero no se les dice nada de las implicancias de esta libertad, de los efectos que puedan tener en su salud emocional y su bienestar general. Aunque se pudiera llegar a exterminar las enfermedades venéreas, dijo el doctor, y se fabricaran preservativos 100% seguros que eliminaran toda posibilidad de embarazo, la castidad antes del casamiento todavía sería lo más aconsejable para las jóvenes, aclaró. Especialmente desde el punto de vista emocional. Los partidarios de la nueva moral, enseñan a los jóvenes un sentido de valores falsos, se aprovechan del impulso natural que tenemos, de seguir por el camino de la diversión y el placer. Este estilo de vida sensual y libertino ha caracterizado a la raza humana desde siempre, pero nunca antes como hoy se le está dando tanta rienda suelta en forma descontrolada. Es triste ver que aunque médicos como éste, que no es de trasfondo cristiano, aconsejen la castidad, la mayoría de profesionales hoy en día acepta y aconseja el sexo libre como método saludable para el desarrollo del carácter, cuando en realidad, lo que se está logrando es la degradación de la misma conciencia humana. Dice la Biblia que el conocimiento de la Verdad del cielo que se llama Jesucristo es la fuente de la libertad. Hacer lo que quiero con mi cuerpo sólo me esclaviza a mis propias pasiones sin control, que cada vez necesitan nuevas experiencias, porque ya lo anterior no satisface. Está comprobado que ese desenfreno ha propiciado la bisexualidad de los galanes más "sexys" del cine, cansados de tener cuantas mujeres quisieron, pues ya no encuentran satisfacción. Sólo una vida, mente y cuerpo entregados a la obediencia de la verdad del evangelio, nos da el disfrute real y pleno de la vida. Solamente en Jesús vivimos la vida abundante.

La verdadera libertad sexual sólo se experimenta dentro de tu matrimonio, no antes, ni fuera de él

1 de noviembre
Palabra cumplida

El famoso Dionisio, tirano de Sicilia, condenó a muerte a un ciudadano. Muchas fueron las lágrimas y los ruegos, pero nada conmovió a aquel corazón de piedra. El reo dijo a Dionisio: "Te pido un último favor". "Todo te concederé excepto la vida", respondió el emperador. "Tengo una familia que queda completamente arruinada si no pongo personalmente en orden mis negocios", suplicó el condenado. "¡Imposible!, exclamó Dionisio. Ante lo cual el hombre suplicó: "escúchame bien: soy hombre que cumplo con mi palabra. Si me das 10 días juro que antes que termine el plazo estaré acá, si encuentro un amigo que se quede en mi lugar en la prisión y responda con su cabeza por la mía. De lo contrario, regresaré". "Si encuentras a alguien así, te daré 20 días", dijo el monarca. La cosa se puso interesante cuando uno de sus mejores amigos se constituyó en prisionero voluntario. Fueron pasando los días y todo se hallaba preparado para la ejecución, pero el verdadero reo no aparecía.

Dionisio fue a la prisión y encontró al sustituto de muy buen humor y le dijo: "Hoy es el día 20 y tu amigo se esfumó. ¿Cómo es que estás de tan buen humor?" "Bueno", respondió este hombre, "simplemente, sé que llegará a tiempo". Dionisio lo miró lleno de asombro y admirado por su fe. La hora de la ejecución llegó. Cuando el verdugo se disponía a bajar su hacha, se oyó una voz entre la multitud: "Esperen, esperen". Era el verdadero reo. Se acercó a Dionisio y le dijo: "Gracias". Abrazó a su amigo y dijo al verdugo: "Aquí está mi cabeza, córtala". "¡No!", dijo Dionisio. "Te perdono, y si hasta ahora fueron dos amigos, ahora quiero que seamos tres".

Esta conmovedora historia muestra el valor de una verdadera amistad y el impacto que puede producir en los demás. Jesucristo es un amigo de verdad. Él estuvo dispuesto a ofrecer Su cabeza en lugar de la tuya para salvarte. Lo hizo en la cruz hace 2.000 años y por eso se merece tu confianza. No lo dudes.

> "Nadie tiene mayor amor que este, que uno ponga su vida por sus amigos"
>
> Juan 15:13

El verdadero amor corre riesgos

El puerco bañado

> "El que no naciere de nuevo no puede ver el reino de Dios".
>
> Juan 3:3

Un agricultor llevó un puerco a su casa. Lo bañó, lo educó, lo perfumó y hasta le puso un hermoso collar. Este animal estaba muy bello, listo para ser aceptado en la sociedad. Por algún tiempo se comportó como toda una mascota en la casa de su dueño. Los vecinos y amigos lo admiraban. Pero, apenas pudo salir de la casa se enterró en el primer lodazal que encontró mostrando así su verdadera naturaleza. ¿Por qué? Simplemente todavía era un puerco. Su naturaleza no había cambiado; sólo cambió su aspecto exterior.

Con el hombre sucede lo mismo. Lo puedes vestir muy bien y colocarlo en la primera fila de la iglesia, y casi parece un santo... ¿Verdad? Podría engañar a sus amigos, esposa e hijos, pastor y vecinos por un tiempo. Pero ponlo en su lugar de trabajo o en el club un sábado por la noche y mostrará su verdadera naturaleza. ¿Por qué se conduce así? Porque aún no ha cambiado su naturaleza interior; sólo fueron mejoras momentáneas y cosméticas. Tal vez te preguntes por qué duran tan poco las propuestas de cambios ejecutadas por los gobiernos; por qué la sociedad sólo implementa "parches" que nada solucionan; por qué tu familia, tu cónyuge, tu hijo, no logran mantener una conducta aceptable durante un tiempo prolongado; por qué las metas de cambio personal que te has propuesto vez tras vez, las técnicas de mejora y los métodos de autoayuda sugeridos, fracasan y fracasan... Es que necesitas un cambio de adentro hacia afuera y no a la inversa. Necesitas, en palabras de Jesús: "nacer de nuevo".

Sí. **"El que no naciere de nuevo no puede ver el reino de Dios"** (Juan 3:3). Para nacer a Dios debo morir a mí mismo. Jesús nos dice que la única manera de ver a Dios reinando en nuestra vida con cambios verdaderos es renunciando a todo aquello en lo que confío y creyendo solamente en Él. Hazlo y verás la revolución de vida que se produce en tu interior.

Cristo no te propone una vida mejor, sino una vida nueva

3 de noviembre

O te cambias de nombre o de ejército

Son variadas las anécdotas registradas referentes al gran Alejandro Magno como la historia quiso que se le recordara. Este joven lleno de energía, desplegó sus tropas por todo el mundo conocido de aquel entonces. Media, Persia, India, África... No había límites de conquista para este Heleno adicto a traspasar fronteras. Fue, además, un gran estimulador,

llevando a sus tropas hasta los límites inimaginables de entrega por extender el imperio griego. En una de sus tantas marchas interminables, donde sus soldados, la mayoría de ellos de los mismos países que conquistaba, estaban exhaustos por la caminata, notó en las filas a uno que, distraídamente, jugaba mientras marchaba. Cuando sus compañeros se esforzaban por mantener el paso firme y con máxima concentración, este joven se detenía en cuanto detalle del paisaje observaba. En actitud displicente, tropezaba, conversaba con su compañero de fila o miraba las estrellas. Alejandro preguntó a su comandante quién era ese joven, a lo que este respondió: "Es espartano, y su nombre es Alejandro". Cuando el gran emperador escuchó el nombre de aquel joven, dio un golpe a su blanco caballo, corrió prontamente hasta el muchacho, le detuvo e increpándole, le dijo: "Alejandro, o te cambias de nombre o te cambias de ejército. Pero no permitiré en mis filas un Alejandro tan inconsecuente".
Muchos hoy en día dicen ser cristianos, seguidores de Jesús, como se les llamó por primera vez en la Antioquia del primer siglo. Pero su andar muestra todo lo contrario. Viven vidas inconsecuentes con lo que dicen creer; y no sólo pierden el tiempo sino que son un estorbo para el avance del reino de Dios en esta tierra. Pablo, otro grande aunque su nombre significa "pequeño", habló al respecto en Efesios 4:1. Palabras como "digno", "causa", "llamamiento", dan la pauta de que hay un propósito de vida digna, y que en el cumplimiento de ese propósito está mi deber. Así que, si eres del ejército de Cristo, debes andar como cristiano. Porque: **"El que dice que permanece en Él, debe andar como Él anduvo".**

Lo que haces habla tan fuerte que no me deja oír lo que dices

4 de noviembre
Cuestión de identidad

> "Cual ave que se va de su nido, es el hombre que se va de su lugar".
>
> Proverbios 27:8

Cierta fábula cuenta la conversación que mantuvieron el águila y el león refiriéndose a su amigo: el murciélago. El águila se quejaba diciendo: "No entiendo a este murciélago. ¡Es insoportable! Se mezcla con los pájaros alegando que también él vuela. Pero cuando le conviene alude a su hocico y dice no tener pico; por lo tanto, no pertenece a las aves. Así, cuando está entre pájaros, muestra sus alas; y con tu reino los cuadrúpedos, muestra su hocico. ¿Es o no es?" El león respondió: "Tienes razón. Tampoco yo dejaré que se junte con mis semejantes. En mi reino no entra más". "Pues en mi reino tampoco", dijo el águila. Así, desde aquel día, el murciélago vaga solo por las noches, emitiendo su mudo chillido de tristeza.

Cierto joven cristiano se sintió identificado con esta historia. Él frecuentaba clubes nocturnos aunque se abstenía de cualquier práctica pecaminosa, que de hecho, abunda en aquél lugar. Sólo se ocupaba de pasar música. Era el discjockey. Cumplía con su trabajo y se iba a su casa. Un día, sus amigos le reprocharon el no participar en nada de lo que ellos hacían en el club. "Tú no eres de nosotros, eres distinto, tu presencia nos incomoda. Vete, por favor". En Mateo 6:24 dice: **"Ninguno puede servir a dos señores; porque o aborrecerá al uno y amará al otro, o estimará al uno y menospreciará al otro"**.

Muchos hoy dicen estar con Dios, pero cuando les conviene, participan de las obras del diablo. A Dios no se le puede engañar. Él ve lo que otros no ven y por sus frutos se conoce el árbol. Debes jugártela por lo que crees y tú sabes que creer en Dios es la base para una vida estable y feliz. Andar hoy con Dios y mañana con el diablo no es negocio. Alguien dijo que si a Dios no le has dado todo, aún no le has dado nada. Si no te defines estarás como el murciélago: SOLO.

**Si aún no le has dado todo a Dios...
aún no le has dado nada**

5 de noviembre
El Maestro más grande

Jesús fue el Maestro de los maestros, el más grande educador de la historia. Él lograba alcanzar con delicadeza, sabiduría y perspicacia lo más profundo del inconsciente de sus complicados discípulos. Él aprovechaba momentos inusitados para dar solemnes enseñanzas.

> "Así conocerán el misterio de Dios, es decir, a Cristo, en quien están escondidos todos los tesoros de la sabiduría y del conocimiento".
>
> **Colosenses 2:2-3**

¿Qué hombre era ese que actuaba como un artesano de la emoción y escultor de la inteligencia cuando el mundo se derrumbaba sobre Él? Transformó hombres que olían a pescado en hombres que exhalaban el mejor perfume de la inteligencia. Logró hacer, en poco tiempo, lo que raramente las universidades harían en siglos de existencia. Si en el currículo académico y en los hogares se examinaran con profundidad las funciones más importantes de la inteligencia que Jesús trabajó ampliamente en la personalidad de sus discípulos, la humanidad sería otra. Tendríamos un nivel de pensadores apasionados por la vida que jamás discriminaría a ningún ser humano, miembro de la misma especie, sea por el color de piel, raza, cultura, religión o por su estatus social. Esa omisión fue una gran pérdida. Miles de lectores quedan fascinados con la persona de Jesús, nunca imaginaron que Cristo fuera tan inteligente y que estimulase tanto la formación de mentes saludables y espíritus libres. Independientemente de su creencia, usted necesita tener una Biblia en sus manos. La lectura de la Biblia, y de textos relacionados, traerá mayor conocimiento de esa figura única y fascinante que con sus palabras, gestos y hechos revolucionó al mundo y al espíritu humano.

¿Cuál es tu perspectiva de vida? ¿Qué opinión sostienes referente al valor intrínseco de las cosas más importantes como el destino eterno de tu alma, la opinión de Dios acerca del pecado y el mensaje de la Cruz de Cristo? Si tan sólo dedicáramos un tiempo cada día para beber "como niños recién nacidos" las enseñanzas de Jesús escondidas en cada evangelio, seríamos individuos que se elevan sobre el nivel de la mediocridad y avanzan en su desarrollo madurativo. Siéntate a Sus pies y escúchalo. Será la mejor inversión de tu vida.

Jesús transformó hombres que olían a pescado en hombres que exhalaban el mejor perfume

6 de noviembre
El túnel de Onasis

> "A los ricos de este mundo, mándales que no sean arrogantes ni pongan su esperanza en las riquezas, que son tan inseguras, sino en Dios, que nos provee de todo en abundancia para que lo disfrutemos".
>
> 1ª Timoteo 6:17

El magnate griego Onasis, que amontonó una de las mayores fortunas de su década con la explotación de pozos de petróleo, exclamó, horas antes de morir: "Me pasé la vida construyendo un túnel de oro con ansias de encontrar la felicidad. Hoy estoy por atravesar ese túnel y me siento tan infeliz como al principio". Otro adinerado frustrado fue Rockefeller, quien hizo mucha fortuna durante su vida. Al ser entrevistado por un prestigioso periodista, días antes de morir, se le preguntó: "Usted ha sido el hombre más exitoso del planeta. Hoy está al final de su carrera, ¿qué anhelaría tener que aún no haya conseguido en este mundo?". Rockefeller respondió, evidenciando una gran insatisfacción: "Un millón de dólares más". Alguien dijo que había una persona tan pero tan pobre, que lo único que tenía era dinero. ¿Piensas que acumular riquezas es la única meta loable en esta vida? Estás muy equivocado. Más de dos mil quinientos versículos en la Biblia hablan acerca del dinero y muchos de ellos son advertencias a no poner en ellos la confianza. Dice Pablo, **"A los ricos de este mundo, mándales que no sean arrogantes ni pongan su esperanza en las riquezas, que son tan inseguras, sino en Dios, que nos provee de todo en abundancia para que lo disfrutemos"** (1ª Timoteo 6:17).

Dos cimientos: uno estable, el otro inestable. Uno, Dios, el otro, las riquezas. ¿En qué basas tu vida? No gastes tu tiempo construyendo túneles de felicidad y seguridad virtual que parecen saciar, pero te dejan más insatisfecho que al principio. El secreto del contentamiento, la felicidad y la paz, sólo lo encuentras en Dios. Disfruta de Él, de Su provisión y de la vida. Dijo David: "No existe bien para mí que esté fuera de ti".

Pero Dios le DIJO: Necio, Esta Noche Vienen a pedirte tu alma; y lo Que tiene provisto, ¿de Quien Será?
Lucas 12:20

7 de noviembre
Reglas sin relación

No sé cuál será el concepto que concibes de Dios. La mayoría de las personas temen acercarse a Él porque le imaginan como un gran dictador, déspota e insensible, cuya frase favorita es: "No hagas esto o aquello". Así ven pasar los años de su vida enajenados del Autor de sus días sólo por no animarse a conocerlo tal cual Él es. Obvio que Dios ha dictado reglas en Su Palabra y en el cumplimiento de las mismas se encuentra la verdadera realización de la vida. Pero el mismo Dios justo y santo que le indica a Sus criaturas cómo vivir, es el mismo Dios de amor que les ayuda a ejecutar Su normativa. De lo contrario alejaría a Su propia y creación especial, de Sus brazos, porque las reglas sin relación crean rebelión. Como Padre amoroso aplica Su pedagogía paciente y tierna con Sus hijos enseñandoles a vivir. En el ejercicio de esa disciplina muchas veces somos confrontados, estorbados, y hasta castigados, para nuestro bien, aunque nos incomode; al igual que sucede con tu hijo cuando le disciplinas, ¿verdad? Después produce en nuestro carácter la paciencia y la paz como fruto esencial para nuestra vida de relación con Él (Hebreos 12:9-11). Pero la otra parte de la historia, y creo que es la más trágica, es que muchos intentan (y verás que dije intentan) obedecer las reglas de Dios sin interesarse en el Dios de las reglas. Esto, como dijimos antes, sólo crea rebeldía y frustración. Esa fue la triste experiencia del pueblo escogido por Dios, Israel. No les importaba conocer a Dios, como lo hacía Moisés, sólo conocer Sus demandas para cumplirlas y así obtener la consecuente bendición en sus familias. ¿Es ese tu caso?... ¡Qué triste! Invierte, de aquí en adelante, tu vida en conocerle a Él. En esa amistad con tu Creador descubrirás lo que te conviene y lo que no y verás todo tu ser renovarse en una revolución de vida indescriptible.

> "Todo el pueblo observaba el estruendo y los relámpagos, y el sonido de la bocina, y el monte que humeaba; y viéndolo el pueblo, temblaron, y se pusieron de lejos. Y dijeron a Moisés: Habla tú con nosotros, y nosotros oiremos; pero no hable Dios con nosotros, para que no muramos".
>
> **Éxodo 20:18-21**

Las reglas sin relación producen rebelión

Me imagino a Dios creando

"Pero la trasgresión de Adán no puede compararse con la gracia de Dios. Pues si por la transgresión de un solo hombre murieron todos, ¡cuánto más el don que vino por la gracia de un solo hombre, Jesucristo, abundó para todos!"

Romanos 5:15

Imagino a Dios creando al hombre y capacitándolo para amar y ser amado. Imagino a Dios haciendo una pausa y pensando: "Pero esta capacidad afectiva, al pasar los años se verá distorsionada, será un amor descontrolado, sentimientos transformados en pasiones peligrosas y nocivas..." Otra pausa... "No importa. Igual quiero crearlo sensitivo". Me imagino a Dios al crear al hombre y la mujer con sus diferencias de género, con el propósito de que procrearan y llenaran la tierra y a la vez pensando: "Pero ellos usarán la intimidad sexual fuera del contexto que quiero que la usen. Abusarán de menores, engañarán a sus cónyuges, inventarán la pornografía a causa de su pecado..." "No importa. Otros la usarán bien". Imagino a Dios creando al hombre con capacidad de escoger libremente entre el bien y el mal, sabiendo de las consecuencias de tomar malas decisiones; pero igual, haciéndolo libre porque Dios no creó robots. Nunca fue Su plan clonar prototipos humanos que actúen como autómatas programados sólo para que satisfagan sus ansias de pleitesía. ¡No! Te hizo libre, aún sabiendo que usarías mal, muy mal, muchas de las capacidades que Dios puso exclusivamente en ti para que le glorifiques.

Sí, pero ¿sabes una cosa? En verdad eres libre para decidir, pero no para no decidir. Tienes que escoger un camino u otro. Si el camino de la enajenación de Dios, el estilo de vida pecaminoso y la desobediencia a su Palabra te han traído buenos dividendos, si eres feliz, si puedes dormir en paz con tu conciencia, sigue adelante. Aunque tú y yo sabemos que eso no es verdad. Ahora, si escoges el camino angosto y entras por la puerta estrecha pero efectiva, que es Jesús y que conduce a la vida, vivirás en concordancia con tu Creador, y todas esas capacidades que Dios puso en ti, serán usadas para Su gloria y tu felicidad. Sólo así habrás cumplido el propósito para el cual fuiste creado.

Dios te hizo libre para escoger, pero no te hizo libre para no escoger. Tomarás una decisión, quieras o no

9 de noviembre
Las preocupaciones

En un mundo estresante como el que nos rodea, las preocupaciones están a la orden del día. En realidad, el preocuparse ha llegado a ser parte cotidiana de la vida. "Un día sin preocupaciones nos preocupa". Decimos: "¡Qué extraño! Hoy tengo un día demasiado tranquilo". La mayoría de los males de nuestra generación tiene su origen en esta patología social instalada. Jesús habló mucho sobre no preocuparse cuando caminó nuestros senderos hace más de dos mil años. Tú me dirás: *"Pero por supuesto que la preocupación hace dos mil años era condenable. Si en aquel entonces alguien estaba estresado o ansioso, reclamaba. ¡La vida debió ser tranquila en aquel entonces...! Pero, ¡dile a Jesús que visite nuestro mundo hoy, dos milenios después, y verás si dice que no estemos preocupados!".*

Suena lógico ese razonamiento. Pero, permíteme decirte que en aquel entonces, como hoy, había también motivos más que suficientes para preocuparse. Porque este estado de intranquilidad interior no depende de un exceso de situaciones críticas afuera, sino, más bien, de una ausencia de paz interior. Y esa falta de paz la experimentó el ser humano desde que obececió otra voz distinta a la de Dios en el Edén. En el evangelio de Mateo, capítulo 6, Jesús dijo que las cosas que más nos roban la paz son la comida, el vestido, los años de vida, la salud y el futuro. ¿No te parecen familiares estas preocupaciones? En ese pasaje Jesús llamó a Sus oidores: "hombres de poca fe". Esa es la causa: falta de fe interna, y no la escasez de "cosas" externas. Cultiva una fe interior firme en un Dios fiel, y verás cómo las preocupaciones de esta vida desaparecen. No te preocupes por lo que no tienes a tú alrededor, sino por lo que no tienes en tu interior.

> "Y si la hierba del campo que hoy es, y mañana se echa en el horno, Dios la viste así, ¿no hará mucho más a vosotros, hombres de poca fe? No os afanéis, pues, diciendo: ¿Qué comeremos, o qué beberemos, o qué vestiremos?".
>
> Mateo 6:30-31

Un día sin preocupaciones nos preocupa... ¿verdad?

10 de noviembre
La adoración es el milagro más grande

Su hijita de doce años empeoraba cada día. La enfermedad pasó a ser terminal; se rumoraba que era mortal. Jesús estaba cerca y la oportunidad de acudir a Él para pedir Su ayuda era la opción más segura para Jairo, el papá. Era un hombre muy importante, el principal de una sinagoga judía. Fue a buscarle. Cuando llegó, una gran multitud rodeaba al Maestro pero a Jairo no le importó. Dejando de lado su señorial postura judaica se arrodilló ante Él y le rogó por su agonizante hijita. "Fue, pues, con él, y le seguía una gran multitud que le apretaba", dice el verso 24 del capítulo cinco del evangelio según San Marcos. Entre semejante apretuje, una mujer se agarra, a escondidas, del manto del Señor y es sanada de su enfermedad que le acosaba hacía doce años. Ya se retiraba de entre la multitud satisfecha por haber logrado su objetivo cuando Jesús la pone en evidencia: "¿Quién me tocó? Yo sentí que de mí salió poder. ¿Quién me tocó?" (v.30)... Avergonzada y en evidencia confesó y se postró a Sus pies, (v.33) ¿Notaste el punto? Jairo se postró primero e imploró un milagro, (y lo consiguió, su hija se sanó). Pero la mujer recibió su milagro, y cuando lo obtuvo, se arrodilló ante el señor. Te pregunto a ti, apreciado amigo, amiga, ¿para qué buscas a Dios? Muchos, hoy le buscan solamente como amuleto de la buena suerte. Acuden a Él cuando lo necesitan para que los saque de sus problemas. Por ese motivo es que hoy encontramos una gran cantidad de "templos evangélicos" repletos de personas a las que se les promete prosperidad y solución inmediata de todas sus necesidades, físicas, emocionales, laborales, económicas, sentimentales, etc. Es verdad pero, aquí va otra vez mi pregunta: ¿Qué buscas al seguir a Jesús? Esa fue la primer pregunta del Señor cuando comenzó a ver a Sus primeros seguidores, (Juan 1:38). póstrate ante Él. Ese es el milagro más difícil de lograr.

Un corazón humillado ante Su presencia es el punto de partida para cualquier milagro

11 de noviembre
Una virtud, "la humildad"

A nadie le gustan las personas presumidas, que siempre andan hablando de sí mismas. En cambio, todo el mundo prefiere a las sencillas y naturales. Los que son realmente grandes, están contentos de pasar inadvertidos. Tienen más interés en lo que están haciendo que en sí mismos, y no les importa que no se les reconozca lo que hacen.

> "Deja que sean otros los que te alaben; no está bien que te alabes tú mismo".
>
> Proverbios 27:2

Una vez, un gran pedagogo y filántropo alemán de nombre Juan Federico Oberlin, cruzaba los Alpes por un paso de invierno cuando fue sorprendido por una gran tempestad. Se perdió completamente y hubiese muerto de no haber sido hallado por un viajero desconocido que pasaba por allí y le condujo a la ciudad más cercana. Una vez a salvo, Oberlin quiso recompensar a este hombre, pero él negó toda dádiva. "Bueno, al menos dime tu nombre", dijo Oberlin, "para que me acuerde de ti en mis oraciones". El viajero tampoco accedió a ello, aunque Oberlin le insistió mucho. Por último dijo: "Bien, te diré mi nombre con una condición" "Que tú me digas el nombre del Buen Samaritano"."¡No puedo, nadie lo sabe!" contestó Oberlin. "Pues tampoco necesitas saber el mío", concluyó el viajero.

Aquel hombre no quería reconocimiento, sólo ayudar. A algunas personas la grandeza les queda grande. Viven haciendo alarde de sus conquistas y no se dan cuenta de que, haciendo eso, sólo le restan brillo a sus logros. Mis conquistas y virtudes brillan más cuando son alabadas y elogiadas por otras bocas y no por la mía propia. Por eso, el Señor dice en Proverbios 27:2: **"Deja que sean otros los que te alaben; no está bien que te alabes tú mismo"**. La humildad es una virtud imprescindible para ser grande. Una vida de servicio desinteresado es la base para la felicidad. Esa es la esencia misma del evangelio fundado por **"Aquel que siendo rico se hizo pobre para que nosotros por su pobreza, fuésemos enriquecidos"** (2ª Corintios 8:9).

A algunas personas, la grandeza les queda grande

Complejo de superioridad

> "Así dice el SEÑOR: «Que no se gloríe el sabio de su sabiduría, ni el poderoso de su poder, ni el rico de su riqueza. Si alguien ha de gloriarse, que se gloríe de conocerme y de comprender que yo soy el SEÑOR, que actúo en la tierra con amor, con derecho y justicia, pues es lo que a mí me agrada —afirma el SEÑOR—."
>
> Jeremías 9:23-24

El complejo de superioridad es un tema difícil. Cuando comenzamos a compararnos y nos dejamos seducir por este espíritu competitivo que gobierna nuestra sociedad, nos invade cierto temor a perder la batalla. Se activa dentro de nosotros un sistema de defensa a través del cual queremos controlar personas, situaciones y proyectos, manifestando cierto aire de superioridad para impactar a los que nos rodean. Pero es sólo eso: aire, nada más. Nos creemos más poderosos, más prestigiosos y más listos. Oímos las propuestas del otro pero no las escuchamos, sólo esperamos que acabe su relato para "imponer" siempre nuestra idea mejor. La palabra vanagloria, muy usada por cierto en el lenguaje bíblico, significa simplemente: Gloria vana, vacía, hueca, llena de aire, nada más. A todos nos gusta que nos reconozcan, es cierto, pero que nos alaben los demás y no nosotros mismos (Proverbios 27:2). Si existe un motivo digno de alabanza en la concepción de todo ser humano debe ser este: **"Si alguien ha de gloriarse, que se gloríe de conocerme y comprender que yo soy el SEÑOR, que actúo en la tierra con amor, derecho y justicia, pues es lo que a mí me agrada, dice el SEÑOR** (Jeremías 9:24). Esa actitud de "mostrar" lo que creo que valgo se debe a que han invadido mi privacidad, y he sido ignorado o juzgado injustamente. De ahí que este mismo pasaje del profeta bíblico aconseje cultivar una convicción firme acerca de aquél que me ama, y, con justicia imparcial, defiende mi causa. Si mi fe y mis convicciones respecto a mi integridad están enfermas y en crisis, entonces "saco pecho" y me porto como un pavo parando cada pluma de mi cuerpo y alardeando ante todos. No temas quedarte atrás. Él sabe tus necesidades, Él siente tus dolores, Él conoce cada uno de tus sacrificios y cuenta cada una de tus lágrimas derramadas en secreto. A partir de hoy, echa sobre Dios tu carga con la convicción firme de que Él te sustentará (Salmo 55:22).

El complejo de superioridad es un tema complejo, (valga la redundancia)

13 de noviembre
Cuestión de enfoque

Martín Lutero, el gran reformador, caminaba cierto día por la campiña, como solía hacer muy a menudo. En las afueras, una gran catedral se estaba construyendo y un grupo de hombres contratados cortaban las piedras para la edificación. Se acercó a uno de ellos que con pico y maso en mano, golpeaba violentamente su piedra, y le preguntó: "¿Qué es lo que haces, buen hombre?" El rudo trabajador respondió toscamente: "¿Acaso no lo ves? Pico piedras", y continuó su tarea. Unos metros más adelante se topó con un segundo hombre y le hizo la misma pregunta. La respuesta esta vez fue: "Estoy trabajando por un miserable salario que me darán al final de mi jornada". Lutero avanzó algunos metros más y encontró a un tercer obrero: "¿Qué es lo que haces, amigo?" Pero esta vez la respuesta fue diferente: "Estoy construyendo una catedral". Estoy segurísimo, que de los tres, este último fue el que realizó mejor su trabajo y el que menos se cansó, porque disfrutaba lo que hacía. ¿Y por qué disfrutaba? *Porque se concentraba en el producto final más que en el sufrimiento que implicaba alcanzarlo.*

Todo es cuestión de enfoque. Si vives con la cabeza baja lamentándote por tus sufrimientos, esfuerzos y demandas cotidianas, cultivarás un espíritu de queja y rencor hacia tus superiores, hacia los que tienen más que tú y los que progresan. Archivarás una larga lista de preguntas sin respuesta, y situaciones inesperadas e incomprensibles ante Dios que te envenenarán paulatinamente y te robarán el secreto de ser humano. Pero si pones la mirada más allá del sol, en las cosas eternas, en la bienaventurada gloria futura, descubrirás que eres parte de una empresa grandiosa, con réditos asegurados y con promesas de victoria. No pierdas la oportunidad de disfrutar el hermoso paisaje a tu alrededor por quejarte de las piedras que encuentres a cada paso. ¡Mira hacia el cielo!

> "Mis ojos están puestos siempre en el Señor, pues sólo Él puede sacarme de la trampa".
>
> Salmo 25:15

Concéntrate en el producto final más que en el sufrimiento que implica alcanzarlo

14 de noviembre
Se cierran las puertas del limbo

Una síntesis del diario "El País", de Roma, expone: "Las puertas del limbo se cerraron ayer de forma definitiva. Ahora, los niños que mueran sin bautizarse, quedarán en manos de la "misericordia de Dios" e irán, quizás al paraíso". Ya Benedicto XVI había dicho en 1984 que el limbo era sólo "una hipótesis teológica" utilizada para resolver un dilema que siempre había inquietado a la iglesia católica: ¿Qué pasaba con los niños sin bautizar, con las millones de personas que nacieron antes de Jesús, y murieron cuando aún no se había instituido el bautismo? El limbo nunca fue una verdad de la fe bíblica. La "hipótesis teológica" se había introducido en la tradición y adquirido solidez hasta llegar a las páginas del catecismo, pero su existencia nunca fue oficial. Para dejarlo de lado no hizo falta ninguna acción papal más que la recepción y aprobación de unos documentos revisados por la Comisión Teológica Internacional. Tras este cierre "oficial" del limbo, queda comprometida, también, la viabilidad del purgatorio, otro concepto seudo teológico sin raíces doctrinales en los evangelios. Se está discutiendo, en círculos cerrados del Vaticano, la realidad del infierno. Un sector mayoritario sostiene que el infierno no es un lugar físico sino un estado del alma lejos de Dios. Agregan, por un lado, tradiciones que luego tienen que quedar en desuso y quitan, por otro lado, verdades eternas que no pueden ser tocadas. En la Biblia tenemos a la vista evidencias que muestran lo insostenible de los dogmas del limbo y el purgatorio establecidos por los hombres, los cuales son carentes de inspiración divina. ¿Con qué tijeras cortan la Sagrada Palabra de Dios? La sentencia bíblica es clara: **"Yo testifico a todo aquel que oye las palabras de la profecía de este libro: Si alguno añadiere o quitare de las palabras del libro de esta profecía, Dios quitará su parte del libro de la vida..."** (Apocalipsis 22:18-19).

Confiar en una hipótesis teológica te garantiza una salvación hipotética de tu alma

15 de noviembre
Problema radical

Me gustan las flores, y mucho. Durante mi tiempo de jardinero, muchos clientes llegaban con sus plantas florales en pésimo estado. Sus hojas marchitas, sus flores pálidas y la típica reflexión: "He hecho todo cuanto se debe. La regué y nada. Eché fertilizantes de todo tipo y nada. ¡No sé más qué hacer!" Una simple mirada profesional y era evidente que el problema estaba en las raíces. No era una cuestión visible. Se necesitaba una terapia subterránea. Hongos en sus raíces. Un adecuado tratamiento durante algunas semanas y se comenzaría a ver la tan deseada mejoría. Creo que con nuestras conversaciones y relaciones con aquellos que nos rodean pasa exactamente lo mismo. Nos alarmamos con lo que nos dicen, nos hacen o escuchamos. Este estado nos inquieta y roba la paz. Daña nuestras amistades y condiciona la manera en que vivimos. Si nos detuviéramos a realizar una correcta evaluación de cada conflicto, nos daríamos cuenta de que el problema, mayormente, es interno. Son cuestiones de motivación y convicciones enfermas que regulan lo que decimos y la manera en que lo decimos. Perdemos tiempo alarmándonos con cosas que en verdad no son el problema real. Sí, casi siempre, "el problema no es el problema". Como un iceberg, nos concentramos en lo que asoma cuando en realidad es un asunto de motivaciones ocultas y convicciones enfermas. Quizás tu esposa tuvo un mal día, o tu jefe se enteró de que su cuenta bancaria estaba en rojo. Tal vez tu mejor amigo escuchó un comentario de acerca de ti que le robó la paz y hoy lo sientes algo distante. ¡No te alarmes! Respira, ora pidiendo paciencia al cielo, cuenta hasta cien, piensa en todo lo positivo que esa persona posee y en todas las cosas lindas que viviste a su lado y pregunta: "¿Está todo bien hoy contigo? ¿Hay algo que debo saber para ayudarte? ¿Te ofendí en algo y no me he percatado?" No cargues tu escopeta ni dispares contra la mosca en tu pared. Quizás la mates pero... ¿Y el hueco que dejaste? ¿Quién lo repara?...

> "Que su amabilidad sea evidente a todos. El Señor está cerca. No se inquieten por nada; más bien, en toda ocasión, con oración y ruego, presenten sus peticiones a Dios y denle gracias. Y la paz de Dios, que sobrepasa todo entendimiento, cuidará sus corazones y sus pensamientos en Cristo Jesús".
>
> **Filipenses 4:5-8**

**No eches pesticidas en las hojas
cuando el problema está en las raíces;
sólo lograrás intoxicar más la planta**

16 de noviembre
Generación hedonista

> "¿Y piensas (...) que tú escaparás del juicio de Dios? ¿O menosprecias las riquezas de su benignidad, paciencia y longanimidad, ignorando que su benignidad te guía al arrepentimiento?
>
> Romanos 2: 3-4

Cuando decimos que nuestra sociedad está en decadencia, no es novedad para nadie, ¿verdad? A pesar de que el hombre pos moderno se esfuerce en demostrar que el mundo está evolucionando y mejorando, la realidad es otra. Se cataloga a esta conducta como "generación hedonista". Las estadísticas están a la orden del día. El 50 % de los matrimonios de hoy acaban en divorcio. El aborto es otra práctica diabólica que evidencia este hedonismo reinante. El relato bíblico menciona la antigua práctica horrenda de entregar en sacrificio a los recién nacidos al dios "Moloc". Sus fauces abiertas, ardiendo en fuego, recibían a estas indefensas víctimas. Así, las madres de aquel entonces encontraban una manera "piadosa" de deshacerse de hijos no deseados. Pero yo me pregunto: ¿no se comete el mismo delito en nuestro civilizado siglo XXI, al entregar a las fauces de la muerte mediante el aborto, bebés apenas formados en el vientre? ¡Es exactamente lo mismo! El aborto recauda en los Estados Unidos miles de millones de dólares por año. Se practican 4.200 abortos por día, 1.533.000 por año. ¿Puedes creerlo? Nuestra sociedad es culpable de todos esos abortos.

Es asombrosa la semejanza de nuestra sociedad con la época de Jesús descrita en Lucas 17: 26-30: **"Como fue en los días de Noé, así también será en los días del Hijo del Hombre. Comían, bebían, se casaban y se daban en casamiento, hasta el día en que entró Noé en el arca, y vino el diluvio y los destruyó a todos. Asimismo como sucedió en los días de Lot (...); mas el día en que Lot salió de Sodoma, llovió del cielo fuego y azufre, y los destruyó a todos. Así será el día en que el Hijo del Hombre se manifieste".**

La generación pre-diluviana cayó bajo el juicio divino del agua; la generación pos diluviana bajo el juicio divino del fuego. **"¿Y piensas que tú escaparás del juicio de Dios...?"**

Las manos de nuestra sociedad están manchadas de sangre inocente

17 de noviembre
Éxito

Si tenemos que remitirnos a la historia para encontrar un verdadero líder, Jesús lleva la delantera. Su capacidad de motivar a un grupo de seguidores e infundirles convicción suficiente para dar la vuelta al mundo en aquel entonces con la revolución llamada "cristianismo", fue una hazaña sin parangón. En pocas palabras Su misión fue todo un éxito.

> "Corramos con perseverancia la carrera que tenemos por delante. Fijemos la mirada en Jesús, el iniciador y perfeccionador de nuestra fe".
>
> **Hebreos 12: 1-2**

¿Éxito...? ¿Cómo puede hablar de éxito de alguien que murió semidesnudo, torturado y crucificado...? Justamente ese es el punto. Fue su muerte y posterior resurrección el motor que les impulsó a proclamar la verdad acerca de la deidad de Jesús. Entonces su éxito fue doble. Logró Su misión y dejó a un grupo de discípulos que transmitieron Su misma mentalidad y, a su vez, lideraron a otros, hasta llegar con la mega expansión de la iglesia de Jesucristo a nuestros días. Una empresa eterna que ya cuenta con más de 2.000 años y no tiene ni punto de comparación con las firmas más famosas a lo largo de nuestra historia. Es que el éxito si carece de seguidores, no es éxito; más bien es fracaso. Jesús hizo la mayor parte, pero no trabajó solo. Impartió Su Espíritu, influenció, capacitó, y hoy somos millones los transformados por Su poder. Claro que hay quienes no lo ven así. Son justamente esas personas las que todavía siguen buscando respuesta a los grandes interrogantes de la vida, y no la hallan.

Jesús dijo: "Yo soy el camino, la verdad y la vida". Rechazar esta declaración es auto condenarse al naufragio existencial. Su influencia aún impacta la vida de aquellos que creen en Él. Sólo siguiendo a Aquél que consumó Su meta, llegó a ser el héroe de la fe, y poniendo en Él la mirada, es que cuentas con triunfo asegurado en tu carrera de vida. **"Corramos con perseverancia la carrera que tenemos por delante. Fijemos la mirada en Jesús, el iniciador y perfeccionador de nuestra fe"** (Hebreos 12:1-2). Ignorar el éxito de la misión de Jesucristo, es condenarse al fracaso.

El éxito, si carece de seguidores, es fracaso. ¡Instruye!

Indulto y amnistía

> "Dichoso aquel a quien se le perdonan sus transgresiones, a quien se le borran sus pecados. Dichoso aquel a quien el Señor no toma en cuenta su maldad".
>
> Salmo 32:1-2

Un flamante presidente de un país latinoamericano, anunció en uno de sus discursos, que su gabinete estaba analizando casos penales y civiles de juicios y condenas hechas a ciudadanos en anteriores mandatos. A unos, dijo él, se les aplicará el indulto, y a otros el derecho de amnistía. Palabras que, a oídos del pueblo, sonaban parecidas, pero en realidad no lo son.

¿Dónde está la diferencia? En un punto muy trascendental. Ambas son traducidas como "perdón"; y, en realidad, tanto la una como la otra, implican el perdón absoluto de la infracción a la ley. Pero sólo una va un poco más allá del perdón y "blanquea de culpa" al transgresor.

La palabra "amnistía" se traduce como olvidar la culpa. Se borra totalmente su delito de su "currículum vitae". Nadie podrá enterarse, por parte de algún documento legal, que alguna vez cometió esa falta. Su hoja de vida queda en blanco. En cambio, el indulto perdona, pero queda sentado en su pasado judicial que una vez delinquió, a pesar de éste. ¿Ves la diferencia abismal que existe entre estas dos palabras? Se me ocurría que, lo que Dios hace con cada pecador arrepentido que llega a Sus pies, es perdonarle y borrar su pecado. Lo entierra, nunca más se acuerda de él, no lo echa en cara cada vez que cae de nuevo. Es perdón de culpa y es "nuevo nacimiento". Dios nos perdona y nunca más trae a memoria nuestro pasado. Es amnistía en su más alto grado.

"Dichoso aquel a quien se le perdonan sus transgresiones, a quien se le borran sus pecados. Dichoso aquel a quien el Señor no toma en cuenta su maldad" (Salmo 32:1-2). Dichoso, bienaventurado, súper feliz es aquel que sabe que Dios le perdonó y borró totalmente su culpa dándole una nueva vida y nueva conciencia. ¿Quieres ser uno de ellos?... La Cruz aún espera.

Dios te perdona y nunca más trae a memoria tu pasado

19 de noviembre
Frente a la Roca

Los primeros libros de la Biblia cuentan biografías de hombres y mujeres como tú y yo que conocieron a Dios e intentaron seguir sus consejos con las mismas debilidades y fortalezas que todo ser humano posee. Entre ellos, Moisés se destaca como líder y emancipador del pueblo judío escogido por Dios para poseer una tierra prometida que hasta el día de hoy conservan. Él los guió por el desierto hasta llevarlos a las puertas mismas de dicha tierra pero no pudo entrar. ¿La razón? Una desobediencia sobre una orden dada por su Dios acerca de hablarle a una roca para que, de forma milagrosa, brotara de ella agua en medio del desierto y que calmara la sed del pueblo moribundo y exhausto. Moisés, en lugar de hablarle, la golpeó con su vara. De todas maneras el agua brotó, pero esta insolencia desagradó el corazón de Dios que, en castigo, le impidió entrar a la tierra de Canaán. Sólo pudo verla desde un monte donde murió. ¿Tanto problema por desobedecer? Sí, la respuesta a este interrogante la tenemos en la primera carta a los Corintios 10:4 donde se revela que, en un sentido espiritual, esa Roca representaba a Cristo. Sí, Cristo es la Roca de los siglos de la cual brotó y sigue brotando el agua de vida eterna, que puede saciar la sed de todo aquel que llega a Él por la fe. Golpearla significaba despreciar a Aquel que se entregó por amor a la humanidad. Y tú ¿qué actitud tienes ante la cruz de Cristo? Lo mismo hace cada persona que ignora, desprecia y desconfía del mensaje del Calvario. El mismo dolor y el mismo santo enojo tiene Dios cada vez que ve esa actitud en las personas. Hoy, por ejemplo, estás frente a la Roca Eterna de los siglos al recibir estas palabras... ¿Cuál será tu actitud? ¿Cuál tu respuesta? Muchos andan por la vida enajenados de Dios, sin tenerle en cuenta en sus planes y sin pensar en la eternidad. Pero esa misma Roca que hoy desprecias mañana te juzgará. No juegues con Dios ni agotes Su paciencia.

**El que le da la espalda a Dios,
se pone de cara al diablo**

20 de noviembre
Abre tu mano

Cierta tribu de África ideó un original método para cazar una clase de monos conocidos por su curiosidad extrema y su atracción ciega hacia los colores vivos. Son inquietos y traviesos. No pueden soportar algo nuevo sin investigarlo. Al conocer ese punto débil de estos simios, los nativos idearon una trampa que consiste en ubicar un recipiente con una base más ancha que la boca del jarro, amarrado a una fina y resistente cuerda, que cuelga de la copa de los árboles altos hasta el suelo. Dentro de él ponen semillas grandes de una palma de color rojo intenso y brillante. Colocan varias dentro. Cuando el mono juega en los árboles, saltando de copa en copa, ve el recipiente, se deslumbra por su contenido y no soporta la tentación de tomar lo que hay dentro. Mete su mano, atrapa cuantas semillas puede y luego, su puño cerrado y repleto, no sale por la pequeña abertura. En ese mismo instante, el cazador agazapado bajo el árbol, da un fuerte tirón de la cuerda y el mono cae a tierra con su mano dentro de la trampa sin soltar todavía su preciado tesoro, que le cuesta nada menos, que la propia vida. Si el mono tuviera un momento de reflexión se daría cuenta que al abrir su mano y soltar aquello que anhela, se salvaría. Pero por conservar lo que no quiere abandonar, pierde lo que no puede recuperar.

En el reino humano sucede exactamente lo mismo. Los hombres son atraídos y seducidos a diario por cosas que este mundo ofrece y deslumbran. Momentos de pasión intensa, logros materiales que proporcionan prestigio, ambición de poder... Ignoramos que detrás de cada propuesta del mundo y su director: Satanás, hay una trampa. Caemos en ella y, cuando nos damos cuenta y queremos escapar, es demasiado tarde. Comenzamos una caída mortal desde lo alto de nuestro propio árbol y nos autodestruimos.

No es tonto aquel que entrega lo que aquí no puede retener, para ganar aquello que nunca podrá perder

21 de noviembre
Emociones fluctuantes

Guiar tu vida, tus decisiones y actos de tu voluntad por las emociones, es tan inseguro como intentar arribar un barco a puerto seguro dependiendo de las corrientes oceánicas y del viento. Claro que le empujan y mueven, pero lo que realmente le llevará a buen destino es el timón firme comandado por su capitán. Todo aquel que vive de corazonadas tarde o temprano naufraga. Las emociones que anidan en tu corazón son como las olas del mar agitadas por los vientos. Son fluctuantes, impredecibles. Es por eso que deben ser amarradas a un punto firme si queremos que no nos engañen. **"Nada hay tan engañoso como el corazón. No tiene remedio. ¿Quién puede comprenderlo?"** (Jeremías 17:9).

Debemos escoger nuestra actitud hacia Dios sin prestar atención a nuestras emociones. Tenemos que comprender que ellas deben estar sujetas a Dios y no a nosotros. Nuestra voluntad puede controlar nuestros sentimientos si los sometemos a la influencia sobrenatural del Espíritu Santo de Dios. Tu corazón te empuja, sí; pero el Espíritu Santo es el que te guía. No estoy diciendo "anular" nuestros sentimientos, sino controlarlos. Dios te hizo emocional. Sería incongruente pensar que el mismo Dios que te diseñó así, ahora te obligue a reprimir esos sentimientos. Dice en Salmos 33:15: **"Él es quien formó el corazón de todos"**. Pero también debes saber que tu corazón, la parte más íntima de tu ser, ha sido afectado por el pecado original y debe ser escuchado con precaución. En varias oportunidades la Biblia advierte sobre el peligro de engañarse a sí mismo, lo cual es el colmo de la necedad. Por lo tanto, al momento de trazar coordenadas de vida, **alza tus ojos a los montes de donde vendrá tu socorro**, porque tu socorro viene de Jehová que hizo los cielos y la tierra y que hizo tu corazón y el mío. No en vano se le llama: "Pastor de mi corazón". Dijo Hanna Smith: *"Las emociones, si se someten al poder de Dios por una decisión de tu voluntad, tarde o temprano se rendirán a Él"*.

**Las emociones te empujan, no te guían.
Todo aquel que vive de corazonadas naufraga**

Prohibido estacionar

> "Hermanos, no pienso que yo mismo lo haya logrado ya. Más bien, una cosa hago: olvidando lo que queda atrás y esforzándome por alcanzar lo que está delante, sigo avanzando hacia la meta para ganar el premio que Dios ofrece mediante su llamamiento celestial en Cristo Jesús".
>
> Filipenses 3:13-14

Las carreteras están repletas de señales de tránsito, pero tal vez la más común es aquella que indica: "Prohibido Estacionar". Puedes escoger cualquier otro sitio en la calle para parquear tu vehículo, pero si lo haces allí, de seguro que te meterás en problemas. De alguna manera, nuestro ser interior está repleto de lugares donde no es aconsejable "estacionarse". Me refiero a nuestras debilidades, flaquezas, timideces, miedos, traumas del pasado, rencores y raíces amargas que de sólo recordar nos envenenan. Son "sitios" de nuestra alma que mejor debemos pasar de largo. Observarlos, sí. Ignorarlos, no es saludable, porque, al fin y al cabo, también esas áreas débiles, son parte de nosotros, de nuestra vida misma; pero no hay que detenerse ni estacionarse, porque las consecuencias pueden ser lamentables. Muchas veces, en una actitud masoquista consciente o inconsciente, nos torturamos abriendo viejas heridas que quizás ya estaban cicatrizando y otra vez comienzan a sangrar. Hay otros lugares hermosos en el paseo de nuestra vida donde sí vale la pena estacionarse. Buenos amigos, buenos recuerdos, experiencias que nos han fortalecido y edificado. Esos sitios son un oasis para el alma, donde su sombra fresca te invita a descansar. Dijo Salomón en Cantares 2:3: **"Bajo la sombra del deseado me senté, y su fruto fue dulce a mi paladar"**. Muchas veces las personas te incitan a detenerte en tus puntos débiles recordándotelos. Ignóralos. Pasa de largo. Sigue las señas de Cristo. Disfruta del viaje de la mano de Jesús, y cuando llegues a esos antiguos capítulos oscuros de tu vida, pasa de largo, recuerda el cartel: "Prohibido Estacionar". Espera un poco que en la próxima cuadra tendrás sombra fresca para detenerte y respirar el aire puro de Su presencia.

Muchos querrán recordarte tus puntos débiles pero mejor sigue las fortalezas que Cristo ve en ti

23 de noviembre

Oración que transforma

Dice el evangelio de Lucas, capítulo 9, que en cierta ocasión, Jesús se apartó con tres de Sus discípulos y frente a ellos se puso a orar. Esto no era muy extraño porque era un hábito diario en la vida del Maestro. Pero lo que iba a suceder a continuación dejaría boquiabiertos a Pedro, Jacobo y Juan. **"Mientras oraba, la apariencia de Jesús fue otra. Sus vestidos y su rostro se volvieron tan resplandecientes como el sol en su mayor fuerza"**. Otras personas experimentaron lo mismo al orar. Moisés, por ejemplo, luego de estar cuarenta días en el monte de la comunión, descendió y Su rostro resplandecía a tal punto que tuvo que cubrirse con un velo para que el pueblo de Israel no fijase su atención en él. Esteban, mientras oraba por última vez bajo la lluvia de piedras, dice la Biblia que su rostro se volvió como el de un ángel. Lo mismo sucede cada vez que tú y yo hacemos conexión con Dios, el Creador. "Un momento", me dirás, "yo he orado muchas veces y nunca resplandecí en mi habitación". Tal vez no lo notaste, pero permíteme decirte que, nadie sale de su cuarto secreto de oración, igual como entró. La oración te cambia. Definitivamente te transforma. Pensamos que la oración es un recurso para cambiar algo: Mi matrimonio, mi hijo, mis finanzas, a mi esposo, cuando en verdad la oración me transforma y me cambia en primer lugar a mí. Yo soy el primer impactado al orar, porque es imposible entrar en contacto con el Autor de la vida y seguir como antes. Dios me cambia, tiempo a solas con Él me transforma. Aunque ningún resplandor llene mi habitación, Su luz llenará la habitación de mi alma y saldré de mi cuarto diferente de como entré. La oración, más que acercarnos a las bendiciones de Dios, nos debe acercar al Dios de las bendiciones. Quizás no llegó aún la respuesta que buscamos pero la paz de Dios que sobrepasa todo entendimiento inundará nuestra mente y corazón y sentiremos como si ya tuviéramos la respuesta aunque todo siga igual. No nos detengamos, la mejor forma de aprender a orar es orando.

> "Por nada estéis afanosos, sino sean conocidas vuestras peticiones delante de Dios en toda oración y ruego, con acción de gracias. Y la paz de Dios, que sobrepasa todo entendimiento, guardará vuestros corazones y vuestros pensamientos en Cristo Jesús".
>
> Filipenses 4:6-7

Si la oración nace de la desesperación, entonces cualquier cosa que me haga buscar desesperadamente a Dios debo considerarlo como una bendición

24 de noviembre
La tentación

> "Ciertamente ninguno de cuantos esperan en ti será confundido; serán avergonzados los que se rebelan sin causa".
>
> Salmos 25:3

De alguna manera, la sutil oferta de Satanás al tentar al hombre, está basada siempre en el mismo argumento: adelantarse a los tiempos de Dios. En el evangelio de Mateo, capítulo 4, tres veces intentó, Satanás, que Jesús se adelantara a los tiempos de Dios. Primero lo hizo en el versículo 4, proponiéndole que convirtiera las piedras en pan. Fíjate ¡qué astucia la del diablo! No le tentó por espacio de 40 días. Esperó hasta que llegara el hambre extrema. Está comprobado que 40 días es el límite máximo que un ser humano puede resistir sin comer. Jesús ayunó. Sabía que la batalla sería durísima y quiso combatir en comunión intensa con Su Padre. Satanás esperó y le tentó en un momento de hambre. Pero era cuestión de esperar, Dios no le dejaría morir. El versículo 11 dice que después que hubo acabado la tentación, vinieron ángeles y le sirvieron. La segunda tentación atacaba a la misma persona de Dios, cuestionando Sus promesas de amparo incondicional sobre Su Hijo. "Lánzate al vacío, demuéstranos que Dios te cuida"... También era cuestión de tiempo. El sepulcro vacío, tres años más tarde, demostraría al mundo entero que Su Padre no le desamparó. Pero la tercera y última fue más alevosa aún. Dice el versículo 8 y 9: "Otra vez le llevó el diablo a un monte muy alto, y le mostró todos los reinos del mundo y la gloria de ellos, y le dijo: Todo esto te daré, si postrado me adorares". Le ofrecía reinos. Los mismos reinos que en un futuro no muy lejano le pertenecerán al Mesías rey por un período de 1.000 años. ¡Es cuestión de esperar! ¡Cuidado! Siempre Satanás te invitará, sutilmente, a que te adelantes a los tiempos de Dios. Muchachas solteras embarazadas, abortos, dinero fácil y rápido, divorcios, suicidios, son atajos que evidencian cuántos caen y seguirán cayendo en su trampa de obtener hoy mismo, un pedazo del pastel, para perderse toda la torta que hubieran comido si hubiesen esperado un poco. Nunca olvides que los tiempos de Dios siempre son mejores que los del hombre.

Nadie jamás se equivocó por esperar

25 de noviembre
Pensamiento creativo

Los inquilinos de aquel edificio estaban más molestos que nunca, pues debían esperar interminables minutos para que el elevador llegara al piso requerido. Funcionaba, sí, pero muy lentamente. Ya habían escrito notas de queja al dueño, pero la respuesta era siempre la misma: "No hay manera de acelerarlo". La situación se puso tensa entre el consorcio y los propietarios del edificio, hasta que un ejecutivo dio en el clavo con una idea creativa que costó sólo 200 dólares. ¿Qué hizo? Pues puso un enorme espejo en la sala de espera del elevador. De esta manera, los usuarios no están de pie por las mañanas frente al elevador mirando sus relojes, sino que invierten ese tiempo en arreglarse frente al espejo hasta que el elevador llega.

> "Porque hay un solo Dios y un solo mediador entre Dios y los hombres, Jesucristo hombre".
>
> 1ª Timoteo 2:5

Una situación parecida se dio en el aeropuerto de Zúrich, Suiza. Dicha terminal internacional era constantemente escenario de quejas de pasajeros, por el tiempo que tardaba en recogerse el equipaje. Los pasajeros atravesaban rápidamente la sección de inmigración, pero cuando llegaban a la zona de equipajes, los minutos se hacían horas. No había manera de acelerar la maniobra. Lo que hicieron en ese aeropuerto fue muy ingenioso. Cambiaron la ruta de los pasajeros que salían del avión para llegar a inmigración. Ahora, el circuito es mucho más largo, y lo han rodeado de bellas fotos de la ciudad y puntos de compra y venta de productos, de tal manera que, cuando los pasajeros salen de esa zona, sus maletas ya hace tiempo los están esperando en la banda transportadora. Ideas creativas para situaciones difíciles.

El Dios Creador tuvo también una gran idea para la difícil situación del ser humano condenado por el pecado. Esa idea se llamó Cristo. Él fue la materialización de la idea de Dios. Así como una palabra da forma a una idea, Jesús, el Verbo de Dios, vino hace 2000 años para explicarnos lo que Dios pensaba del pecado y cómo lo solucionó. Es triste que el ser humano trate de inventar nuevas ideas, nuevos caminos, nuevas religiones para llegar a Dios. Cristo es la gran idea de Dios y puede cambiar tu vida para siempre. No busques más.

Cristo, fue la gran idea que nuestro Dios, el Gran Creador tuvo, para solucionar la difícil situación del ser humano condenado a muerte eterna por causa del pecado

·No importa cuánto sino cómo

"Venid a mí todos los que estáis cansados y agobiados, y yo os haré descansar. Aceptad el yugo que os impongo, y aprended de mí, que soy paciente y de corazón humilde; así encontraréis descanso. Porque el yugo y la carga que yo os impongo son ligeros".

Mateo 11:28-30

Nos cargamos de "cosas" para hacer. Llenamos nuestras agendas de compromisos, algunos de ellos los buscamos nosotros, otros nos son impuestos y no nos dejan opción; pero el activismo es el mal de nuestro tiempo. Como una pandemia generalizada logra víctimas día a día. ¿Caíste en sus garras y no puedes más? ¿Quieres parar y no sabes cómo?... Bueno, el exceso de actividad es malo, muy malo. Pero lo que más agota no es el trabajo en exceso sino el trabajo mal enfocado. La actitud con que encares los proyectos y desafíos cotidianos es esencial para regular las fuerzas y no quedar, como tantos, a la vera del camino y exhaustos. Por eso Jesús dijo: **"Vengan a mí todos los cargados y cansados que yo los haré descansar"**. Si cultivan una actitud de corazón tranquilo y humilde cada vez que se vean abocados en alguna tarea, por más que sea pesada como un yugo, lo encontrarán liviano, y experimentarán esa paz interior que regula las fuerzas para continuar. **Mansedumbre** (espíritu dócil y rendido), y **humildad** (sumisión, obediencia, acatamiento). Escasean hoy ¿verdad?... De ahí el estrés, el mal genio, la ira y los "nervios de punta". El secreto no está en hacer menos sino tener la actitud adecuada cuando trabajas. El que es manso y humilde no se va a ofender si reconocen o no su trabajo ni va sentirse amenazado por la competencia del que está a su lado. En cambio, el orgulloso e iracundo al trabajar se desgasta por temor, por envidia y por celos. Entonces el secreto no está en cuánto hagas sino en cómo lo hagas. Pero el primer paso está dirigido hacia Él: "Venid a mí". Invierte tiempo en aprender cómo hizo Jesús para llevar a cabo semejante tarea en, nada más y nada menos, que tres años y medio. Encontrarás que menospreció la crítica ajena, se asoció con los humildes, no esperó recompensas en esta vida, y gastó tiempo a solas con Su Padre recargando Sus baterías en el cielo.

**Carga tus baterías en el cielo
y nunca se te acabarán en la tierra**

27 de noviembre
Arrepentimiento

La Biblia presenta el concepto del arrepentimiento como un cambio de actitud, cambio de pensamiento o de vida. Con respecto al hombre, el arrepentimiento es el precursor necesario para recibir la gracia de Dios. Terminando el canon bíblico, encontramos 7 cartas escritas nada más ni nada menos que por el mismo protagonista de toda la Biblia, Jesús, el Hijo de Dios. Están escritas en forma personal, aunque dirigidas a iglesias locales, y en 5 de ellas se enfatiza el concepto de arrepentirse como condición indispensable para recibir la bendición de Dios (2: 5, 16, 21; 3: 3 y 19).

Arrepentimiento significa reconocer que me equivoqué. Implica humillación, retroceder, volver a empezar y aceptar que cometí un «*herror*». En este preciso momento, acabo de escribir error con "h" y el programa "Word", en mi computador, me indica con un subrayado rojo que esa palabra está mal escrita. Supongamos que mi testarudez, me hace pensar que yo sé más que el programa "Word" diseñado por un ejército de ingenieros y con los diccionarios más exactos en sus archivos. Así que continúo escribiendo, pero mis ojos no dejan de ver, esa palabra marcada con rojo que indica que está mal escrita. Así seguirá mientras continúe el texto. Lo único que tengo que hacer es reconocer que me equivoqué, retroceder con el cursor cada letra hasta llegar al comienzo de la palabra y quitar la "h" que me sobra. Esto grafica lo que es "arrepentirse." Es reconocer que me equivoqué, retroceder el camino andado y reparar el error. Reconoce que en tu vida hay errores. Errores que la Biblia llama pecado, que significa "errar el blanco". Retrocede en tu experiencia hasta encontrarte con el mismo Dios y deja que Él repare el daño con la sangre de Su hijo derramada por ti en la cruz hace 2.000 años. Sólo así podrás ser receptor de Su gracia abundante.

**El corazón de Dios desea que
"todos procedan al arrepentimiento"**

28 de noviembre
Dios nunca se equivoca

> "El camino de Dios es perfecto y su palabra sin impureza. Él es el camino de todos los que en Él confían".
>
> 2° Samuel 22:31

Un rey que no creía en la bondad de Dios, tenía un siervo que en todas las situaciones le decía: "Mi rey, no se desanime, porque todo lo que Dios hace es perfecto. ¡Él no se equivoca!"

Un día, salieron de cacería juntos y una fiera atacó al rey. Su siervo consiguió matar al animal, mas no pudo evitar que el rey perdiese un dedo de la mano. Furioso, y sin mostrar gratitud por haber sido salvado, el Rey dijo: "¿Dios es bueno? Si Él fuese bueno, yo no habría sido atacado y perdido mi dedo". El siervo apenas respondió: "Mi Rey, a pesar de todas esas cosas, sólo puedo decirle que Dios es bueno. Él sabe por qué lo hace, ¡Él nunca se equivoca!" Indignado con la respuesta, el rey mandó apresar a su siervo. Tiempos después, salió para otra cacería, y fue capturado por salvajes que hacían sacrificios humanos. En el altar, listos para sacrificar al rey, los salvajes percibieron que la víctima no tenía uno de los dedos y lo soltaron. Él no era perfecto para ser ofrecido a los dioses. Al volver al palacio, mandó soltar a su siervo y lo recibió muy afectuosamente. "Mi siervo, Dios fue realmente bueno conmigo. Escapé de ser sacrificado por los salvajes, justamente por no tener un dedo. Mas tengo una duda: "Si Dios es tan bueno, ¿por qué permitió que tú, que tanto lo defiendes, fueses preso?" El siervo respondió con sencillez: "Mi rey, si yo hubiese ido con usted en esa cacería, habría sido sacrificado en su lugar, pues no me falta ningún dedo. Por eso recuerde: todo lo que Dios hace es perfecto. ¡Él nunca se equivoca!"

Muchas veces nos quejamos de las cosas aparentemente malas que nos pasan. Olvidamos que nada es por casualidad y que todo tiene un propósito. Todas las mañanas, ofrece tu día al Señor Jesús.

¿Sabes por qué, tú recibiste este mensaje? Yo no lo sé, mas Dios sabe, pues Él nunca se equivoca...

29 de noviembre
El perdón

La palabra griega para "perdón" es *aphieme*, que significa literalmente, "soltar la posesión, dejar libre, dejar escapar". Cuando elegimos no perdonar, estamos atando a la persona que nos ofendió, a nuestra espalda, y nos cuesta vivir cargando ese enorme peso de rencor, odio y venganza. ¡Con razón algunos de nosotros no podemos correr la carrera de la vida libremente con semejante carga! El escritor a los Hebreos probablemente se refería a esto cuando declaró: "**Por tanto, también nosotros, que estamos rodeados de una multitud tan grande de testigos, despojémonos del lastre que nos estorba,** (*¿quizás el rencor?*) **en especial, del pecado que nos asedia, y corramos con perseverancia la carrera que tenemos por delante**" (Hebreos 12:1). No es de extrañar que, en este mismo contexto, el pasaje de hebreos continúe mencionando los oprobios que Cristo tuvo que enfrentar en la cruz. Estando en agonía Él clamó: "**Padre perdónalos porque no saben lo que hacen**".

Libre de este peso de rencor, el Hijo de Dios pudo correr los tramos finales de Su carrera redentora hasta salvarnos. Y hoy nos invita a seguir Sus pisadas, puestos nuestros ojos en Su ejemplo. ¿Te cuesta perdonar? Colosenses 3:12-13: "**Por lo tanto, como escogidos de Dios, santos y amados, vístanse de afecto entrañable y de bondad, humildad, amabilidad y paciencia, de modo que se toleren unos a otros y se perdonen si alguno tiene queja contra otro. Así como el Señor los perdonó, perdonen también ustedes**".

No se trata de si esa persona merece ser perdonada o no; se trata de quitar a esa carga (persona) de nuestra espalda y ponerla en la espalda de Dios. Si has estado cautivo de recuerdos antiguos y atormentado por sentimientos de venganza que hacen tu carrera demasiado pesada, sólo el conocimiento de la verdad de Cristo te puede hacer libre. Deja tu peso en Dios que Él ya lo llevó por ti en Su Cruz hace dos mil años. Perdonar es liberar a una persona para descubrir que el preso eras tú.

> "Por lo tanto, como escogidos de Dios, santos y amados, vístanse de afecto entrañable y de bondad, humildad, amabilidad y paciencia, de modo que se toleren unos a otros y se perdonen si alguno tiene queja contra otro. Así como el Señor los perdonó, perdonen también ustedes".
>
> Colosenses 3:12-13

Cuando elegimos no perdonar, estamos atando a nuestra espalda a la persona que nos ofendió. No podemos andar con semejante peso

30 de noviembre
Cuando cae un gran árbol

> "Pues para esto fuisteis llamados; porque también Cristo padeció por nosotros, dejándonos ejemplo, para que sigáis sus pisadas".
>
> 1ª Pedro 2:21

Un padre y su hijo caminaban por un sendero peligroso en medio del bosque. Lo habían hecho otras veces pero en esta ocasión la lluvia de la noche anterior dificultaba la caminata. "Ten cuidado con esa rama, hijo. Y con aquella piedra, no pises sobre ella o resbalarás al barranco. ¡Cuidado con este hueco, puede desmoronarse si pisas en sus bordes!" Las advertencias del papá llenaban de tensión al muchacho. Hasta que en un momento el hijo dijo: "Papá, tú fíjate dónde pisas. Yo sólo estoy concentrado en seguir exactamente tus huellas". Influencia, ejemplo, modelo a seguir, en la actualidad son muy difíciles de encontrar. Nos desilusionan aquellas personas que deberían habernos guiado. Más bien fueron, justamente ellas las que nos confundieron con sus actos. Padres abusadores, políticos corruptos, ministros que escondieron pecados durante años, han caído arrastrando a miles junto a su fracaso. Se produce un hueco en el alma cuando pisamos donde el guía nos indicó, sólo para tropezar, caer y salir heridos. El poder de la influencia es sumamente fuerte. Jesús utilizó este concepto con Sus seguidores poniéndose Él mismo como guía, a tal punto que llegó al peldaño más alto del liderazgo cuando dijo que "Él era el camino que debían seguir". Esto es lo mismo que decir: "Sigue mis pisadas". En otras palabras Jesús te dice que si te concentras en que tu pie pise exactamente donde Él pisó, no debes preocuparte por los trazos y las curvas del camino. Al seguir Sus pasos irás haciendo tu camino, y al concluirlo habrás descubierto que estuvo trazado con sabiduría desde siempre y para tu bien (Efesios 2:10). Alguien dijo que "Las palabras mueven, pero los ejemplos arrastran". Dos preguntas: ¿A quién sigues? Y ¿Quién te sigue detrás? Ambas están conectadas. Los que te están observando en este momento: Tus hijos, tu conyuge, tus empleados, tus vecinos, serán influenciados por tu conducta quieras o no. Depende de quién sea tu modelo a seguir así será el mensaje que transmitirás a esas personas que te observan. Es en este contexto que el apóstol Pablo se atrevió a decir: "No tengo problema en que me imiten a mí, porque yo imito a Cristo" (1ª Corintios 11:1).

**¿A quién sigues? Y ¿Quién te sigue detrás?
Ambas están conectadas**

1 de diciembre
Promesas fieles

Una promesa es la palabra que empeña alguien que manifiesta su objetivo de hacer algo en favor de otra persona. Pero las promesas de los hombres son cada vez más inseguras; ya no se puede confiar en nadie. Se olvidan, cambian de parecer, les faltan recursos... Simplemente no pueden cumplir lo que prometen y terminan esclavos de sus propias palabras.

> "Porque todas las promesas de Dios son en él Sí, y en él Amén, por medio de nosotros, para la gloria de Dios".
>
> 2ª Corintios 1:20

A pesar de esto, los hombres siguen buscando neciamente las promesas de los poderosos de la tierra. Personas inescrupulosas que se visten con ropas lujosas, hacen espléndidos banquetes y a la vez ignoran a aquellos debajo de sus mesas que mendigan pan y conviven con los "perros de la calle". La injusticia social es constante en este mundo y esto no cambiará; te lo puedo asegurar. Pero con Jesús es diferente. Sus promesas son fieles por los siguientes motivos. *Primero*, porque a diferencia del resto, *Él sí quiere cumplirlas*, no debes convencerlo. Su disposición a socorrerte siempre está a la mano. Cuando un leproso vino a Él rogándole por limpieza y sanidad, le dijo "**Maestro, si quieres puedes limpiarme**", y la respuesta no se hizo esperar: "**Jesús le dijo, Quiero. Sé limpio**". *Segundo, también puede*. Un hombre estaba angustiado por su hijo que se encontraba endemoniado. Cuando Jesús llega a la escena, el padre le dice: "**dije a tus discípulos que lo echasen fuera, y no pudieron**" (Marcos 9:18). Es Jesús el que, con actitud enérgica, reprende y expulsa al demonio con gran autoridad y control de la situación. ¿Ves? Él no es víctima del momento, no entra en crisis, no se le cambian los planes ni se le va de las manos la situación. Pero, no sólo desea, también puede ayudarte y tiene lo que necesitas, *Tercero y lo más importante es que es fiel a aquello que promete*. ¿De qué serviría si Jesús quisiera y pudiera pero fuera traidor, impostor o mentiroso? Dice la Biblia en 2a Timoteo 2:13: "**Si somos infieles, Él sigue siendo fiel, ya que no puede negarse a sí mismo**." Deja ya de creerle a quien no puede ni quiere, sino que es mentiroso; deposita tu fe en Aquel que es fiel y vela por ti.

Hay alguien más interesado en tu bienestar que tú mismo: Dios

2 de diciembre
Hoy recibí flores

No es mi cumpleaños o ningún otro día especial. Tuvimos nuestro primer disgusto anoche y él me dijo muchas cosas crueles que en verdad me ofendieron. Pero sé que está arrepentido y que no las dijo en serio, *porque él, hoy me mandó flores*. No es nuestro aniversario o ningún otro día especial; anoche me lanzó contra la pared y comenzó ahorcarme. Parecía una pesadilla pero de las pesadillas despiertas y sabes que no es real. Me levanté, esta mañana adolorida y con golpes en todos lados, pero yo sé que está arrepentido *porque él, hoy me mandó flores*. Recibí flores hoy y no es día de San Valentín o ningún otro día especial; anoche me golpeó y amenazó con matarme; ni el maquillaje o las mangas largas podían esconder las cortadas y golpes que me ocasionó esta vez. Pero yo sé que está arrepentido *porque él, hoy me mandó flores*. Recibí flores hoy. No era el día de las madres u otro día especial. Anoche él volvió a golpearme pero esta vez fue mucho peor. Pero si lo dejo ¿qué voy a hacer? ¿Cómo podría, yo sola, sacar adelante a los niños? ¿Qué pasará si nos falta dinero? ¡Le tengo tanto miedo! Dependo tanto de él que temo dejarlo. Pero yo sé que está arrepentido *porque él, hoy me mandó flores*. Hoy es un día muy especial. Hoy también me mandó flores. Es el día de mi funeral. Anoche, por fin, logró matarme. Me golpeó hasta morir. Si hubiera tenido el valor y fortaleza de dejarlo, si hubiera leído el miedo en los ojos de mis hijos. Si hubiera buscado la ayuda de Dios, y de personas que me ayudaran **¡hoy no hubiera recibido nuevamente flores!**

Esta cruda lectura refleja el valle de sombras y muerte por el que atraviesan tantas mujeres maltratadas hoy en día. A escala mundial el "feminicidio" es la 6ª causa de muerte entre mujeres de 15 a 49 años de edad. El mayor peligro no está en el parque, sino en la casa; 7 de cada 10 agresiones contra mujeres suceden en el hogar. Son cicatrices imborrables que sólo Cristo puede sanar, porque Él las soportó por ti en Su cruz y hoy, te ofrece ánimo.

Cuando tu hogar se transforma en tu prisión, sólo Cristo puede hacerte verdaderamente libre

3 de diciembre
Guerra interior

Realmente siempre han existido gue-rras en el mundo. Después de la en-trada del pecado, el hombre ha vivi-do siempre en guerra. Sin embargo, nunca en la historia se ha presentado tanta agresión y violencia como hoy. Quizás, las guerras llamadas "Mun-diales" hayan sido las que más mar-caron la historia de la humanidad en las últimas décadas. La primera,

> "El producto de la justicia será la paz; tranquilidad y seguridad perpetuas serán su fruto. Mi pueblo habitará en un lugar de paz, en moradas seguras, en se-renos lugares de reposo."
>
> Isaías 32:17 -18

mató a 10 millones de personas, y la segunda a 55 millones. En aquella ocasión, en una transmisión radiofónica desde Hiroshima, William Ripley afirmó: "Estoy parado en el lugar donde acaba de empezar el fin del mundo".

Pero la guerra que vivimos en nuestros días no se limita a conflictos internacionales. Lo que mina la estructura intestina de los países hoy son las luchas internas. De los 56 conflictos armados de la últi-ma década sólo tres fueron entre países. Por otra parte, mientras que la primera mitad del siglo pasado estuvo caracterizada por gue-rras entre países ricos, la mayoría de los conflictos contemporá-neos, ocurren en los países más pobres del mundo. Naciones que luchan trágicamente contra el hambre, gastan millones de dólares luchando entre hermanos. Mientras los países fuertes se enrique-cen, las naciones sub-desarrolladas se empobrecen cada vez más. Esta pobreza origina guerrillas internas y esos grupos guerrilleros le compran las armas para la revolución... ¿a quién? ¡Acertaste! A los países ricos que venden armas a los más pobres y se enriquecen aún más. Este círculo vicioso es el retrato del hombre del siglo XXI. Cuando el ser humano contempla la triste realidad de este mundo en conflicto, no puede aceptarla por la simple razón de que el hom-bre no fue creado para la guerra, aunque viva permanentemente en ella, sino para la paz. Paz con él mismo, con Dios y con los demás. Pero algo sucedió que deformó su mundo interior y se ha vuelto violento por naturaleza. Pero en el fondo de su ser carga la nos-talgia de la paz, porque la paz es el destino glorioso para el que fue creado. Busca tu paz en Dios y haz que tu mundo comience a cambiar desde hoy.

La violencia externa es evidencia de otra guerra interna generada por el pecado que habita en nuestro interior (Santiago: 4:1)

4 de diciembre
Desencanto

De todos los sucesos traumáticos que amenazan la seguridad y bienestar del ser humano, la traición y la desilusión son, tal vez, los más temidos. De alguna manera, nadie puede sentirse a salvo en los brazos de alguien, aquí en la tierra. Aún la figura más noble y confiable que podamos imaginar, lleva el estigma de la duda al momento final de la lealtad y el sacrificio. Los tiernos brazos de una madre, los votos maritales frente al altar, la promesa de fidelidad de un amigo... Ni hablar de los contratos laborales con promesas de progreso, las plataformas políticas propuestas en las campañas electorales, las garantías de confiabilidad de las aseguradoras de bienes. Todas y cada una de ellas, al momento de la verdad, se pueden quitar la máscara y herir con el frío puñal de la traición, que es el peor de los crímenes. Cuando te enfrentas con la funesta realidad donde aquello en lo que confiaste resultó ser una completa mentira, te hundes en el lodo de la inseguridad y tu alma se envenena con el amargo sabor del rencor alimentado por tu deseo de venganza.

A ese punto han llegado millones de personas a lo largo de la historia. Es muy probable que tú seas otra de estas tantas víctimas de la desilusión, el fraude y la traición. Es muy probable que tu mecanismo de confianza se encuentre tan debilitado que ni siquiera pongas demasiada atención a las palabras que estás procesando en este mismo instante. Si esto es así, debes fundamentar tu vida en la única, eterna e inalterable verdad: Jesucristo. Él no cambia ni está sujeto a condiciones externas porque, siendo Dios, no necesita de nada ni de nadie para Ser y Su existencia está regida por Su verdad inherente. Te lo aseguro, no te defraudará. Si has puesto cerrojo a tu corazón, Cristo puede romper tus cadenas.

Cuando la verdad se quita la máscara y resulta ser mentira, se forma un hueco en el alma por donde se nos va la vida

5 de diciembre
Un sobre sellado

Por un momento, vamos a imaginar que tu papá viene a tu casa, te entrega un sobre sellado y te dice: "Hijo, aquí está un regalo que te quiero dar. Es un viaje, con todo pago a Hawai por tres semanas. Incluye el costo del vuelo, hotel, alimentos y cualquier otra cosa que tú quieras o necesites. Hice arreglos para que una limusina te lleve y te recoja al aeropuerto. Y no te preocupes, ya hablé con tus jefes. Así que eres libre para irte cuando quieras. Todos los detalles, los boletos y la información están en este sobre. Yo sé que no es tu cumpleaños, y ni siquiera estamos cerca de la Navidad. Sólo quería darte algo especial porque te amo". Y allí tienes en tus manos el sobre con las vacaciones de tu vida. ¿Qué harías? Me pregunto quién de nosotros dejaría el sobre en la mesa y diría: "¡Qué regalo!" Pero, luego, no lo abre. Tú dirás: "¡Esto es absurdo!" Abriríamos el sobre y estaríamos leyendo todo acerca de estas vacaciones mientras empacamos nuestras cosas. ¿Verdad?

No tengo ninguna duda de que si tu padre terrenal te diera un regalo como ese, lo recibirías con emoción y lo disfrutarías. Pero, ¿sabes? Esto no se compara en lo más mínimo al regalo que tu Padre celestial ya te ha dado. Es el regalo de la vida eterna. ¿Ya has abierto este sobre? ¿Has aceptado el regalo de Dios? ¿Estás disfrutando de Su gracia y misericordia? ¿Has experimentado el sentido liberador de saber que tus pecados han sido perdonados y que eres libre para vivir una buena vida? O está el sobre arriba de la mesa llenándose de polvo... Cuando recibas algún regalo, piensa en el Regalo de Dios al enviar a Su Hijo al mundo, para que el mundo, (tú) sea salvo por Él. Sí. La Cruz es un cuadro del amor de un Padre que te ama tanto. ¿Disfrutas de Su amor?

> "Pero Dios, que es rico en misericordia, por su gran amor con que nos amó (...) nos dio vida juntamente con Cristo (...) y juntamente con él nos resucitó, y asimismo nos hizo sentar en los lugares celestiales con Cristo Jesús".
>
> **Efesios 2:4-6**

Ignorar el regalo de Dios es la peor ironía de la vida

6 de diciembre
Regeneración interior

Hoy en día vivimos en una era materialista. La gente moderna se preocupa por dinero, belleza, placer, el poder y el estrato social, más que cualquier otra cosa. La gente que no está interesada en estas cosas tiene que luchar contra la corriente de la vida. El colapso mental debido a estos valores modernos es común. La gente se vuelve más indiferente a la maldad, la violencia, las guerras, los desastres, las plagas, la hambruna, el terrorismo y a la locura de la sociedad. Poca gente se da cuenta que la sociedad está dirigiéndose hacia la autodestrucción. En tal sociedad ¿qué puede purificar la tierra? Definitivamente no será el control forzado de las leyes de los gobiernos. Porque las leyes son escritas por la gente; las leyes están condenadas a tener fisuras. Los violadores pueden evadir el castigo por medio del estatus, de las relaciones o el dinero. Además, sólo pueden castigar el comportamiento que es visto por otros; no pueden restringir el corazón de la gente. Ni siquiera un nuevo comienzo geológico, una nueva era. Nunca un acontecimiento externo al corazón del hombre, por más dimensiones catastróficas que posea, será capaz de erradicar el "germen" de maldad, egoísmo y ambición que caracteriza nuestra raza. Debemos reconocer que formamos parte de la *"Raza Caída de Adán"*, y el único que puede levantarnos de nuestra decadencia moral, espiritual y social es aquel que cargó con nuestras bajezas, las clavó en Su cruz y nos llenó de Su santidad. La fe depositada en esa premisa, obra el cambio interno capaz de hacernos individuos nuevos, capacitados para un nuevo comienzo. El libro de Apocalipsis termina hablando de siete cosas nuevas: cielo, tierra, gentes, ciudad, etc., pero bajo el mando de Aquel que hace nuevas todas las cosas: Jesús. Si quieres formar parte de aquel nuevo comienzo, puedes empezar a disfrutarlo hoy mismo dejando que Cristo Jesús sea tu Señor.

Porque aquel que está en Jesús es nueva criatura

7 de diciembre
No te encierres

Muchas personas imploran compañía, mendigan migajas de cariño, hasta se enojan porque nadie se compadece de ellas. Madres solas esperan la llamada o la visita en su cumpleaños, de alguno de sus hijos y suspiran, diciendo: "Una madre puede criar diez hijos pero diez hijos no pueden criar a una madre". La esposa sufre una horrible soledad en su propia casa;

> "Pero ahora en Cristo Jesús, a ustedes que antes estaban lejos, Dios los ha acercado mediante la sangre de Cristo... derribando mediante su sacrificio el muro de enemistad que nos separaba".
>
> Efesios 2:13-14

el líder pasa desapercibido para de su equipo de trabajo, el pastor se siente solo... Pero ¿en realidad somos víctimas o culpables? Porque "muchas personas", puede que se encuentren solas porque no invirtieron o no se sacrificaron por los que hoy no están. Una de las principales leyes del universo es que todo lo que siembras, cosechas. (Y mayormente se cosecha más de lo que se siembra y no inmediatamente). Tal vez no nos demos cuenta pero la gente se siente sola porque construye paredes en vez de puentes. Motivados por nuestro orgullo, rencor y envidia, levantamos muros y los fortalecemos aferrándonos a nuestro propio concepto de la vida. Así, dañamos y hasta matamos los vínculos afectivos que nos rodean y nos aislamos quedándonos solos. Cuando nos damos cuenta ya es tarde y culpamos a los demás por nuestra soledad. En Proverbios dice: **"aquel que quiera disfrutar de un futuro lleno de amigos debe invertir, primero y mostrar un perfil amigable"** (Proverbios: 18:24). Sembrar hoy para cosechar mañana. Si nos dedicásemos a construir puentes de amistad y a fortalecerlas, pase lo que pase, estaremos haciendo una decisión que, en el futuro, nos garantizará una vida llena de regalos de cumpleaños, llamadas telefónicas y tarjetas navideñas. Cede, perdona, acepta a los que te rodean tal como son, vive para amarles sacrificándote por ellos. Dios nos dio el ejemplo máximo derribando la pared de pecados que nos separaba de Él y construyendo un puente de amor con la madera de la cruz de Su Hijo. Por eso muy pronto, tendrá Su casa repleta de amigos.

La gente se siente sola porque construye paredes en vez de puentes

8 de diciembre

"Amaos los unos a los otros"

"Y esta esperanza no nos defrauda, porque Dios ha derramado su amor en nuestro corazón por el Espíritu Santo que nos ha dado".

Romanos 5:5

Estamos viviendo un momento histórico donde el hombre, científica e intelectualmente es un gigante, pero moralmente es un pigmeo.

Todos creemos que nuestra manera de ser, de vivir, de pensar y hasta nuestro modo de andar son los mejores; y el chaleco se lo tratamos de imponer a los demás. ¡Sería tan fácil la existencia si tan sólo respetásemos el modo de vivir de cada persona!

El respeto a otros da paz. El día que pensemos y actuemos igual, dejaremos de ser hombres para convertirnos en máquinas autómatas. Los hombres han olvidado los más bellos valores y se ha convertido sólo en negocio; se ha sucumbido ante el materialismo.

Si no fuéramos tan ciegos, obcecados, orgullosos, si tan sólo rigiéramos nuestras vidas por las sublimes palabras, que hace dos mil años, dijo aquel humilde carpintero de Galilea, sencillo, descalzo, sin frac ni condecoraciones: **"Amados, amaos los unos a los otros"**, viviríamos mejor. Pero desgraciadamente estas palabras han sido mal entendidas, se confundieron los términos, ¿y qué es lo que el ser humano ha hecho? : "Armaos... armaos los unos contra los otros".

No me vas a creer, pero lo que acabas de leer es un extracto del discurso del actor cómico mexicano: Mario Moreno Cantinflas, dicho hace casi cincuenta años en una de sus películas. No ha cambiado mucho el mundo en medio siglo de historia, ¿verdad?

Es que la solución para este mundo y su habitante ha sido y seguirá siendo la misma, permitir que el amor de Dios demostrado en la cruz de Cristo, sea derramado en los corazones. Sólo así podremos amarnos los unos a los otros y vivir en paz, en lugar de armarnos los unos contra los otros para matarnos en guerras. ¿Sencillo, verdad? (Comienza tú).

La diferencia entre "amarse con el otro" o "armarse contra el otro" está en tu corazón. Deja que Dios lo sane

9 de diciembre

Todo el mundo, cualquiera y nadie

Había una importante labor a realizar y "Todo el Mundo" estaba seguro de que "Alguien" lo haría. "Cualquiera" pudo haberlo hecho, pero "Nadie" lo hizo. A "Alguien" le dio coraje esto, porque era trabajo de "Todo el Mundo". Pensó que "Cualquiera" podría hacerlo, pero "Nadie" se dio cuenta de que "Todo el Mundo" lo haría. Esto terminó en que "Todo el Mundo" culpó a "Alguien" cuando "Nadie" hizo lo que "Cualquiera" podría haber hecho.

> "Guarda bien lo que tienes, no sea que otro se lleve tu corona".
>
> Apocalipsis 3:11

No, lo anterior no es un trabalenguas sin sentido. Es la realidad que se vive en nuestro mundo cuando hay que echar mano a cosas que necesitan urgente atención y las postergamos y relegamos una y otra vez. Entonces, perdemos oportunidades o permitimos que aquellas cosas que más amamos se nos escapen de las manos por falta de diligencia. La Palabra de Dios, dice: **"En lo que requiere diligencia... NO PEREZOSOS"**. También dice en Eclesiastés 9:10: **"No dejes para mañana lo que puedes hacer hoy"**.

Parece que las cosas urgentes de la vida atentan contra las importantes y las desplazan quedando todo patas para arriba. Corremos como locos de aquí para allá por cosas que no son necesariamente esenciales, y aquellos valores de vida no negociables los dejamos para mañana pensando que otro los hará. Entonces los años pasan, los hijos crecen, las fuerzas se agotan y perdemos oportunidades, por pereza, miedo, prejuicios o descuido. La vida está hecha de oportunidades y aquellos que cuentan con la valentía y fe que provienen de Dios, son los que la arrebatan y le sacan provecho. Los demás, la ven pasar impertérritos ignorando que: "Vida, hay una sola". Hoy mismo restaura tu comunión perdida con Dios, reaviva el fuego del don, en la pira del servicio: marca ese número olvidado y llama a tu amigo o a tu madre. Levántate y cómprale flores, retoma la lectura del empolvado libro, no dejes que otro arrebate el premio que te pertenece...

**Abstenerse de hacer lo bueno,
es igual de pecaminoso que hacer lo malo**

Traicionado

> "Y como Él mismo sufrió y fue puesto a prueba, ahora puede ayudar a los que también son puestos a prueba".
>
> Hebreos 2:18

Todos le tememos a la traición, ¿tú no? La esposa, eternamente enamorada de su amado, se aterra sólo de pensar que la engañe cuando le prometió amor hasta la muerte. El gerente siempre mantiene un ojo abierto sobre los movimientos financieros de su socio, no sea que se vaya con el dinero. El inversionista cambia de entidad bancaria periódicamente porque desconfía de la estabilidad de su banco o de su nación. Cada vez que te embarcas en una nueva relación, lo haces sabiendo que probablemente fracase, se rompa, y quedes nuevamente solo y traicionado. Este sentimiento de pánico a ser defraudado les controla y cauteriza, así, todo intento de iniciar nuevas relaciones. Se enfrascan en la seguridad de su soledad y no se relacionan con nadie más. Jesús fue un hombre inteligente, sabio y persuasivo. Nunca se confió de nadie y aún así, sintió el frío puñal de la traición. ¿Qué lección nos quiso dejar el Maestro al elegir a Judas, aún sabiendo que le traicionaría?...

En primer lugar, si Él iba a representarnos ante Dios, debía sentir lo que nosotros sentimos y "padecer" la experiencia de ser humano, en todo menos en pecar. Creo que también quiso darle una oportunidad a Judas. No le desestimaría basándose en su omnisciencia. También el hijo de Simón tenía derecho a escoger, y escogió mal, gobernado por su ambición. Pero creo que también Jesús quiso advertirnos, prepararnos, mostrar la realidad del engañoso corazón del hombre y decirnos que el amor corre riesgos y que amar, casi siempre es arriesgar el corazón. Pero no por eso cerrarnos al amor y las buenas obras. Escoge bien. Alguien dijo que los familiares y los vecinos no se eligen, los amigos sí, por eso debemos ser sabios al momento de elegirlos. No desestimes a aquel que te dice la verdad, aunque te lo diga de una manera dura. Y si hoy te sientes traicionado, mira la cruz y contempla a Aquel que amó más que ninguno y recibió como recompensa, el desprecio e indiferencia de todos nosotros. Por eso te entiende.

Más vale amenaza de necio que abrazo de traidor

11 de diciembre
El globo negro

Se realizó una gran feria en el pueblo, una verdadera fiesta en la cual todos participaban. Vinieron vendedores de todo tipo. Se ofrecían golosinas, juguetes, helados, y el infaltable vendedor de globos. Pero lo cierto es que este hombre, no lograba vender ni siquiera uno. Nadie se acercaba. Parecía como si ignoraran su presencia. Así que tuvo una idea.

"Después de esto miré, y apareció una multitud tomada de todas las naciones, tribus, pueblos y lenguas; era tan grande que nadie podía contarla."

Apocalipsis 7:9

Soltó uno de sus globos y lo dejó elevarse. Enseguida un niño lo vio y gritó ¡Mamá, mira, un globo! Al instante, varios niños rodeaban a l vendedor de globos. Luego, este hombre hizo una jugada maestra, dejó volar varios globos a la vez y entonces muchos más niños, viéndolo, se acercaron y compramás globos. Pero allí, en un rincón, triste y sollozando, un pequeñito de piel color morena contemplaba la escena con el rostro melancólico. El vendedor se acercó y le preguntó: ¿Por qué lloras? El niño le respondió: "Lloro porque me desprecian por ser negro y estoy seguro de que si usted suelta ese globo negro, no subirá tan alto como los de colores, ¿verdad?" El vendedor, que era muy buena persona, le regaló un hermoso globo de color negro y le dijo: "Haz tú mismo la prueba". Los ojos de ese niño se iluminaron. Tomó su globo y, con manos temblorosas, lo soltó contemplando cómo su globo negro subía tan alto como los demás y trepaba velozmente por los aires. Quedó admirado y entonces el vendedor se acercó y le dijo: "Mira, pequeño, lo que hace subir a los globos no es la forma ni el color, sino lo que tienen dentro".
Quizás hoy te sientas discriminado, marginado, fuera del sistema. Otros te ponen precio de oferta, el cruel mercado de este mundo te devalúa cada día más, pero si estás lleno de Dios, podrás subir tan alto como lo desees y conquistar todos tus anhelos más caros. (2° Samuel 22:34). No importa la raza, pueblo, tribu, lengua o nación. Un día, todos aquellos que hemos sido llenos de Su Espíritu volaremos tan alto que estaremos de pie en el cielo alabando a nuestro Dios.

> **Lo que determina el alcance de tus conquistas no es tanto tus cualidades como tus motivaciones**

Razonamientos envanecidos

> "A pesar de haber conocido a Dios, no lo glorificaron como a Dios ni le dieron gracias, sino que se extraviaron en sus inútiles razonamientos, y se les oscureció su insensato corazón. Aunque afirmaban ser sabios, se volvieron necios".
>
> Romanos 1:21-22

Un problema común del hombre es su orgullo. "Se envanecieron en sus razonamientos", dice el apóstol Pablo. Antes de morir, el periodista español Francisco Umbral, escribió para el periódico *"El mundo"* lo siguiente: "... Nietzsche y los demás, decretaron la clausura del mundo antiguo, al publicar que Dios había muerto y que el hombre quedó solo. Este es el máximo exponente de la modernidad insuperable. Instituciones arcaicas como la iglesia están subsistiendo hoy por motivos residuales". Umbral podrá haber citado a Kant, Schopenhauer, Feuerbach, Marx, o Freud para demostrar su "modernidad" y no sería de sorprenderse. La Biblia ya lo decía tiempos atrás. En esta época posmoderna, abundarán este tipo de pensadores y pensamientos. Es la tendencia casi generalizada en los países desarrollados. Muchos intelectuales y escépticos, piensan y opinan con la soberbia de sus envanecidos razonamientos (Romanos 1:21). Les gusta ser llamados "libre pensadores". Manifiestan así, su independencia y enajenación de Dios a causa de sus conciencias cargadas de culpas y pecados que prefieren tener a Dios lejos o muerto. La verdad es que la criatura determinó en su corazón, no creer más en Dios o creer en Él como una energía despersonalizada, nada más. Una fuerza interior o un dios —con minúscula— hecho a su medida, que no le exija demasiado, que se amolde a sus expectativas. Sacar al Dios soberano, todopoderoso y creador, del escenario de su existencia; en otras palabras, un Dios que no le moleste. Al principio, esta actitud del hombre parece confortable pero el hambre espiritual continúa. Las religiones fallan en responder las preguntas existenciales de la vida porque se apartan del único libro que tiene las respuestas. A pesar de la actitud atrevida de Su criatura, lejos de morir, como diría Nietzsche, Dios vive y continúa en control de cada capítulo de la historia. En esa historia te ve sumergido a ti, te llama, te ama y te busca. No le dejes afuera.

Al sacar del escenario de su vida a Dios, el ser humano acaba por retirar de su vida los límites

13 de diciembre
La crónica del día

En verdad, el estilo de vida de este mundo no difiere en nada al de la selva: el más grande y fuerte se come al débil. Los pecadores se mueven dentro de este patrón salvaje. Persiguen, calumnian, ultrajan y abusan de los más pequeños. El lucro de los grandes no tiene límites y los pobres claman por su magro jornal que, no llega. Lo terrible es que Dios hace el reclamo, lo denuncia por medio de los profetas. No obstante, el hombre hace oídos sordos a este reclamo con sentencia de juicio. Un análisis del capítulo 14 de Salmos, vemos en el versículo cuatro **"Esta comida de los ricos". "Devoran a mi pueblo como si comiesen pan"**, es la declaración de Dios. sin embargo, esto trae una **consecuencia.** Dice el versículo cinco: "ellos temblaron de espanto". Los que proceden neciamente no tienen discernimiento, es decir, no conocen a Dios. Su ignorancia no los hace impunes (Romanos 1:20). La ira de Dios es la respuesta santa, inevitable y justa contra el hombre por causa de su pecado y soberbia. Su ira es perfecta, y Dios no necesita disculparse por castigar al rebelde. El impenitente temblará de espanto ante el trono del juicio de la gran ira de Dios. Pero finalizando este salmo, nos encontramos con los versículos 5 al 7 para observar **la compensación del justo.** Allí leemos: **"Dios está con la generación de los justos".** El que es justo, trae bendición para sí y su descendencia. El que es justo no pone la esperanza en sí mismo, sino en Dios, que lo ha justificado, sabe que vendrá en algún momento la equidad, la recompensa de lo sufrido y perdido en el valle del sufrimiento. En verdad, qué necio es aquel que se empecina en negar la existencia de Dios, y cuán firme es el futuro de aquellos que ponen a Dios como cimiento de sus vidas.

> "Ellos temblaron de espanto; porque Dios está con la generación de los justos".
>
> **Salmo 14:5**

La riqueza del hombre no consiste en cuánto tenga, sino en quién tenga puesta su fe

14 de diciembre
Injusticia callejera

El conductor se vio obligado a detener su vehículo. El color rojo del semáforo le indicaba que debía esperar durante un minuto. Giró su rostro, miró por la ventana del coche y ante su vista, el desgarrador cuadro conmovió sus entrañas. Tenía mas o menos unos tres años. Su piel reseca por el viento y quemada por el sol, sus pies descalzos, su ropa raída, sus ojitos tristes, casi perdidos. Aquel niño mendigaba monedas ante los indiferentes conductores en espera de la luz verde. Pero no iba a ser ese el caso de nuestro hombre. No podía quedar inmune ante semejante realidad. Tampoco calmaría su conciencia sacando una moneda de su bolsillo para continuar el viaje como si nada hubiese sucedido. No dudó, abrió su puerta, se dirigió hacia aquel niño, se agachó y lo levantó en brazos. Sus ojos estaban humedecidos de tanto llorar solito, sus manos sucias, su voz ronca de llamar a sus progenitores que nunca asomaron... Sacó su pañuelo y secó sus lágrimas. Con ungüento para la piel, humedeció sus resecas mejillas. Ya el semáforo cambiaba del rojo al verde y se podían oír las enfurecidas bocinas de los autos detrás del suyo. Con una toalla suave limpió sus pies descalzos y puso un pan y frutas en sus bolsillitos. La reacción de aquel niño de la calle fue instantánea: levantó su pequeña y curtida manita y con un violento movimiento, clavó sus uñas en el rostro de su benefactor dibujándole tres claros surcos en la mejilla, y con un alarido casi animal se perdió entre un concierto de bocinas, gritos e insultos de conductores apurados. Ya el semáforo volvía a ponerse de color verde, mientras su blanca y reluciente camisa, se manchaba de color rojo, rojo sangre. "Niño desagradecido", dirías. ¿Acaso no hizo exactamente lo mismo el ser humano con Dios? También Él detuvo Su marcha, nos demostró Su amor y nosotros lo crucificamos y matamos. No rechaces hoy Su amor, acepta Sus caricias. Mañana, el semáforo de la historia, volverá a ponerse en verde y Él, ya se habrá ido.

**No muerdas la mano del que te da de comer.
Abre tu boca y serás saciado**

15 de diciembre
Más de lo que necesito

Los perros son animales muy populares en el mundo por su inteligencia, docilidad y fidelidad hacia sus amos. Existe una gran variedad de razas, desde el bondadoso perro lanudo francés, hasta el muy peligroso perro salvaje. Uno de los más extraños dentro de la familia canina es el Dingo. Este perro australiano es temido por cada ciudadano que conoce su rapaz reputación. Se parece a cualquier perro que puedas encontrar en la calle, excepto que tiene unas largas orejas puntiagudas que se niega a doblar, por más que se le obligue. El Dingo es un perro que no ladra, puede aullar pero jamás le oirás emitir el tan característico ladrido. Es un perro odiado y perseguido. Son muy destructivos, atacan constantemente a las ovejas, dejándolas muertas o mal heridas en el camino. No comen sus carnes, y si lo hacen es sólo para probar un bocado. Matan por matar, aunque estén satisfechos y sin hambre, seguirán matando en su sed ambiciosa por tener más de lo que necesitan. Son perros muy fuertes, pero su verdadera debilidad es la avaricia y la ambición. Creo que no necesito continuar para que empieces a descubrir cierto parecido entre este animal y los seres humanos, ¿verdad? Es que en cada hombre existe ese instinto animal por la supervivencia que, si no es controlado por una fuerza superior y sobrenatural, puede llevarnos a extremos trágicos, gobernados por la ambición, la avaricia y el egoísmo. La raíz de esa naturaleza corrupta se encuentra en su mismo gestor: Satanás, quien por ambición quiso ser igual a Dios, deseó ocupar un puesto de privilegio cerca del trono del Creador y fue arrojado del cielo a la tierra como fracasado. Por eso, también se goza de tu fracaso. Él nos seduce con ofertas de necesidades virtuales, no reales, y utiliza otros mecanismos para esclavizarnos con el consumismo y el materialismo. La avaricia desplaza a Dios del trono de tu vida, por eso la Biblia la llama: Idolatría, y te mantiene insatisfecho, porque nunca te sacias.

> "Por tanto, hagan morir todo lo que es propio de la naturaleza terrenal: inmoralidad sexual, impureza, bajas pasiones, malos deseos y avaricia, la cual es idolatría".
>
> Colosenses 3:5

"Son codiciosos como perros, que jamás se satisfacen."
Isaías 56:11

16 de diciembre
Poca fe o mucha soberbia

> "Llevad mi yugo sobre vosotros, y aprended de mí, que soy manso y humilde de corazón; y hallaréis descanso para vuestras almas".
>
> Mateo 11:29

Uno de los desafíos más grandes para el ser humano es aprender a perdonar. Transitar el sendero de la vida cargando el peso del rencor por una ofensa no resuelta, es una tarea tediosa y agotadora. Desgasta tus relaciones, agota tus fuerzas y deshidrata tu alma. Es pesado vivir odiando y recordando viejas heridas que se abren y sangran cada vez que las traemos a memoria. Cuando Jesús abordó este tema ante sus jóvenes discípulos en el capítulo 17 de Lucas, les hizo una propuesta aparentemente utópica: **"Si tu hermano pecare contra ti, repréndele; y si se arrepintiere, perdónale. Y si siete veces al día pecare contra ti, y siete veces al día volviere a ti, diciendo: Me arrepiento; perdónale"**.

Fue tal la magnitud de la demanda, que ellos dijeron a Jesús que no poseían esa fe capaz de cultivar semejante amor por sus ofensores: **"Señor, auméntanos la fe"**. En el versículo 7 al 10 dijo: **"Así también vosotros, cuando hayáis hecho todo lo que os ha sido ordenado, decid: Siervos inútiles somos, pues lo que debíamos hacer, hicimos"**. ¿Qué tenía que ver la demanda tocante al perdón con el relato del siervo cansado?

De alguna manera, aquellos discípulos estaban excusando su orgullo y falta de humildad, argumentando que no poseían la fe suficiente. El sabio Maestro les explicó que el problema no era que tenían poca fe, sino mucha soberbia. Cuando olvidamos nuestra condición de siervos, perdemos de vista nuestra verdadera identidad. Nos creemos ser más que los demás y no estamos dispuestos a perdonar. "Que me perdone él. ¿Quién se cree? ¿No sabe quién soy yo?"

El que no sabe quién es, eres tú amigo, al no estar dispuesto a perdonar. Es por eso que el apóstol Pablo pregunta en Romanos 14:4: **"Tú quién te crees que eres cuando juzgas a tu hermano"**. Sí. Cuando nos invade la soberbia, olvidamos nuestro perfil humilde y entramos en discordia con los que nos rodean.

No hay persona menos deseada que un soberbio que se niega a perdonar y no hay persona más buscada que un humilde dispuesto a servir

17 de diciembre
Búsqueda incierta

Todo ser humano vive buscando felicidad, quiera o no admitirlo. Todos somos adictos y dependientes de esa dosis extra de alegría que nos motive para un nuevo comienzo, y para avanzar un tramo más en la vida. Es así como una muchacha suspira pensando: *"cuando encuentre al hombre de mi vida, seré verdaderamente feliz"*. Luego entra en una aburrida experiencia conyugal donde la luna de miel se transforma, en luna de hiel y piensa: *"El hecho de ser mamá cambiará mi vida y la de mi matrimonio"*. Busca por todos los medios posibles tener un hijo. Al fin lo consigue y es una flamante mamá. Pero ahora son tres bocas para comer en la mesa y el dinero no alcanza. Comienzan las peleas de sobremesa y el culparse uno al otro. Entonces, la solución ideal es un ingreso extra de dinero con doble turno o saliendo a trabajar también la esposa. ¡Lo consiguen! ¡Lo logran*! "Casa propia, auto nuevo, mi hijo en escuela privada... Un buen pasar"*... ¿Felicidad? La rutina, el materialismo y el excesivo trabajo son el camino hacia la infidelidad. Entonces, los votos de amor eterno frente al altar, se rompen y la histeria es el nuevo huésped de aquel hogar. Para completar el cuadro, aquel hijo tan esperado, se suicida por haber crecido con unos padres ausentes por tanto trabajo, y reemplazado esa ausencia con las drogas y las malas amistades. El divorcio y un segundo romance es la "aparente" solución, sólo para que la incierta búsqueda de felicidad de aquella mujer vuelva a empezar. ¿Sabes? Nadie en este mundo puede darte lo que no tiene. La Paz, la felicidad y la plena satisfacción de la vida sólo la encuentras en Aquel que tiene el patrimonio exclusivo del bienestar. Dios y Su Hijo Jesucristo es lo más importante que el hombre y la mujer necesitan. Si has estado buscando en el lugar equivocado, busca a Dios. Dijo David: *"No existe bien para mí que esté fuera de ti"*.

> "Cuando esperaba lo bueno, vino lo malo; cuando buscaba la luz, vinieron las sombras".
>
> Job 30:26

Toda promesa de satisfacción aparte de Dios, está condenada a la insatisfacción

18 de diciembre
Duerme tranquilo

Años atrás, un granjero poseía una parcela en la costa atlántica de Estados Unidos. llevaba tiempo tratando de conseguir empleados pero la mayoría de las personas tenían muchas reservas de trabajar en granjas de esa área, pues temían las tormentas que vienen del Atlántico que causan destrucción sobre las propiedades y las cosechas. Finalmente, un hombre delgado, que ya había pasado los cuarenta, decidió aceptar el trabajo. El granjero le preguntó, "¿tienes experiencia trabajando en granjas?" "Bueno", respondió el hombre, "puedo dormir cuando el viento sopla". Aunque el granjero no entendió lo que quiso decir, de todas formas decidió darle el trabajo. El hombre trabajaba bien, era muy diligente y no paraba desde la salida hasta la puesta del sol, así que el granjero estaba muy satisfecho con su trabajo. Un día, el viento comenzó a soplar fuertemente haciendo mucho ruido cuando batía contra los árboles. El granjero saltó de la cama y se apresuró hacia donde dormía su nuevo empleado. Le despertó gritando y le dijo: "¡levántate! ¡Viene una tormenta! ¡Ata las cosas antes que salgan volando!" El pequeño hombre se dio vuelta en su cama, y exclamó con firmeza: "No señor. Yo le dije que yo podía dormir cuando el viento sopla". Indignado por su forma de responder, el granjero tuvo la tentación de despedirle de inmediato, pero tenía mucho que hacer y optó por salir rápidamente y comenzar a prepararse para la tormenta. Sorprendido, descubrió que todas las pilas de paja estaban ya cubiertas con carpas. Las vacas estaban en los graneros, y las puertas estaban bien aseguradas con varas. Todo estaba asegurado y atado. ¡Nada iba a volar con el viento! El granjero por fin entendió lo que quiso decir su empleado, y volvió a su cama para dormir tranquilo mientras soplaba el viento.

Cuando estás preparado espiritual, mental y físicamente, no hay nada que temer. El asistente del granjero pudo dormir sin preocupación porque ya había asegurado la granja en caso de una tormenta. Nosotros nos aseguramos en contra de las tormentas de la vida al fortalecernos en Dios. No necesitamos entender todo, sólo necesitamos asirnos de Su Mano para tener paz en medio de la tempestad.

El que se resguarda en Dios, no teme ninguna tormenta

19 de diciembre.
Cuando Dios te visite

El gran compositor Jorge Federico Händel, había llegado a un fatal momento de su vida cuando todo le parecía inútil; ya nadie se complacía en escuchar sus composiciones musicales. Una noche, profundamente desanimado, regresó a su casa obsesionado por una sola idea: descansar, dormir, olvidarlo todo. Subió con lentitud las gradas de su humilde estudio, encendió las velas sobre su mesa de trabajo, y en seguida frunció el ceño. ¿Qué contendría aquel paquete que descansaba sobre el escritorio? Lo abrió, y al ver la palabra: "Oratorio" lo tiró a un lado. ¿Quién se estaba burlando de él? Todos sus últimos esfuerzos en componer oratorios habían fracasado. Pero el insomnio se apoderó de él; una tempestad agitaba su pecho. Al fin, se levantó, encendió nuevamente las velas y llevó el manuscrito hacia la luz. Leyó el título, "El Mesías", y en seguida las palabras: "¡Consolaos! ¡Consolaos!" Estas llamaron su atención. Era el maravilloso principio de la poesía y, a la vez, un desafío celestial para el ánimo apagado del compositor. Apenas había leído las primeras palabras cuando éstas empezaron a traducirse en un lenguaje musical inefable, elevándose triunfalmente hacia el cielo. Tomó su Biblia y empezó a leer las profecías del Mesías prometido, Su advenimiento, y al fin, Su ascensión al Padre. El fuego divino ardió nuevamente en su ser; las lágrimas inundaron sus ojos. Tomando la pluma, comenzó a traducir sobre el pentagrama lo que resonaba en su mente y en su corazón. Día y noche estuvo entregado a su tarea, viviendo y respirando una atmósfera de ritmo y tono. Al fin, después de veinticuatro días, un milagro en el mundo de la música —El Oratorio— fue terminado. La pluma cayó al suelo y Händel durmió por diecisiete horas. Al levantarse, se sentó al clavicordio y tocó con desbordante alegría la última parte de "El Mesías". Una vez que hubo terminado, un amigo le dijo: "¡Nunca en mi vida he escuchado cosa parecida!" Handel, con la cabeza inclinada, respondió: "Dios me ha visitado".

> "Y aquel Verbo fue hecho carne, y habitó entre nosotros (y vimos su gloria, gloria como del unigénito del Padre), lleno de gracia y de verdad".
>
> Juan 1:14

Cuando Dios visita tu vida llega el cielo a la tierra

20 de diciembre

Siembra hoy, cosecha mañana

Una noche tormentosa, un hombre de edad y su esposa, entraron en la sala de recepciones de un lujoso hotel en Filadelfia en busca de posada. Con gran pena, el recepcionista les dijo: "Amigos, se están celebrando tres convenciones conjuntas en la ciudad. No hay habitaciones disponibles en mi hotel ni en ningún otro de Filadelfia". Una lluvia torrencial caía y la situación de esta pareja de ancianos era preocupante. "Pero, si ustedes no se ofenden, yo les podría ofrecer mi propia habitación mientras acabo mi trabajo aquí durante la noche", fue la inesperada propuesta del recepcionista. Aunque la pareja se negó al principio, finalmente accedieron y durmieron plácidamente aquella noche mientras el hombre se quedó en la oficina. A la mañana siguiente, mientras cancelaba el importe, el anciano de figura distinguida le dijo: "Usted es la clase de hombre que necesito cuando construya mi propio hotel. Lo llamaré", y se marchó. A los dos años, este humilde trabajador, recibió una carta de aquel hombre donde le recordaba la anécdota y le invitaba a pasear por Nueva York con pasaje pago. No quiso desperdiciar la oportunidad de conocer la gran ciudad y asistió a la cita. En esta oportunidad, el hombre le llevó a la Quinta Avenida y la Calle 34 y señaló con el dedo un imponente edificio de piedra rojiza y le dijo: "Mi nombre es William Waldorf Astor, he construido este hotel y quiero que usted sea el gerente general. Este es el hotel que he construido para usted". Así fue como George C. Bodlt, fue el administrador del primer Waldorf Astoria Original.

Esta es la vida, siembra hoy para cosechar mañana, es una cuestión de fe. La Biblia habla mucho de esta premisa. Tu vida ahora es el resultado de tus actitudes y decisiones de ayer. Mañana será el resultado de lo que estés haciendo en este momento. Dice el apóstol Pablo: **"Y todo lo que hagáis, hacedlo de corazón, como para el Señor y no para los hombres"** (Colosenses 3:23).

Vive cada día como si fuese el último de tu vida

21 de diciembre
Mundo injusto

Estadísticas recientes informan que un tercio de la población mundial está bien alimentada, un tercio está sub-alimentada y el otro tercio sufre de inanición. Cuatro millones de niños, madres jóvenes y ancianos, mueren al año a causa del hambre, mientras países desarrollados queman montañas de alimentos como medio para regular los precios. La OTRA cara de esta realidad, es que los fondos destinados a campañas armamentistas por las grandes potencias mundiales, superan sideralmente los destinados para ayuda humanitaria. En uno de sus discursos posteriores a la guerra en enero de 1961, el presidente estadounidense Dwight D. Eisenhower, mencionó su profunda preocupación por los efectos económicos que sufriría la población mundial debido al uso indiscriminado de los fondos. El costo promedio en la guerra del Golfo, por ejemplo, fue de 500 millones de dólares por día, esto es 350 mil dólares por minuto. Con el dinero destinado a la fabricación de un misil tierra-aire, su traslado y manipulación, se podría dar un almuerzo a todos los niños del mundo en edad escolar durante 5 años, ¿Puedes creerlo? ¡Sólo con el costo de un misil! ¿En qué mundo vivimos tú y yo..? Un mundo y una sociedad ambiciosa, con un corazón apartado de Dios, en el cual Satanás quiere que vivamos.

"Y como ellos no aprobaron tener en cuenta a Dios, Dios lo entregó a una mente reprobada para hacer cosas que no convienen", dice el apóstol Pablo en Romanos 1:28. El corazón de los hijos de Dios, el cielo mismo y la tierra anhelan ardientemente Aquel día postrero cuando Cristo regrese para instalar Su reinado mundial. Entonces, Él demostrará a todas las naciones cómo regir este mundo con justicia. Confiar en el hombre, en sus planes y en la forma de enfocar la vida, es de necios. Dirige tu mirada a Dios, deja que la sangre de Su Hijo derramada por ti en la cruz te justifique ante el Padre y practica la justicia del cielo, porque la de la tierra es nada más que injusticia.

"Él juzgará al mundo con justicia, y a los pueblos con rectitud"

22 de diciembre
Sin censura

"La esperanza de la vida eterna, la cual Dios, que no miente, prometió desde antes del principio de los siglos".

Tito 1:2

"Si Cristo hubiera sido fruto de la imaginación de sus biógrafos, ellos no sólo habrían omitido los dramáticos momentos de dudas que vivieron, como también omitirían de sus escritos, la dramática angustia que el propio Cristo sufrió en la noche en que fue delatado, en el Getsemaní. En aquella noche, Jesús mostró la dimensión del cáliz que iba a beber, el dolor físico y psicológico que iría a soportar. Si los autores de los evangelios hubiesen programado la creación de un personaje, hubieran escondido el dolor, el sufrimiento de Cristo y el contenido de sus palabras. Hubieran apenas comentado sus momentos de gloria, sus milagros, su popularidad. Es que Él no vivió un teatro, lo que vivió es lo que fue relatado. Ellos tampoco hubieran registrado el silencio de Jesucristo cuando estaba delante del juicio de los principales sacerdotes y políticos. Por el contrario, hubiesen puesto respuestas brillantes en su boca. Durante su vida, Él pronunció palabras sabias y elocuentes que dejarían pasmadas hasta a las personas más rígidas. Pero, cuando Pilato, intrigado, lo interrogó, se quedó callado. En el momento cuando Jesús más necesitaba de argumentos, prefirió callarse. Con su vida de inteligencia, podría haber escapado del juicio. Pero sabía que aquel juicio era parcial e injusto. Enmudeció, y en ningún momento buscó defenderse de todo lo que había hecho y hablado en público. Él, simplemente se entregó a sus oponentes y dejó que ellos juzgasen sus palabras y su comportamiento. Él fue juzgado, humillado y murió de forma injusta, y sus biógrafos describieron eso." (Extracto del libro: El Maestro de maestros, de Augusto Jorge Cury).

Dicha crónica sin censura, es la evidencia más fuerte a favor de la veracidad del relato bíblico en los evangelios. Lo triste es que muchos continúan adjudicando al fruto de la imaginación, la divinidad de Jesucristo. Pero no cabe duda alguna. Él es el Hijo de Dios enviado a nuestro corrompido mundo para sanarlo de la pandemia del pecado que ha afectado, afecta y seguirá afectando a esta raza caída de Adán. Reconócele hoy como Soberano sobre tu vida y verás tu ser renovado hacia un nuevo comienzo.

La descripción del dolor de Cristo es la evidencia de que Él no fue una creación literaria

23 de diciembre
Enfócate en las evidencias

Hay algunos momentos de duda y temor cuando la visión se nubla y vemos desmoronarse los cimientos más estables de nuestra existencia. Cosas que ayer me sostenían, son las que hoy me desaniman hasta el colapso total. Mi mejor amigo me traiciona (por lo menos así lo siento), mi proyecto en el que aposté toda mi inversión se frustra, lo que me prometieron no se cumplió... No sé. Siento que ya nada tiene sentido y comienzo a sospechar que "estuve arando en el mar". ¿De qué sirvió tanto esfuerzo?...

> "Bienaventurado es aquel que no halle tropiezo en mí".
>
> Lucas 7:23

Entonces es en ellos cuando Dios nos dirige a concentrarnos en las evidencias palpables de Su Gracia sobre nosotros. Están allí, aunque sea en capítulos ya pasados de nuestra historia que se hacen reales al repasarlos. ¡Cómo olvidarlos! Recordamos perfectamente cómo Dios nos usó, cómo nos guardó. Esos milagros que están grabados en el banco de la memoria como muestras indudables de Su amor. Pero hoy la realidad que nos toca vivir es diferente, todo cambió... No creas que sólo te sucede a ti. Es parte de la vida y es parte de la escuela de Dios. Esos momentos en los que parece como si *"Él se fuera más lejos"* y sientes que quedas solo (Lucas 24:28). Muchos han sido perfeccionados en esos momentos, su fe resultó más fortalecida.

Ese fue el caso de Juan el Bautista, según lo narra el evangelio de Lucas, en el capítulo 7. Este gran hombre había sido el pionero en anunciar la llegada del Mesías. Es más, fue el primero en reconocerlo e identificarlo, animando aún a sus propios discípulos a que le siguieran. Pero ahora estaba preso, sufriendo y abandonado. Su fe entró en crisis. Como último recurso, envía a algunos de sus fieles discípulos, que todavía arriesgaban sus vidas asistiéndolo en el calabozo, para que pregunten a Jesús: "¿Eres tú el Mesías que había de venir o esperaremos a otro?" La respuesta de Jesús fue: **"Id, haced saber a Juan lo que habéis visto y oído: los ciegos ven, los cojos andan, los leprosos son limpiados, los sordos oyen, los muertos son resucitados, y a los pobres es anunciado el evangelio"** (Lucas 7:22).

Las bendiciones pasadas, son piedras levantadas en el altar de Su Gracia

24 de diciembre
Sigues siendo esclavo

"Después de haber orado Job por sus amigos, el Señor lo hizo prosperar de nuevo y le dio dos veces más de lo que antes tenía".

Job 42:10

La falta de perdón, es una de las cadenas más difíciles de romper. No hay victoria mayor que perdonar de verdad a esa persona que me lastimó y me marcó de por vida. Si no perdonamos vivimos encadenados al odio amargo pensando que al negar el perdón, castigamos al ofensor, ignorando que nos degradamos a nosotros mismos. Dos soldados americanos prisioneros de los alemanes durante la 2ª Guerra, fueron liberados al finalizar los enfrentamientos. El tiempo compartido en el martirio y el horror de la prisión, fundió sus almas de una forma especial. Pero liberados, cada uno continuó con su vida. Se separaron y no volvieron a verse, hasta después de 20 años. Uno de ellos consiguió un empleo y, con una pensión del gobierno americano para excombatientes, pudo rehacer su vida, formó una familia hermosa y prosperó económicamente venciendo los horrorosos recuerdos de su prisión. Pero no podía olvidar a su amigo con quien había compartido la celda oscura, el hambre y la humillación. Decidió encontrarlo. Lo buscó usando todos los medio de rastreo de personas y al fin lo halló. Su amigo vivía recluido en una cueva. Sólo, en un páramo. Cuando llegó, no podía creer lo que veía. Ante sus ojos estaba la miseria personificada. Sucio, mal oliente, con su cabello y barba descuidados, y los ojos perdidos. Un rostro tenso dibujaba el rencor y el odio, pero no pudo evitar fundirse en un abrazo con su amigo de prisión. "¿Qué te pasó? ¿Por qué vives aquí en este estado? ¿Qué te han hecho?" "¿Cómo? Dices que qué me han hecho? ¿Qué nos han hecho? ¿Acaso ya lo olvidaste toda la humillación que nos hicieron vivir los alemanes?", fue la respuesta airada del ermitaño compañero. "Pero eso fue hace ya veinte años. Ya lo superé, ya los perdoné". "Pues yo, no", respondió. "Ni los pienso perdonar nunca". "Entonces", dijo su amigo mientras se alejaba, "si aún no has perdonado a los alemanes, sigues siendo prisionero de ellos"...

25 de diciembre

Destruye a tus enemigos

Se cuenta que cierto emperador chino, al ser avisado de que en una de las provincias de su imperio había una insurrección, dijo a los ministros de su gobierno y a los jefes militares que lo rodeaban: "Vamos. Seguidme. Pronto destruiré a mis enemigos". Cuando el emperador y sus tropas llegaron a donde estaban los rebeldes, él trató afablemente a éstos, quienes por gratitud, se sometieron a él de nuevo. Todos los que formaban el séquito del emperador pensaron que él ordenaría la inmediata ejecución de todos aquellos que se habían sublevado contra él; pero se sorprendieron en gran manera al ver que el emperador trataba amablemente y hasta con cariño a quienes habían sido rebeldes. Entonces el primer ministro preguntó con enojo al emperador: "¿De esta manera cumple vuestra Excelencia su promesa? Dijisteis que veníamos a destruir a vuestros enemigos. Los habéis perdonado a todos, y a muchos hasta con cariño los habéis tratado". Entonces el emperador, con actitud generosa, dijo: "Os prometí destruir a mis enemigos; y todos vosotros veis que ya nadie es enemigo mío: a todos los he hecho mis amigos".

En la mayoría de los casos, nosotros, los humanos, defendemos nuestro territorio y consideramos como amenaza potencial a todo aquel que se aproxime con intenciones no claras. Así emitimos juicios apresurados atacando tal vez a aquel que se acercaba con nobles intenciones. En ese afán de defender lo nuestro estamos dispuestos a destruir a los que consideramos enemigos, cuando en realidad, deberíamos conquistarlos con el amor. Al fin y al cabo, es justamente eso lo que hizo Dios. Aún siendo nosotros enemigos suyos, envió a Su Hijo al mundo naciendo un día como hoy en un humilde pesebre, nos dio nueva vida y nos conquistó con Su gran amor. Los que decimos tener a Dios por Padre, deberíamos hacer lo mismo si deseamos parecernos a Él. Que en estas navidades no dejemos a ninguno de nuestros enemigos vivos...

> "Porque si siendo enemigos, fuimos reconciliados con Dios por la muerte de su Hijo, mucho más, estando reconciliados, seremos salvos por su vida".
>
> **Romanos 5:10**

Más conquistó el amor que el odio, y sus conquistas, son para siempre

26 de diciembre
Naturaleza salvaje

Ismael Gumuda llora su tragedia. Llora el recuerdo de su hermanito ausente. Las imágenes no se borran de su mente, no puede olvidar el día que aquella gigantesca ola le arrancó de sus propios brazos a su hermano de 7 años. Estaban en la escuela Ban Talaynork, en Tailandia ensayando un acto especial para fin de año, cuando un bramido ensordecedor le hizo girar su rostro para ver lo inimaginable, una ola más alta que el mismo edificio de la escuela caía con furia sobre alumnos y profesores arrasándolo todo. Trató inútilmente de sujetar a su hermano pero la fuerza del agua fue mayor y fue arrancado de sus brazos. No logra olvidar el rostro de pánico de su hermano mientras el mar se lo tragaba. Sí. La madrugada del 26 de diciembre del año 2004 permanecerá en el recuerdo de las personas para siempre. El sacudón asesino de 9 grados en la escala de Richter empezó en el extremo norte de Indonesia, y pasó por Tailandia, India, Bangladesh y Sri Lanka. Atravesó 6.500 Kilómetros, mató a cientos de personas en la costa oriental de África, y siguió miles de kilómetros más hasta agitar las aguas del mar en Chile. Saldo total: 200 mil muertos. Este trágico suceso era apenas el preámbulo de lo que se venía para el 2005. Semanas después, el huracán Katrina pasaría a la historia como furioso asesino, cubriendo de lodo y árboles las bellas calles de Nueva Orleáns. El 8 de octubre de ese mismo año otro terremoto sacudiría Pakistán y la India. Días después, el huracán Stan mataría a más de 70 mil personas en Guatemala y el sur de México y el volcán Yamatec, en El Salvador erupcionó dejando a 7 mil 500 familias sin hogar. Te asombrarías si te digo que el 2006 fue aún peor y el 2007 aumentó aún un 20% respecto al año anterior. ¿Qué sucede con nuestro planeta? ¿Enloqueció? La Biblia dice que gime por el maltrato humano, pero también lo que vemos son las señales antes del fin profetizadas por Jesús. Son evidencias muy claras. No cierres tus ojos.

El mayor desastre natural de la humanidad es lo desastroso de nuestra naturaleza humana

27 de diciembre
La otra mejilla

Cierto monasterio ubicado en lo alto de una colina, albergaba un tesoro costoso. En verdad, los monjes residentes en aquel lugar eran muy pobres y tenían un estilo de vida muy austero. Pero detrás de una vitrina, en uno de los cuartos más privados, reposaban unos manuscritos muy antiguos de la cristiandad de incalculable valor. Los monjes se mantenían de la siembra, la cosecha y de algunas monedas que los curiosos turistas pagaban por observar los tres rollos tan antiguos. Cierta noche, un ladrón violó aquel recinto sagrado y se fugó por la ladera de la montaña llevándose consigo dos de los tres rollos. Al amanecer , los monjes dieron aviso de lo ocurrido a su Abad y este, tomó el tercer rollo que había quedado, montó su caballo y salió raudamente en persecución del ladrón. Lo alcanzó: "¡Qué has hecho! Me has dejado con un solo rollo, no me sirve. Ningún turista va a venir a leer un mensaje que está incompleto. Tampoco tiene valor lo que me robaste. O me das lo que le pertenece al templo o te llevas también este texto así tienes la obra completa", le increpó aquel sacerdote. A lo que el asombrado ladrón le contestó: "Padre, estoy desesperado. Necesito urgentemente vender estos rollos para conseguir algo de dinero." "Bueno", le dijo el anciano. "Toma el tercer rollo. No quiero que el mundo se pierda algo tan valioso. Véndelos bien. Estamos en paz". Y lo dejó ir. Los monjes no llegaron a comprender la actitud del Abad. Estimaron que se había comportado muy débil con aquel ladrón. Pero guardaron silencio y todos dieron por terminado el episodio. A la semana, el ladrón regresó. Pidió hablar con el Padre Superior: "Aquí están los tres rollos, no son míos. Los devuelvo, y le pido, a cambio, que me permita ingresar a este lugar como monje. Cuando usted me alcanzó yo esperaba cualquier cosa menos que se conmoviera por mi necesidad y que me dijera que estábamos en paz, perdonando mi trasgresión". La vida de aquel hombre cambió al recibir el impacto del perdón y el amor incondicional.

> "Si alguien te pega en una mejilla, vuélvele también la otra. Si alguien te quita la camisa, no le impidas que se lleve también la capa".
>
> Lucas 6:29

Cuando media el perdón genuino, ofendido y ofensor son impactados por Dios

28 de diciembre
El águila y las focas

La lucha por la supervivencia en los diferentes eslabones de la cadena de depredadores y víctimas, tiene matices curiosos. Existe una especie de águilas que se dedican a cazar pequeñas focas. Realizan un vuelo por encima de las aguas del mar y cuando divisan a una foca nadando sobre la superficie cerca de la orilla, inician su cacería y clavando sus fuertes garras en los lomos del animal la arrastra hacia la orilla valiéndose de sus enormes y poderosas alas. Una vez fuera del mar, la foca indefensa y herida es elevada hasta el nido del ave en lo alto de las montañas para servir de alimento al águila y sus polluelos. Pero algunas veces, la foca escogida es demasiado fuerte y pesada para el águila, y no se deja ser arrastrada fuera del mar. Al no poder soltarla, el águila, debido a la curvatura de sus garras enterradas en la dura carne del animal, es ella la que es arrastrada mar adentro hasta que la foca se sumerge ahogando al águila que lleva clavada en su espalda. ¿Paradójico, verdad? El águila termina siendo capturada por aquello que pretendía capturar. Lo mismo pasa con las posesiones materiales que este mundo ofrece. Alguien dijo: **"Cuando lo que poseo comienza a poseerme, estoy en problemas"**. Con cuánta frecuencia los hombres se aferran a placeres pecaminosos y a la búsqueda ciega de bienes materiales, ignorando que, muchas veces, por querer atrapar una presa demasiado grande, terminan en el fondo de una tragedia. Embriagados de codicia, casi siempre, pierden la noción de sus propias fuerzas y se lanzan imprudentes en empresas que van más allá de sus posibilidades, sacrificando, familia, ahorros, fuerzas, salud y hasta su propia paz. La Biblia dice: **"Haz todo lo que esté al alcance de tu mano pero, según tus fuerzas"**. Recuerda, ¿de qué le sirve al águila atrapar su foca si pierde su vida? Lo mismo sucede con nosotros, **"Porque ¿qué aprovechará el hombre si ganare todo el mundo, y perdiere su alma?"** (Marcos 8:36).

La codicia me hace perder la noción de mis propias fuerzas

29 de diciembre
Perdonar y agradecer

Cuenta cierta leyenda árabe que dos amigos que viajaban juntos en un desértico camino, se detuvieron en una acalorada discusión. Llegaron a tal extremo que uno de ellos acabó con el episodio dándole una bofetada a su amigo. Este sin reaccionar, bajó su cabeza y escribió: "Hoy, mi amigo me golpeó en el rostro". Continuaron en silencio su andar. Más adelante

> "El amor es sufrido, es benigno; el amor no tiene envidia, el amor no es jactancioso, no se envanece; no hace nada indebido, no busca lo suyo, no se irrita, no guarda rancor".
>
> **1ª Corintios 13:4-5**

llegaron a un oasis, donde decidieron bañarse. El que había sido golpeado resbaló y cayendo en una profunda poza en el río, comenzó a ahogarse. Inmediatamente, su amigo se lanzó y le rescató. Ya recuperado del mal trance, este amigo tomó un estilete y escribió en una piedra: "Hoy, mi amigo me ha salvado la vida". Intrigado, su otro amigo preguntó: "¿Por qué cuando te golpeé lo escribiste en la arena y ahora que te salvé lo haces en la piedra?", sonriendo, su amigo le contestó: "Cuando un amigo nos ofende debemos escribirlo en la arena, donde el viento del olvido y el perdón se encargan de borrarlo, pero cuando nos ayuda, debemos grabarlo en piedra, en la memoria del corazón, donde ningún viento podrá borrarlo".
La falta de perdón, es como un parásito que crece dentro de quien lo alberga con el recuerdo de la ofensa y se alimenta con el propio deseo de venganza. En la Biblia la Epístola a los Hebreos dice que la raíz de la amargura en el corazón humano es justamente el rencor. Si tu experiencia en las relaciones interpersonales es tensa, difícil y triste, probablemente se debe a enojos no resueltos. Perdona y olvida la ofensa. No hagas lo mismo con los favores. Estos anótalos en tu agenda y valora a los amigos que siempre están dispuestos a tenderte una mano. Jesús, conmovido al ver nuestro estado de postración espiritual, no dudó ni un instante y se lanzó en nuestro socorro. Nosotros debemos hacer lo mismo por nuestros semejantes sin mirar su condición, su raza, o si lo merecen o no. La fuente de la felicidad es vivir para los demás.

Una amistad que se acabó significa que nunca comenzó

30 de diciembre
Violencia familiar

En América Latina el índice de divorcios sube un 30% anualmente muchos por causa de la violencia; estos son la segunda mayor entrada de dinero a los bolsillos de los abogados. Pero peor es saber que 3 de cada 10 menores son maltratados en el seno familiar. Entre un 10% y un 36% de mujeres son víctimas de maltrato familiar. 8 de cada 10 alumnos de colegios, posee algún familiar en el exterior con el consecuente abandono de hogares. Existen factores sociales que contribuyen al aumento de la violencia familiar: extrema pobreza, desempleo, falta de educación, marginación social y ausencia de programas de apoyo a la familia.

Como principales causas de esta patología, podemos mencionar sociedades con una estructura y organización de clases machistas propias de Latinoamérica, y el relativismo moral reinante evidenciado en vicios e infidelidad. Pero también existen causas psicológicas como la necesidad de control. Los padres sienten que se le escapa de las manos la situación conyugal, económica, etc., y se descargan con la persona equivocada, explotando en arranques de ira para luego aparentar que aún tienen todo bajo control. También la inmadurez emocional por falta de perdón y traumas de la niñez incrementan esta realidad social violenta en el seno familiar. A esto se suma la falta de modelos apropiados al momento de buscar un ejemplo a seguir y nos excusamos diciendo: "Si al final todos los hacen…"

Pero solucionar solamente estos problemas, sería como emparchar esta realidad. Para soluciones radicales, debes buscar el consejo de Aquel que inventó la familia y el matrimonio y regresar al manual de usuario: Dios y Su Palabra, porque la principal causante, no es social ni psíquica, sino espiritual. Encontrarás en ella una guía segura de cómo disfrutar de una convivencia armónica dentro de tu hogar. Serás respetado, amado, tus hijos felices y harás de esos metros cuadrados en los que vives, un pedacito de cielo en la tierra. Es posible. Dios sigue haciendo milagros y la paz será el huésped protagónico dentro de tus muros.

La familia debe ser el molde donde se forjen los héroes del mañana

31 de diciembre
Cuando Dios parece estar lejos

Es muy fácil adorar y pensar en Dios cuando todo sale como estaba planeado. Pero el grado más alto de la fe es amar a Dios aun sin verle. Esperar en Él cuando nada dice que lo que anhelo se cumplirá. Sujetarme de Su mano aun cuando no vea Su rostro. Dios es real sin importar cómo tú te sientas. La gran mayoría de los piadosos nominales practican cierto cristianismo "erróneo", donde lo que guía la devoción son las emociones y sentidos, más que la fe. Así que, si hoy me siento bien, Dios es lo más grande; y si mañana me siento mal, Dios se olvidó de mí y me siento traicionado. ¿Qué? ¿Significa esto que a Dios no le importa cómo me sienta o cómo esté mi corazón, y que lo único que le importa es que le rinda honor y le alabe?... No. Dios se duele contigo en tu dolor. Él se preocupa por el estado de tu corazón. Pero, muchas veces, permite las tormentas de la vida, y a veces pareciera como si se escondiese de nosotros para perfeccionar nuestra fe y madurar nuestro carácter. El secreto de mi amistad con Dios no radica en que yo le vea siempre, sino en que Él me ve siempre a mí, aunque yo no le perciba. Durante todo este año Él ha estado allí, como un Guardián Protector involucrado en el desarrollo de tu carácter. Para tal fin necesitaste de momentos dulces y amargos, situaciones esperadas e inesperadas, pero Él siempre estuvo a tu lado. Nunca olvides que también Jesús sintió muy lejos el rostro de Su Padre cuando en la cruz exclamó: **"Dios mío, Dios mío, ¿por qué me has desamparado?"**. Él sabe lo que sientes. Sólo confía y espera a que pase la tormenta. Dios te promete que al final de la noche te espera la luz de Su omnipresencia, y tu fe habrá madurado un poco más. Que en este nuevo año puedas poner en práctica esas lecciones aprendidas más por la fe que por tus emociones.

> "El Señor ha escondido su rostro, pero yo esperaré en Él, pues en Él tengo puesta mi esperanza".
>
> Isaías 8:17

Dios es real sin importar cómo tú te sientas

UNA PAUSA EN TU VIDA

Vol. 1

PABLO MARTINI

¡Dichosos los que oyen la Palabra de Dios y la obedecen!
Lucas 11:28

Una Pausa en tu Vida

Vol. 2

¡Necesito parar, necesito descanso! ...

Más de una vez repetiste esta frase y lo único que has logrado es hundirte en más actividades, horarios ajustados
y situaciones estresantes. Es que este mundo en el que vives, está diseñado para el activismo. Esta sociedad, altamente competitiva, no te deja opción..

¿Qué hacer?
Párate a un lado, observa el paisaje a tu alrededor, alza la vista a conceptos eternos, y comienza a apreciar los hermosos detalles que, por andar apurado, estás ignorando. Recuerda: "Lo esencial es invisible a los ojos.

Al fin y al cabo, Dios también hizo una pausa en Su eternidad para venir a buscarte. Hoy es tu turno. Haz una pausa y comienza una relación con el Autor de la vida, de manera que te ayude a captar la perspectiva correcta para comenzar cada desafío cotidiano.

Las "Reflexiones para el alma" que has venido escuchando desde hace años por radio, hoy llegan a ti en formato escrito como una guía espiritual diaria.
No puedes comenzar el año sin hacer,

Una Pausa en tu Vida

una Pausa en tu Vida Vol. 3

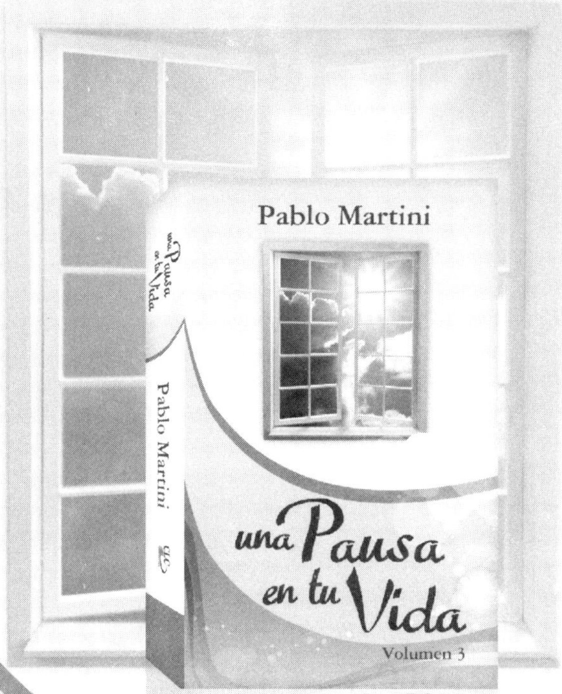

Pablo Martini

una Pausa en tu Vida

Volumen 3

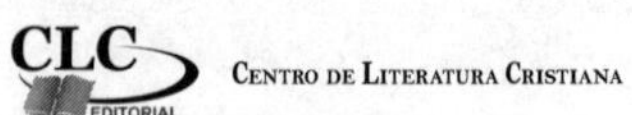

EDITORIAL CLC
Diagonal 61D Bis No. 24-50
Bogotá, D.C., Colombia
www.clccolombia.com